住房城乡建设部土建类学科专业"十三五"规划教材

建 设 法 规 教 程

（第四版）

住房城乡建设部高等学校土建学科教学指导委员会　组织编写

中国建筑工业出版社

图书在版编目(CIP)数据

建设法规教程/住房城乡建设部高等学校土建学科教学指导委
员会组织编写. —4版. —北京:中国建筑工业出版社,
2018.3(2021.8重印)
住房城乡建设部土建类学科专业"十三五"规划教材
ISBN 978-7-112-21747-2

Ⅰ.①建… Ⅱ.①住… Ⅲ.①建筑法-中国-高等学校-教材
Ⅳ.①D922.297

中国版本图书馆CIP数据核字(2018)第003181号

本书反映了最新立法成果,增加了与建设相关的基本法律制度、法律知识的
介绍,如行政法、民法、环境法、劳动法等。另外,根据土建类专业教学要求,
不断提高学生依法分析问题和解决问题的能力,在理论知识的基础上,增加了许
多思考题和案例分析。

本书可作为工程管理、工程造价和土木工程等土建类专业的教学用书,也可
供从事建设法规及相关专业人员学习、参考使用。

为更好地支持相应课程的教学,我们向采用本书作为教材的教师提供教学课
件,有需要者可与出版社联系,邮箱:cabpkejian@126.com。

*　　　*　　　*

责任编辑:高延伟　向建国　张　晶
责任校对:王雪竹

住房城乡建设部土建类学科专业"十三五"规划教材
建设法规教程(第四版)
住房城乡建设部高等学校土建学科教学指导委员会　组织编写

*

中国建筑工业出版社出版、发行(北京海淀三里河路9号)
各地新华书店、建筑书店经销
北京红光制版公司制版
北京建筑工业印刷厂印刷

*

开本:787×1092毫米　1/16　印张:21　字数:524千字
2018年7月第四版　　2021年8月第三十三次印刷
定价:**47.00**元(赠教师课件)
ISBN 978-7-112-21747-2
(31565)

第 四 版 前 言

为了落实党中央、国务院关于"依法治国、建设社会主义法治国家"、"继续深入开展法制宣传教育，提高全民族的法律意识和法制观念"的精神，原建设部人事教育劳动司和体改法规司于1996年组织编写了《建设法规教程》，对我国住房和建设领域内的法律、法规和规章进行了系统介绍，为广大师生、建设系统机关工作人员、技术人员提供了一本很好的学习、了解建设法规的教材，该教材是高等院校土建类专业开设"建设法规"课程的第一本教材，在工程建设领域产生了广泛的影响。2002年、2011年分别对该教材进行了修订。

随着我国社会经济发展、改革的不断深入，新时期住房城乡建设行业政策法规不断建立和完善，有必要对前版教材进行修订，本版是在2011年住房和城乡建设部高等学校土建学科教学指导委员会组织编写的《建设法规教程》（第三版）基础上进行的修订。

中共十八大后，我国社会主义建设进入了新的时期。中共十八届三中全会作出全面深化改革重大部署，十八届四中全会作出了全面推进依法治国重大决策、通过了《中共中央关于全面推进依法治国若干重大问题的决定》，党中央的这些重大决策，对城乡建设事业也产生了重大影响。城乡建设事业的各项工作依法进行，建设法规逐步完善。城乡建设事业的各项改革措施，尤其是简政放权的改革，都是修法先行。因此，住房和城乡建设部高等学校土建学科教学指导委员会决定再次修订《建设法规教程》，本书还荣获住房城乡建设部土建类学科专业"十三五"规划教材。

本书编写分工为：何红锋教授（南开大学）负责第1、2、3、6、7、8、9、13章，张连生教授（苏州科技大学）负责第10、11、12、14章，杨宇教授（重庆大学）负责第4、5章。何红锋负责全书统稿。

本书可作为高等学校土建类专业教学用书，亦可作为建设领域行政管理、专业技术人员的工作参考书。

由于编写人员水平有限，且有些编写的体例和内容属于探索性的，因此，不足之处在所难免，欢迎广大读者批评指正。

2018年3月

第 三 版 前 言

为落实党中央、国务院关于"依法治国、建设社会主义法制国家"、"继续深入开展法制宣传教育，提高全民族的法律意识和法制观念"的精神，建设部人事教育劳动司和体改法规司于1996年组织编写了《建设法规教程》，对我国建设领域内法律、法规和规章进行了系统介绍，为广大师生、建设系统机关工作人员、企事业单位管理人员、技术人员提供了一本很好的学习、了解建设法规的教材，该教材也是高等院校开设"建设法规"课程的第一本教材，在工程建设领域产生了广泛影响。2002年对该教材进行了修订。

随着我国社会经济发展、改革的不断深入，法制建设不断加强完善，国家先后颁发了《物权法》《侵权责任法》《劳动合同法》《行政许可法》等，对建设领域相关活动产生了重大影响，建设行业也修订颁发了《城乡规划法》等一系列法规、条例。为适应新时期城乡建设事业的发展需要，进一步加强依法建设意识，正确把握落实有关法律法规，住房城乡建设部高等学校土建学科教学指导委员会决定重新组织编写新一版建设法规教程，以满足教学和行业建设的需要。

新一版建设法规教程，反映了最新立法成果，增加了与建设相关的基本法律制度、法律知识的介绍，如行政法、民法、环境法、劳动法等。另外，根据土建类专业教学要求，不断提高学生依法分析问题和解决问题的能力，在理论知识的基础上，增加了许多思考题和案例分析。

本书编写分工为：何红锋教授（南开大学）负责第一、二、三、六、七、八、九、十三章，张连生教授（苏州科技大学）负责第十、十一、十二、十四章，杨宇教授（重庆大学）负责第四、五章。何红锋负责全书统稿。清华大学朱宏亮教授、住房城乡建设部段广平副司长对书稿进行了审定。住房城乡建设部高等学校土建学科教学指导委员会王宁主任、赵琦副主任及高延伟同志对书稿进行了审核。

本书可作为各级各类院校土建类专业师生的教学用书，亦可作为建设领域行政管理、专业技术人员的工作参考书。由于编写人员水平有限，不足之处在所难免，欢迎广大读者批评指正。

2011 年 9 月

第 二 版 前 言

为落实中央"依法治国、建设社会主义法制国家"、"继续深入开展法制宣传教育，提高全民族的法律意识和法制观念"的精神，建设部人事教育劳动司和体改法规司于 1996 年组织国内 10 所高等院校的有关教师及体改法规司部分同志编写了《建设法规教程》一书，对我国建设领域内现行有效的法律、法规和规章进行了系统介绍，为广大在校师生、建设系统机关人员、企事业单位管理人员、技术人员提供了一本很好的学习、了解建设法规的教材，在社会上产生了很大反响。

随着我国加入 WTO，建设领域的法律法规必须及时进行修订和完善。根据 WTO 所确定自由贸易的原则，各国市场都必须对外开放，加入全球的自由竞争。为确保竞争的公平，WTO 还确立了"透明度"原则，即各国对经济活动和贸易往来的所有规定和规则都必须以法律的形式加以公布，再不得以"红头文件"的方式来作行政规定和限制。为适应加入 WTO 和参与国际竞争的需要及有效保护国内建筑市场，我国加快了建设领域的立法进程。《中华人民共和国建筑法》、《中华人民共和国招标投标法》、《建设工程质量管理条例》以及《建设工程勘察设计管理条例》等法律、法规先后颁布施行，对一些过去已颁行的法律、法规和部门规章也进行了必要修订。

本书在 1996 年出版的《建设法规教程》的基础上，重新进行编写。除增加了新法律、法规的内容外，还对原书的体例做了一些变动，将与工程建设活动和企业权利保护关系密切的有关法律规定及国外法律建设制度的相关内容也编写进来，以便广大读者能更为全面、系统地了解和掌握建设领域内法律规定的相关内容和知识。由于编写人员水平有限，成书时间仓促，不足之处欢迎广大读者批评指正。

全书共 12 章，撰稿分工为：

朱宏亮（清华大学）第 2、3、4、7、8、12 章

何伯洲（东北财经大学）第 1、5、6、9、10、11 章

建设部人事教育司赵琦、高延伟，政策法规司国中河、李蓬同志在书稿的编辑审定中做了大量工作。

本书由建设部人事教育司和政策法规司审定。

2002 年 8 月

第 一 版 前 言

为落实党中央、国务院提出的"依法治国、建设社会主义法制国家"、"继续深入开展法制宣传教育，提高全民族的法律意识和法制观念"的精神，为加强建设事业的法制建设，并配合大专院校建设类专业开设建设法规课程的需要，在建设部人事教育劳动司和体改法规司的共同组织下，由清华大学、天津大学、重庆建筑大学、哈尔滨建筑大学、西安建筑科技大学、武汉城市建设学院、东北财经大学、苏州城市环保学院、西北建筑工程学院、黑龙江商学院等院校的部分教师和体改法规司的某些同志编写了《建设法规教程》这本教材。在编写过程中，全体参编人员在人事教育劳动司和体改法规司有关领导的具体指导下，对我国建设领域内现行有效的法律、法规和规章进行了认真的分析研究，将其基本的内容集中地加以反映，从而保证了教材内容的权威性。本书对已拟订且正在报批的有关法规的内容及国外相关法律规定也作了一定介绍，以使读者获得更广泛、全面系统的了解。同时，本书还附有一些案例和实例，并对这些案例和实例作了一些解释，以更有利于读者去具体准确的理解相应法律规定的精神。通过全体参编人员的努力，本书基本上达到了系统性、完整性、通用性和实用性的要求。由于参编人员水平所限，成书仓促，不足之处，欢迎指正，待再版时改进。

参加本书撰稿的有：

武汉城市建设学院　范运和　（第一章）

武汉城市建设学院　王鉴非　（第五章第一、五、六、八节）

清华大学　朱宏亮　（第四章第五节）

哈尔滨建设大学　何伯洲　（第二章第一、二、三、四节，第六章第一、二节）

西安建筑科技大学　金维兴　（第四章第一、二、三、四节）

建设部体改法规司　郭家汉　（第三章第一、三、六、七节）

重庆建筑大学　周良超　（第三章第二、四节，第四章第四节）

西安建筑科技大学　刘　华　（第三章第五节，第四章第七节）

东北财经大学　孙菲亚　（第五章第四、七节）

西北建筑工程学院　赵凤琴　（第五章第二、三节）

天津大学　何红锋　（第六章第四节，第九章第一、二节）

苏州城建环保学院　张连生　（第八章，第九章第三、四节）

哈尔滨建筑大学　邹玉萍　（第七章）

黑龙江商学院　管力浩　（第二章第五节）

哈尔滨建筑大学　王　平　（第六章第三、五节）

在书稿汇总编审和文字整理工作中，朱宏亮、周玉承、何伯洲、国中河、郭家汉、李蓬等同志付出了辛勤的劳动。体改法规司司长张元端同志对本书的编写给予了大力支持。全书由建设部人事教育劳动司副司长李先逵同志、体改法规司副司长朱中一同志负责审定。

　　在编写本书过程中，建设部人事教育劳动司和体改法规司做了大量的组织和协调工作，并成立了《建设法规教程》编审组，其组成如下：

　　编审组顾问：张元端

　　编审组组长：李先逵　朱中一

　　　　成员：齐继禄　国中河　孙玉文　王珏林
　　　　　　　郭家汉　李　蓬　林向东　欧　剑
　　　　　　　朱宏亮　何伯洲　周玉承　金维星
　　　　　　　周良超　何红锋　张连生　孙菲亚
　　　　　　　赵凤琴　高延伟

1996 年 8 月

目　　录

1 建 设 法 规 概 述

1.1 建 设 法 规 概 念

1.1.1 建设法规的定义

建设法规是调整国家行政管理机关、法人、非法人组织、公民在建设活动中产生的社会关系的法律规范的总称。建设法规是以市场经济中建设活动产生的社会关系为基础，规范国家行政管理机关对建设活动的监管、市场主体之间经济活动的法律法规。"建设"一词在我国的使用范围很广，现代汉语词典的解释是"创立新事业；增加新设施"①，既可以是有形设施的建造，如工程建设，也可以是无形事业的创立，如精神文明建设。但在本书中使用的"建设"一词，限于有形的工程建设，包括与城市建设、乡村建设、工程建设有关的规划、设计、咨询，以及工程的养护、管理等。从涉及的行业来说，包括了城市建设、乡村建设、工程建设、建筑业、房地产业、市政公用事业等；从涉及的工程类别来说，则包括了房屋建筑工程、市政工程、水利工程、公路工程、港口与航道工程等。

1.1.2 建设法规的调整对象

建设法规调整的是国家行政管理机关、法人、非法人组织、公民在建设活动中产生的社会关系，建设法规调整下的社会关系就是建设法律关系。

1. 建设行政监督管理关系

建设行政监督管理关系是指国家行政机关或者其正式授权的有关机构对建设活动的组织、监督、协调等形成的关系。建设活动事关国计民生，与国家、社会的发展，与公民的工作、生活以及生命财产的安全等，都有直接的关系。因此，国家必然要对建设活动进行监督和管理，古今中外，概莫能外。在公元前 18 世纪，巴比伦奴隶制国家颁布的《汉穆拉比法典》，因建筑师造的房屋不坚固而倒塌压死人的，要依法严惩。② 在我国，2000 多年前的秦代，"秦简《擅兴律》规定，修城、筑堤必须上报尚书省，不准擅自兴造。"③ 到了近、现代，国家对建设活动的监督管理更多、更严格。"一些国家的建筑法规中规定政府有关部门在特定时间内对建筑工地进行检查，检查的时间为：开工、基础完工、承重结构和高耸构筑物完工后、项目竣工后。"④

我国也一直很重视对建设活动的监督管理。在国务院和地方各级人民政府都设有专门的建设行政管理部门，对建设活动的各个阶段进行监督管理，包括立项、计划、资金筹

---

① 中国社会科学院语言研究所词典编辑室编. 现代汉语词典（第 5 版）. 北京：商务印书馆，2005：671.
② 杨紫烜主编. 经济法（第二版）. 北京：北京大学出版社，高等教育出版社，2006：25.
③ 杨紫烜主编. 经济法. 北京：北京大学出版社，高等教育出版社，1999：12.
④ 何伯森主编. 工程项目管理的国际惯例. 北京：中国建筑工业出版社，2007：347.

集、勘察、设计、施工、验收等。国务院和地方各级人民政府的其他行政管理部门,也承担了一些对建设活动进行监督管理的任务。具体包括两个方面的工作:第一,是规划、组织、指导、协调、服务等;第二,是检查、监督、控制。行政机关在这些监督管理中形成的社会关系就是建设行政监督管理关系。

2. 建设民事法律关系

建设民事法律关系,是建设活动中由民事法律规范所调整的社会关系。民事法律关系有以下特点:第一,民事法律关系是主体之间的民事权利和民事义务关系。民法调整一定的财产关系和人身关系,赋予当事人以民事权利和民事义务。在民事法律关系产生以后,民事法律规范所确定的抽象的民事权利和民事义务便落实为约束当事人行为的具体的民事权利和民事义务。以民事权利和民事义务为内容,正是民事法律关系与其他法律关系的重要区别。第二,民事法律关系是平等主体之间的关系。民法调整平等主体之间的财产关系和人身关系,这就决定了参加民事法律关系的主体地位平等,他们相互独立、互不隶属。同时,由于主体地位平等,决定了其权利义务一般也是对等的,一方在享受权利的同时,也要承担相应的义务。第三,民事法律关系主要是财产关系。民法以财产关系为其主要调整对象,因此,民事法律关系也主要表现为财产关系。第四,民事法律关系的保障措施具有补偿性和财产性。民法调整对象的平等性和财产性,也表现在民事法律关系的保障手段上,即民事责任以财产补偿为主要内容,惩罚性和非财产性责任不是主要的民事责任形式。民事法律关系是所有建设法律关系的基础。建设民事法律关系具备民事法律关系的所有特点。在建设活动中,各类民事主体,如建设单位、施工单位、勘察设计单位、监理单位等,都是通过合同建立起相互的关系,合同关系就是一种民事法律关系。

3. 建设关系主体内部管理关系

建设关系主体内部管理关系,是指建设关系主体进行内部管理时产生的社会关系。建设法规不仅对建设关系主体的外部行为进行监督管理,对有些内部管理行为也要进行规范。如《建设工程质量管理条例》第三十条规定:"施工单位必须建立、健全施工质量的检验制度,严格工序管理,作好隐蔽工程的质量检查和记录。隐蔽工程在隐蔽前,施工单位应当通知建设单位和建设工程质量监督机构。"这是对施工企业内部管理关系的严格要求。建设法规对建设关系主体内部管理关系的规范主要是涉及建设工程的质量、安全以及劳动关系。

1.1.3　建设法律关系的概念和特征

1. 建设法律关系的概念

法律关系是一定的社会关系在相应的法律规范的调整下形成的权利义务关系。法律关系的实质是法律关系主体之间存在特定的权利义务关系。

建设法律关系是指由建设法律规范所确认的,在工程建设和工程建设的管理过程中所产生的权利、义务关系。

2. 建设法律关系的特征

(1) 涉及关系的综合性

在工程建设活动中,应当适用的法律规范具有多样性,因此产生的法律关系也是复杂的,具有明显的综合性。建设行政主管机关在对建设活动进行管理时要产生建设行政法律关系,如国家建设行政主管部门行使组织、管理、监督的职权,就会产生建设行政法律关系，这种法律关系是以建设行政主管部门行使国家行政管理权力、有关民事主体对指令的服从为特征。平等的民事主体在建设活动中会产生建设民事法律关系，如建设单位和承包单位通过订立合同产生工程承包合同关系，建设单位与建设材料和设备的供应商通过订立合同产生买卖合同关系等。在建设活动和建设的管理中如果触犯了刑律，还会产生建设刑事法律关系。

（2）国家监管的严格性

由于工程建设事关社会公共安全与利益，国家对其有严格的监管制度。特别是涉及建设工程的安全、质量，有许多法律关系是基于国家对工程建设的监管建立起来的。在建设活动中，在合同的履行中，即使有些主体不存在合同违约的情况，建设行政主管机关仍然要对其实施行政处罚。

1.1.4 建设法律关系的构成要素

建设法律关系是由建设法律关系主体、建设法律关系客体和建设法律关系内容三要素构成的。这三要素构成了建设法律关系，缺少其中任何一个要素都不能构成建设法律关系。

1. 建设法律关系主体

建设法律关系主体，是参加建设活动或者建设管理活动，受有关法律法规规范和调整，享有相应权利、承担相应义务的当事人。建设法律关系主体包括国家机关、社会组织、公民个人。

（1）国家机关

能够成为建设法律关系主体的国家机关，包括国家权力机关和行政机关。国家机关一般是由于进行建设管理活动而成为建设法律关系主体的。对建设活动进行管理的主要是行政机关。作为建设法律关系主体的行政机关，则包括国家建设行政主管部门、国家计划主管部门、国家建设监督机关、国家各业务的主管部门等。国家权力机关则由于对国家建设计划和国家预决算进行审查和批准，制定和颁布建设法律法规，因而成为建设法律关系的主体。

（2）社会组织

国家的建设活动主要是由社会组织完成的，因而社会组织是最广泛、最主要的建设法律关系主体。参加建设法律关系的社会组织一般应当是法人，但有时法人以外的非法人组织也可以成为建设法律关系的主体。作为建设法律关系主体的社会组织包括建设单位、勘察设计单位、施工单位、监理单位等。

法人是具有民事权利能力和民事行为能力，依法独立享有民事权利和承担民事义务的组织。法人是与自然人相对应的概念，是法律赋予社会组织具有人格的一项制度。这一制度为保障社会组织的权利、便于社会组织独立承担责任提供了基础。法人应当具备的条件包括：第一，依法成立。法人不能自然产生，它的产生必须经过法定的程序。法人的设立目的和方式必须符合法律的规定，设立法人必须经过政府主管机关的批准或者核准登记。第二，有必要的财产或者经费。有必要的财产或者经费是法人进行民事活动的物质基础，它要求法人的财产或者经费必须与法人的经营范围或者设立目的相适应，否则不能被批准设立或者核准登记。第三，有自己的名称、组织机构和场所。法人的名称是法人相互区别的标志和法人进行活动时使用的代号。法人的组织机构是指对内管理法人事务、对外代表

3

法人进行民事活动的机构。法人的场所则是法人进行业务活动的所在地，也是确定法律管辖的依据。第四，能够独立承担民事责任。法人必须能够以自己的财产或者经费承担在民事活动中的债务，在民事活动中给其他主体造成损失时能够承担赔偿责任。

非法人组织是不具有法人资格，但是依法以自己的名义从事民事活动的组织。非法人组织包括个人独资企业、合伙企业、不具有法人资格的专业服务机构等。在民事诉讼中，法人非依法设立的分支机构，或者虽依法设立，但没有领取营业执照的分支机构，以设立该分支机构的法人为当事人。

（3）公民

建设活动不仅包括社会组织的建设活动，也应包括公民个人的建设活动。首先，公民个人的建设活动也应接受国家的管理，从而成为建设法律关系的主体。随着公民个人建设活动的增加，对公民个人建设的管理也将逐步完善。其次，有些公民的职务行为，仍然要体现公民的个人身份，如注册建造师、注册造价工程师，他们在履行职务时，仍然要体现公民个人身份。最后，在建设关系主体内部，公民个人以劳动者的身份与单位建立劳动关系，此时，公民个人也是建设法律关系的主体。

2. 建设法律关系的客体

建设法律关系客体，是指参加建设法律关系的主体享有的权利和承担的义务所共同指向的对象。建设法律关系的客体主要包括物、财、行为、智力成果。

（1）物

法律意义上的物是指可为人们控制，并具有经济价值的生产资料和消费资料。如建筑材料、建筑设备、建筑物等都可能成为建设法律关系的客体。

（2）财

财是指货币及各种有价证券。财也可能成为建设法律关系的客体，如建设活动中的借款合同，其客体就是货币。

（3）行为

法律意义上的行为是指人的有意识的活动。在建设法律关系中，行为多表现为完成一定的工作，如勘察设计、施工安装等，这些行为都可以成为建设法律关系的客体。行为也可以表现为提供一定的劳务，如扎钢筋、土方开挖、抹灰等。

（4）智力成果

智力成果是通过人的智力活动所创造出的精神成果，包括知识产权、技术秘密及在特定情况下的公知技术。如专利权、商标权等，都有可能成为建设法律关系的客体。

3. 建设法律关系的内容

建设法律关系的内容是指建设权利和建设义务。建设法律关系的内容是建设单位的具体要求，决定了建设法律关系的性质，它是连接主体的纽带。

（1）建设权利

建设权利是指建设法律关系主体在法定范围内，根据国家建设管理要求和自己业务活动需要有权进行的各种建设活动。权利主体可要求其他主体作出一定的行为和不为一定的行为，以实现自己的有关权利。

（2）建设义务

建设义务是指建设法律关系主体必须按法律规定或约定承担应负的责任。建设义务和建设权利是相互对应的，相应主体应自觉履行相对应的义务。

1.1.5 建设法律事实

1. 建设法律事实的概念

建设法律关系并不是由建设法律规范本身产生的，建设法律关系只有在具有一定的情况和条件下才能产生、变更和消灭。能够引起建设法律关系产生、变更和消灭的客观现象和事实，就是建设法律事实。建设法律事实包括行为和事件。

建设法律关系是不会自然而然地产生的，也不能仅凭法律规范规定就可在人们之间发生具体的建设法律关系。只有一定的法律事实存在，才能在当事人之间发生一定的建设法律关系，或使原来的建设法律关系发生变更或消灭。

2. 行为

行为是指法律关系主体有意识的活动，是能够引起法律关系发生变更和消灭的行为，它包括作为和不作为两种表现形式。

行为还可分为合法行为和违法行为。凡符合国家法律规定或为国家法律所认可的行为是合法行为，如：在建设活动中，当事人订立合法有效的合同，会产生建设工程合同关系；建设行政管理部门依法对建设活动进行的管理活动，会产生建设行政管理关系。凡违反国家法律规定的行为是违法行为，如：建设工程合同当事人违约，会导致建设工程合同关系的变更或者消灭。

此外，行政行为和发生法律效力的法院判决、裁定以及仲裁机关发生法律效力的裁决等，也是一种法律事实，也能引起法律关系的发生、变更、消灭。

3. 事件

事件是指不以建设法律关系主体的主观意志为转移而发生的，能够引起建设法律关系产生、变更、消灭的客观现象。这些客观事件的出现与否，是当事人无法预见和控制的。

事件可分为自然事件和社会事件两种。自然事件是指由于自然现象所引起的客观事实，如地震、台风等。社会事件是指由于社会上发生了不以个人意志为转移的、难以预料的重大事变所形成的客观事实，如战争、罢工、禁运等。无论是自然事件还是社会事件，它们的发生都能引起一定的法律后果。即导致建设法律关系的产生或者迫使已经存在的建设法律关系发生变化。

1.2 建 设 法 规 体 系

1.2.1 建设法规体系的概念

法律体系也称法的体系或部门法律体系，通常指由一个国家现行的各个部门法构成的有机联系的统一整体。在我国法律体系中，根据所调整的社会关系性质不同，可以划分为不同的部门法，如宪法及宪法相关法，民法商法、行政法、经济法、刑法等。建设法规具有综合性的特点，同时包括了行政法、民商法、经济法等部门法的内容。

建设法规同时又具有一定的独立性和完整性，具有自己的完整体系。建设法规体系，是指把已经制定和需要制定的建设法律、建设行政法规、建设部门规章和地方建设法规有机结合起来，形成一个相互联系、相互补充、相互协调的完整统一的体系。

1.2.2 我国法律体系的基本框架

经过多年不懈的努力，以宪法为核心的中国特色社会主义法律体系基本形成。当代中国的法律体系，部门齐全、层次分明、结构协调、体例科学。2011年3月10日，在十一届全国人民代表大会第四次会议上，吴邦国委员长正式宣布一个立足中国国情和实际、适应改革开放和社会主义现代化建设需要、集中体现党和人民意志的，以宪法为统帅，以宪法相关法、民商法等多个法律部门的法律为主干，由法律、行政法规、地方性法规等多个层次的法律规范构成的中国特色社会主义法律体系已经形成，国家经济建设、政治建设、文化建设、社会建设以及生态文明建设的各个方面实现有法可依。国务院新闻办公室2008年2月28日发表了《中国的法治建设》白皮书，指出我国的法律体系主要由以下七个法律部门构成：宪法及宪法相关法、民法商法、行政法、经济法、社会法、刑法、诉讼与非诉讼程序法。

1. 宪法及宪法相关法

宪法是国家的根本大法，是特定社会政治经济和思想文化条件综合作用的产物，它集中反映各种政治力量的实际对比关系，确认革命胜利成果和现实的民主政治，规定国家的根本任务和根本制度，即社会制度、国家制度的原则和国家政权的组织以及公民的基本权利义务等内容。宪法相关法，如《全国人民代表大会组织法》《地方各级人民代表大会和地方各级人民政府组织法》《全国人民代表大会和地方各级人民代表大会选举法》等法律也属于这一法律部门。

2. 民法商法

民法，是调整平等主体的自然人、法人和非法人组织之间的人身关系和财产关系的法律规范的总称。商法是调整市场经济关系中商人及其商事活动的法律规范的总称。我国采用的是民商合一的立法模式，商法被认为是民法的特别法和组成部分。《民法总则》《合同法》《物权法》《侵权责任法》《公司法》《招标投标法》等属于民法商法。

3. 行政法

行政法，是指行政主体在行使行政职权和接受行政法制监督过程中而与行政相对人、行政法制监督主体之间发生的各种关系，以及行政主体内部发生的各种关系的法律规范的总称。作为行政法调整对象的行政关系主要包括行政管理关系、行政法制监督关系、行政救济关系、内部行政关系。《行政处罚法》《行政复议法》《行政许可法》《环境影响评价法》《城市房地产管理法》《城乡规划法》《建筑法》等属于行政法。

4. 经济法

经济法是调整在国家协调、干预经济运行的过程中发生的经济关系的法律规范的总称。《统计法》《土地管理法》《标准化法》《税收征收管理法》《预算法》《审计法》《节约能源法》《政府采购法》《反垄断法》等属于经济法。

5. 社会法

社会法是调整劳动关系、社会保障和社会福利关系的法律规范的总称。社会法是在国家干预社会生活过程中逐渐发展起来的一个法律门类，所调整的是政府与社会之间、社会不同部分之间的法律关系。《残疾人保障法》《矿山安全法》《劳动法》《职业病防治法》《安全生产法》《劳动合同法》等属于社会法。

6. 刑法

关于犯罪和刑罚的法律规范的总称。《刑法》是这一法律部门的主要内容。

7. 诉讼与非诉讼程序法

诉讼法指的是规定诉讼程序的法律的总称。我国有三大诉讼法，分别是《民事诉讼法》《刑事诉讼法》《行政诉讼法》。非诉讼的程序法主要是《仲裁法》，也属于这一法律部门。

1.2.3 建设法规的渊源

法律的渊源是指法律创制方式和外部表现形式。它包括四层含义：法律规范创制机关的性质及级别；法律规范的外部表现形式；法律规范的效力等级；法律规范的地域效力。法的渊源决定于法的本质。在世界历史上存在过的法律渊源主要有：习惯法、宗教法、判例、规范性法律文件、国际惯例、国际条约等。但在我国，习惯法、宗教法、判例不是法的渊源。

我国建设法规的渊源是制定法形式，具体的建设法规渊源可分为以下几类：

1. 宪法

宪法是由全国人民代表大会依特别程序制定的具有最高效力的根本法。宪法是集中反映统治阶级的意志和利益，规定国家制度、社会制度的基本原则，具有最高法律效力的根本大法，其主要功能是制约和平衡国家权力，保障公民权利。宪法是我国的根本大法，在我国法律体系中具有最高的法律地位和法律效力，是我国最高的法律渊源。宪法主要由两个方面的基本规范组成，一是《中华人民共和国宪法》。二是其他附属的宪法性文件，主要包括：主要国家机关组织法、选举法、民族区域自治法、特别行政区基本法、国籍法、国旗法、国徽法、保护公民权利法及其他宪法性法律文件。

同时，宪法也是建设法规的最高渊源，是国家进行建设管理、监督的权力基础。如《宪法》第八十九条规定，"国务院行使下列职权：……（六）领导和管理经济工作和城乡建设"；第一百零七条规定，"县级以上地方各级人民政府依照法律规定的权限，管理本行政区域内的……城乡建设事业……等行政工作，发布决定和命令，任免、培训、考核和奖惩行政工作人员。"

2. 法律

法律是指由全国人民代表大会和全国人民代表大会常务委员会制定颁布的规范性法律文件，即狭义的法律，其法律效力仅次于宪法。法律分为基本法律和一般法律（非基本法律、专门法）两类。基本法律是由全国人民代表大会制定的调整国家和社会生活中带有普遍性的社会关系的规范性法律文件的统称，如刑法、民法、诉讼法以及有关国家机构的组织法等法律。一般法律是由全国人民代表大会常务委员会制定的调整国家和社会生活中某种具体社会关系或其中某一方面内容的规范性文件的统称。依照 2015 年修正后的《立法法》的规定，下列事项只能制定法律：（1）国家主权的事项；（2）各级人民代表大会、人民政府、人民法院和人民检察院的产生、组织和职权；（3）民族区域自治制度、特别行政区制度、基层群众自治制度；（4）犯罪和刑罚；（5）对公民政治权利的剥夺、限制人身自由的强制措施和处罚；（6）税种的设立、税率的确定和税收征收管理等税收基本制度；（7）对非国有财产的征收、征用；（8）民事基本制度；（9）基本经济制度以及财政、海关、金融和外贸的基本制度；（10）诉讼和仲裁制度；（11）必须由全国人民代表大会及其常务委员会制定法律的其他事项。

法律是建设法规中的核心，既包括专门的建设领域的法律，也包括与建设活动相关的其他法律。前者有《中华人民共和国城乡规划法》《中华人民共和国建筑法》《中华人民共和国城市房地产管理法》等，后者有《中华人民共和国民法通则》《中华人民共和国合同法》《中华人民共和国行政许可法》等。

3. 行政法规

行政法规是国家最高行政机关国务院根据宪法和法律就有关执行法律和履行行政管理职权的问题，以及依据全国人大的特别授权所制定的规范性文件的总称。其法律地位和法律效力仅次于宪法和法律，但高于地方性法规和法规性文件。依照《立法法》的规定，国务院根据宪法和法律，制定行政法规。行政法规可以就下列事项作出规定：（1）为执行法律的规定需要制定行政法规的事项；（2）宪法规定的国务院行政管理职权的事项。应当由全国人民代表大会及其常务委员会制定法律的事项，国务院根据全国人民代表大会及其常务委员会的授权决定先制定的行政法规，经过实践检验，制定法律的条件成熟时，国务院应当及时提请全国人民代表大会及其常务委员会制定法律。

目前的建设行政法规包括《建设工程质量管理条例》《建设工程安全生产管理条例》《城市房地产开发经营管理条例》等，是建设法规中的中坚。

4. 地方性法规、自治条例和单行条例

省、自治区、直辖市的人民代表大会及其常务委员会根据本行政区域的具体情况和实际需要，在不同宪法、法律、行政法规相抵触的前提下，可以制定地方性法规。设区的市的人民代表大会及其常务委员会根据本市的具体情况和实际需要，在不同宪法、法律、行政法规和本省、自治区的地方性法规相抵触的前提下，可以对城乡建设与管理、环境保护、历史文化保护等方面的事项制定地方性法规。设区的市的地方性法规须报省、自治区的人民代表大会常务委员会批准后施行。省、自治区的人民代表大会常务委员会对报请批准的地方性法规，应当对其合法性进行审查，同宪法、法律、行政法规和本省、自治区的地方性法规不抵触的，应当在四个月内予以批准。省、自治区的人民代表大会常务委员会在对报请批准的设区的市的地方性法规进行审查时，发现其同本省、自治区的人民政府的规章相抵触的，应当作出处理决定。地方性法规可以就下列事项作出规定：（1）为执行法律、行政法规的规定，需要根据本行政区域的实际情况作具体规定的事项；（2）属于地方性事务需要制定地方性法规的事项。

经济特区所在地的省、市的人民代表大会及其常务委员会根据全国人民代表大会的授权决定，制定法规，在经济特区范围内实施。民族自治地方的人民代表大会有权依照当地民族的政治、经济和文化的特点，制定自治条例和单行条例。自治区的自治条例和单行条例，报全国人民代表大会常务委员会批准后生效。自治州、自治县的自治条例和单行条例，报省、自治区、直辖市的人民代表大会常务委员会批准后生效。

目前各地方都制定了大量的规范建设活动的地方性法规、自治条例和单行条例，如《北京市招标投标条例》《天津市建筑市场管理条例》《新疆维吾尔自治区建筑市场管理条例》等。

5. 部门规章

国务院各部、委员会、中国人民银行、审计署和具有行政管理职能的直属机构，所制定的规范性文件称为部门规章。部门规章规定的事项应当属于执行法律或者国务院的行政法规、决定、命令的事项，它的名称可以是"规定"、"办法"和"实施细则"等。没有法律或者国务院的行政法规、决定、命令的依据，部门规章不得设定减损公民、法人和非法人组织权利或者增加其义务的规范，不得增加本部门的权力或者减少本部门的法定职责。目前大量的建设法规都是以部门规章的方式发布的，如住房城乡建设部发布的《房屋建筑和市政基础设施工程施工招标投标管理办法》《建设工程勘察质量管理办法》《注册建筑师条例实施细则》，国家发展计划委员会发布的《招标公告发布暂行办法》《工程建设项目招标范围和规模标准规定》等。

涉及两个以上国务院部门职权范围的事项，应当提请国务院制定行政法规或者由国务院有关部门联合制定规章。目前，在建设法规中，也有许多是以国务院有关部门联合制定规章的方式发布的，如：2013 年 3 月国家发展和改革委员会、工业和信息化部、财政部、住房城乡建设部、交通运输部、原铁道部、水利部、国家广播电影电视总局、中国民用航空局经修改后联合发布的《评标委员会和评标方法暂行规定》。

6. 地方政府规章

省、自治区、直辖市和设区的市、自治州的人民政府，可以根据法律、行政法规和本省、自治区、直辖市的地方性法规，制定地方政府规章。地方政府规章可以就下列事项作出规定：（1）为执行法律、行政法规、地方性法规的规定需要制定规章的事项；（2）属于本行政区域的具体行政管理事项。设区的市、自治州的人民政府制定地方政府规章，限于城乡建设与管理、环境保护、历史文化保护等方面的事项。已经制定的地方政府规章，涉及上述事项范围以外的，继续有效。没有法律、行政法规、地方性法规的依据，地方政府规章不得设定减损公民、法人和非法人组织权利或者增加其义务的规范。目前，省、自治区、直辖市和设区的市、自治州的人民政府都十分重视地方法规的建设，制定了大量地方规章。如：2016 年 11 月 15 日公开发布的重庆市人民政府令《重庆市建设工程造价管理规定》。

7. 国际条约

国际条约指我国与外国缔结、参加、签订、加入、承认的双边、多边的条约、协定和其他具有条约性质的文件（国际条约的名称，除条约外还有公约、协议、协定、议定书、宪章、盟约、换文和联合宣言等）。这些文件的内容除我国在缔结时宣布持保留意见不受其约束的以外，都与国内法具有一样的约束力，所以也是我国法的渊源。例如，我国加入WTO 后，WTO 中与工程建设有关的协定也对我国的建设活动产生约束力。

1.2.4 建设法规的构成

建设法规调整的是城乡规划、住宅和房地产、工程建设、城市建设等领域的社会关系。2009 年 2 月 1 日，住房城乡建设部办公厅印发了《住房和城乡建设法律法规框架》，对建设法规的构成进行了归纳和规划。建设法规体系主要由四部分法律组成，即城乡规划法、住宅和房地产法、工程建设法、城市建设法。

1. 城乡规划法

（1）立法目的

城乡规划法的立法目的是为了加强城乡规划管理，协调城乡空间布局，改善人居环境，促进城乡经济社会全面协调可持续发展。1989 年 12 月 26 日，第七届全国人民代表大会常务委员会第一次会议通过了《城市规划法》；2007 年 10 月 28 日，第十届全国人民代表大会常务委员会第三十次会议通过了《城乡规划法》，并于 2008 年 1 月 1 日起生效，同时，《城市规划法》废止；2015 年 4 月 24 日，第十二届全国人民代表大会常务委员会第十四次会议对《城乡规划法》进行了修订。已经发布的行政法规有《村镇和集镇规划建设管理条例》《风景名胜区条例》和《历史文化名城名镇名村保护条例》。

(2) 调整范围

城乡规划法调整城乡规划活动及其产生的社会关系。城乡规划，包括城镇体系规划、城市规划、镇规划、乡规划和村庄规划。城市规划、镇规划分为总体规划和详细规划。详细规划分为控制性详细规划和修建性详细规划。

2. 住宅和房地产法

(1) 立法目的

住宅和房地产法的立法目的是为了保障公民的居住权，加强对城市房地产的管理，维护房地产市场秩序，保障房地产权利人的合法权益，促进房地产业的健康发展。包括住宅和房地产法包括《城市房地产管理法》和《住房保障法》。《城市房地产管理法》已于 1994 年 7 月 5 日第八届全国人民代表大会常务委员会第八次会议通过，自 1995 年 1 月 1 日起施行，2007 年 8 月 30 日第十届全国人民代表大会常务委员会第二十九次会议对该法作出修改。《住房保障法》正在制定过程中。已经发布的行政法规有《物业管理条例》《城市房地产开发经营管理条例》《国有土地上房屋征收与补偿条例》《住房公积金管理条例》等。

(2) 调整范围

住宅和房地产法调整为了保障公民的居住权形成的社会关系，以及房地产开发、买卖、管理活动及其社会关系。

3. 工程建设法

(1) 立法目的

工程建设法的立法目的是为了加强对工程建设活动的监督管理，维护建筑市场秩序，保证建建设工程的质量和安全，促进建筑业健康发展。工程建设法主要是《建筑法》。《建筑法》已于 1997 年 11 月 1 日第八届全国人民代表大会常务委员会第二十八次会议通过，1998 年 3 月 1 日起生效；2011 年 4 月 22 日第十一届全国人大常委会第二十次会议对《建筑法》进行了修正。已经发布的行政法规有《注册建筑师条例》《建设工程质量管理条例》《建设工程勘察设计管理条例》《建设工程安全生产管理条例》《民用建筑节能条例》等。

(2) 调整范围

工程建设法调整建设工程领域各类企业的资质管理、经营管理、工程承包管理和建筑市场管理等活动及其社会关系。《建筑法》对建筑许可、建筑工程发包与承包、建筑工程监理、建筑安全生产管理、建筑工程质量管理等内容作出了全面的规定。

4. 城市建设法

(1) 立法目的

城市建设法的立法目的是为了加强市政公用事业的统一管理，保证城市建设和管理工作的顺利进行，发挥城市多功能的作用，以适应现代化建设的需要。这一领域规划要制定《市政公用法》。已经发布的行政法规有《城市绿化条例》《城市市容和环境卫生管理条例》《城市供水条例》《城市道路管理条例》《城镇燃气管理条例》《城镇排水与污水处理条例》等。

（2）调整范围

城市建设调整城市的市政设施、公用事业、市容环境卫生、园林绿化等建设、管理活动及其社会关系。

1.3 建设法规立法原则及实施

建设法规立法的基本原则，是指建设立法时所必须遵循的基本准则或要求。

1.3.1 建设法规的立法原则

1. 法治统一的原则

法治统一原则是现代社会法治国家共同提倡和遵守的一个重要原则，具有以下含义：第一，一切法律、法规、规范性法律文件以及非规范性法律文件的制定，必须符合宪法的规定或者不违背宪法的规定。凡是违背宪法者，不能具有法律效力。第二，在所有法律渊源中，下位法的制定必须有宪法或上位法作为依据，下位法不得同上位法抵触。第三，在不同类法律渊源中（如法律和行政法规），在同一类法律渊源中（如在行政法规之间）和同一个法律文件中（如在行政诉讼法中），规范性法律文件不得相互抵触。第四，各个法律部门之间的规范性法律文件不得冲突、抵触或重复，应该相互协调和补充。

建设法律体系是国家法律体系的重要组成部分。同时，建设法律体系又相对自成体系，具有相对独立性。这就要求建设法律体系必须服从于国家体系的总要求，建设方面的法律必须与宪法和相关的法律保持一致，行政法规、部门规章和地方性法规、规章不得与宪法、法律以及上一层次的法规相抵触。

2. 协调配套的原则

建设事业是一个大的系统工程，工程建设、城市建设、村镇建设、建筑业、房地产业、市政公用事业既互相联系，又各有特点。同时，它又是整个社会系统工程的一个子系统，与相关的行业、领域关联密切，调整范围相当广泛、复杂。因此，应当科学规划建设法律体系的框架结构和立法项目，使之完整、协调、配套。

建设法律体系中的法律、行政法规和部门规章，应能覆盖建设事业的各个行业、各个领域以及建设行政管理的全过程，使建设活动的各个方面都有法可依、有章可循，使建设行政管理的每一个环节都纳入法治轨道。在建设法律体系内部，纵向不同层次的法规之间，应当相互衔接，不能抵触；横向同层次的法规之间，应当协调配套，不能互相矛盾、重复或者留有"空白"。此外，建设法律体系作为国家法律体系的一个子系统，还应当考虑与其他法律体系的相互衔接。

3. 实用有效的原则

一切从实际出发，这是历史唯物主义的一个基本原理，也是建设法规立法的一项重要原则。世界上许多国家一般都是先由议会制定法律，然后再据以制定法规和规章。我国则不尽相同。从这一实际情况出发，建设法规体系在某些立法项目上可以先制定部门规章或者行政法规，待条件成熟后再上升为高一层次的行政法规或法律。此外，建设立法还要从我国目前正处于社会主义初级阶段的国情出发，从建设行政管理的实际需要出发，根据建设事业和社会主义法治建设的发展规律，既考虑到每个建设立法项目的必要性，又要考到立法后实施的可行性，做到制定一个法规，就成功一个法规。

4. 科学借鉴的原则

建设法规立法，既要总结国内建设立法的经验与教训，广泛学习各地和其他部门的先进经验，还应科学借鉴国外的成功做法。随着对外开放政策的进一步实行，我国与国外的交往和合作日益增多。科学地、合理地借鉴国外对我有用的立法经验，包括法律体系、立法项目、立法技术等，是十分必要和有益的。这既可以避免走弯路，又可以使我国在国际交往中有较多的共同规范，有利于推动我国的建设事业走向世界。

5. 遵循市场经济规律的原则

"国家实行社会主义市场经济"，这一原则已经被我国宪法所确认。市场经济，是指市场对资源配置起基础性作用的经济体制。市场经济有其自身的规律：第一，市场经济是货币经济。在市场制度条件下，一切经济活动都直接或间接地表现为商品交换活动，即以货币为媒介进行各种交换。生产者和消费者的决策，生产与消费，供给与需求之间关系的协调，社会资源配置和收入分配，都是建立在商品交换原则的基础上。第二，市场经济是自主经济。市场经济下产权明确，利益独立的多元化主体，决定市场主体企业和消费者必须拥有完全的自主权，从而可以自觉面对市场，及时对市场信号作出灵敏的反应，自主地进入或退出市场。第三，市场经济是竞争经济。在市场制度下，市场竞争是市场主体之间经济实力的较量，是经济利益的争夺。竞争主要表现为产品价格，质量和市场占有率。第四，市场经济是法治经济。市场经济利益主体的多元化和决策分散化，利益的竞争关系，以及制约市场运作的因素的复杂性，决定了整个经济运行需要有一个比较健全的法治基础，由法律来引导、规范、保障和约束经济主体的市场行为，使市场的运转有秩序、有规则，成为有序的市场。第五，市场经济是开放性经济。利益主体的多元化和社会分工的深化，以及社会生产和增长，必然要求市场容量的扩大，要求突破地区、部门直至国界的限制，形成全国性的统一市场，参与国际分工和国际经济接轨。

建设法规的立法要反映市场经济的这些基本规律，具体表现为：应当建立完善的、全国统一的建设市场；完善市场主体的监督体系；鼓励市场主体之间的良性竞争；政府行政机关对建设市场的干预主要通过宏观调控措施完成。

1.3.2 建设法规的实施

建设法规的实施是指建设法规规范在社会生活中的具体应用和实现。其实质就是将建设法规规范中设定的权利与义务关系转化为现实生活中的权利与义务关系，并进而将体现在法律规范中的国家意志转化为建设法律关系主体的行为。这个转化过程，就是法的实施过程。任何法律，一经制定，就有一个付诸实施的问题。有法不依，等于无法，建设法规也是如此。因此，从某种意义上可以说，制定法律规范重要，实施法律规范更重要。法律的实施方式主要有两种：一种是国家机关及其工作人员在自己的职权范围内依据法律来解决具体问题，推动工作的开展，包括执法与司法；另一种是国家机关以及包括国家机关工作人员在内的全体公民自觉遵守法律规范，用法律规范来规范自己的活动和行为。这两种方式是法律实施的有机组成部分，对于法律的实施都是不可缺少的。

1. 建设法规的遵守

建设法规的遵守，是指公民、社会组织和国家机关以法律为自己的行为准则，依照法律行使权利，履行义务的活动。建设法规的遵守并不仅仅是消极的、被动的，而是行使权利和履行义务两个方面的结合。法律法规的遵守，要求一切组织和个人都必须严格守法，具体的要求为：公民应当自觉守法；国家公职人员特别是各级领导和执法人员要做守法的模范；一切国家机关、武装力量、各政党和社会团体、各企业事业单位都要遵守宪法和法律。

2. 建设法规的执行

广义的执法，或法的执行，是指所有国家行政机关、司法机关及其公职人员依照法定职权和程序实施法律的活动，包括行政执法和司法。建设法规的执行也是如此。建设法规的执行是以国家的名义对社会进行全面管理，具有国家权威性。建设法规的执行的主体，是国家行政机关及其公职人员。建设法规的执行具有国家强制性，行政机关执行法律的过程同时是行使执法权的过程。建设法规的执行具有主动性和单方面性。

（1）建设行政执法

建设行政执法是指国家建设行政机关（或者授权机构）及其公职人员依法行使管理职权、履行职责、实施法律的活动。建设行政执法必须遵守以下原则：第一，依法行政的原则。这是指国家建设行政机关（或者授权机构）及其公职人员必须根据法定权限、法定程序和法治精神进行管理，越权无效。第二，讲求效能的原则。这是指国家建设行政机关（或者授权机构）及其公职人员应当在依法行政的前提下，讲究效率，主动有效地行使其权能，以取得最大的行政执法效益。住房城乡建设行政执法包括建设行政决定、建设行政检查和建设行政处罚。

为全面推进依法行政，提高各级建设行政执法机关及行政执法人员的执法水平，进一步规范建设系统各行政主管部门的执法行为，加强执法监督，保障公民、法人和非法人组织的合法权益，建设部于 2003 年 6 月 3 日发布了《关于全面推进建设行政执法责任制的意见》。对建设行政执法提出以下具体要求：

1）清理执法依据，规范执法主体，做到执法有依据。建设行政执法依据应当是现行有效的法律、法规和规章。要结合行政审批制度改革对执法依据进行一次彻底清理，凡不符合法律、法规、规章或已经过时的，依照法定权限和程序，该修改的修改、该废止的废止。凡是被清理废止的执法项目都要集中公告，各部门要坚决停止执行。要依照法律、法规、规章的规定，依法清理和规范行政执法主体，清理本部门执法岗位和执法人员，不符合要求的执法人员，不得继续从事执法工作。

2）落实岗位职责，规范工作流程，做到行为有规范。以法律、法规、规章为依据，对行政管理事项、行政执法事项进行逐一分解，列出每一项工作的依据、工作程序，落实到每个执法人员的岗位权限和责任中。工作规程的设计应当详细、具体、易于操作，要明确工作步骤、顺序、时限、形式和标准。

3）完善执法监督机制，做到权力有制约。通过各个岗位工作流程的有机衔接和建立重大事项集体会审、联审制度，形成内部权力制衡。通过推进建设项目规划许可、施工许可、企业资质审批和房屋所有权证书发放等行政审批工作的程序化、标准化，防止自由裁量权的滥用。通过健全行政执法督办制度、投诉举报制度、行政执法争议处理制度等完善内部监督；通过健全规范性文件备案制度、重大行政处罚备案制度、行政复议制度、考核评议制度等完善层级监督；通过健全信访制度、举报、投诉制度等接受社会监督。

4）实行政务公开，推行"一站式"服务方式，做到过程有监控。通过公开栏、宣传资料和《办事指南》，利用报刊、广播、电视等新闻媒体，运用电子屏幕、触摸屏、政府网站等手段公开行政执法依据，公开职权范围和责任等办事职责，公开办理时限及办理要件等办事条件，公开申请、受理、审批等流转过程的办事程序，公开工作人员在办理事项中应遵守的纪律及违纪应受的处罚等办事纪律，公开办理的结果或不能办理的理由，公开服务承诺和对违诺违纪的监督方式、处理结果等。推行"一门受理、分别审批、归口收费、限时办理"的"一站式"服务，方便管理相对人。

5）完善考核评议机制，做到过错有追究。通过制定行政执法责任制考核方案，确定量化的考核内容和考核标准，保证考核评议的全面性、公正性。发挥网络的实时监控作用，应用计算机进行考核监控，生成考核结果。制定明确的过错责任追究办法，对过错的范围、责任人的确定、过错责任追究形式、过错追究机构和程序有明确规定。将过错责任追究与干部任免、年终考核结合起来，确保责任追究落到实处。

（2）建设司法

建设司法是指人民法院和人民检察院依照法定的职权与程序适用法律处理建设诉讼案件的专门活动。此外，仲裁机构是国家设立的裁决经济、贸易及财产纠纷的机构。其活动具有一定的司法性和准司法性质，如果是对建设纠纷的仲裁，也应列入建设司法的范围。

【案例1-1】：当事人已确定的工程价款与审计部门审计的价款不一致纠纷案

【案情摘要】

原告（反诉被告、上诉人）：南充市公路管理局直属分局

被告（反诉原告、被上诉人）：南部县人民政府

1995年南部县公路指挥部正式成立，代表南部县人民政府负责对唐巴公路南部段进行改造。南部县公路指挥部在施工过程中与49个单位签订了工程承包合同。该工程历经两年，于1997年6月25日全面竣工。南部县公路指挥部与各施工单位确定了竣工结算价款：唐巴公路南部段的工程总造价为10852.39万元，南部县人民政府已向各施工单位支付工程款10299.72万元，尚欠工程款552.67万元。

1999年12月，南部县审计局依法出具《审计决定书》，核准该路段的工程总造价为9450万元，在竣工结算的基础上核减了1402.39万元。并告知各施工单位诉权：若不服审计决定，可在法定期限内提起行政复议或者依法向人民法院提起行政诉讼。

2000年年底，承建单位之一南充市公路管理局直属分局向南充市中级人民法院提起民事诉讼。原告诉称，1998年8月5日，我方与南部县公路指挥部对工程进行了决算，经双方严格核算，工程总造价为730元万元。除工程中已支付的价款外，南部县人民政府尚欠我方18万余元，请求法院判令南部县人民政府支付所欠工程款18万元。此时，南部县人民政府依据《审计决定书》提起了反诉，诉称，在工程承建中，南充市公路管理局直属分局先后在公路指挥部领取工程款730万余元。南部县审计局依法对被告承建路段工程造价结算进行审计后，核减了工程造价，被告并未依法对《审计决定书》提起行政复议和行政诉讼。为此，按照核减的工程款，被告在公路指挥部超领工程款51万余元，请求法院依法判令被告返还超领的工程款51万余元。对此反诉，南充市公路管理局直属分局辩

称，我方与被告方的承包合同有效。工程决算应以合同约定的单价和实际工程量进行结算。被告依审计决定来否定合法的合同，是明显的行政干预。被告反诉的理由是原告没有履行审计决定。而审计决定生效后，兑现审计决定的惟一途径是审计局向法院申请强制执行，审计局没有向法院申请强制执行，也无权委托公路指挥部和被告申请执行。被告南部县人民政府不是审计决定申请执行的主体，更不是本案反诉的适格主体，因此请求法院驳回被告的反诉。

【审裁结果】

南充市中级人民法院受理本案以后，指定由南充市高坪区人民法院审理。南充市高坪区人民法院经审理认为：按照《审计法》的有关规定，审计机关依法定职权对国家建设项目预算的执行情况和决算进行审计监督。《审计决定书》送达原告后，原告没有在法定期限内提起行政诉讼，因此审计行政行为已经发生法律效力，在原告和被告之间就形成了新的债权、债务关系，即原告应当依据《审计决定书》的决定，返还给被告其超领的工程款及相应利息。

2001 年 8 月 8 日，南充市高坪区人民法院做出一审判决：驳回原告的诉讼请求，支持被告的反诉请求，判令原告返还被告工程款 51 万余元及利息。

原告南充市公路管理局直属分局不服南充市高坪区人民法院的一审判决，向南充市中级人民法院提起上诉。

南充市中级人民法院经审理认为：南部县公路指挥部与南充市公路管理局直属分局签订的公路路面施工合同、补充协议和结算是双方在平等基础上协商一致的民事行为，应当受到法律的保护。本案所涉及工程造价审计只是审计机关对国家投资项目建设单位的行政监督，不能以此否定双方已经确认的工程价款，南部县人民政府以审计决定对上诉人的工程价款主张进行抗辩，其抗辩理由不能成立，其反诉请求不应支持。最高人民法院（2001）民一他字第 2 号函在答复河南省高级人民法院《关于建设工程承包合同案件中双方当事人已确定的工程价款与审计部门审计的工程决算价款不一致时如何运用法律问题的电话答复意见》中指出，"审计是国家对建设单位的一种行政监督，不影响建设单位与承建单位的合同效力。建设工程承包合同案件应以当事人的约定作为法院判决的依据。只有在合同明确约定以审计结论作为结算依据或者合同约定不明确、合同约定无效的情况下，才能将审计结论作为判决的依据。"就本案而言，南部县公路指挥部与上诉人签订的公路路面施工合同、补充协议和结算是双方在平等基础上协商一致的民事行为，应当受到法律的保护。本案所涉及工程造价审计只是审计机关对国家投资项目建设单位的行政监督，双方当事人在合同中并未约定以审计结论作为结算依据，也无证据证明结算本身存在违法性，双方的工程价款结算具体明确，应予采信，审计结论不能作为本案的判决依据，不能以此否定双方已经确认的工程价款。

2002 年 4 月 28 日，南充市中级人民法院作出终审判决：驳回被上诉人的反诉请求；判令其向上诉人支付所欠工程款 15 万余元及利息。

【分析评论】

本案例的核心是要区分不同类型的法律关系，核心是审计结论的效力，以及审计结论对合同效力的影响。

审计机关是代表国家对各级政府及其工作部门的财政收支、国有金融机构和企业事业组织的财务收支的真实、合法和效益依法进行审计监督，主要是对国有资产是否损失，国家机关和国有企事业单位是否违反了财经纪律等问题进行监督。审计机关将审计意见书和审计决定送达被审计单位和有关单位，审计决定自送达之日起生效，但其仅对被审计单位产生法律效力。在本案中，南部县公路指挥部是被审计单位，与审计局建立了行政法律关系。如果南部县公路指挥部对审计决定不服，可提起行政诉讼。在本案中，南部县公路指挥部受南部县人民政府委托，代表其负责对唐巴公路南部段进行改造，是适格的被审计单位。南部县公路指挥部虽然不是建设项目法人，但也不具备行政主体资格，应作为行政相对人，可以申请行政复议乃至提起行政诉讼。因此，南部县审计局依法出具《审计决定书》应送达南部县公路指挥部并告知申请行政复议和提起行政诉讼的权利，在审计决定中应明确被审计单位依法申请复议的期限和审计复议机关。南部县公路指挥部可以自知道该审计具体行政行为之日起 60 日内提出审计复议申请。因不可抗力或者其他正当理由耽误法定申请期限的，申请期限自障碍消除之日起继续计算。南部县公路指挥部申请审计复议应当书面申请；口头申请的，审计复议机关应当告知其以书面形式申请。复议申请书应当写明南部县公路指挥部的基本情况、复议请求、申请复议的主要事实和理由、申请时间等。审计复议机关应当自受理审计复议申请之日起 60 日内作出审计复议决定；情况复杂，不能在规定期限内作出审计复议决定的，经审计复议机构的负责人批准，可以适当延长，并告知申请人和被申请人；但是延长期限最多不超过 30 日。南部县公路指挥部对审计复议决定不服的，可以向人民法院提起行政诉讼。需要注意的是，在审计活动中，行政复议是行政诉讼的前置程序，南部县公路指挥部应先向南充市审计局或南部县人民政府申请审计复议，非经复议，不得提起行政诉讼；且在复议期间，也不得提起行政诉讼。依照《行政诉讼法》的规定，南部县公路指挥部是原告；审计复议机关（南充市审计局或南部县人民政府）决定维持原审计决定的，南部县审计局是被告；审计复议机关改变原审计决定的，审计复议机关是被告。南部县公路指挥部对行政复议不服，可在收到复议决定书之日起 15 日内提起行政诉讼。审计复议机关逾期不作决定的，南部县公路指挥部可以在复议期满之日起 15 日内向人民法院提起诉讼。

在本案中，还有更重要的一个法律关系——民事法律关系，这是由南部县公路指挥部与南充市公路管理局直属分局建立起来的。当时，南充市公路管理局直属分局属于政企不分，如果是现在，承担施工任务的应当是具备相应施工资质的企业。由于南部县公路指挥部无法人资格，南充市公路管理局直属分局以南部县人民政府为被告提起了民事诉讼。2001 年 4 月 2 日，最高人民法院《关于建设工程承包合同案件中双方当事人已确认的工程决算价款与审计部门审计的工程决算价款不一致时如何适用法律问题的电话答复意见》："河南省高级人民法院：你院'关于建设工程承包合同案件中双方当事人已确认的工程决算价款与审计部门审计的工程决算价款不一致时如何适用法律问题的请示'收悉。经研究认为，审计是国家对建设单位的一种行政监督，不影响建设单位与承建单位的合同效力。建设工程承包合同案件应以当事人的约定作为法院判决的依据。只有在合同明确约定以审计结论作为结算依据或者合同约定不明确、合同约定无效的情况下，才能将审计结论作为判决的依据。"因此，审计结论不能影响合同关系，不能作为处理合同纠纷、合同结算的依据。

在一个建设项目的建设过程中，往往会涉及多个法律关系，要严格区分不同的法律关系中的主体、客体和内容。

【案例1-2】：对不可抗力认定的分歧①

【案情摘要】

某施工单位与某房地产开发公司签订了一份建设工程施工合同，合同约定了大风或暴雨等恶劣天气属于不可抗力，工期可以顺延。合同签订后，承包人按照合同约定的开工时间进场施工，工程竣工后，由于发包人拖欠承包人工程款，承包人起诉发包人要求发包人支付工程款，发包人提起反诉要求承包人承担工期违约金。法院经审理后查明，施工合同约定的竣工日期为2005年5月30日，实际竣工日期为2005年11月30日，比约定的竣工日期逾期184多天。合同约定，工期每逾期一天承包人应向发包人支付2万元的违约金。在庭审过程中，承发包双方当事人就工期是否可以顺延发生了激烈的争论。承包人在反诉中抗辩说，工期延期是因为施工期间发生了大风或暴雨等恶劣天气造成的，按照合同约定，工期应该予以顺延，承包人不应承担工期逾期违约金。发包人则认为施工期间，虽然发生了大风或暴雨天气，但由于大风或暴雨的等级及持续时间均不足以影响施工，不属于合同约定的不可抗力的范畴，因此工期不予顺延。法院审理后认为，当事人已经在合同中约定大风或暴雨等恶劣天气属于不可抗力，工期可以顺延。发包人虽然主张大雨或暴风的等级及持续时间均不足以影响施工，但没有相应证据。因此，应根据合同约定，工期予以顺延。

【分析评论】

本案中的不可抗力就是本章介绍的建设法律事实中的事件。事件可分为自然事件和社会事件两种。自然事件是指由于自然现象所引起的客观事实，如地震、台风等。双方当事人在合同中约定，大风或暴雨等恶劣天气属于不可抗力。当事人的这种约定，意味着大风或暴雨等恶劣天气属于自然事件。但是，事件的出现与否，是当事人无法预见和控制的。因此，天气必须要恶劣到一定程度才可能被认定为事件，对于当事人能够或者已经预见的恶劣天气，就不应当认定为事件。发生纠纷后，由于双方均承认在施工期间发生了大风或暴雨等恶劣天气，因此，合同工期应当予以顺延。至于发包人提出的大风或暴雨的等级及持续时间均不足以影响施工的抗辩，由于合同中未对大风或暴雨的等级进行约定，发包人又不能对自己的抗辩提供有力的证据，只能承担举证不能的法律后果。

从上述案例可以看出，在约定大风或暴雨等作为不可抗力时，应进一步约定，暴雨的降雨量或大风的等级及持续时间，这样，何种类型、等级的大风、暴雨天气属于不可抗力就比较容易界定。

思 考 题

1. 简述我国建设法规的调整对象。
2. 我国民事法律关系的特点有哪些？
3. 简述我国建设法律关系的构成要素。

---

① 何红锋主编. 建设工程合同签订与风险控制. 北京：人民法院出版社，2007：190.

4. 我国建设法规的渊源有哪些？

5. 简述我国建设法规的构成体系。

6. 简述我国建设法规的法治统一的原则。

7. 简述我国建设法规实施主要方式。

8. 简述我国建设行政执法必须遵守的原则。

2 与建设相关的基本法律制度

工程建设是一项综合性的活动，除了《建筑法》《招标投标法》《城乡规划法》等专门规范建设活动的法律法规外，我国的一些基本法律制度是建设活动的基础，如《行政法》《民法》《环境保护法》《劳动法》等。这些法律制度并不属于建设法规，但是这些法律制度中的基础性规定，在建设活动中也经常涉及。

2.1 行　政　法

2.1.1 概述

1. 行政法的概念和调整对象

行政法，是指行政主体在行使行政职权和接受行政法制监督过程中，与行政相对人、行政法制监督主体之间发生的各种关系，以及行政主体内部发生的各种关系的法律规范的总称。作为行政法调整对象的行政关系主要包括行政管理关系、行政法制监督关系、行政救济关系、内部行政关系。

（1）行政管理关系

行政管理关系即行政机关、法律法规授权的组织等行政主体在行使行政职权的过程中，与公民法人和其他组织等行政相对人之间发生的各种关系。行政主体与行政相对人之间形成的行政管理关系，是行政关系中的主要部分。行政主体的大量行政行为，如行政许可、行政征收、行政给付、行政裁决、行政处罚、行政强制等，大部分都是以行政相对人为对象实施的，从而与行政相对人之间产生行政关系。在建设活动中，会形成大量的行政管理关系，如企业的资质管理和人员从业资格属于行政许可，行政机关对建设主体违法建设行为的处罚属于行政处罚等。

（2）行政法制监督关系

行政法制监督关系即行政法制监督主体在对行政主体及其公务人员进行监督时发生的各种关系。所谓行政法制监督主体，是指根据宪法和法律授权，依法定方式和程序对行政职权行使者及其所实施的行政行为进行法制监督的国家权力机关、国家司法机关、行政监察机关等。

（3）行政救济关系

行政救济关系是行政相对人认为其权益受到行政主体作出的行政行为的侵犯，向行政救济主体申请救济，行政救济主体对其申请予以审查，作出向相对人提供或不提供救济的决定而发生的各种关系。

（4）内部行政关系

内部行政关系即行政主体内部发生的各种关系，包括上下级行政机关之间的关系，平行行政机关之间的关系，行政机关与其内设机构、派出机构之间的关系，行政机关与国家公务员之间的关系，行政机关与法律、法规授权组织之间的关系，行政机关与其委托行使某种行政职权的组织的关系等等。在上述四种行政关系中，行政管理关系是最基本的行政关系，行政法制监督关系和行政救济关系是由行政管理关系派生的关系，而内部行政关系则是从属于行政管理关系的一种关系，是行政管理关系中的一方当事人——行政主体单方面内部的关系。

2. 行政法的特征

（1）涉及的领域广泛、内容丰富

行政法涉及的领域十分广泛，内容十分丰富。由于现代行政权力的急剧膨胀，其活动领域已不限于外交如国防、治安、税收等领域，而是扩展到了社会生活的各个方面。因此，这就决定了各个领域所发生的社会关系均需要行政法调整，现代行政法适用的领域更加广泛，内容也更加丰富。

（2）没有统一的法典

行政法尚没有统一完整的实体行政法典。这是因为行政法涉及的社会领域十分广泛，内容纷繁丰富，行政关系复杂多变，因而难以制定一部全面而又完整的统一法典。行政法散见于层次不同、名目繁多、种类不一、数量可观的各类法律、行政法规、地方性法规、规章以及其他规范性文件之中。

（3）行政法具有很强的变动性

与其他部门法由于社会生活和行政关系复杂多变，因而作为行政关系调节器的行政法律规范也具有较强的变动性，需要经常进行废、改、立。

2.1.2 行政主体

行政主体是依法能以自己的名义，代表国家对外行使行政职权、履行行政义务、承担行政责任、担当争讼当事人（包括行政复议当事人、行政诉讼当事人、赔偿义务机关）的组织体。这个概念有三层涵义：第一，行政主体是一个组织；第二，行政主体是依法享有行政权的组织；第三，行政主体是能够依法以自己名义对外行使行政权的组织。

1. 国务院

在我国，国务院是中央人民政府，是最高国家权力机关的执行机关，是最高国家行政机关。它掌理全国行政事务，所以它实际上是权力最大的行政主体。在建设活动中，国务院也是权力最大的行政主体。

2. 国务院的行政机构

根据《国务院行政机构设置和编制管理条例》第6条的规定，国务院行政机构根据职能分为国务院办公厅、国务院组成部门、国务院直属机构、国务院办事机构、国务院组成部门管理的国家行政机构和国务院议事协调机构。国务院组成部门包括各部、各委员会、中国人民银行和审计署等，又叫国务院的职能部门。

目前，国务院在建设活动中的主要职能部门是住房和城乡建设部。按照国务院批准的、2008年7月10日发布的《住房和城乡建设部主要职责内设机构和人员编制规定》（国办发〔2008〕74号）规定，住房城乡建设部的主要职责为：1）承担保障城镇低收入家庭住房的责任；2）承担推进住房制度改革的责任；3）承担规范住房和城乡建设管理秩序的责任；4）承担建立科学规范的工程建设标准体系的责任；5）承担规范房地产市场秩序、监督管理房地产市场的责任；6）监督管理建筑市场、规范市场各方主体行为；7）研究拟订城市建设的政策、规划并指导实施，指导城市市政公用设施建设、安全和应急管理，拟订全国风景名胜区的发展规划、政策并指导实施，负责国家级风景名胜区的审查报批和监督管理，组织审核世界自然遗产的申报，会同文物等有关主管部门审核世界自然与文化双重遗产的申报，会同文物主管部门负责历史文化名城（镇、村）的保护和监督管理工作；8）承担规范村镇建设、指导全国村镇建设的责任；9）承担建筑工程质量安全监管的责任；10）承担推进建筑节能、城镇减排的责任；11）负责住房公积金监督管理，确保公积金的有效使用和安全；12）开展住房和城乡建设方面的国际交流与合作；13）承办国务院交办的其他事项。

3. 地方各级人民政府

地方各级人民政府是地方各级人民代表大会的执行机关，同时又在国务院的统一领导下，管理本辖区内的各项行政事务。中国地方各级人民政府，根据其性质、地位和作用可以划分为：一般地方人民政府；民族区域自治地方人民政府和特别行政区地方人民政府三类。

4. 地方各级人民政府的派出机关

派出机关是地方各级人民政府在必要时，经有权的上级政府批准设立的行政机关。派出机关在中国实际行政生活中发挥着一级政府的作用，它们自然具有行政主体的地位。目前许多地方的开发区管理委员会都是属于地方人民政府的派出机构。

5. 地方各级人民政府的职能部门

宪法和有关法律规定，地方各级人民政府可以根据工作需要，在报上一级人民政府批准的情况下，设立若干工作部门。这些工作部门在省级通常称厅、局、委员会，在市、县通常称局。上述工作部门在性质上属于各级政府组成部分，但法律、法规却明确授权他们就专门事项以自己名义进行管理的权力，所以，它们具有当然的行政主体资格。

6. 地方政府职能部门的派出机构

派出机构是指享有独立对外进行行政管理职权的各级地方政府职能部门，根据工作需要在一定行政区域设置的管理某项行政事务的机构。派出机构也具有行政主体的地位。《最高人民法院关于执行〈中华人民共和国行政诉讼法〉若干问题的解释》第20条第2、3款规定："行政机关的内设机构或者派出机构在没有法律、法规或者规章授权的情况下，以自己的名义作出具体行政行为，当事人不服提起诉讼的，应当以该行政机关为被告。法律、法规或者规章授权的行使行政职权的行政机关内设机构、派出机构或者其他组织，超出法定授权范围实施行政行为，当事人不服提起诉讼的，应当以实施该行为的机构或者组织为被告。"

7. 法律、法规、规章授权的非行政机关组织

按照组织的性质，法律、法规、规章授权的非行政机关组织大致有以下几种：（1）法律、法规、规章授权的企业，有些企业得到国家法律、法规、规章的授权而成为具有行政主体地位的经济实体；（2）法律、法规、规章授权的事业单位；（3）法律、法规、规章授权的社会团体和其他社会组织。

2.1.3 行政行为

1. 行政行为的概念和特征

行政行为是指行政主体行使行政职权，作出的能够产生行政法律效果的行为。行政行

为具有以下特征：（1）行政行为是执行法律的行为，任何行政行为均须有法律根据，具有从属法律性，没有法律的明确规定或授权，行政主体不得作出任何行政行为；（2）行政行为具有一定的裁量性，这是由立法技术本身的局限性和行政管理的广泛性、变动性、应变性所决定的；（3）行政主体在实施行政行为时具有单方意志性，不必与行政相对方协商或征得其同意，即可依法自主作出。即使是在行政合同行为中，在行政合同的缔结、变更、解除与履行等诸方面，行政主体均具有与民事合同不同的单方意志性；（4）行政行为是以国家强制力保障实施的，带有强制性，行政相对方必须服从并配合行政行为。否则，行政主体将予以制裁或强制执行。这种强制性与单方意志性是紧密联系在一起的，没有行政行为的强制性，就无法实现行政行为的单方意志性；（5）行政行为以无偿为原则，以有偿为例外。

2. 行政行为的分类

行政行为可以从不同角度进行划分。

（1）按照行政行为以其对象是否特定为标准进行划分

行政行为以其对象是否特定为标准，分为抽象行政行为和具体行政行为。抽象行政行为是行政主体针对不特定行政管理对象实施的行政行为，是国家行政机关制定法规、规章和有普遍约束力的决定、命令等行政规则的行为。如行政规范性文件包括行政立法、决定、命令等。具体行政行为是指行政主体针对特定行政管理对象实施的行为。如具体行政处罚决定、行政强制执行等。

（2）按照行政行为以受法律规范拘束的程度为标准进行划分

行政行为以受法律规范拘束的程度为标准，分为羁束行政行为和自由裁量行政行为。羁束行政行为是指法律规范对其范围、条件、标准、形式、程序等做了详细、具体、明确的行政行为。自由裁量行政行为是指法律规范仅对行为目的、行为范围等做一些原则性规定，而具体的条件、标准、幅度、方式等留给行政机关自行选择、决定的行政行为。

（3）按照行政行为以有无法定形式要求为标准进行划分

以有无法定形式要求为标准，分为要式行政行为与非要式行政行为。要式行政行为指法律规定必须以某种方式或形式进行的行政行为。非要式行政行为是指法律未规定一定具体方式，而允许行政机关自行选择的行政行为。

2.2 民　　法

2.2.1　概述

民法，是调整平等主体的自然人、法人和非法人组织之间的人身关系和财产关系的法律规范体系的总称。2017年3月15日第十二届全国人民代表大会第五次会议通过的《民法总则》，规定了民事活动的基本原则和一般规定。

2.2.2　代理制度

民事主体可以通过代理人实施民事法律行为。在建设活动中，许多具体的行为都是通过代理完成的。如：在项目管理中，施工企业的法定代表人不可能具体管理所有的工程施工，项目经理就是其在具体项目上的代理人。因此，我们也有必要介绍一下代理制度。

1. 代理的概念和特征

代理是代理人在代理权限内，以被代理人的名义实施的、其民事责任由被代理人承担的法律行为。代理具有以下特征：

（1）代理人必须在代理权限范围内实施代理行为

无论代理权的产生是基于何种法律事实，代理人都不得擅自变更或扩大代理权限，代理人超越代理权限的行为不属于代理行为，被代理人对此不承担责任。在代理关系中，委托代理中的代理人应根据被代理人的授权范围进行代理，法定代理和指定代理中的代理人也应在法律规定或指定的权限范围内实施代理行为。

（2）代理人以被代理人的名义实施代理行为

代理人只有以被代理人的名义实施代理行为，才能为被代理人取得权利和设定义务。如果代理人是以自己的名义为法律行为，这种行为是代理人自己的行为而非代理行为。这种行为所设定的权利与义务只能由代理人自己承受。

（3）代理人在被代理人的授权范围内独立地表现自己的意志

在被代理人的授权范围内，代理人以自己的意志去积极地为实现被代理人的利益和意愿进行具有法律意义的活动。它具体表现为代理人有权自行解决他如何向第三人作出意思表示，或者是否接受第三人的意思表示。

（4）被代理人对代理行为承担民事责任

代理是代理人以被代理人的名义实施的法律行为，所以在代理关系中所设定的权利义务，当然应当直接归属被代理人享受和承担。被代理人对代理人的代理行为承担，既包括对代理人在执行代理任务的合法行为承担民事责任，也包括对代理人不当的代理行为承担民事责任。

2. 代理的种类

以代理权产生的依据不同，可将代理分为委托代理和法定代理。

（1）委托代理

委托代理，是基于被代理人对代理人的委托授权行为而产生的代理。委托代理授权采用书面形式的，授权委托书应当载明代理人的姓名或者名称、代理事项、权限和期间，并由被代理人签名或者盖章。数人为同一代理事项的代理人的，应当共同行使代理权，但是当事人另有约定的除外。代理人不得以被代理人的名义与自己实施民事法律行为，但是被代理人同意或者追认的除外。例如，项目经理不能以自己所在的施工企业的名义与自己订立材料买卖合同。

执行法人或者非法人组织工作任务的人员，就其职权范围内的事项，以法人或者非法人组织的名义实施民事法律行为，对法人或者非法人组织发生效力。法人或者非法人组织对执行其工作任务的人员职权范围的限制，不得对抗善意相对人。

在委托代理中，被代理人所作出的授权行为属于单方的法律行为，仅凭被代理人一方的意思表示，即可以发生授权的法律效力。被代理人有权随时撤销其授权委托。代理人也有权随时辞去所受委托。但代理人辞去委托时，不能给被代理人和善意第三人造成损失，否则应负赔偿责任。

（2）法定代理

法定代理是指根据法律的直接规定而产生的代理。法定代理主要是为维护无行为能力或限制行为能力人的利益而设立的代理方式。

3. 无权代理

无权代理是指行为人没有代理权而以他人名义进行民事活动。无权代理包括以下几种情况：

（1）没有代理权而为代理行为；

（2）超越代理权限为代理行为；

（3）代理权终止为代理行为。

对于无权代理行为，"被代理人"当然可以不承担法律责任。无权代理行为，未经被代理人追认的，对被代理人不发生效力。相对人可以催告被代理人自收到通知之日起一个月内予以追认。被代理人未作表示的，视为拒绝追认。行为人实施的行为被追认前，善意相对人有撤销的权利。撤销应当以通知的方式作出。行为人实施的行为未被追认的，善意相对人有权请求行为人履行债务或者就其受到的损害请求行为人赔偿，但是赔偿的范围不得超过被代理人追认时相对人所能获得的利益。行为人没有代理权、超越代理权或者代理权终止后，仍然实施代理行为，相对人有理由相信行为人有代理权的，代理行为有效。

4. 委托代理关系的终止

委托代理关系可因下列原因终止：

（1）代理期间届满或者代理事务完成；

（2）被代理人取消委托或代理人辞去委托；

（3）代理人丧失民事行为能力；

（4）代理人或者被代理人死亡；

（5）作为代理人或者被代理人的法人、非法人组织终止。

2.2.3　物权制度

物权是一项基本民事权利，也是大多数经济活动的基础和目的。工程建设也一样，在工程建设中涉及的许多权利都是源于物权。建设单位对建设项目的权利来自于物权中最基本的权利——所有权。

1. 物权的概念

物权，是指权利人依法对特定的物享有直接支配和排他的权利，包括所有权、用益物权和担保物权。所有权是权利人对自己的不动产或者动产，依法享有占有、使用、收益和处分的权利。所有权是一种最全面、最充分的物权。用益物权是权利人对他人所有的不动产或者动产，依法享有占有、使用和收益的权利。担保物权是权利人在债务人不履行到期债务或者发生当事人约定的实现担保物权的情形，依法享有就担保财产优先受偿的权利。

2. 财产所有权的权能

财产所有权的权能，是指所有人对其所有的财产依法享有的权利，包括占有权、使用权、收益权、处分权。

（1）占有权

占有权是指对财产实际掌握、控制的权能。占有权是行使物的使用权的前提条件，是所有人行使财产所有权的一种方式。占有权可以根据所有人的意志和利益分离出去，由非所有人享有。如，根据货物运输合同，承运人对托运人的财产享有占有权。

（2）使用权

使用权是指对财产的实际利用和运用的权能。通过对财产实际利用和运用满足所有人的需要，是实现财产使用价值的基本渠道。使用权是所有人所享有的一项独立权能，所有人可以在法律规定的范围内，以自己的意志使用其所有物。

（3）收益权

收益权是指收取由原物产生出来的新增经济价值的权能。原物新增的经济价值包括由原物直接派生出来的果实、由原物所产生出来的租金和利息、对原物直接利用而产生的利润等等。收益往往是因为使用而产生的，因此收益权也往往与使用权联系在一起。但是，收益权本身是一项独立的权能，因而使用权并不能包括收益权。有时所有人并不行使对物的使用权，仍可以享有对物的收益权，而非所有人根据法律和合同的规定可以仅仅享有使用权而不享有收益权。

（4）处分权

处分权是指依法对财产进行处置，决定财产在事实上或法律上命运的权能。处分权的行使决定着物的归属。处分权是所有人的最基本的权利，它是所有权内容的核心。

3. 不动产的征收

在特殊情况下，可以将非国家所有的不动产收归国有。为了公共利益的需要，依照法律规定的权限和程序可以征收集体所有的土地和单位、个人的房屋及其他不动产。征收单位、个人的房屋及其他不动产，应当依法给予拆迁补偿，维护被征收人的合法权益；征收个人住宅的，还应当保障被征收人的居住条件。如修建城市公共道路，就可以将公民的房屋收归国有。但是，目前对什么是"公共利益"还没有具体规定，但一般理解，如果是房地产开发商开发普通的商业项目，不宜理解为"公共利益"，而是开发商的商业利益。由于"公共利益"还没有具体规定，因此在实践中往往有许多争议。如 2007 年 3 月份发生在重庆市，被称为"史上最牛的钉子户"的事件，对于《物权法》生效后应当如何处理，大家有不同的理解。但总体来看，《物权法》生效后，"公共利益"的界定会趋向严格。

4. 建筑物区分所有权

业主对建筑物内的住宅、经营性用房等专有部分享有所有权，对专有部分以外的共有部分享有共有和共同管理的权利。现代我国城市居民绝大多数都是许多家共同居住在一栋建筑物（或者一个小区）中，如果产权属居民所有，则这一栋建筑物的所有权分为专有的和共有的两部分，把自己家的房门关起来以后，门内的就是专有的，自己享有完全的处置权。当然，在行使自己权利时，不能危害建筑物的安全，如不能拆除自己门内的承重墙；也不能损害其他人的合法权益，如不能不分白天黑夜砸自己家的地板影响楼下邻居的休息。这一栋建筑物公用的部分，如楼道、电梯等，由于无法进行分割，所以属这栋建筑物内的全体所有权人共同共有的，大家也享有共同管理的权利，其他人不能干预。如中央电视台"今日说法"栏目曾经报道过，某房地产开发商将楼顶出租给第三人养动物，这损害了业主的权利，构成了对业主权利的干预。

5. 用益物权

用益物权包括土地承包经营权、建设用地使用权、宅基地使用权和地役权。建设用地使用权人依法对国家所有的土地享有占有、使用和收益的权利，有权利用该土地建造建筑物、构筑物及其附属设施。建设用地使用权可以在土地的地表、地上或者地下分别设立。新设立的建设用地使用权，不得损害已设立的用益物权。设立建设用地使用权，可以采取出让或者划拨等方式。

2.2.4 债权制度

1. 债权的概念

债权是因合同、侵权行为、无因管理、不当得利以及法律的其他规定，权利人请求特定义务人为或者不为一定行为的权利。在债权债务法律关系中，享有权利的人是债权人，负有义务的人是债务人。债是特定当事人之间的法律关系，债权人只能向特定的人主张自己的权利，债务人也只需向享有该项权利的特定人履行义务。

2. 债权的产生

债权的产生，是指特定当事人之间债权债务关系的产生。引起债权产生的一定的法律事实，就是债权产生的根据。债权产生的根据有：

（1）合同

在当事人之间因产生了合同法律关系，也就是产生了权利义务关系，设立了债的关系。任何合同关系的设立，都会在当事人之间发生债权债务的关系。合同引起债的关系是债发生的最主要、最普遍的依据。因合同产生的债被称为合同之债。

（2）侵权

侵权，是指公民或法人没有法律依据而侵害他人的财产权利或人身权利的行为。侵权行为一经发生，即在侵权行为人和被侵权人之间形成的债的关系。因侵权行为产生的债被称为侵权之债。

（3）无因管理

无因管理，是指管理人员和服务人员没有法律上的特定义务，也没有受到他人委托，自觉为他人管理事务或提供服务。无因管理在管理人员或服务人员与受益人之间形成了债的关系。因无因管理产生的债被称为无因管理之债。

（4）不当得利

不当得利，是指没有法律上或者合同上的依据，有损于他人利益而自身取得利益的行为。由于不当得利造成他人利益的损害，因此在得利者与受害者之间形成债的关系。得利者应当将所得的不当利益返还给受损失的人。因不当得利产生的债被称为不当得利之债。

2.2.5 侵权责任制度

1. 侵权责任的概念

侵权责任，是指行为人实施一定的侵权行为所应当承担的民事责任。所谓侵权行为是指行为人由于侵害他人的民事权利，依法应当承担民事责任的行为，以及依照法律特别规定应当承担民事责任的其他致人损害的行为。《侵权责任法》由第十一届全国人大常务委员会第十二次会议于2009年12月26日通过，自2010年7月1日起施行。

被侵权人有权请求侵权人承担侵权责任。侵权人因同一行为应当承担行政责任或者刑事责任的，不影响依法承担侵权责任。因同一行为应当承担侵权责任和行政责任、刑事责任，侵权人的财产不足以支付的，先承担侵权责任。

2. 责任构成

行为人因过错侵害他人民事权益，应当承担侵权责任。根据法律规定推定行为人有过错，行为人不能证明自己没有过错的，应当承担侵权责任。行为人损害他人民事权益，不论行为人有无过错，法律规定应当承担侵权责任的，依照其规定。

二人以上共同实施侵权行为，造成他人损害的，应当承担连带责任。二人以上实施危及他人人身、财产安全的行为，其中一人或者数人的行为造成他人损害，能够确定具体侵权人的，由侵权人承担责任；不能确定具体侵权人的，行为人承担连带责任。二人以上分别实施侵权行为造成同一损害，每个人的侵权行为都足以造成全部损害的，行为人承担连带责任。二人以上分别实施侵权行为造成同一损害，能够确定责任大小的，各自承担相应的责任；难以确定责任大小的，平均承担赔偿责任。法律规定承担连带责任的，被侵权人有权请求部分或者全部连带责任人承担责任。

3. 承担侵权责任的方式

承担侵权责任的方式主要有：（1）停止侵害；（2）排除妨碍；（3）消除危险；（4）返还财产；（5）恢复原状；（6）赔偿损失；（7）赔礼道歉；（8）消除影响、恢复名誉。以上承担侵权责任的方式，可以单独适用，也可以合并适用。

侵害他人造成人身损害的，应当赔偿医疗费、护理费、交通费等为治疗和康复支出的合理费用，以及因误工减少的收入。造成残疾的，还应当赔偿残疾生活辅助具费和残疾赔偿金。造成死亡的，还应当赔偿丧葬费和死亡赔偿金。侵害他人财产的，财产损失按照损失发生时的市场价格或者其他方式计算。侵害他人人身权益造成财产损失的，按照被侵权人因此受到的损失赔偿；被侵权人的损失难以确定，侵权人因此获得利益的，按照其获得的利益赔偿；侵权人因此获得的利益难以确定，被侵权人和侵权人就赔偿数额协商不一致，向人民法院提起诉讼的，由人民法院根据实际情况确定赔偿数额。侵害他人人身权益，造成他人严重精神损害的，被侵权人可以请求精神损害赔偿。

因同一侵权行为造成多人死亡的，可以以相同数额确定死亡赔偿金。被侵权人死亡的，其近亲属有权请求侵权人承担侵权责任。被侵权人为单位，该单位分立、合并的，承继权利的单位有权请求侵权人承担侵权责任。

4. 建筑物件损害责任

建筑物、构筑物或者其他设施及其搁置物、悬挂物发生脱落、坠落造成他人损害，所有人、管理人或者使用人不能证明自己没有过错的，应当承担侵权责任。所有人、管理人或者使用人赔偿后，有其他责任人的，有权向其他责任人追偿。

建筑物、构筑物或者其他设施倒塌造成他人损害的，由建设单位与施工单位承担连带责任。建设单位、施工单位赔偿后，有其他责任人的，有权向其他责任人追偿。因其他责任人的原因，建筑物、构筑物或者其他设施倒塌造成他人损害的，由其他责任人承担侵权责任。

从建筑物中抛掷物品或者从建筑物上坠落的物品造成他人损害，难以确定具体侵权人的，除能够证明自己不是侵权人的外，由可能加害的建筑物使用人给予补偿。

2.2.6 诉讼时效制度

1. 诉讼时效的概念

诉讼时效，是指权利人在法定期间内不行使权利，法律规定消灭其胜诉权的制度。即公民或者法人在其民事权利受到侵害的时候，在诉讼时效期间内不行使权利，就丧失了请求法院依照诉讼程序强制义务人履行义务的权利。

2. 诉讼时效期间

向人民法院请求保护民事权利的诉讼时效期间为三年。法律另有规定的，依照其规定。《合同法》规定，因国际货物买卖合同和技术进出口合同争议提起诉讼的期限为四年。

诉讼时效期间自权利人知道或者应当知道权利受到损害以及义务人之日起计算。法律另有规定的，依照其规定。但是自权利受到损害之日起超过二十年的，人民法院不予保护；有特殊情况的，人民法院可以根据权利人的申请决定延长。当事人约定同一债务分期履行的，诉讼时效期间自最后一期履行期限届满之日起计算。

诉讼时效期间届满的，义务人可以提出不履行义务的抗辩。诉讼时效期间届满后，义务人同意履行的，不得以诉讼时效期间届满为由抗辩；义务人已自愿履行的，不得请求返还。

诉讼时效的期间、计算方法以及中止、中断的事由由法律规定，当事人约定无效。当事人对诉讼时效利益的预先放弃无效。

3. 诉讼时效的中止和中断

（1）诉讼时效的中止

诉讼时效的中止是指在诉讼时效期间的最后六个月内，由于不可抗力或其他障碍，权利人不能行使请求权，诉讼时效期暂停计算，从障碍消除之日起，诉讼时效继续计算。导致诉讼时效中止的情形有：

1）不可抗力；

2）无民事行为能力人或者限制民事行为能力人没有法定代理人，或者法定代理人死亡、丧失民事行为能力、丧失代理权；

3）继承开始后未确定继承人或者遗产管理人；

4）权利人被义务人或者其他人控制；

5）其他导致权利人不能行使请求权的障碍。

（2）诉讼时效的中断

诉讼时效中断是指因发生一定的事由，原来经过的时效期间统归无效，从中断、有关程序终结时起，诉讼时效期间重新计算。导致诉讼时效中断的情形：

1）权利人向义务人提出履行请求；

2）义务人同意履行义务；

3）权利人提起诉讼或者申请仲裁；

4）与提起诉讼或者申请仲裁具有同等效力的其他情形。

2.3 环 境 保 护 法

2.3.1 概述

1. 环境和环境保护的概念

环境，是指影响人类生存和发展的各种天然的和经过人工改造的自然因素的总体，包括大气、水、海洋、土地、矿藏、森林、草原、野生生物、自然遗迹、人文遗迹、自然保护区、风景名胜区、城市和乡村等。

环境问题，是指由于人类活动或者自然原因使环境条件发生不利于人类的变化，产生了影响人类的生产和生活，给人类带来灾害的问题。环境问题多种多样，归纳起来有两大类：一类是自然演变和自然灾害引起的原生环境问题，也叫第一环境问题。如地震、洪涝、干旱、台风、崩塌、滑坡、泥石流等。另一类是人类活动引起的次生环境问题，也叫第二环境问题和"公害"。次生环境问题一般又分为环境污染和环境破坏两大类。如乱砍滥伐引起的森林植被的破坏、过度放牧引起的草原退化、大面积开垦草原引起的沙漠化和土地沙化、工业生产造成大气、水环境恶化等。

环境保护就是通过采取行政的、法律的、经济的、科学技术等多方面的措施，保护人类生存的环境不受污染和破坏；还要依据人类的意愿，保护和改善环境，使它更好地适应人类劳动和生活以及自然界中生物的生存，消除那些破坏环境并危及人类生活和生存的不利因素。环境保护所要解决的问题大致包括两个方面的内容，一是保护和改善环境质量，保护人类身心的健康，防止机体在环境的影响下变异和退化；二是合理利用自然资源，减少或消除有害物质进入环境，以及保护自然资源（包括生物资源）的恢复和扩大再生产，以利于人类生命活动。

2. 环境保护法的概念

环境保护法是国家为协调人类与环境的关系，保护与改善环境而制定的调整人类在开发利用、保护改善环境的活动中所产生的各种社会关系的法律规范的总称。环境保护法的调整对象是人们在保护和改善环境的活动中产生的各种社会关系。这些社会关系包括：与合理开发、利用和保护各种自然资源有关的各种社会关系；与防治污染和其他公害有关的社会关系；与防止自然灾害和减轻自然灾害不良影响有关的社会关系。

3. 环境标准

环境标准是为了保护人群健康，防治环境污染，促使生态良性循环，合理利用资源，促进经济发展，依据环境保护法和有关政策，对有关环境的各项工作所作的规定。环境标准是强制性标准，同时也是进行环境规划、环境管理、环境评价和城市建设的依据。

我国的环境标准主要有：环境质量标准、污染物排放标准、环境基础标准、环境方法标准、环境标准物质标准、环保仪器设备标准等六类。环境质量标准是为了保护人类健康，维持生态良性平衡和保障社会物质财富，并考虑技术条件，对环境中有害物质和因素所作的限制性规定。

2.3.2 建设项目的"三同时"制度

1. 建设项目"三同时"制度的概念

建设项目"三同时"制度是指一切新建、改建和扩建的基本建设项目、技术改造项目、自然开发项目，以及可能对环境造成损害的工程建设项目，其中需要配套建设的防治污染和其他公害的环境保护设施，必须与主体工程同时设计、同时施工、同时投产使用。

2. 建设项目环境保护的设计

国家对各设计阶段在环境保护方面都作出了明确的要求。

建设项目的初步设计，应当按照环境保护设计规范的要求，编制环境保护篇章，并依据经批准的建设项目环境影响报告书或者环境影响报告表，在环境保护篇章中落实防治环境污染和生态破坏的措施以及环境保护设施投资概算。

施工图设计阶段，建设项目环境保护设施的施工图设计，必须按已批准的初步设计文件及其环境保护篇（章）所确定的各种措施和要求进行。

3. 建设项目环境保护设施的施工

建设单位会同施工单位做好环境保护工程设施的施工建设、资金使用情况等资料、文件的整理建档工作备查，并应当以季报的形式将环境保护工程进度情况上报政府环保部门。环保部门检查环保报批手续是否完备，环保工程是否纳入施工计划及建设进度和资金落实情况，并提出意见。

4. 建设项目环境保护设施的竣工验收

编制环境影响报告书、环境影响报告表的建设项目竣工后，建设单位应当按照国务院环境保护行政主管部门规定的标准和程序，对配套建设的环境保护设施进行验收，编制验收报告。建设单位在环境保护设施验收过程中，应当如实查验、监测、记载建设项目环境保护设施的建设和调试情况，不得弄虚作假。除按照国家规定需要保密的情形外，建设单位应当依法向社会公开验收报告。

2.3.3 建设项目环境影响评价制度

1. 建设项目环境影响评价的概念

建设项目环境影响评价，是指在一定区域内进行开发建设活动，事先对拟建项目可能对周围环境造成的影响进行调查、预测和评定，并提出防治对策和措施，为项目决策提供科学依据。建设项目环境质量评价实质上是对环境质量优与劣的评定过程，该过程包括环境评价因子的确定、环境监测、评价标准、评价方法、环境识别。

2. 建设项目环境影响评价分类管理

国家根据建设项目对环境的影响程度，对建设项目的环境保护实行分类管理。根据建设项目对环境影响的大小，应当分别编制环境影响报告书、报告表和登记表，这三类文件统称建设项目环境影响评价文件。

（1）对环境可能造成重大影响的建设项目

建设项目对环境可能造成重大影响的，应当编制环境影响报告书，对建设项目产生的污染和对环境的影响进行全面、详细的评价，这些项目为：1）原料、产品或生产过程中涉及的污染物种类多、数量大或毒性大、难以在环境中降解的建设项目；2）可能造成生态系统结构重大变化、重要生态功能改变，或生物多样性明显减少的建设项目；3）可能对脆弱生态系统产生较大影响或可能引发和加剧自然灾害的建设项目；4）容易引起跨行政区环境影响纠纷的建设项目；5）所有流域开发、开发区建设、城市新区建设和旧区改建等区域性开发活动或建设项目。

（2）对环境可能造成轻度影响的建设项目

建设项目对环境可能造成轻度影响的，应当编制环境影响报告表，对建设项目产生的污染和对环境的影响进行分析或者专项评价，这些项目为：1）污染因素单一，而且污染物种类少、产生量小或毒性较低的建设项目；2）对地形、地貌、水文、土壤、生物多样性等有一定影响，但不改变生态系统结构和功能的建设项目；3）基本不对环境敏感区造成影响的小型建设项目。

（3）对环境影响很小的建设项目

建设项目对环境影响很小，不需要进行环境影响评价的，应当填报环境影响登记表，这些项目为：1）基本不产生废水、废气、废渣、粉尘、恶臭、噪声、振动、热污染、放射性、电磁波等不利环境影响的建设项目；2）基本不改变地形、地貌、水文、土壤、生物多样性等，不改变生态系统结构和功能的建设项目；3）不对环境敏感区造成影响的小型建设项目。

3. 建设项目环境影响评价文件的内容及报批

(1) 建设项目环境影响评价文件的内容

建设项目环境影响报告书，应当包括下列内容：1）建设项目概况；2）建设项目周围环境现状；3）建设项目对环境可能造成影响的分析和预测；4）环境保护措施及其经济、技术论证；5）环境影响经济损益分析；6）对建设项目实施环境监测的建议；7）环境影响评价结论。

建设项目环境影响报告表、环境影响登记表的内容和格式，由国务院环境保护行政主管部门规定。

(2) 建设项目环境影响评价文件的报批

依法应当编制环境影响报告书、环境影响报告表的建设项目，建设单位应当在开工建设前将环境影响报告书、环境影响报告表报有审批权的环境保护行政主管部门审批；建设项目的环境影响评价文件未依法经审批部门审查或者审查后未予批准的，建设单位不得开工建设。

(3) 建设项目环境影响评价文件的审批

环境保护行政主管部门审批环境影响报告书、环境影响报告表，应当重点审查建设项目的环境可行性、环境影响分析预测评估的可靠性、环境保护措施的有效性、环境影响评价结论的科学性等，并分别自收到环境影响报告书之日起 60 日内、收到环境影响报告表之日起 30 日内，作出审批决定并书面通知建设单位。

环境保护行政主管部门可以组织技术机构对建设项目环境影响报告书、环境影响报告表进行技术评估，并承担相应费用；技术机构应当对其提出的技术评估意见负责，不得向建设单位、从事环境影响评价工作的单位收取任何费用。

依法应当填报环境影响登记表的建设项目，建设单位应当按照国务院环境保护行政主管部门的规定将环境影响登记表报建设项目所在地县级环境保护行政主管部门备案。

环境保护行政主管部门应当开展环境影响评价文件网上审批、备案和信息公开。

2.3.4　建设项目施工中的环境保护

施工单位应当遵守国家有关环境保护的法律规定，采取措施控制施工现场的各种粉尘、废气、废水、固定废弃物以及噪声、振动对环境的污染和危害。施工单位应当采取下列防止环境污染的措施：1）妥善处理泥浆水，未经处理不得直接排入城市排水设施和河流；2）除设有符合规定的装置外，不得在施工现场熔融沥青或者焚烧油毡、油漆以及其他会产生有毒有害烟尘和恶臭气体的物质；3）使用密封式的圈筒或者采取其他措施处理高空废弃物；4）采取有效措施控制施工过程中的扬尘；5）禁止将有毒有害废弃物用作土方回填；6）对产品噪声、振动的施工机械、应采取有效控制措施，减轻噪声扰民。

建设工程施工由于受技术、经济条件限制，对环境的污染不能控制在规定范围内的，建设单位应当会同施工单位事先报请当地人民政府建设行政主管部门和环境行政主管部门批准。

2.4　劳　动　法

2.4.1　劳动法概述

1. 劳动法的概念

劳动法是指调整劳动关系以及与劳动关系密切联系的其他社会关系的法律规范的总

和。我国劳动法的内容包括：劳动合同、集体合同、工作时间和休息休假、工资、劳动安全卫生、女职工和未成年工的特殊保护、社会保险和福利、劳动争议处理等。

2. 劳动法的适用范围

我国《劳动法》第2条规定："在中华人民共和国境内的企业、个体经济组织（以下统称用人单位）和与之形成劳动关系的劳动者，适用本法。国家机关、事业组织、社会团体和与之建立劳动合同关系的劳动者，依照本法执行"。根据《劳动法》及国家劳动部的有关规定，《劳动法》对劳动者的适用范围归纳如下：

（1）在中国境内的企业、个体经济组织和与之形成劳动关系的劳动者。

（2）国家机关、事业组织、社会团体实行劳动合同制度的以及按规定应实行劳动合同制的工勤人员；其他通过劳动合同与国家机关、事业组织、社会团体建立劳动关系的劳动者。

（3）实行企业化管理的事业组织的人员。

中国境内的企业、个体经济组织在劳动法中被称为用人单位。劳动法同时规定国家机关、事业组织、社会团体之间和与之建立劳动关系的劳动者依照《劳动法》执行。因此，国家机关、事业组织、社会团体在劳动关系中应被视为用人单位。

劳动者在试用期内、退休后都适用我国《劳动法》。农村劳动者（乡镇企业职工和进城务工、经商的农民除外）、现役军人、家庭保姆、在我国境内享有外交特权和豁免权的外国人等，不适用我国《劳动法》。

2.4.2 劳动合同

劳动合同在劳动法中具有重要的地位，全国人大常委会在 2007 年 6 月 29 日通过了《劳动合同法》，用以规范劳动合同，该法自 2008 年 1 月 1 日起施行；全国人大常委会在 2012 年 12 月 28 日对《劳动合同法》进行了修订，自 2013 年 7 月 1 日起施行。

1. 劳动合同的订立

劳动合同是指劳动者与用人单位之间确立劳动关系，明确双方权利和义务的书面协议。建立劳动关系应当订立劳动合同。订立和变更劳动合同，应当遵循合法、公平、平等自愿、协商一致、诚实信用的原则，不得违反法律、行政法规的规定。劳动合同应当以书面形式订立，劳动合同应当具备以下条款：1）用人单位的名称、住所和法定代表人或者主要负责人；2）劳动者的姓名、住址和居民身份证或者其他有效身份证件号码；3）劳动合同期限；4）工作内容和工作地点；5）工作时间和休息休假；6）劳动报酬；7）社会保险；8）劳动保护、劳动条件和职业危害防护；9）法律、法规规定应当纳入劳动合同的其他事项。

用人单位自用工之日起即与劳动者建立劳动关系。用人单位应当建立职工名册备查。用人单位招用劳动者，不得扣押劳动者的居民身份证和其他证件，不得要求劳动者提供担保或者以其他名义向劳动者收取财物。已建立劳动关系，未同时订立书面劳动合同的，应当自用工之日起一个月内订立书面劳动合同。用人单位与劳动者在用工前订立劳动合同的，劳动关系自用工之日起建立。

劳动合同分为固定期限劳动合同、无固定期限劳动合同和以完成一定工作任务为期限的劳动合同。

劳动合同期限三个月以上不满一年的，试用期不得超过一个月；劳动合同期限一年以上不满三年的，试用期不得超过二个月；三年以上固定期限和无固定期限的劳动合同，试用期不得超过六个月。同一用人单位与同一劳动者只能约定一次试用期。以完成一定工作任务为期限的劳动合同或者劳动合同期限不满三个月的，不得约定试用期。试用期应包含在劳动合同期限内。劳动合同仅约定试用期的，试用期不成立，该期限为劳动合同期限。劳动者在试用期的工资不得低于本单位相同岗位最低档工资或者劳动合同约定工资的百分之八十，并不得低于用人单位所在地的最低工资标准。

2. 劳动合同的效力

劳动合同在依法成立后即生效，即在双方当事人意思表示一致的情况下，劳动合同自签订之日起即产生法律效力。

劳动合同的无效是指由于当事人违反法律、行政法规，致使签订的劳动合同不具有法律效力。劳动合同无效的情形有：1）订立劳动合同的主体不合法；2）订立劳动合同的程序或形式不合法；3）违反法律、行政法规的劳动合同；4）采用欺诈、威胁等的手段订立的劳动合同。

无效的劳动合同，从订立时起就没有法律效力。确认劳动合同部分无效的，如果不影响其余部分的效力，其余部分仍然有效。劳动合同的无效，由劳动争议仲裁委员会或人民法院确认。

3. 劳动合同的履行和变更

用人单位与劳动者应当按照劳动合同的约定，全面履行各自的义务。用人单位应当按照劳动合同约定和国家规定，向劳动者及时足额支付劳动报酬。用人单位拖欠或者未足额支付劳动报酬的，劳动者可以依法向当地人民法院申请支付令，人民法院应当依法发出支付令。用人单位应当严格执行劳动定额标准，不得强迫或者变相强迫劳动者加班。用人单位安排加班的，应当按照国家有关规定向劳动者支付加班费。劳动者拒绝用人单位管理人员违章指挥、强令冒险作业的，不视为违反劳动合同。

用人单位与劳动者协商一致，可以变更劳动合同约定的内容。变更劳动合同，应当采用书面形式。变更后的劳动合同文本由用人单位和劳动者各执一份。

4. 劳动合同的解除和终止

劳动合同的解除是指当事人依法提前终止劳动合同效力的法律行为。劳动合同的解除使得劳动关系提前终止，但对已经履行的部分不产生解除的效力。

劳动合同的解除可分为协商解除、单方解除和自行解除。

（1）协商解除

用人单位与劳动者协商一致，可以解除劳动合同。

（2）用人单位单方解除

即用人单位在法律规定的条件下不需要与劳动者达成合意而单方面解除合同。包括三种情形：

第一种情况是即时解除，即用人单位无需以任何形式提前告知劳动者，就可随时通知劳动者解除合同。劳动者有下列情形之一的，用人单位可以解除劳动合同：1）在试用期间被证明不符合录用条件的；2）严重违反用人单位的规章制度的；3）严重失职，营私舞弊，给用人单位造成重大损害的；4）劳动者同时与其他用人单位建立劳动关系，对完成本单位的工作任务造成严重影响，或者经用人单位提出，拒不改正的；5）以欺诈、胁迫的手段或者乘人之危，使对方在违背真实意思的情况下订立劳动合同，致使劳动合同无效的；6）被依法追究刑事责任的。

第二种情况是需要预先通知的解除，有下列情形之一的，用人单位提前 30 日以书面形式通知劳动者本人或者额外支付劳动者一个月工资后，可以解除劳动合同：1）劳动者患病或者非因工负伤，在规定的医疗期满后不能从事原工作，也不能从事由用人单位另行安排的工作的；2）劳动者不能胜任工作，经过培训或者调整工作岗位，仍不能胜任工作的；3）劳动合同订立时所依据的客观情况发生重大变化，致使劳动合同无法履行，经用人单位与劳动者协商，未能就变更劳动合同内容达成协议的。

第三种情况是因经济性裁员而发生的解除。有下列情形之一，需要裁减人员二十人以上或者裁减不足二十人但占企业职工总数百分之十以上的，用人单位提前 30 日向工会或者全体职工说明情况，听取工会或者职工的意见后，裁减人员方案经向劳动行政部门报告，可以裁减人员：1）依照企业破产法规定进行重整的；2）生产经营发生严重困难的；3）企业转产、重大技术革新或者经营方式调整，经变更劳动合同后，仍需裁减人员的；4）其他因劳动合同订立时所依据的客观经济情况发生重大变化，致使劳动合同无法履行的。裁减人员时，应当优先留用下列人员：1）与本单位订立较长期限的固定期限劳动合同的；2）与本单位订立无固定期限劳动合同的；3）家庭无其他就业人员，有需要扶养的老人或者未成年人的。

为保护劳动者的合法权益，防止用人单位滥用单方解除权，《劳动合同法》还规定了用人单位不得解除劳动合同的情况：1）从事接触职业病危害作业的劳动者未进行离岗前职业健康检查，或者疑似职业病病人在诊断或者医学观察期间的；2）在本单位患职业病或者因工负伤并被确认丧失或者部分丧失劳动能力的；3）患病或者非因工负伤，在规定的医疗期内的；4）女职工在孕期、产期、哺乳期的；5）在本单位连续工作满十五年，且距法定退休年龄不足五年的；6）法律、行政法规规定的其他情形。

（3）劳动者单方面解除

劳动者在具备法律规定的条件时，无需与用人单位协商一致就可单方解除劳动合同。劳动者单方解除劳动合同的情况有两种：

第一种情况是无需预先通知的解除，即劳动者在具备法律规定的正当理由时，不需要预先通知用人单位，随时可解除劳动合同。用人单位有下列情形之一的，劳动者可以解除劳动合同：1）未按照劳动合同约定提供劳动保护或者劳动条件的；2）未及时足额支付劳动报酬的；3）未依法为劳动者缴纳社会保险费的；4）用人单位的规章制度违反法律、法规的规定，损害劳动者权益的；5）以欺诈、胁迫的手段或者乘人之危，使对方在违背真实意思的情况下订立劳动合同，致使劳动合同无效的；6）法律、行政法规规定劳动者可以解除劳动合同的其他情形。用人单位以暴力、威胁或者非法限制人身自由的手段强迫劳动者劳动的，或者用人单位违章指挥、强令冒险作业危及劳动者人身安全的，劳动者可以立即解除劳动合同，不需事先告知用人单位。

第二种情况是预先通知的解除，即劳动者应当提前以书面形式通知用人单位解除劳动合同。我国《劳动法》第 31 条规定，劳动者解除劳动合同，应当提前 30 日以书面形式通知用人单位。此项规定是对劳动者任意解除劳动合同的一种限制，有利于保护用人单位的合法利益。

（4）劳动合同终止

有下列情形之一的，劳动合同终止：1）劳动合同期满的；2）劳动者开始依法享受基本养老保险待遇的；3）劳动者死亡，或者被人民法院宣告死亡或者宣告失踪的；4）用人单位被依法宣告破产的；5）用人单位被吊销营业执照、责令关闭、撤销或者用人单位决定提前解散的；6）法律、行政法规规定的其他情形。

5. 劳动合同的特别规定

（1）集体合同

集体合同是指授权参与集体协商的双方代表根据法律、法规的规定就劳动报酬、工作时间、休息休假、劳动安全卫生、保险福利等事项在平等协商一致的基础上签订的书面协议。集体合同的订立要经过集体协商。集体协商是指企业工会或职工代表与相应的企业代表，为签订集体合同进行商谈的行为。集体协商代表每方为 3 至 10 名，双方人数对等，并各确定 1 名首席代表。工会一方首席代表不是工会主席的，应由工会主席书面委托。双方应另行指定 1 名记录员。企业代表，由其法定代表人担任或指派。职工一方由工会代表；未建立工会的企业由职工民主推举代表，并须得到半数以上职工的同意。集体合同签字人为双方的首席代表。集体合同有如下的法律特征：

1）集体合同主体一方是劳动者的团体组织即工会或职工代表，另一方是用人单位。

2）集体合同内容以集体劳动关系中全体劳动者的最低劳动条件、劳动标准、全体劳动者的义务为主要内容。

3）集体合同是要式合同。劳动合同应当是书面的，并且要求报送劳动行政主管部门登记、审查、备案方为有效。

4）集体合同的效力高于劳动合同的效力。集体合同的效力及于全体劳动者，即劳动合同规定的个人劳动条件和劳动标准不得低于集体合同的规定。

（2）劳务派遣

劳务派遣是指派遣单位与派遣劳工订立派遣合同，在得到派遣劳工同意后，使其在用工单位指挥监督下提供劳务。劳动合同用工是我国的企业基本用工形式。劳务派遣用工是补充形式，只能在临时性、辅助性或者替代性的工作岗位上实施。临时性工作岗位是指存续时间不超过六个月的岗位；辅助性工作岗位是指为主营业务岗位提供服务的非主营业务岗位；替代性工作岗位是指用工单位的劳动者因脱产学习、休假等原因无法工作的一定期间内，可以由其他劳动者替代工作的岗位。

经营劳务派遣业务应当具备下列条件：1）注册资本不得少于人民币二百万元；2）有与开展业务相适应的固定的经营场所和设施；3）有符合法律、行政法规规定的劳务派遣管理制度；4）法律、行政法规规定的其他条件。劳务派遣单位应当与被派遣劳动者订立二年以上的固定期限劳动合同，按月支付劳动报酬；被派遣劳动者在无工作期间，劳务派遣单位应当按照所在地人民政府规定的最低工资标准，向其按月支付报酬。劳务派遣单位派遣劳动者应当与接受以劳务派遣形式用工的单位订立劳务派遣协议。劳务派遣协议应当约定派遣岗位和人员数量、派遣期限、劳动报酬和社会保险费的数额与支付方式以及违反协议的责任。用工单位应当履行下列义务：1）执行国家劳动标准，提供相应的劳动条件和劳动保护；2）告知被派遣劳动者的工作要求和劳动报酬；3）支付加班费、绩效奖金，提供与工作岗位相关的福利待遇；4）对在岗被派遣劳动者进行工作岗位所必需的培训；

5）连续用工的，实行正常的工资调整机制。

（3）非全日制用工

非全日制用工，是指以小时计酬为主，劳动者在同一用人单位一般平均每日工作时间不超过四小时，每周工作时间累计不超过二十四小时的用工形式。

非全日制用工双方当事人可以订立口头协议。从事非全日制用工的劳动者可以与一个或者一个以上用人单位订立劳动合同；但是，后订立的劳动合同不得影响先订立的劳动合同的履行。非全日制用工双方当事人任何一方都可以随时通知对方终止用工。终止用工，用人单位不向劳动者支付经济补偿。

2.4.3　工作时间

我国《劳动法》规定，国家实行劳动者每日工作时间不超过 8 小时、平均每周工作时间不超过 44 小时的工时制度。国务院在 1995 年又作出规定，规定职工每日工作 8 小时，每周工作 40 小时。用人单位应当保证劳动者每周至少休息 1 日。用人单位在下列节日期间应当依法安排劳动者休假：1）元旦；2）春节；3）国际劳动节；4）国庆节；5）法律、法规规定的其他休假节日。2013 年 12 月 11 日，《国务院关于修改〈全国年节及纪念日放假办法〉的决定》，全体公民放假的节日是：新年，放假 1 天（1 月 1 日）；春节，放假 3 天（农历正月初一、初二、初三）；清明节，放假 1 天（农历清明当日）；劳动节，放假 1 天（5 月 1 日）；端午节，放假 1 天（农历端午当日）；中秋节，放假 1 天（农历中秋当日）；国庆节，放假 3 天（10 月 1 日、2 日、3 日）。

用人单位由于生产经营需要，经与工会和劳动者协商后可以延长工作时间，一般每日不得超过 1 小时；因特殊原因需要延长工作时间的，在保障劳动者身体健康的条件下延长工作时间每日不得超过 3 小时，但是每月不得超过 36 小时。但具备下列特殊情形之一时，延长工作时间不受上述限制：（1）发生自然灾害、事故或者因其他原因，威胁劳动者生命健康和财产安全，需要紧急处理的；（2）生产设备、交通运输线路、公共设施发生故障，影响生产和公众利益，必须及时抢修的；（3）法律、行政法规规定的其他情形。

安排劳动者延长工作时间的，支付不低于工资的 150％的工资报酬；休息日安排劳动者工作又不能安排补休的，支付不低于工资的 200％的工资报酬；法定休假日安排劳动者工作的，支付不低于工资的 300％的工资报酬。

2.4.4　特殊劳动保护

劳动保护是指对劳动者在劳动过程中的安全和健康的保护，又称为劳动安全或职业安全卫生。我国《劳动法》第 58 条规定，国家对女职工和未成年工实行特殊劳动保护。

1. 女职工的特殊劳动保护

女职工的特殊劳动保护是指根据女职工生理特点和抚育子女的需要，对其在劳动过程中的安全健康所采取的有别于男职工的特殊保护。具体包括妇女就业方面的保护、禁止或限制女职工从事某些作业的规定、女职工"四期"的保护等。

（1）妇女就业方面的保护

我国劳动法规定，妇女享有与男子平等的就业权利。

（2）禁忌劳动范围

女职工的身体结构和生理特点，决定了妇女不能完全同男子一样从事任何种类的工作，因此为保护女职工的身体健康，我国《劳动法》第五十九条规定："禁止安排女职工从事矿山井下、国家规定的第四级体力劳动强度的劳动和其他禁忌从事的劳动。"

（3）女职工的"四期"保护

女职工的"四期"保护是指根据女职工在经期、孕期、产期和哺乳期的生理机能的变化，所给予女职工的特殊保护。

2. 未成年工特殊劳动保护

未成年工特殊劳动保护是指根据未成年工生长发育的特点和对其义务教育的需要，对其在劳动过程中的健康所采取的特殊保护。未成年工是指年满16周岁未满18周岁的劳动者。根据我国《劳动法》的规定，不得安排未成年工从事矿山井下、有毒有害、国家规定的第四级体力劳动强度的劳动和其他禁忌从事的劳动。

2.4.5 社会保险

社会保险是指具有一定劳动关系的劳动者在暂时或永久的丧失劳动能力或者在失业期间，为保障其基本生活需要，由国家和社会提供物质帮助的一种社会保障制度。2010年10月28日，全国人大常委会通过了《社会保险法》，自2011年7月1日起实施。规定国家建立基本养老保险、基本医疗保险、工伤保险、失业保险、生育保险等社会保险制度，保障公民在年老、疾病、工伤、失业、生育等情况下依法从国家和社会获得物质帮助的权利。

1. 基本养老保险

基本养老保险，是国家根据法律、法规的规定，强制建立和实施的一种社会保险制度。在这一制度下，用人单位和劳动者必须依法缴纳养老保险费，在劳动者达到国家规定的退休年龄或因其他原因而退出劳动岗位后，社会保险经办机构依法向其支付养老金等待遇，从而保障其基本生活。

职工应当参加基本养老保险，由用人单位和职工共同缴纳基本养老保险费。无雇工的个体工商户、未在用人单位参加基本养老保险的非全日制从业人员以及其他灵活就业人员可以参加基本养老保险，由个人缴纳基本养老保险费。

基本养老保险实行社会统筹与个人账户相结合。

基本养老保险基金由用人单位和个人缴费以及政府补贴等组成。用人单位应当按照国家规定的本单位职工工资总额的比例缴纳基本养老保险费，记入基本养老保险统筹基金。职工应当按照国家规定的本人工资的比例缴纳基本养老保险费，记入个人账户。无雇工的个体工商户、未在用人单位参加基本养老保险的非全日制从业人员以及其他灵活就业人员参加基本养老保险的，应当按照国家规定缴纳基本养老保险费，分别记入基本养老保险统筹基金和个人账户。

国有企业、事业单位职工参加基本养老保险前，视同缴费年限期间应当缴纳的基本养老保险费由政府承担。基本养老保险基金出现支付不足时，政府给予补贴。

2. 基本医疗保险

基本医疗保险是为补偿劳动者因疾病风险造成的经济损失而建立的一项社会保险制度。通过用人单位和个人缴费，建立医疗保险基金，参保人员患病就诊发生医疗费用后，由医疗保险经办机构给予一定的经济补偿，以避免或减轻劳动者因患病、治疗等所带来的经济风险。

职工应当参加职工基本医疗保险，由用人单位和职工按照国家规定共同缴纳基本医疗保险费。无雇工的个体工商户、未在用人单位参加职工基本医疗保险的非全日制从业人员以及其他灵活就业人员可以参加职工基本医疗保险，由个人按照国家规定缴纳基本医疗保险费。

3. 工伤保险

工伤保险是劳动者在工作中或在规定的特殊情况下，遭受意外伤害或患职业病导致暂时或永久丧失劳动能力以及死亡时，劳动者或其遗属从国家和社会获得物质帮助的一种社会保险制度。

职工应当参加工伤保险，由用人单位缴纳工伤保险费，职工不缴纳工伤保险费。国家根据不同行业的工伤风险程度确定行业的差别费率，并根据使用工伤保险基金、工伤发生率等情况在每个行业内确定费率档次。行业差别费率和行业内费率档次由国务院社会保险行政部门制定，报国务院批准后公布施行。社会保险经办机构根据用人单位使用工伤保险基金、工伤发生率和所属行业费率档次等情况，确定用人单位缴费费率。

4. 失业保险

失业保险是指国家通过立法强制实行的，由社会集中建立基金，对因失业而暂时中断生活来源的劳动者提供物质帮助的制度。

职工应当参加失业保险，由用人单位和职工按照国家规定共同缴纳失业保险费。失业人员符合下列条件的，从失业保险基金中领取失业保险金：1）失业前用人单位和本人已经缴纳失业保险费满一年的；2）非因本人意愿中断就业的；3）已经进行失业登记，并有求职要求的。失业人员失业前用人单位和本人累计缴费满一年不足五年的，领取失业保险金的期限最长为十二个月；累计缴费满五年不足十年的，领取失业保险金的期限最长为十八个月；累计缴费十年以上的，领取失业保险金的期限最长为二十四个月。重新就业后，再次失业的，缴费时间重新计算，领取失业保险金的期限与前次失业应当领取而尚未领取的失业保险金的期限合并计算，最长不超过二十四个月。

5. 生育保险

生育保险是国家通过立法，在怀孕和分娩的妇女劳动者暂时中断劳动时，由国家和社会提供医疗服务、生育津贴和产假的一种社会保险制度。

职工应当参加生育保险，由用人单位按照国家规定缴纳生育保险费，职工不缴纳生育保险费。用人单位已经缴纳生育保险费的，其职工享受生育保险待遇；职工未就业配偶按照国家规定享受生育医疗费用待遇。所需资金从生育保险基金中支付。生育保险待遇包括生育医疗费用和生育津贴。

【案例 2-1】：因超越代理权限导致合同无效的纠纷

【案情摘要】

甲施工企业在某条公路的施工过程中，需要购买一批水泥。甲施工企业的采购员张某持介绍信到乙建材公司要求购买一批B标号的水泥。由于乙公司与甲施工企业有长期的业务关系，双方未签订书面的水泥买卖合同，乙公司很快就发货了。但乙公司发货后甲施工企业拒绝支付货款，甲施工企业提出的理由是，公司让张某购买的水泥是A标号而非B标号。双方由此发生纠纷。

【分析评论】

判断此纠纷的责任应当由谁承担的重要依据是甲施工企业的介绍信是如何写的。因为这种情况下的介绍信可以视为授权委托书，张某则是甲施工企业的代理人。如果甲施工企业开出的介绍信是"介绍张某购买水泥"，则张某的行为是合法的代理行为，其购买 B 标号水泥的行为在代理权限范围内。双方的口头合同是有效的，应当继续履行，甲施工企业应当付款。如果甲施工企业开出的介绍信是"介绍张某购买 A 标号水泥"，则张某买 B 标号水泥的行为超越了代理权限，双方的口头合同是无效的。合同被确认无效后，其首要的法律后果是返还财产，甲施工企业可以退货、拒付货款。乙公司的损失应当向张某主张。在司法实践中，乙公司的难点是如何证明张某要求购买的是 B 标号水泥。

【案例 2-2】：劳动合同解除纠纷

【案情摘要】

2004 年 7 月 7 日，被告房产公司聘用原告丁某某为建筑工地施工现场管理人员，双方签订的聘用合同约定：合同期限为 2004 年 7 月 10 日至同年 10 月 31 日；劳动报酬为每月工资总额 1200 元、出差补助 300 元；其中变更、解除合同的条款约定，乙方（原告丁某某）患病或非工伤经治疗不能从事原工作也不能从事另行安排工作的，甲方（被告房产公司）有权解除合同，但应提前 30 天以书面形式通知乙方；一方违约应给付对方以乙方 3 个月的工资总额计算的违约金等。原告丁某某于 2004 年 7 月 10 日开始上班，同月 23 日在工作中不慎将腰扭伤致腰部旧病复发，被告房产公司派人将其送至淮安市第一人民医院就诊，后又将其送回江都家中，随后又到泰兴进行治疗、养伤，期间原告丁某某共花去医疗、交通费用 590.60 元。2004 年 8 月 30 日，被告房产公司派人将原告丁某某在工地上的生活用品、工作器具及半个月劳动报酬 750 元（该笔钱被原告拒收）送回其江都住所。后原告丁某某曾向某劳动争议仲裁委员会申请仲裁，该委员会于 2004 年 9 月 6 日以超出受理范围作出了不予受理通知。原告丁某某遂起诉至法院，称被告房产公司单方解除合同是违约行为，要求被告房产公司依合同约定给付劳动报酬 1500 元、医药费用及车旅费 560.60 元、违约金 3600 元，并承担本案诉讼费用。

【审判结果】

（1）被告房产公司于本判决生效后三日内给付原告丁某某违约金 3600 元及劳动报酬 750 元；（2）驳回原告丁某某的其他诉讼请求。

【分析评论】

原、被告双方签订的劳动合同为双方的真实意思表示，且不违反法律、法规的规定，为有效合同，应受法律保护。《劳动法》第二十六条规定："有下列情形之一的，用人单位可以解除劳动合同，但是应当提前 30 日以书面形式通知劳动者本人：（一）劳动者患病或者非因工负伤，医疗期满后，不能从事原工作也不能从事由用人单位另行安排的工作的；（二）劳动者不能胜任工作，经过培训或者调整工作岗位，仍不能胜任工作的；（三）劳动合同订立时所依据的客观情况发生重大变化，致使原劳动合同无法履行的，经当事人协商不能就变更劳动合同达成协议的。"本案例中，并未出现用人单位可以单方解除合同的情形，且未提前 30 日以书面形式通知原告，因此，被告应当承担违约责任。本案发生时，《劳动合同法》尚未颁布，但即使适用《劳动合同法》，被告也应当承担违约责任。

思 考 题

1. 简述我国行政法调整的对象。

2. 简述我国行政法中行政主体的概念。

3. 我国行政法中规定的行政行为的特征有哪些？

4. 债产生的根据有哪些？

5. 简述民法中无权代理的几种情况。

6. 简述我国建设项目中的"三同时"制度。

7. 建设项目环境影响评价文件的内容有哪些？

8. 哪些情况下劳动者可以单方解除劳动合同？

3 城乡规划法律制度

3.1 概 述

3.1.1 城乡规划的概念和作用

1. 城乡规划的概念

城乡规划是指各级人民政府为实现一定时期内行政区域的经济和社会发展目标，事先依法制定的用以确定规划区的性质、规模和发展方向、土地的合理利用、规划区的空间布局和规划区设施的科学配置的综合部署和具体安排。规划区，是指城市、镇和村庄的建成区以及因城乡建设和发展需要，必须实行规划控制的区域。规划区的具体范围由有关人民政府在组织编制的城市总体规划、镇总体规划、乡规划和村庄规划中，根据城乡经济社会发展水平和统筹城乡发展的需要划定。

城乡规划法规是调整城乡规划中产生的社会关系的法律规范的总称。我国十分重视城乡规划法规的立法工作。1989 年 12 月 26 日，第七届全国人大常委会第一次会议通过了《城市规划法》，并且随后颁布了大量的配套法律法规，如《建设项目选址规划管理办法》、《城市规划编制办法》、《开发区规划管理办法》、《城市国有土地使用权出让转让规划管理办法》、《城镇体系规划编制审批办法》等建设管理部门规章及各地的地方性建设法规等。2007 年 10 月 28 日，第十届全国人大常委会第三十次通过了《城乡规划法》，自 2008 年 1 月 1 日起施行，同时，《城市规划法》废止；2015 年 4 月 24 日，第十二届全国人民代表大会常务委员会第十四次会议对《城乡规划法》进行了修订。《城乡规划法》的颁布实施，标志着中国长期以来实行的"城乡二元结构"的规划制度将得到改变，进入城乡一体化的规划管理时代。

2. 城乡规划的作用

城乡规划是城乡建设和城乡管理的基本依据，是保障城乡土地合理利用和开发的基础。

城乡规划具有公共政策的属性和作用。《城乡规划法》立法宗旨是：为了加强城乡规划管理，协调城乡空间布局，改善人居环境，促进城乡经济社会全面、协调、可持续发展。从内容上看，重视资源节约、环境保护、文化与自然遗产保护；促进公共财政首先投到基础设施、公共设施项目；强调城乡规划制定、实施全过程的公众参与；保证公平，明确了有关赔偿或补偿责任。城市规划重点落在面向中低收入家庭的住房建设、危旧房改造和城市生活污水、垃圾处理等必要的市政基础设施建设以及文化设施建设，改善人居环境，完善城市综合服务功能；乡和村庄规划要更好地为社会主义新农村建设服务。注意保护资源和生态环境，从满足乡村广大村民和居民需要出发，因地制宜，量力而行，实现农村和小城镇经济社会和生态环境的可持续发展。

城乡规划还具有综合调控的地位和作用。《城乡规划法》规定："任何单位和个人都应当遵守依法批准并公布的城乡规划，服从规划管理"。这就从法律上明确，城乡规划是政府引导和调控城乡建设和发展的一项重要公共政策，是具有法定地位的发展蓝图。

3.1.2　城乡规划的分类

城乡规划，包括城镇体系规划、城市规划、镇规划、乡规划和村庄规划。

1. 城镇体系规划

城镇体系是指一定区域范围内在经济社会和空间发展上具有有机联系的城镇群体。城镇体系规划，是一定地域范围内，以区域生产力合理分布和城镇职能分工为依据，确定不同人口规模等级和职能分工的城镇的分布和发展规划。按照《城乡规划法》的规定，城镇体系规划就是指全国城镇体系规划和省域城镇体系规划。城镇体系规划为政府引导区域城镇发展提供宏观调控的依据和手段，谋求整体性、层次性、关联性、动态性和开发性的协调发展。确立区域城镇发展的战略和政策，防止以邻为壑，合理分配区域资源，建设良好的区域化的基础设施和生态环境，通过合理、妥善的组织，实现城市基础设施及较大型公共建筑的共享，降低区域开发成本，防止城镇间各自为政，重复建设和互相脱节；建立合理的产业结构，防止不正当竞争。

2. 城市规划、镇规划

城市规划、镇规划分为总体规划和详细规划。

（1）城市总体规划、镇总体规划

城市总体规划、镇总体规划是从宏观上控制城市、镇土地利用和空间布局，引导城市、镇合理发展的总体部署。城市总体规划、镇总体规划的主要任务是：综合研究和确定城镇性质、规模和空间发展形态，统筹安排城镇各项建设用地，合理配置城市、镇各项基础设施，处理好远期发展与近期建设的关系，指导城市、镇合理发展。

（2）城市详细规划、镇详细规划

城市详细规划、镇详细规划，是指以城市总体规划、镇总体规划或分区规划为依据，对一定时期内城市、镇局部地区的土地利用、空间环境和各项建设用地所作的具体安排。城市详细规划、镇详细规划是城市总体规划、镇总体规划或分区规划的深化和具体化，对城市、镇局部地区近期需要建设的房屋建筑、市政工程、公用事业设施、园林绿化、人防工程和其他公共设施作出具体布置的规划。

3. 乡规划、村庄规划

乡规划、村庄规划是指为了实现一定时期内的乡、村庄的经济和社会发展目标，而对乡、村庄的性质、规模和发展方向；土地的合理利用；乡、村庄的合理布局所进行的总体设计和具体安排。村庄是指农村村民居住和从事各种生产的聚居点。乡则是以下的农村行政区域，地域是由村庄组成。对乡进行的规划为乡规划，对村庄的规划为村庄规划。

3.1.3　城乡规划的原则

1. 城乡统筹原则

《城乡规划法》体现了党的十七大提出的"城乡、区域协调互动发展机制基本形成"的目标要求。各地在制定城乡规划的过程中应统筹考虑城市、镇、乡和村庄发展，根据各类规划的内容要求和特点，编制好相关规划。实施城乡规划时，要根据城乡特点，强化对乡村规划建设的管理，完善乡村规划许可制度，坚持便民利民和以人为本。

2. 节约资源、保护环境，坚持可持续发展原则

必须充分认识我国人口众多、人均资源短缺和环境容量压力大的基本国情。在制定城乡规划时，认真分析城乡建设发展的资源环境条件，明确为保护环境、资源需要严格控制的区域，合理确定发展规模、建设步骤和建设标准，推进城乡建设发展方式从粗放型向集约型转变，增强可持续发展能力。

3. 关注民生原则

要按照《城乡规划法》的有关要求，落实党的十七大提出的加快推进以改善民生为重点的社会建设的重要战略部署，在制定和实施城乡规划时进一步重视社会公正和改善民生。要有效配置公共资源，合理安排城市基础设施和公共服务设施，改善人居环境，方便群众生活。要关注中低收入阶层的住房问题，做好住房建设规划。要加强对公共安全的研究，提高城乡居民点的综合防灾减灾能力。

4. 提高规划的科学性和规划实施的依法行政

要进一步改进规划编制方法，充实规划内容，落实规划"四线"（即：红线为按照国家规范和相关法规确定的道路规划控制线，紫线为文物保护单位的保护范围界线〈具体名单见附表〉，蓝线为自然湖泊水域规划控制范围线，绿线为规划的城市各类绿地范围的控制线）等强制性内容。要坚持"政府组织、专家领衔、部门合作、公众参与、科学决策"的规划编制组织方式。严格执行规划编制、审批、修改、备案的程序性要求。要按照《城乡规划法》的规定和要求，建立完善规划公开和公众参与的程序和制度。要依法做好城乡规划实施效果的评估和总结。规划的实施要严格按法定程序要求进行，保证规划许可内容和程序的合法性。

5. 先规划后建设原则

要按照《城乡规划法》的要求，依法编制城乡规划，包括近期建设规划、控制性详细规划、乡和村庄规划。坚持以经依法批准的上位规划为依据，编制下位规划不得违背上位规划的要求，编制城乡规划不得违背国家有关的技术标准、规范。各地及城乡规划主管部门必须依据经法定程序批准的规划实施规划管理。县级以上人民政府及其城乡规划主管部门应当按照《城乡规划法》规定的事权进行监督检查，查处、纠正违法行为。

3.2　城乡规划的制定

3.2.1　城镇体系规划的编制

1. 城镇体系规划的分类和编制的组织、审批

（1）城镇体系规划的分类

城镇体系规划一般分为全国城镇体系规划，省域（或自治区域）城镇体系规划两个基本层次。城镇体系规划区域范围一般按行政区划划定。根据国家和地方发展的需要，可以编制跨行政地域的城镇体系规划。

全国城镇体系规划涉及的城镇应包括设市城市和重要的县城。省域（或自治区区域）城镇体系规划涉及的城镇应包括市、县城和其他重要的建制镇、独立工矿区。

（2）城镇体系规划编制的组织和审批

国务院城乡规划主管部门会同国务院有关部门组织编制全国城镇体系规划，用于指导

省域城镇体系规划、城镇总体规划的编制。全国城镇体系规划由国务院城乡规划主管部门报国务院审批。

省、自治区人民政府组织编制省域城镇体系规划，报国务院审批。省域城镇体系规划的内容应当包括：城镇空间布局和规模控制，重大基础设施的布局，为保护生态环境、资源等需要严格控制的区域。

2. 城镇体系规划的任务、期限和条件

（1）城镇体系规划的任务

城镇体系规划的任务是：综合评价城镇发展条件；制定区域城镇发展战略；预测区域人口增长和城镇化水平；拟订各相关城镇的发展方向与规模；协调城镇发展与产业配置的时空关系；统筹安排区域基础设施和社会设施；引导和控制区域城镇的合理发展与布局；指导城镇总体规划的编制。

（2）城镇体系规划的期限

城镇体系规划的期限一般为 20 年。

（3）城镇体系规划的条件

编制城镇体系规划应具备区域城镇的历史、现状和经济社会发展基础资料以及必要的勘察测量资料。资料由承担编制任务的单位负责收集，有关城镇和部门协助提供。

3.2.2　城市总体规划、镇总体规划的编制

1. 城市总体规划、镇总体规划编制的组织和审批

城市人民政府组织编制城市总体规划。直辖市的城市总体规划由直辖市人民政府报国务院审批。省、自治区人民政府所在地的城市以及国务院确定的城市的总体规划，由省、自治区人民政府审查同意后，报国务院审批。其他城市的总体规划，由城市人民政府报省、自治区人民政府审批。

县人民政府组织编制县人民政府所在地镇的总体规划，报上一级人民政府审批。其他镇的总体规划由镇人民政府组织编制，报上一级人民政府审批。

根据实际需要，在编制总体规划前可以编制城市总体规划、镇总体规划纲要；大、中城市可以在总体规划的基础上编制分区规划。

2. 城市总体规划、镇总体规划纲要的任务、内容和成果

（1）城市总体规划、镇总体规划纲要的任务

城市总体规划、镇总体规划纲要的主要任务是：研究确定城市总体规划、镇总体规划的重大原则，并作为编制城市总体规划、镇总体规划的依据。

（2）城市总体规划、镇总体规划纲要的内容

城市总体规划、镇总体规划纲要应当包括下列内容：1）论证城镇国民经济和社会发展条件，原则确定规划期内城镇发展目标；2）论证城镇在区域发展中的地位，原则确定市（县）域城镇体系的结构与布局；3）原则确定城镇性质、规模、总体布局，选择城镇发展用地，提出城镇规划区范围的初步意见；4）研究确定城镇能源、交通、供水等城镇基础设施开发建设的重大原则问题，以及实施城镇规划的重要措施。

（3）城市总体规划、镇总体规划纲要的成果

城市总体规划、镇总体规划纲要的成果包括文字说明和必要的示意性图纸。

3. 城市总体规划、镇总体规划的任务和期限

（1）城市总体规划、镇总体规划的任务

城市总体规划、镇总体规划的主要任务是：综合研究和确定城市、镇性质、规模和空间发展形态，统筹安排城市、镇各项建设用地，合理配置城市、镇各项基础设施，处理好远期发展与近期建设的关系，指导城市、镇合理发展。

（2）城市总体规划、镇总体规划的期限

城市总体规划、镇总体规划的规划期限一般为 20 年。城市总体规划还应当对城市更长远的发展作出预测性安排。近期建设规划是总体规划的一个组成部分，应当对城市近期的发展布局和主要建设项目作出安排。近期建设规划期限一般为五年。

4. 城市总体规划、镇总体规划的内容

城市总体规划、镇总体规划的内容应当包括：城市、镇的发展布局，功能分区，用地布局，综合交通体系，禁止、限制和适宜建设的地域范围，各类专项规划等。城市总体规划具体包括下列内容：1）设市城市应当编制市域城镇体系规划，县（自治县、旗）人民政府所在地的镇应当编制县域城镇体系规划。市域和县域城镇体系规划的内容包括：分析区域发展条件和制约因素，提出区域城镇发展战略，确定资源开发、产业配置和保护生态环境、历史文化遗产的综合目标；预测区域城镇化水平，调整现有城镇体系的规模结构、职能分工和空间布局，确定重点发展的城镇；原则确定区域交通、通信、能源、供水、排水、防洪等设施的布局；提出实施规划的措施和有关技术经济政策的建议；2）确定城市性质和发展方向，划定城市规划区范围；3）提出规划期内城市人口及用地发展规模，确定城市建设与发展用地的空间布局、功能分区，以及市中心、区中心位置；4）确定城市对外交通系统的布局以及车站、铁路枢纽、港口、机场等主要交通设施的规模、位置，确定城市主、次干道系统的走向、断面、主要交叉口形式，确定主要广场、停车场的位置、容量；5）综合协调并确定城市供水、排水、防洪、供电、通信、燃气、供热、消防、环卫等设施的发展目标和总体布局；6）确定城市河湖水系的治理目标和总体布局，分配沿海、沿江岸线；7）确定城市园林绿地系统的发展目标及总体布局；8）确定城市环境保护目标，提出防治污染措施；9）根据城市防灾要求，提出人防建设、抗震防灾规划目标和总体布局；10）确定需要保护的风景名胜、文物古迹、传统街区，划定保护和控制范围，提出保护措施，历史文化名城要编制专门的保护规划；11）确定旧区改建、用地调整的原则、方法和步骤，提出改善旧城区生产、生活环境的要求和措施；12）综合协调市区与近郊区村庄、集镇的各项建设，统筹安排近郊区村庄、集镇的居住用地、公共服务设施、乡镇企业、基础设施和菜地、园地、牧草地、副食品基地，划定需要保留和控制的绿色空间；13）进行综合技术经济论证，提出规划实施步骤、措施和方法的建议；14）编制近期建设规划，确定近期建设目标、内容和实施部署。

建制镇总体规划的内容可以根据其规模和实际需要适当简化。

5. 分区规划的编制

（1）编制分区规划的主要任务

编制分区规划的主要任务是：在总体规划的基础上，对城市土地利用、人口分布和公共设施、城市基础设施的配置作出进一步的安排，以便与详细规划更好地衔接。并不是所有的城镇都需要分区规划，大、中城市可以在总体规划的基础上编制分区规划。

（2）分区规划的内容

分区规划应当包括下列内容：1）原则规定分区内土地使用性质、居住人口分布、建筑及用地的容量控制指标；2）确定市、区、居住区级公共设施的分布及其用地范围；3）确定城市主、次干道的红线位置、断面、控制点坐标和标高，确定支路的走向、宽度以及主要交叉口、广场、停车场位置和控制范围；4）确定绿地系统、河湖水面、供电高压线走廊、对外交通设施、风景名胜的用地界线和文物古迹、传统街区的保护范围，提出空间形态的保护要求；5）确定工程干管的位置、走向、管径、服务范围以及主要工程设施的位置和用地范围。

（3）分区规划的成果

分区规划的成果是分区规划文件及主要图纸。分区规划文件包括规划文本和附件，规划说明及基础资料收入附件；分区规划图纸包括：规划分区位置图、分区现状图、分区土地利用及建筑容量规划图、各项专业规划图。图纸比例为1/5000。

3.2.3 城市详细规划、镇详细规划的编制

城市详细规划、镇详细规划分为控制性详细规划和修建性详细规划。根据城市规划的深化和管理的需要，一般应当编制控制性详细规划，以控制建设用地性质、使用强度和空间环境，作为城市规划管理的依据，并指导修建性详细规划的编制。对于当前要进行建设的地区，应当编制修建性详细规划，用以指导各项建筑和工程设施的设计和施工。

1. 城市详细规划、镇详细规划编制的组织和审批

城市人民政府城乡规划主管部门根据城市总体规划的要求，组织编制城市的控制性详细规划，经本级人民政府批准后，报本级人民代表大会常务委员会和上一级人民政府备案。镇人民政府根据镇总体规划的要求，组织编制镇的控制性详细规划，报上一级人民政府审批。县人民政府所在地镇的控制性详细规划，由县人民政府城乡规划主管部门根据镇总体规划的要求组织编制，经县人民政府批准后，报本级人民代表大会常务委员会和上一级人民政府备案。

城市、县人民政府城乡规划主管部门和镇人民政府可以组织编制重要地块的修建性详细规划。修建性详细规划应当符合控制性详细规划。

2. 城市详细规划、镇详细规划的任务

城镇详细规划的主要任务是：以总体规划或者分区规划为依据，详细规定建设用地的各项控制指标和其他规划管理要求，或者直接对建设作出具体的安排和规划设计。

3. 城市详细规划、镇详细规划的内容

（1）控制性详细规划的内容

控制性详细规划应当包括下列基本内容：1）土地使用性质及其兼容性等用地功能控制要求；2）容积率、建筑高度、建筑密度、绿地率等用地指标；3）基础设施、公共服务设施、公共安全设施的用地规模、范围及具体控制要求，地下管线控制要求；4）基础设施用地的控制界线（黄线）、各类绿地范围的控制线（绿线）、历史文化街区和历史建筑的保护范围界线（紫线）、地表水体保护和控制的地域界线（蓝线）等"四线"及控制要求。

（2）修建性详细规划的内容

修建性详细规划应当包括下列内容：1）建设条件分析及综合技术经济论证；2）作出建筑、道路和绿地等的空间布局和景观规划设计，布置总平面图；3）道路交通规划设计；4）绿地系统规划设计；5）工程管线规划设计；6）竖向规划设计；7）估算工程量、拆迁

量和总造价，分析投资效益。

3.2.4 乡规划、村庄规划的编制

1. 乡规划、村庄规划编制的组织、审批和内容

乡、镇人民政府组织编制乡规划、村庄规划，报上一级人民政府审批。村庄规划在报送审批前，应当经村民会议或者村民代表会议讨论同意。

乡规划、村庄规划的内容应当包括：规划区范围，住宅、道路、供水、排水、供电、垃圾收集、畜禽养殖场所等农村生产、生活服务设施、公益事业等各项建设的用地布局、建设要求，以及对耕地等自然资源和历史文化遗产保护、防灾减灾等的具体安排。乡规划还应当包括本行政区域内的村庄发展布局。

乡规划、村庄规划期限，由省、自治区、直辖市人民政府根据本地区实际情况规定。

2. 乡规划、村庄规划编制的原则

乡规划、村庄规划应当从农村实际出发，尊重村民意愿，体现地方和农村特色。乡规划、村庄规划编制应当遵循以下原则：1）根据国民经济和社会发展计划，结合当地经济发展的现状和要求，以及自然环境、资源条件和历史情况等，统筹兼顾，综合部署村庄和集镇的各项建设；2）处理好近期建设与远景发展、改造与新建的关系，使村庄、集镇的性质和建设的规模、速度和标准，同经济发展和农民生活水平相适应；3）合理用地，节约用地，各项建设应当相对集中，充分利用原有建设用地，新建、扩建工程及住宅应当尽量不占用耕地和林地；4）有利生产，方便生活，合理安排住宅、乡（镇）村企业、乡（镇）村公共设施和公益事业等的建设布局，促进农村各项事业协调发展，并适当留有发展余地；5）保护和改善生态环境，防治污染和其他公害，加强绿化和村容镇貌、环境卫生建设。

3. 乡总体规划、村庄总体规划

乡总体规划、村庄总体规划，是乡级行政区域内村庄和集镇布点规划及相应的各项建设的整体部署。乡总体规划、村庄总体规划的主要内容包括：乡级行政区域的村庄、集镇布点，村庄和集镇的位置、性质、规模和发展方向，村庄和集镇的交通、供水、供电、邮电、商业、绿化等生产和生活服务设施的配置。

4. 乡建设规划、村庄建设规划

乡建设规划、村庄建设规划，应当在乡、村总体规划指导下，具体安排乡、村的各项建设。

乡建设规划的主要内容包括：住宅、乡村企业、乡村公共设施、公益事业等各项建设的用地布局、用地规模，有关的技术经济指标，近期建设工程以及重点地段建设具体安排。

村庄建设规划的主要内容，可以根据本地区经济发展水平，参照集镇建设规划的编制内容，主要对住宅和供水、供电、道路、绿化、环境卫生以及生产配套设施作出具体安排。

3.3 城乡规划的实施

3.3.1 城乡规划公示制度

《城乡规划法》第八条规定："城乡规划组织编制机关应当及时公布经依法批准的城乡规划。但是，法律、行政法规规定不得公开的内容除外。"第四十条规定："城市、县人民

政府城乡规划主管部门或者省、自治区、直辖市人民政府确定的镇人民政府应当依法将经审定的修建性详细规划、建设工程设计方案的总平面图予以公布。"

规划公示包括城乡规划编制公示、城乡规划实施管理公示、城乡规划监察监督公示和城乡规划管理政务公开公示。规划公示可采用固定场所（电子显示屏、规划展览等）、新闻媒体（广播、电视台、报纸等）、网络（政府网站）和公告牌等方式，其中在建的建设项目必须设立建设项目工程规划许可公告牌。规划公示应建立意见采集和反馈机制，公布意见箱（包括网站意见箱）和联系、监督电话，及时收集反馈意见。在公示期满后，要根据公众意见提出处理方案，形成公示结果，作为行政上报和许可审批的参考依据。

城乡规划编制前后都要公示，城镇体系规划、城乡总体规划（含分区规划）、详细规划（包括控制性详细规划和修建性详细规划），以及单独编制的专项规划：主要包括历史文化名城、名镇、名村保护规划，历史街区保护规划，风景名胜区规划，园林绿化规划，环境卫生设施规划，环境保护规划，城乡水环境规划，防洪规划，商业网点布局规划，中小学布点规划，以及其他必须公示的专项规划，还有以上规划的重大变更，都应当进行批前公示和批后公告。

涉及选址和建设用地规划要公示。在进行下列建设项目时，规划部门在核发选址意见书或建设用地规划许可证前应当进行批前公示：对城乡环境和布局有较大影响的，重要的大型市政基础设施、公共设施，对相邻建筑周边关系或环境有较大影响的，风景名胜区范围内的，历史街区和文物保护单位控制地带内的。选址意见书或建设用地规划许可证、规划设计方案的批前公示应当设置意见箱，公布联系电话。公示期满后，应整理、汇总公众意见，形成公示结果，作为建设项目规划审批资料的附件。在符合有关强制性技术规定、规范的前提下，公众意见应当作为规划方案修改的重要参考依据。

建立完善城乡规划公示制度的目的，是便于公民了解城乡规划，便于公民参与城乡规划，便于公民监督城乡规划。无论是事关全局的城乡总体规划，还是一般性的建设项目，只要它对城乡风貌及周围环境有影响，其规划就必须得到社会公众的认可。

3.3.2　城乡建设应当遵循的规划要求

1. 城镇建设应当优先安排基础设施

基础设施是实现国家或区域经济效益、社会效益、环境效益的重要条件，对区域经济的发展具有重要作用。首先，基础设施是区域经济发展的物质基础和支撑条件，虽然大多数设施不生产物质产品，但却是物质产品社会化再生产过程中的必备条件，缺少这些设施，各项事业都难以维持和发展。其次，基础设施是生产力要素的一种体现，它反映了一个现代化社会的物质生活丰富程度。如人类社会从人力、畜力、自然力发展到机械力再进入到电力运用，不能不说是社会技术进步和现代化的体现。现在，先进的卫星通信和电子邮件，高速的交通设施，超高压电网和大容量的给水排水工程无不显示出一个国家和地区的现代化程度。同时，这也是人们追求现代物质文明的重要目标。第三，基础设施是拉动经济增长的有效途径基础设施是一个产业关联度大，劳动密集型的部门。它的建设与一、二、三产业都密切相关，是一种生产性消费，需要消耗大量的钢铁、建材、木材、机械和人力，建设投资中的60%左右成为实物形态的固定资产，40%左右转化为劳动者工资收入和生活消费基金，可以创造更多的就业岗位，为劳动力素质不高的农村剩余劳动力和下岗职工提供新的就业机会，增加工资收入，从而推动日用消费品市场的兴旺。这种"乘数效应"的结果,必然拉动国民经济的增长。2008年爆发金融危机后,我国中央政府决定投资4万亿人民币刺激经济,这4万亿元主要用于基础设施建设。

因此,城市的建设和发展,应当优先安排基础设施以及公共服务设施的建设。镇的建设和发展,应当结合农村经济社会发展和产业结构调整,优先安排供水、排水、供电、供气、道路、通信、广播电视等基础设施,以及学校、卫生院、文化站、幼儿园、福利院等公共服务设施的建设,为周边农村提供服务。

2. 乡村建设应当因地制宜

乡、村庄的建设和发展,应当因地制宜、节约用地,发挥村民自治组织的作用,引导村民合理进行建设,改善农村生产、生活条件。

我国的乡村,长期依靠自然经济发展,且由于我国幅员辽阔,乡村之间的差异非常巨大,各地的乡村建设应当因地制宜。但是,节约用地则是共同的要求,因为我国人均土地资源很少,必须节约用地才能让乡村公民在有限的土地上进行合理建设,享受建设的成果。

3. 城市新区建设应当尽量利用现有条件

城市新区开发是指按照城市总体规划,在城市现有建成区以外一定地段,进行集中成片、综合配套的开发建设活动。新区开发是随着城市经济与社会发展、城市规模扩大,为了满足城市日益增长的生产、生活需要,逐步实现城市不同阶段发展目标而推进的城市开发活动,它是城市建设和发展的重要组成部分。

城市新区的开发和建设,应当合理确定建设规模和时序,充分利用现有市政基础设施和公共服务设施,严格保护自然资源和生态环境,体现地方特色。在城市总体规划、镇总体规划确定的建设用地范围以外,不得设立各类开发区和城市新区。

城市新区开发的内容一般包括以下几个方面:

(1) 普通的新区开发建设

普通的新区开发建设主要是为了解决城市建成区内由于历史原因或发展过快而形成的布局混乱、密度过高、负荷过重等弊端,或为了比较完整地保护古城的完整风貌,在建成区外围进行集中成片的开发建设,以达到疏散和降低旧区人口密度、调整缓解旧区压力、完善改造旧区环境的目的。

(2) 经济技术开发区的建设

经济技术开发区是随着我国经济体制改革和对外开放政策的实施而出现的一种特定经济区,它建设在城市的特定地区,通过提供优惠政策,创造良好的投资环境,达到吸引外资、引进先进技术和进行横向经济协作的目的。

(3) 卫星城镇的开发建设

卫星城镇的开发建设主要是为了有效地控制大城市市区的人口和用地规模,按照总体规划要求,将市区需要搬迁的项目或新建的大中型项目安排到周围的小城镇去,有计划、有重点地开发建设这些小城镇,逐步形成以大城市为中心的、比较完善的城镇体系。

(4) 新工矿区的开发建设

新工矿区的开发建设,是指国家和地方政府根据矿产资源开发和加工需要,在城市郊区或郊县建设大、中型工矿企业,并逐步形成相对独立的工矿区。

4. 旧城区的改建应当保护历史文化遗产和传统风貌

旧城是城市在长期历史发展演变过程中逐步形成的进行政治、经济、文化、社会活动的居民集聚区。旧城区的改建，应当保护历史文化遗产和传统风貌，合理确定拆迁和建设规模，有计划地对危房集中、基础设施落后等地段进行改建。城市旧城改造最终目标是要改善环境质量、交通运输和生活居住条件，加强城市基础设施和公共设施建设，提高城市综合功能。改造的重点是对危房集中、设施简陋、交通阻塞、污染严重的地区进行综合整治，通过成片拆除重建或局部调整改建的方法，使各项设施逐步配套完整。城市旧城，特别是历史文化名城和少数民族地区城市的旧城改造应当充分体现传统风貌、民族特点和地方特点。市、县人民政府应采取有效措施，切实保护具有重要历史意义、革命纪念意义、文化艺术和科学价值的文物古迹和风景名胜；有选择地保护一定数量代表城市传统风貌的街区、建筑物和构筑物，划定保护区和建设控制地区。

历史文化名城、名镇、名村的保护以及受保护建筑物的维护和使用，应当遵守有关法律、行政法规和国务院的规定。

3.3.3 建设项目选址意见书制度

1. 建设项目选址意见书的概念和适用的建设项目

《建设项目选址意见书》是建设项目在城市规划区进行选址和布局的依据，建设项目在可行性研究阶段必须附有城乡规划行政主管部门签署的选址意见；在报批设计任务时必须附有城乡规划行政主管部门的选址意见书。

按照国家规定需要有关部门批准或者核准的建设项目（包括新建、扩建、改建工程项目），以划拨方式提供国有土地使用权的，建设单位在报送有关部门批准或者核准前，应当向城乡规划主管部门申请核发选址意见书。其他建设项目不需要申请选址意见书。

2. 建设项目选址意见书的内容

建设项目选址意见书应当包括下列内容：

（1）建设项目的基本情况

主要是建设项目名称、性质，用地与建设规模，供水与能源的需求量，采取的运输方式与运输量，以及废水、废气、废渣的排放方式和排放量。

（2）建设项目规划选址的主要依据

建设项目规划选址的主要依据包括：1）经批准的项目建议书；2）建设项目与城市规划布局的协调；3）建设项目与城市交通、通信、能源、市政、防灾规划的衔接与协调；4）建设项目配套的生活设施与城市生活居住及公共设施规划的衔接与协调；5）建设项目对于城市环境可能造成的污染影响，以及与城市环境保护规划和风景名胜、文物古迹保护规划的协调。

（3）建设项目选址、用地范围和具体规划要求

建设项目选址意见书应当明确建设项目选址、用地范围和具体规划要求，这是建设项目选址意见书的结论。

3. 建设项目选址意见书的管理和审批

县级以上人民政府城乡规划行政主管部门负责本行政区域内建设项目选址和布局的规划管理工作。

城乡规划行政主管部门应当了解建设项目建议书阶段的选址工作。各级人民政府计划行政主管部门在审批项目建议书时，对拟安排在城市规划区内的建设项目，要征求同级人

民政府城乡规划行政主管部门的意见。城乡规划行政主管部门应当参加建设项目设计任务书阶段的选址工作，对确定安排在城市规划区内的建设项目从城市规划方面提出选址意见书。设计任务书报请批准时，必须附有城乡规划行政主管部门的选址意见书。

建设项目选址意见书，按建设项目计划审批权限实行分级规划管理。县人民政府计划行政主管部门审批的建设项目，由县人民政府城乡规划行政主管部门核发选址意见书；地级、县级市人民政府计划行政主管部门审批的建设项目，由该市人民政府城乡规划行政主管部门核发选址意见书；直辖市、计划单列市人民政府计划行政主管部门审批的建设项目，由直辖市、计划单列市人民政府城乡规划行政主管部门核发选址意见书；省、自治区人民政府计划行政主管部门审批的建设项目，由项目所在地县、市人民政府城乡规划行政主管部门提出审查意见，报省、自治区人民政府城乡规划行政主管部门核发选址意见书；中央各部门、公司审批的小型和限额以下的建设项目，由项目所在地县、市人民政府城乡规划行政主管部门核发选址意见书；国家审批的大中型和限额以上的建设项目，由项目所在地县、市人民政府城乡规划行政主管部门提出审查意见，报省、自治区、直辖市、计划单列市人民政府城乡规划行政主管部门核发选址意见书，并报国务院城乡规划行政主管部门备案。

对符合手续的项目，各级人民政府城乡规划行政主管部门应在规定的审批期限内核发选址意见书，不得无故拖延。

3.3.4 建设用地规划许可证制度

1. 建设用地规划许可证的概念

建设用地规划许可证，是由个人和单位提出建设用地申请，城乡规划行政主管部门根据规划和建设项目的用地需要，确定建设用地位置、面积、界限的法定凭证。

2. 划拨建设用地时规划许可证的管理

在城市、镇规划区内以划拨方式提供国有土地使用权的建设项目，经有关部门批准、核准、备案后，建设单位应当向城市、县人民政府城乡规划主管部门提出建设用地规划许可申请，由城市、县人民政府城乡规划主管部门依据控制性详细规划核定建设用地的位置、面积、允许建设的范围，核发建设用地规划许可证。

建设单位在取得建设用地规划许可证后，方可向县级以上地方人民政府土地主管部门申请用地，经县级以上人民政府审批后，由土地主管部门划拨土地。

3. 出让建设用地时规划许可证的管理

（1）出让建设用地规划许可证的行政管理机关

国务院土地行政主管部门会同有关部门负责全国建设用地土地使用权出让、转让规划管理的指导工作。省、自治区、直辖市人民政府土地行政主管部门会同有关部门负责本省、自治区、直辖市行政区域内建设用地土地使用权出让、转让规划管理的指导工作。直辖市、市和县人民政府城镇规划行政主管部门负责城镇规划区内建设用地土地使用权出让、转让的规划管理工作。

（2）出让建设用地土地使用权的规划条件

建设用地土地使用权出让的投放量应当与城镇土地资源、经济社会发展和市场需求相适应。土地使用权出让、转让应当与建设项目相结合。城镇规划行政主管部门和有关部门要根据城镇规划实施的步骤和要求，编制建设用地土地使用权出让规划和计划，包括地块数量、用地面积、地块位置、出让步骤等，保证建设用地土地使用权的出让有规划、有步骤、有计划地进行。

在城市、镇规划区内以出让方式提供国有土地使用权的，在国有土地使用权出让前，城市、县人民政府城乡规划主管部门应当依据控制性详细规划，提出出让地块的位置、使用性质、开发强度等规划条件，作为国有土地使用权出让合同的组成部分。未确定规划条件的地块，不得出让国有土地使用权。

具体的要求为：出让的地块，必须具有城镇规划行政主管部门提出的规划设计条件及附图。规划设计条件应当包括：地块面积，土地使用性质，容积率，建筑密度，建筑高度，停车泊位，主要出入口，绿地比例，需配置的公共设施、工程设施，建筑界线，开发期限以及其他要求。附图应当包括：地块区位和现状，地块坐标、标高，道路红线坐标、标高，出入口位置，建筑界线以及地块周围地区环境与基础设施条件。国有土地使用权出让、转让合同必须附具规划设计条件及附图。

城市用地分等定级应当根据城市各地段的现状和规划要求等因素确定。土地出让金的测算应当把出让地块的规划设计条件作为重要依据之一。在城市政府的统一组织下，城镇规划行政主管部门应当和有关部门进行城市用地分等定级和土地出让金的测算。

城市、县人民政府城乡规划主管部门不得在建设用地规划许可证中，擅自改变作为国有土地使用权出让合同组成部分的规划条件。

规划条件未纳入国有土地使用权出让合同的，该国有土地使用权出让合同无效；对未取得建设用地规划许可证的建设单位批准用地的，由县级以上人民政府撤销有关批准文件；占用土地的，应当及时退回；给当事人造成损失的，应当依法给予赔偿。

（3）建设用地规划许可证的领取

以出让方式取得国有土地使用权的建设项目，在签订国有土地使用权出让合同后，建设单位应当持建设项目的批准、核准、备案文件和国有土地使用权出让合同，向城市、县人民政府城乡规划主管部门领取建设用地规划许可证。

（4）转让建设用地的规划管理

通过出让获得的土地使用权再转让时，受让方应当遵守原出让合同附具的规划设计条件，并由受让方向城镇规划行政主管部门办理登记手续。受让方如需改变原规划设计条件，应当先经城镇规划行政主管部门批准。受让方在符合规划设计条件外为公众提供公共使用空间或设施的，经城镇规划行政主管部门批准后，可给予适当提高容积率的补偿。受让方经城镇规划行政主管部门批准变更规划设计条件而获得的收益，应当按规定比例上交地方政府。

3.3.5　建设工程规划许可证制度

1. 建设工程规划许可证的概念

建设工程规划许可证，是指由城乡规划规主管部门核发的、用于确认建设工程是否符合城乡规划要求的许可证。建设工程规划许可证可以分为城市、镇建设工程规划许可证和乡村建设规划许可证两类。城市、镇建设工程规划许可证制度在1989年颁布的《城市规划法》中就确定下来了，而乡村建设规划许可证制度是2007年颁布的《城乡规划法》新确立的一项制度。

2. 城市、镇建设工程规划许可证的申请和核发在城市、镇规划区内进行建筑物、构筑物、道路、管线和其他工程建设的，建设单位或者个人应当向城市、县人民政府城乡规划主管部门或者省、自治区、直辖市人民政府确定的镇人民政府申请办理建设工程规划许可证。

申请办理建设工程规划许可证，应当提交使用土地的有关证明文件、建设工程设计方案等材料。需要建设单位编制修建性详细规划的建设项目，还应当提交修建性详细规划。对符合控制性详细规划和规划条件的，由城市、县人民政府城乡规划主管部门或者省、自治区、直辖市人民政府确定的镇人民政府核发建设工程规划许可证。

城市、县人民政府城乡规划主管部门或者省、自治区、直辖市人民政府确定的镇人民政府应当依法将经审定的修建性详细规划、建设工程设计方案的总平面图予以公布。

广义的城市、镇建设工程规划许可证包括三部分，本建设工程规划许可证（狭义的城镇建设工程规划许可证）、本建设工程规划许可证附件以及本工程设计图。狭义的建设工程规划许可证包括下列内容：1）许可证编号；2）发证机关名称和发证日期；3）用地单位；4）用地项目名称、位置、宗地号以及子项目名称、建筑性质、栋数、层数、结构类型；5）计容积率面积及各分类面积；6）附件包括总平面图、各层建筑平面图、各向立面图和剖面图。

3. 乡村建设规划许可证的申请和核发

在乡规划区、村庄规划区内进行乡镇企业、乡村公共设施和公益事业建设的，建设单位或者个人应当向乡、镇人民政府提出申请，由乡、镇人民政府报城市、县人民政府城乡规划主管部门核发乡村建设规划许可证。在乡规划区、村庄规划区内使用原有宅基地进行农村村民住宅建设的规划管理办法，由省、自治区、直辖市制定。

在乡规划区、村庄规划区内进行乡镇企业、乡村公共设施和公益事业建设以及农村村民住宅建设，不得占用农用地；确需占用农用地的，应当依照《中华人民共和国土地管理法》有关规定办理农用地转用审批手续后，由城市、县人民政府城乡规划主管部门核发乡村建设规划许可证。

建设单位或者个人在取得乡村建设规划许可证后，方可办理用地审批手续。

4. 规划条件的变更

建设单位应当按照规划条件进行建设；确需变更的，必须向城市、县人民政府城乡规划主管部门提出申请。变更内容不符合控制性详细规划的，城乡规划主管部门不得批准。城市、县人民政府城乡规划主管部门应当及时将依法变更后的规划条件通报同级土地主管部门并公示。

建设单位应当及时将依法变更后的规划条件报有关人民政府土地主管部门备案。

5. 临时建设的规划批准

在城市、镇规划区内进行临时建设的，应当经城市、县人民政府城乡规划主管部门批准。临时建设影响近期建设规划或者控制性详细规划的实施以及交通、市容、安全等的，不得批准。临时建设应当在批准的使用期限内自行拆除。

临时建设和临时用地规划管理的具体办法，由省、自治区、直辖市人民政府制定。

6. 对建设工程是否符合规划条件予以核实

县级以上地方人民政府城乡规划主管部门按照国务院规定对建设工程是否符合规划条件予以核实。未经核实或者经核实不符合规划条件的，建设单位不得组织竣工验收。

建设单位应当在竣工验收后六个月内向城乡规划主管部门报送有关竣工验收资料。

3.4　城乡规划的修改

3.4.1　省域城镇体系规划、城镇总体规划的修改

省域城镇体系规划、城市总体规划、镇总体规划的组织编制机关，应当组织有关部门和专家定期对规划实施情况进行评估，并采取论证会、听证会或者其他方式征求公众意见。组织编制机关应当向本级人民代表大会常务委员会、镇人民代表大会和原审批机关提出评估报告并附具征求意见的情况。

有下列情形之一的，组织编制机关方可按照规定的权限和程序修改省域城镇体系规划、城市总体规划、镇总体规划：1）上级人民政府制定的城乡规划发生变更，提出修改规划要求的；2）行政区划调整确需修改规划的；3）因国务院批准重大建设工程确需修改规划的；4）经评估确需修改规划的；5）城乡规划的审批机关认为应当修改规划的其他情形。

修改省域城镇体系规划、城市总体规划、镇总体规划前，组织编制机关应当对原规划的实施情况进行总结，并向原审批机关报告；修改涉及城市总体规划、镇总体规划强制性内容的，应当先向原审批机关提出专题报告，经同意后，方可编制修改方案。

修改后的省域城镇体系规划、城市总体规划、镇总体规划，应当依照《城乡规划法》规定的相应规划审批程序报批。

3.4.2　详细规划的修改

修改控制性详细规划的，组织编制机关应当对修改的必要性进行论证，征求规划地段内利害关系人的意见，并向原审批机关提出专题报告，经原审批机关同意后，方可编制修改方案。修改后的控制性详细规划，应当依照《城乡规划法》规定的控制性详细规划审批程序报批。控制性详细规划修改涉及城市总体规划、镇总体规划的强制性内容的，应当先修改总体规划。

修改乡规划、村庄规划的，应当依照《城乡规划法》规定的乡规划、村庄规划审批程序报批。

城市、县、镇人民政府修改近期建设规划的，应当将修改后的近期建设规划报总体规划审批机关备案。

在选址意见书、建设用地规划许可证、建设工程规划许可证或者乡村建设规划许可证发放后，因依法修改城乡规划给被许可人合法权益造成损失的，应当依法给予补偿。

经依法审定的修建性详细规划、建设工程设计方案的总平面图不得随意修改；确需修改的，城乡规划主管部门应当采取听证会等形式，听取利害关系人的意见；因修改给利害关系人合法权益造成损失的，应当依法给予补偿。

【案例3-1】：驻马店市城市规划局与肖静房屋规划纠纷案

【案情摘要】

上诉人（一审被告）：驻马店市城市规划局。

被上诉人（一审原告）：肖静。

一审第三人吕航，徐兴凤。

肖静与吕航、徐兴凤系南北邻居关系，居住在驻马店市团结路南侧金发小区，肖静于2000年左右建成两层楼房居住。2006年7月7日驻马店市城市规划局对吕航、徐兴凤的联建私宅楼等建设项目规划进行了审批研究，向吕航、徐兴凤下发了驻规个建字〔2006〕第21号《建设工程规划许可证》规划许可建筑面积为485.5m^{2}的二层6m高砖混结构的楼房，确定该建筑南侧最突出部分距其南侧建筑（肖静家）为3.84m。吕航、徐兴凤在建设过程中，将原规划批准的两层建成三层，超建276.9m^2。肖静认为吕航、徐兴凤的建设行为影响自己房屋的通风、采光等向规划部门进行过举报，规划部门也曾就吕航、徐兴凤的超建行为进行制止并给予拆迁，可由于各种原因，吕航、徐兴凤的三层建设行为还是完成。对此驻马店市城市规划局于2007年4月23日依法对吕航、徐兴凤作出了〔2007〕驻规罚字第07号《行政处罚决定书》，决定处13840元罚款并要求整改符合规划要求，吕航、徐兴凤在接到处罚决定后交纳了罚款，但未就违法建设部分进行整改。2007年12月肖静又以驻马店市城市规划局未履行拆除违反规划建筑物的法定职责为由，向驻马店市人民政府申请复议请求责令市规划局依法履行法定职责，2008年2月21日复议机关作出驻政复决字〔2007〕77号行政复议决定，责令驻马店市城市规划局在收到本复议决定书后的两个月内纠正吕航、徐兴凤的违反建设工程规划许可证的规定进行建设的违法行为。并于2008年3月11日送达给驻马店市城市规划局，规划局接到复议决定书后至今未按复议决定要求对吕航、徐兴凤的违法建筑行为履行职责。

一审法院认为，驻马店市城市规划局作为本行政区域内的城市建设规划管理部门，依照原《中华人民共和国城市规划法》和《中华人民共和国城乡规划法》等规定，有职权对城市规划区内新建建筑物工程的规划建设进行审批和监督执行，并可对违反建筑规划的建设施工部分作出限期改正并罚款或者依法提请政府组织拆除。驻马店市城市规划局核发了准许吕航、徐兴凤工程为两层的规划许可证后，吕航、徐兴凤却违反规划超建一层，驻马店市城市规划局在规定期限内仍未纠正，之后也未有所作为。驻马店市城市规划局确实存在有不及时履行或拖延履行职责的情形，致使影响肖静权益的障碍不能及时得以消除。驻马店市城市规划局及吕航、徐兴凤的辩称意见不能成立，不予采信。依照《中华人民共和国行政诉讼法》第五十四条第（三）项等规定判决：驻马店市城市规划局在接到判决书两个月内对吕航、徐兴凤违反建设工程规划许可证进行建设的行为依法履行职责。案件诉讼费100元由驻马店市城市规划局承担。

驻马店市城市规划局不服一审判决，上诉到驻马店市中级人民法院。一审法院认定事实清楚，适用法律判决驻马店市城市规划局对吕航、徐兴凤违反建设工程规划许可证进行建设的行为依法履行职责正确。判决驳回上诉，维持原判。

【分析评论】

本案一审、二审法院认定的事实清楚、适用法律得当。

案件的起源是一审原告的民事权利受到其他民事主体（第三人）侵害，而这一侵权行为是由于第三人违反了城市规划局的行政许可。在这种情况下，一审原告为了维护自己的合法权益，可以有两个选择：第一，直接起诉第三人，这是一个民事诉讼；第二，要求城市规划局纠正第三人的违法行为。一审原告走的是第二个程序。这个程序中，起因是具体行政行为，对行政行为不服的，可以申请行政复议，然后可以提起行政诉讼。

能够引发行政诉讼的行政行为，可以是积极的行政行为损害了民事主体的权益，也可能是消极不作为损害了民事主体的权益。对于城乡规划行政主管部门而言，拆除违章建筑是其法定职责。《城乡规划法》第六十六条规定："建设单位或者个人有下列行为之一的，由所在地城市、县人民政府城乡规划主管部门责令限期拆除，可以并处临时建设工程造价一倍以下的罚款：1) 未经批准进行临时建设的；2) 未按照批准内容进行临时建设的；3) 临时建筑物、构筑物超过批准期限不拆除的。"原《城市规划法》也有类似的规定。而一审被告确实存在有不及时履行或拖延履行职责的情形。

【案例 3-2】：李某诉泰州市规划局规划行政许可案

【案情摘要】

原告：李某，江苏省泰州市某乡村民。

被告：泰州市规划局。

第三人：宗某，规划行政许可申请人。

原告李某与第三人规划行政许可申请人宗某为东西邻居。2008 年 8 月，规划部门根据某乡镇村民申请人宗某的建房申请，审查后认为个人住宅主房原地翻建两层的建设项目符合城乡规划要求，向其颁发了建设工程规划许可证，规划许可发放后，邻居李某提出了意见，认为规划许可建房占用的土地曾被其祖上使用过，且许可行为程序违法，向法院提起行政诉讼。在此同时，宗某也向法院提起民事诉讼要求排除妨碍，判令李某不得阻止其建房。

法院经过审理认为，农村土地属于集体所有，持有土地使用权属证书的村民依法拥有土地使用权。规划部门颁发的建设工程规划许可证，许可建筑的房屋在原告李某的房屋东侧，位于申请人宗某合法使用的集体土地上，宗某持有该地块合法的集体土地使用权证，在法庭上宗某出示了土地使用权证原件，但是李某仍然以其祖上曾经拥有过该地块，现在不应当许可他人建房为由主张撤销规划许可，法院认为依据不足。

法院裁定驳回了李某的行政起诉。

【分析评论】

《城乡规划法》自 2008 年 1 月 1 日起开始生效。自此，国家的规划在法律上实现了城乡一体化，该法第二条规定："本法所称城乡规划，包括城镇体系规划、城市规划、镇规划、乡规划和村庄规划。"在此之前的《城市规划法》只规范城市规划区的规划行为的。

根据法律规定，能够提起行政诉讼的原告，必须是与被诉具体行政行为具有行政诉讼上的法律利害关系，且认为自己的合法权益受到该具体行政行为的侵害。该案的核心在于，原告李某以其祖上曾经拥有过该地块为由，主张现在不应当许可他人建房，要求撤销规划许可，是不能成立的。该案的原告亦非因规划部门的发证行为侵犯其使用权而起诉。因此，规划部门许可宗某在其合法拥有使用权的集体土地上依照规划建房与原告无行政诉讼法律上的利害关系，且该许可不侵犯宗某的相邻权。

思 考 题

1. 我国城乡规划的基本原则有哪些？

2. 我国城市总体规划、镇总体规划的内容有哪些?
3. 简述我国城乡规划公示制度及其意义。
4. 简述城乡建设应当遵循的规划要求。
5. 简述建设用地规划许可证制度与建设工程规划许可证制度。
6. 简述我国省域城镇体系规划修改的条件。

4 建 筑 法 律 制 度

4.1 概　　述

建筑业是国民经济的支柱产业，在促进国民经济和社会发展的过程中具有不可替代的作用，建筑业的发展水平与质量在很大程度上直接影响着我国国民经济和社会的总体发展水平与质量。同时，建筑业的核心生产活动——建筑活动，具有显著区别于国民经济其他行业的特点，对社会公共利益、环境、生态、资源（特别是土地资源）、经济与社会可持续发展等具有广泛、深入、难以逆转，甚至不可逆转的重大作用。为此，国家设立了专门法律制度对我国境内的建筑活动实施统一规范、调整、监督与管理，以确保建筑活动依法进行与实施。

4.1.1　建筑法的概念及其立法目的

1. 建筑法的概念

建筑法的概念有广义与狭义之分。广义的建筑法是指调整广义建筑活动的法律规范的总称。此处所谓广义建筑活动，是指各种土木工程的建造活动及其有关设施、设备的安装活动和建筑装修装饰活动的总体，既包括各类房屋建筑的建造活动及其有关设施、设备的安装活动及建筑装修装饰活动，也包括铁路、公路、桥梁、机场、港口、水电站（水库）、矿井、通信线路与设施、电力设施等专业工程的建造及其有关设施、设备的安装活动及必要的建筑装修装饰活动；此处所谓法律规范，则是指与调整广义建筑活动相关的法律、行政法规、部门规章、建筑工程技术标准与规范等的总体。

狭义的建筑法指调整狭义的建筑活动的法律，仅指《中华人民共和国建筑法》（以下简称《建筑法》，1997年11月1日第八届全国人民代表大会常务委员会第二十八次会议通过1997年11月1日中华人民共和国主席令第91号公布自1998年3月1日起施行，后根据2011年4月22日第十一届全国人民代表大会常务委员会第二十次会议《关于修改〈中华人民共和国建筑法〉的决定》进行修正）。此处所谓狭义的建筑活动指各类房屋建筑及其附属设施的建造和与其配套的线路、管道、设备的安装活动。

我国现行的建筑法律制度，是以《建筑法》为核心并与其他相关法律、法规一起构成的法律制度体系，《建筑法》的效力范围和适用范围受到一定程度限制。

本章所谓建筑法律制度指以《建筑法》为核心，以及与《建筑法》的规定和内容密切相关的法律、行政法规、部门规章和规范性文件的相关规定与内容共同构成的法律制度体系总体。

2. 《建筑法》的立法目的

《建筑法》从以下几个方面明确规定了其立法目的：

（1）加强对建筑活动的监督管理

建筑业是我国国民经济重要的物质生产部门。建筑业通过自身的生产活动，即对各类建筑物和构筑物的建造及与其配套的线路、管道、设备的安装等活动，为社会生产和人们的物质与精神生活提供住宅、厂房、办公楼、学校、医院、商店、体育场（馆）、艺术场（馆）、基础设施等各类建筑物与构筑物，为社会创造财富。

另一方面，建筑活动本身具有其重要性、特殊性、复杂性。建筑活动（包括其过程及其工作成果）对人民生命财产安全、社会公共利益、环境、生态、资源（特别是土地资源）、经济与社会可持续发展等方面具有广泛、深入、难以逆转甚至不可逆转的重大影响作用，显著区别于国民经济其他行业，必须从国民经济和社会发展的宏观角度出发对建筑活动进行严格、有效的监督管理；同时，建筑活动是一种综合性技术活动，具有其自身的规律性和特殊性，对于从事建筑活动的企业和个人在专业技术水平与能力、管理水平与能力方面具有特殊要求，因而也有必要对从事建筑活动的企业的从业资质和个人的从业资格进行监督管理；再者，建筑活动作为一种高度复杂性、综合性、系统性的技术和生产活动，需要多方参与并在技术、经济、组织、管理等有关方面密切协作与充分配合才能有效完成，因而必然要求各参与方的参与行为规范、有序，这不仅需要各参与方自觉，更迫切需要具有国家强制力保证的、有效的监督管理。

因此，加强对建筑活动的监督管理便成为《建筑法》的立法之首要目的。

（2）维护建筑市场秩序

建筑市场是建筑活动中各种交易进行的具体场所（如有形建筑市场）构成的总体和建筑活动中产生的各种交易关系的总和。建立并完善开放、有序竞争、规范的建筑市场，是建筑业健康发展的客观需求。目前，随着我国国民经济与社会持续、高速、稳定发展和社会主义市场经济体制的不断发展与完善，我国建筑市场规模快速增长，开放程度与国际化程度不断增强，市场秩序日益规范，市场竞争环境明显改善，建筑活动相关交易过程的公开、公平、公正程度不断提高，有效解决建筑市场中部分突出问题（如工程款拖欠问题）的长效机制初步建立并日趋成熟。

但是，在建筑市场发展过程中，也存在一些不规范行为，如工程招标投标过程中的长期存在的围标、串通投标、逃避招标、黑白合同现象，建筑施工企业非法转包工程、违法分包，没有资质的建筑设计、施工企业或者实际施工人（单位）借用有资质的其他建筑设计、施工企业的名义承包工程，建筑设计、施工企业未按规定取得资质等级或者超越自身资质等级承包工程，建设单位违反工程建设程序、不执行工程建设强制性标准、拖欠工程款和农民工工资，建筑市场主体信用意识淡薄、企业信用体系和建筑市场信用体系不健全，地区建筑市场和行业建筑市场互相封锁，等等。诸如此类的不规范行为和相关问题，严重地扰乱了建筑市场的正常秩序并破坏了建筑市场的竞争环境，阻碍了我国建筑业的健康、有序和可持续发展。

因此，制定建筑市场主体从事建筑活动中各种交易必须遵守的行为规范、基本规则，对建筑市场主体从事建筑活动中各种相关交易过程进行具有国家强制力保证的、有效的监督管理，建立针对违反这些规范、规则的交易行为的具有国家强制力保证的责任追究制度，从而有效规范、维护建筑市场秩序，促进建筑市场的健康、有序发展，成为《建筑法》的重要立法目的。

（3）保证建筑工程的质量和安全

建筑工程是建筑活动的产品，具有空间固定、形式多样、结构复杂、使用期长、不可重复、体型庞大、造价高昂等显著区别于其他行业产品的特点。因此，建筑工程质量极其重要。建筑工程若发生质量问题，特别是其建筑物和构筑物的主体结构工程或隐蔽工程发生质量问题，通常难以修复、加固，有可能造成巨大的经济利益损失、人身伤亡、财产损失，对社会公共利益、环境、生态、资源（特别是土地资源）、经济与社会可持续发展等方面会产生广泛、深入、难以逆转甚至不可逆转的重大影响。"百年大计、质量第一"，成为建筑活动必须始终坚持的基本理念和基本准则。

建筑工程的特点，决定了建筑工程生产的特点与一般工业产品生产的特点相比较具有自身的特殊性，包括生产流动性与差异性、单件性、生产周期长、资金占用量大、露天作业多与高空作业多、生产组织关系与协作关系复杂而综合等，而这些特殊性，决定了建筑工程生产过程所面临的不安全因素（包括人的不安全行为和物的不安全状态）远远超过其他行业产品的生产过程，导致建筑工程生产过程中安全事故频发，建筑业在我国成为仅次于矿山采掘业的第二大生产安全事故高发行业。2016 年，全国共发生房屋市政工程生产安全事故 634 起、死亡 735 人，比去年同期事故起数增加 192 起、死亡人数增加 181 人，同比分别上升 43.44% 和 32.67%。

因此，《建筑法》将保证建筑工程质量和建筑工程生产安全（建筑活动过程中的生产安全）作为其立法的关键目的，在其总则与分则中均作了若干重要规定，对确保建筑工程的质量和建筑活动过程中的生产安全并进而促进建筑业的健康发展具有十分重要的意义。

（4）促进建筑业健康发展

建筑业作为我国国民经济重要的物质生产部门，与其他行业相比，建筑业对国民经济增长所作出的贡献是十分巨大的，建筑活动业已成为国民经济增长与社会发展过程中最重要的经济活动和具有显著社会、公共影响的活动之一，建筑活动的管理水平与质量直接影响到建筑业的发展水平与发展质量，进而影响到我国国民经济增长与社会发展的水平与质量。

因此，《建筑法》将促进建筑业健康发展作为其立法的核心目的，旨在从法律这一上层建筑层面，确立从事建筑活动必须遵守的基本规范和基本行为准则，制定对建筑活动进行监督管理和规范建筑市场秩序的基本规则，建立保证建筑工程质量和安全的基本制度与基本责任体系，以有效解决建筑业发展过程中存在的各种相关问题，从发展速度、发展的经济与社会效益、发展水平与发展质量等方面全面有效地促进建筑业的健康发展。

4.1.2 《建筑法》的调整对象与适用范围

1.《建筑法》的调整对象

《建筑法》调整的是在我国境内实施的狭义建筑活动中的行政管理关系、市场交易关系、经济与技术协作关系和其他相关民事关系。此处所谓狭义建筑活动，是指各类房屋建筑及其附属设施的建造和与其配套的线路、管道、设备的安装活动，其内涵与边界是被严格界定的，其中，各类房屋建筑指具有顶盖、梁、柱、墙，供人们生产、生活使用的建筑物，包括民用房屋建筑、工业房屋建筑、公共房屋建筑，具体包括民用住宅，工业生产用厂房、仓库、动力站、水塔、烟囱等工业建筑，酒（旅）店、银行、冷藏库、公路客运站、学校、医院、影剧院、体育场馆、展览馆、办公楼、会议厅、火车站等公共建筑；而各类房屋建筑及其附属设施的建造和与其配套的线路、管道、设备则是指进入上述各类房屋建筑或者与其紧密联系在一起的，并且能够表明是以上述各类房屋建筑为主体的，与其配套建造的诸如围墙、水塔等附属设施和电气、通信、燃气、给水、排水、空气调节、电梯、消防等线路、管道和设备。省、自治区、直辖市人民政府确定的小型房屋建筑工程的建筑活动中的行政管理关系、市场交易关系、经济与技术协作关系和其他相关民事关系，不完全属于《建筑法》的调整对象范围，可由省、自治区、直辖市人民政府根据其建筑活动的特殊性参照《建筑法》执行；依法核定作为文物保护的纪念建筑物和古建筑等修缮的建筑活动中的行政管理关系、市场交易关系、经济与技术协作关系和其他相关民事关系，不属于《建筑法》的调整对象；抢险救灾及其他临时性房屋建筑和农民自建低层住宅的建筑活动中的行政管理关系、市场交易关系、经济与技术协作关系和其他相关民事关系，由于抢险救灾及其他临时性房屋建筑的时效性、临时性、简易性等特点和农民自建低层住宅由于量大面广、相关情况差异巨大等特点，不作为《建筑法》的调整对象；军用房屋建筑工程建筑活动与《建筑法》中的狭义建筑活动具有共性，但同时也有其自身特殊性，因此，军用房屋建筑工程建筑活动中的行政管理关系、市场交易关系、经济与技术协作关系和其他相关民事关系，由国务院、中央军事委员会依据《建筑法》制定相应具体管理办法予以调整。

同时，应当特别注意的是，铁路、公路、桥梁、机场、港口、水电站（水库）、矿井、通信线路与设施、电力设施等专业建筑工程的建筑活动由于其技术、自身特点、质量标准与要求等方面特殊性以及国内现行行政管理体制所造成的对上述专业建筑工程的建筑活动监督管理权限的分割，难以完全适用《建筑法》，但上述专业建筑工程的建筑活动与《建筑法》中规定的各类房屋建筑工程的建筑活动也具有共性，例如对从事上述专业建筑工程的建筑活动的企业的从业资质和个人的从业资格均有要求，专业建筑工程的建筑活动均是通过各专业建筑市场中的各种相关交易的实施得以完成，等等。因此，《建筑法》中关于上述狭义建筑活动的施工许可，建筑施工企业资质审查，建筑工程发包、建筑工程承包、禁止转包，建筑工程监理、建筑工程安全和质量管理的规定，同样适用于其他专业建筑工程的建筑活动。亦即，其他专业建筑工程的建筑活动中的行政管理关系、市场交易关系、经济与技术协作关系和其他相关民事关系，除受制于专业建筑工程的建筑活动的技术、自身特点、质量标准与要求等方面特殊性和行政监督管理权限限制的部分外，均属于《建筑法》的调整对象，这是我国建筑法律制度的特殊性。

2.《建筑法》的适用范围

根据《建筑法》的相关规定，《建筑法》的适用范围包括空间效力范围、适用主体范围和特殊适用范围。

（1）《建筑法》的空间效力范围

《建筑法》作为我国最高权力机关的常设机构全国人民代表大会常务委员会制定的法律，其空间效力范围（或称适用的地域范围）是中华人民共和国境内，即中华人民共和国主权所及于的全部地域范围内。按照我国香港、澳门两个特别行政区基本法的规定，只有列入这两个特别行政区基本法附件三的全国性法律，才能在这两个特别行政区全部地域内适用，而《建筑法》没有列入这两个特别行政区基本法的附件三中，因此，《建筑法》不适用于我国已恢复行使主权的香港特别行政区和澳门特别行政区。香港和澳门这两个特别行政区的建筑立法，应由这两个特别行政区的立法机关自行制定。另外，由于历史原因，台湾地区的建筑立法，目前由台湾地区立法机关自行制定。

（2）《建筑法》适用的主体范围

法律适用的主体范围指其行为受该法律规范、约束、调整的法律关系主体的范围。

《建筑法》适用的主体范围包括，一切在中华人民共和国境内从事建筑活动的主体和各级依法负有对建筑活动实施监督管理责任的国家行政机关。

1）一切从事建筑活动的主体，包括从事建筑工程的勘察、设计、施工、监理、咨询服务等活动的国有企业事业单位、集体所有制的企业事业单位、中外合资经营企业、中外合作经营企业、外资企业、合伙企业、私营企业以及依法可以从事建筑活动的个人，例如，具有国家注册执业资格的注册建筑师、注册城市规划师、注册结构工程师、勘察设计注册工程师、注册建造师、注册监理工程师、注册造价工程师等，不论其经济性质如何、规模大小，只要从事《建筑法》规定的建筑活动，都应当遵守《建筑法》的各项规定，依法享有规定的权利、履行规定的义务、承担规定的法律责任。

2）各级依法负有对建筑活动实施监督管理责任的国家行政机关，包括各级建设主管部门和其他有关主管部门，都应当依照《建筑法》的规定，对建筑活动实施监督管理。监督管理的内容包括，依照《建筑法》的规定，对从事建筑活动的施工企业、勘察单位、设计单位和工程监理单位进行资质审查，依法颁发资质等级证书；对建筑工程的招标投标活动是否符合公开、公正、公平的原则及是否遵守法定程序进行监督；对建筑工程的质量和建筑安全生产依法进行监督管理以及对违反《建筑法》的行为实施行政处罚等。对建筑活动负有监督管理职责的政府行政机关及其工作人员不依法履行职责，玩忽职守或者滥用职权的，必须承担相应的法律责任。

4.1.3 《建筑法》的基本原则

《建筑法》的基本原则，即制定和实施《建筑法》的基本出发点，是在《建筑法》的空间效力范围内从事建筑活动的合法主体必须遵循的基础性核心原则。

1. 基本技术原则

确保建筑工程质量和安全，符合国家的建筑工程安全标准，是《建筑法》规定的建筑活动必须遵循的基本技术原则。

如前所述，建筑工程具有显著区别于其他行业产品的特点，建筑工程生产的特点与一般工业产品生产的特点相比较也具有自身的特殊性。

根据《建筑法》和《标准化法》的规定并基于建筑工程和建筑活动的特殊性，凡是国家依法制定的建筑工程安全标准（包括国家标准和行业标准），包括列入国家标准和行业标准的有关建筑工程安全的涉及建筑工程勘察、设计、施工、验收的技术规范、技术标准、技术要求、技术规程与方法、作业规程与方法等，无疑是涉及保障人体健康、人身、财产安全的标准，属于强制性的标准，因而必须严格执行。

建筑活动作为一项特殊的社会性生产活动，其产品质量和活动过程安全具有极端重要性。《建筑法》将确保建筑工程质量和安全，符合国家的建筑工程安全标准作为建筑活动必须遵循的基本原则，实属必要与当然。

2. 发展导向性原则

国家扶持建筑业的发展，支持建筑科学技术研究，提高房屋建筑设计水平，鼓励节约能源和保护环境，提倡采用先进技术、先进设备、先进工艺、新型建筑材料和现代管理方式，是《建筑法》规定的建筑活动必须遵循的发展导向性原则。

建筑业作为我国国民经济重要的物质生产部门，建筑业对国民经济增长所作出的贡献十分巨大，建筑业的发展水平与发展质量，直接影响到我国国民经济增长与社会发展的水平与质量。《建筑法》以法律的形式，确立了国家扶持建筑业发展的行业发展导向性原则，为建筑业的持续、健康和快速发展提供了法律保障。国家和地方政府各级人民政府及有关部门应当按照法律的规定，综合运用财政、信贷、税收、价格等方面的政策和措施，扶持、促进建筑业的持续、健康和快速地发展。

国家支持建筑科学技术研究。建筑业作为传统产业，其持续、健康、快速发展，十分迫切需要依靠现代科学技术，因此，《建筑法》以法律的形式确立了国家支持建筑科学技术研究的技术发展导向性原则，为建筑业依靠现代科学与技术改造自身，创造建筑业可持续发展的基础条件奠定了法律基础。

国家支持提高房屋建筑设计水平。房屋建筑的设计水平与质量，决定了建筑工程的水平与质量，直接影响经济发展与社会生活的基本物质基础水平与质量。《建筑法》以法律的形式确立了国家支持提高房屋建筑设计水平的专业发展导向性原则，为持续提高我国房屋建筑水平与质量，进而提高我国经济发展与社会生活的基本物质基础水平与质量奠定了法律基础。

国家鼓励在建筑活动中节约能源、保护环境。能源是国民经济和社会发展的不可或缺物质基础，节约能源是国家发展、改善民生、文明社会的一项长远战略方针。我国是能源短缺国家，但同时我国也是能源消耗型国家，建筑能耗成为我国社会终端能耗的重要组成部分，在建筑活动中节约能源对于我国国民经济和社会的可持续发展具有极端重要的意义。保护环境是我国的基本国策，建筑活动的过程及其工作成果对环境、生态造成的影响是难以逆转甚至不可逆转的。《建筑法》以法律的形式确立了国家鼓励在建筑活动中节约能源、保护环境的可持续发展导向性原则，为我国建筑业的可持续发展奠定了法律基础，为实施建筑活动确立了符合经济、社会可持续发展原则的基本行为准则。

国家提倡在建筑活动中采用先进技术、先进设备、先进工艺、新型建筑材料和现代管理方式。建筑业是传统的、劳动密集型产业，其生产方式、技术水平、管理方式等相对比较落后，劳动强度大、劳动效率低，运用先进技术、先进设备、先进工艺、新型建筑材料和现代管理方式进行现代化改造是建筑业实现发展方式转变最为有效的途径。因此，《建筑法》以法律的形式确立了国家提倡在建筑活动中采用先进技术、先进设备、先进工艺、新型建筑材料和现代管理方式的综合发展导向性原则，为我国建筑业发展过程中有效实现发展方式的转变同时也为前述发展导向性原则的有效贯彻与实施奠定了坚实的法律基础。

3. 基本行为规范性原则

合法性是《建筑法》确立的建筑活动必须遵守的基本行为规范性原则。建筑活动作为一种法律行为，合法性是其基本行为规范性原则。建筑活动的合法性要求："从事建筑活动应当遵守法律、法规，不得损害社会公共利益和他人的合法权益。任何单位和个人都不得妨碍和阻挠依法进行的建筑活动。"

从事建筑活动应当遵守法律、法规。"依法治国"，是执政党和政府治理国家的基本方略，"有法可依、有法必依、执法必严、违法必究"是这一基本方略的具体体现，全体社会成员进行各项活动，都应当遵守法律的有关规定，从事建筑活动当然也不例外。建筑活动涉及多方面的关系，除了必须遵守专门适用于建筑活动的特别法即《建筑法》的规定外，还应遵守其他有关的法律、法规。例如，在建设用地方面，应当遵守《土地管理法》和《城市房地产管理法》及相关行政法规的规定；在城市规划区内进行建筑活动的，应遵守《城乡规划法》及相关行政法规的规定；在环境保护方面，应遵守《环境保护法》《大气污染防治法》《水污染防治法》《固体废物污染环境防治法》和《环境噪声污染防治法》等法律及相关行政法规的规定；在建筑活动中，发现古文物、古墓葬等应当予以保护的文物的，应遵守《文物保护法》及相关行政法规的规定；在建筑工程招标投标活动中应遵守《招标投标法》《反不正当竞争法》及相关行政法规的规定；在建筑工程发包与承包活动中订立合同，应遵守《合同法》及相关行政法规的规定；在建筑生产安全方面，必须遵守《安全生产法》及相关行政法规的规定，等等。

从事建筑活动，不得损害社会公共利益和他人的合法权益。社会公共利益，是指全体社会成员的共同利益，法律保护社会公共利益不受损害。一般来说，损害社会公共利益的行为，是法律明文规定禁止的行为。他人的合法权益，此处主要是指有因建筑活动受到损害的他人的民事权益，包括他人的财产权利和人身权利。他人的合法权益受法律保护，从事建筑活动不得损害他人的合法权益，给他人合法权益造成损害的，应当依法承担排除妨碍、恢复原状、赔偿损失等民事责任；损害他人合法权益情节严重，构成犯罪的，还要依法追究其刑事责任。

任何单位和个人不得妨碍和阻挠依法进行的建筑活动。依法进行的建筑活动受法律保护，不受任何单位或个人的妨碍和阻挠，这是法律赋予从事建筑活动的合法主体依法从事建筑活动时的基本权利。

《建筑法》以法律的形式确立了建筑活动必须遵循的基本行为规范性原则，为从事建筑活动的合法主体制定了基本行为规范，并赋予了从事建筑活动的合法主体依法从事建筑活动时的基本权利。

4.1.4　《建筑法》确立的基本建筑法律制度

《建筑法》作为我国建筑法律制度的核心，和与他相关法律、法规共同确立了我国建筑法律制度体系中的五种基本法律制度：建设行政许可法律制度、建筑工程发包与承包法律制度、建筑工程监理法律制度、建筑安全生产管理法律制度和建筑工程质量管理法律制度。本章着重阐述除建设行政许可法律制度外的其他四种基本法律制度，建设行政许可法律制度另设专章阐述。

4.2　建筑工程发包与承包

4.2.1　建筑工程发包

1. 建筑工程发包的概念

建筑工程发包，是指建筑工程的建设单位（或总承包单位）将建筑工程任务（勘察、设计、施工等）的全部或一部分通过招标或其他方式，交付给具有从事建筑活动的法定从业资格的单位完成，并按建设工程合同约定支付报酬的行为。

建筑工程发包单位，通常为建筑工程的建设单位，即投资建设该项建筑工程的单位（即业主）。按照国家有关规定，国有单位投资的经营性基本建设大中型建设项目，在建设阶段必须组建项目法人。项目法人可按《公司法》的规定设立有限责任公司（包括国有独资公司）和股份有限公司，由项目法人对项目的策划、资金筹措、建设实施、生产经营、债务偿还和资产保值增值，实行全过程负责。据此规定，由国有单位投资建设的经营性的房屋建筑工程（如用作生产经营设施的工商业用房、作为房地产开发项目的商品房等），由依法设立的项目法人作为建设单位，负责建筑工程的发包。国有单位投资建设的非经营性的房屋建筑工程，应由建设单位作为发包方负责建筑工程的发包。

建筑工程实行总承包的，总承包单位经建设单位同意，在法律规定的范围内对部分建筑工程项目进行分包的，建筑工程的总承包单位即成为分包建筑工程的发包单位。

2. 建筑工程发包方式

《建筑法》规定："建筑工程依法实行招标发包，对不适用于招标发包的可以直接发包。"因此，建筑工程的发包方式主要有两种：招标发包和直接发包。建筑工程的招标发包，主要根据《招标投标法》《工程建设项目施工招标投标办法》《工程建设项目勘察设计招标投标办法》《工程建设项目招标范围和规模标准规定》《房屋建筑和市政基础设施工程施工招标投标管理办法》等法律和部门规章的有关规定进行。《招标投标法》规定了必须进行招标的工程建设项目范围，在该范围的工程建设项目的勘察、设计、施工、监理，与工程建设有关的重要设备、材料等的采购必须依法进行招标。

实行招标发包的建筑工程，发包单位应当将建筑工程发包给依法中标的承包单位。对于不适于招标发包的建筑工程可以直接发包。例如保密工程、特殊专业工程、特殊性质工程等。对于这些不适于招标发包的建筑工程，发包单位应当将其发包给具有相应资质条件的承包单位。

4.2.2 建筑工程承包

1. 建筑工程承包概念

建筑工程的承包，是指具有从事建筑活动的法定从业资格的单位，通过投标或其他承揽方式，承揽建筑工程任务，并按建设工程合同约定取得报酬的行为。

建筑工程承包单位，即承揽建筑工程的勘察、设计、施工等业务的单位，包括对建筑工程实行总承包的单位和承包分包建筑工程的单位。

根据我国现行的从事建筑活动的企业的资质等级许可制度的规定，承包单位必须依法取得从事建筑活动的资质等级许可并必须严格在本单位资质等级许可的业务范围内从事承揽工程的建筑活动，禁止建筑企业超越本企业资质等级许可的业务范围承揽工程。

目前，我国建筑市场较大程度地存在无资质或者低资质的建筑施工企业、包工队以"挂靠"有较高资质等级的建筑施工企业或者采取与资质等级较高的建筑施工企业搞假"联营"等形式，以资质等级较高的建筑施工企业的名义承揽工程的现象；而有些建筑施工企业为谋取不正当利益（如收取挂靠管理费、资质证书和营业执照的有偿使用费等），允许其他企业、单位甚至个人使用本企业的名义承揽建筑工程。上述现象的存在，对建立正常的建筑市场秩序、保证工程质量危害极大，必须予以禁止。为此，《建筑法》明确规定："禁止以任何形式用其他建筑施工企业的名义承揽工程，禁止建筑施工企业以任何形式允许其他单位或者个人使用本企业的资质证书、营业执照，以本企业的名义承揽工程。"

2. 建筑工程联合共同承包、分包与转包

（1）建筑工程联合共同承包

建筑工程联合共同承包（也称为联营承包），是指由两个以上的承包单位共同组成非法人的联合体，以该联合体的名义承包某项建筑工程的承包模式。在建筑工程联合共同承包形式中，由参加联合的各承包单位共同组成的联合体作为一个单一的承包主体，与发包单位签订建设工程合同，共同履行合同的全部义务，承担合同的全部责任。在联合体内部，则由参加联合体的各方以协议方式约定各自在联合共同承包建筑工程中的权利、义务，包括联合体的管理方式及共同管理机构的产生办法、各方负责承担的建筑工程任务的范围、利益分享与风险分担的办法等。建筑工程联合共同承包是国际建设工程市场上广泛采用的建筑工程承包模式。

大中型建筑工程和结构复杂的建筑工程，工程任务量大、技术要求复杂、建设周期较长，需要承包单位具有较强的经济、技术实力和抵御风险的能力。由多家单位组成联合体共同承包这类建筑工程，可以集中参加联合体的各方的经济、技术力量，发挥各自的优势，大大增强投标竞争的实力；对发包单位而言，也有利于提高投资效益，保证建筑工程质量。因此，《建筑法》规定："大型建筑工程或者结构复杂的建筑工程，可以由两个以上的承包单位联合共同承包。"

在建筑工程联合共同承包中，参加联合共同承包的各方应就建设工程合同的约定义务与责任的履行向发包单位承担连带责任。《民法通则》明确规定："负有连带义务的每个债务人，都负有清偿全部债务的义务，履行了义务的人，有权要求其他负有连带义务的人偿付他应当承担的份额。"依此规定，发包单位可要求参加建筑工程联合共同承包的任何一方履行建设工程合同的全部义务，联合共同承包的各方不得拒绝。《建筑法》对此作出了明确规定："共同承包的各方对承包合同的履行承担连带责任。"

建筑工程联合共同承包是由两个以上的承包单位共同组成非法人的联合体，以该联合体的名义承包某项建筑工程的承包行为。当参加联合体的具有相同专业的各承包单位资质等级不同时，联合体只能按资质等级较低的承包单位的从业许可业务范围承揽建筑工程。

（2）建筑工程分包与转包

1）建筑工程分包

建筑工程分包，是指建筑工程的承包单位根据发包单位的同意或建设工程合同的规定，将其承包的建筑工程范围内的非主要部分及专业性较强的工程内容另行发包给其他取得相应资质等级许可的承包单位承包的行为。

对一些大中型建筑工程和结构复杂的建筑工程而言，实行建筑工程总承包与建筑工程分包相结合的建筑工程承包模式，允许总承包单位在遵守一定条件的前提下，将自己总承包的建筑工程中的部分劳务或者自身不擅长的专业工程分包给其他承包单位，以便总承包单位和分包单位扬长避短，发挥各自的优势，这对于降低建设工程合同风险，降低建筑工程造价，保证建筑工程质量及缩短工期，均有益处。

但是，为有效保护建筑工程发包单位的合法利益，制止违法建筑工程分包行为，建筑工程分包必须遵守一定的限制条件，《建筑法》对此作出了明确规定："建筑工程总承包单位可以将承包工程中的部分工程发包给具有相应资质条件的分包单位；但是，除总承包合同中约定的分包外，必须经建设单位认可。施工总承包的，建筑工程主体结构的施工必须由总承包单位自行完成。"

在实行建筑工程总承包与建筑工程分包相结合的建筑工程承包模式中，存在总承包合同与分包合同两个不同的合同关系。总承包合同是建设单位与总承包单位之间订立的合同，总承包单位有义务就总承包合同的约定内容向建设单位承担全部责任，即使总承包单位根据总承包合同的约定或经建设单位认可，将总承包合同范围内的部分建筑工程内容分包给其他承包单位，总承包单位仍有义务对分包的建筑工程向建设单位负责。分包合同是总承包合同的承包单位（分包合同中的发包单位）与分包单位之间订立的合同，分包单位与建设单位（总承包合同的发包单位）之间并不存在直接的合同关系，分包单位仅就分包合同的约定内容向总承包单位负责，并不直接向建设单位承担合同责任。因此，《建筑法》明确规定："建筑工程总承包单位按照总承包合同的约定对建设单位负责；分包单位按照分包合同的约定对总承包单位负责。

为有效保护建筑工程发包单位的合法利益，《建筑法》适当加重了分包单位的责任："总承包单位与分包单位应就分包工程对建设单位承担连带责任。"即若分包工程出现问题，建设单位既可要求总承包单位承担责任，也可以直接要求分包单位承担责任。

《建筑法》对两种违法建筑工程分包行为作出了禁止性规定："禁止总承包单位将工程分包给不具有相应资质条件的单位。禁止分包单位将其承包的工程再分包。"

《建设工程质量管理条例》对建筑（建设）工程的违法分包行为进行了界定：

① 总承包单位将建设工程分包给不具备相应资质条件的单位的；②建设工程总承包合同中未有约定，又未经建设单位，承包单位将其承包的部分建设工程交由其他单位完成；③施工总承包单位将建设工程主体结构的施工分包给其他单位的；④分包单位将其承包的建设工程再分包的。

2）建筑工程转包

建筑工程转包，是指建筑工程的承包单位与发包单位订立建设工程合同后，不履行合同约定的义务与责任，未获得发包单位的同意，以赢利为目的，将与其承包范围、内容相一致的建筑工程倒手转让给其他承包单位（该承包单位成为实际承包该建筑工程的新的承包单位）并不对根据建设工程合同所承包的建筑工程承担技术、管理和经济责任的行为。

承包单位擅自将其承包的建筑工程转包，违反了合同法律制度的规定，破坏了合同关系应有的稳定性和严肃性。从合同法律关系上说，转包行为属于合同主体变更的行为，转包后，建筑工程承包合同的承包单位由原承包单位变更为接受转包的新承包单位，原承包单位名义上与建筑工程发包单位存在合同关系但其实际上对其合同的约定内容将不会再承担责任。根据合同法的基本原则，合同一经依法成立并生效后，即具有法律约束力，任何一方不得擅自变更合同，包括变更合同的内容和变更合同的主体。建筑工程承包合同的订立是承发包双方的共同法律行为。承包单位将其承包的建筑工程转包给其他承包单位，属于擅自变更合同主体的行为，违背了发包单位的意志，损害了发包单位的合同利益，是法律所不允许的。《建筑法》对此作出明确的禁止性规定："禁止承包单位将其承包的全部建筑工程转包给他人。"禁止建筑工程的承包单位将其承包的建筑工程转包，也是国际建设工程市场的通行惯例。

目前，国内建筑市场上大量存在承包单位利用法律允许建筑工程分包的规定，将其承包的全部工程分解成若干部分，再将各部分以分包的名义分别转包给其他承包单位，以从这种名为建筑工程分包实为建筑工程转包的行为中获利，而并不承担承包合同约定的义务与责任。对此，《建筑法》也作出了禁止性规定："禁止承包单位将其承包的全部工程肢解以后以分包的名义分别转包给他人。"

4.3 建筑工程监理

4.3.1 建筑工程监理的概念

建筑工程监理，是指由依法取得法定资质等级许可的工程监理单位，根据建设单位的委托，依照法律、行政法规及有关的技术标准、设计文件和建筑工程承包合同，对建筑工程承包单位在建筑工程的施工质量、建设工期和建设资金使用等方面，代表建设单位实施监督管理的技术性、专业性服务行为。

建筑工程监理制度在国外有较长的发展历史，西方发达国家已经形成了一套完整的建筑工程监理制度。我国从 1988 年开始推行建筑工程监理制度，《建筑法》颁布实施后，正式确立了我国建筑工程监理制度的法律地位。

4.3.2 建筑工程监理的适用范围

建筑工程监理是建筑工程的建设单位为保证建筑工程质量、控制建筑工程造价和工期，确保建筑生产安全，维护自身相关合法权益而实施的有效措施。对建筑工程是否实施监理，原则上应由建筑工程的建设单位自行决定。但是，对于使用国家财政资金或者其他公共建设资金建设的建筑工程项目以及大型公共建筑工程，为有效保证投资效益，维护国家利益和纳税人利益，保证公共利益和公众安全，有必要对这些建筑工程实行强制监理。

我国《建筑法》规定，国务院有权对实施强制监理的建筑（建设）工程的范围作出明确规定。对属于国务院规定实行强制监理制度的建筑（建设）工程，建设单位必须依法委托具有相应资质条件的建筑工程监理单位实施监理。

根据《建设工程监理范围和规模标准规定》《国家重点建设项目管理办法》的相关规定，国务院规定的实施强制监理的建筑（建设）工程（项目）的范围包括：

（1）国家重点建设工程

是指依据《国家重点建设项目管理办法》所确定的对国民经济和社会发展有重大影响的骨干项目。具体包括：基础设施、基础产业和支柱产业中的大型项目，高科技并能带动行业技术进步的项目，跨地区并对全国经济发展或者区域经济发展有重大影响的项目，对社会发展有重大影响的项目，其他骨干项目。

（2）大中型公用事业工程

指项目总投资额在 3000 万元以上的下列工程项目：供水、供电、供气、供热等市政工程项目，科技、教育、文化等项目；体育、旅游、商业等项目，卫生、社会福利等项目，其他公用事业项目。

（3）成片开发建设的住宅小区工程

成片开发建设的住宅小区工程，建筑面积在 5 万 m^2 以上的住宅建设工程必须实行监理。5 万 m^2 以下的住宅建设工程，可以实行监理，具体范围和规模标准，由省、自治区、直辖市人民政府建设行政主管部门规定。

（4）利用外国政府或者国际组织贷款、援助资金的工程

具体包括：使用世界银行、亚洲开发银行等国际组织贷款资金的项目，使用国外政府及其机构贷款资金的项目，使用国际组织或者国外政府援助资金的项目。

（5）国家规定必须实行监理的其他工程

具体包括：

1）项目总投资额在 3000 万元以上关系社会公共利益、公众安全的下列基础设施项目：煤炭、石油、化工、天然气、电力、新能源等项目，铁路、公路、管道、水运、民航以及其他交通运输业等项目，邮政、电信枢纽、通信、信息网络等项目；防洪、灌溉、排涝、发电、引（供）水、滩涂治理、水资源保护、水土保持等水利建设项目，道路、桥梁、地铁和轻轨交通、污水排放及处理、垃圾处理、地下管道、公共停车场等城市基础设施项目，生态环境保护项目，其他基础设施项目。

2）学校、影剧院、体育场馆项目。

4.3.3 建设工程监理合同

建筑工程监理属于专业性很强的技术与管理服务，要求从事建筑工程监理的单位必须具备相应的条件、专业技术与管理服务水平、技术与管理服务能力和相关实践经验。因此，国家对从事建筑工程监理的单位实行资质等级许可制度，对从事建筑工程监理的专业（技术）人员个人实行注册执业许可制度。《建筑法》对此明确规定："实行监理的建筑工程，由建设单位委托具有相应资质条件的工程监理单位监理。"

建筑工程监理作为一种典型的、有偿的专业性技术与管理服务，需要建设单位在建筑市场上通过市场交易才能获得，建设工程委托监理合同成为有效完成这种交易的受国家法律保护的最基本形式和最普遍形式。因此，《建筑法》明确规定："建设单位与其委托的工程监理单位应当订立书面委托监理合同。"

《合同法》对建设工程监理合同的内容作出了原则性的基本规定。住房城乡建设部、国家工商行政管理总局对《建设工程委托监理合同（示范文本）》GF－2000－2002 进行了修订，制定了《建设工程监理合同（示范文本）》GF－2012－0202，对建设工程委托监理合同的内容作出了详细、具体的示范性规定。该示范文本主要包括词语限定，监理人的义务，委托人的义务，违约责任，支付，合同生效、变更、暂停、解除与终止，争议解决，其他等 8 个方面的条款，涉及建筑工程监理活动中合同当事人双方的相关权利、义务、责任，相关问题的合同管理程序等具体内容。

4.3.4 建筑工程监理的地位、主要任务和实施依据

（1）建筑工程监理具有代表建设单位进行监督管理的地位。工程监理单位接受建设单位的委托，按照建设工程委托监理合同的约定和授予的权利、权限，对承包单位在建筑工程的施工质量、建设工期和建设资金使用、建筑工程安全生产等方面，代表建设单位实施监督，对建设单位负责。

（2）建筑工程监理的主要任务是对承包单位在建筑工程的施工质量、建设工期、建设资金使用以及建筑工程安全生产等方面实施监督管理。

（3）建筑工程监理的实施依据包括：

1）相关法律、行政法规；

2）与建筑工程有关的国家标准、行业标准，设计图纸、工程说明书等设计文件；

3）建设单位与承包单位之间签订的建筑工程承包合同。

4.3.5 工程监理人员的基本权利

工程监理人员即注册监理工程师。工程监理人员在对建筑工程实施监理的过程中，应

当严格按照法律、行政法规及有关的技术标准、设计文件、建筑工程承包合同及建设工程监理委托合同中授予建筑工程监理单位的权利、权限和建筑工程监理单位授予工程监理人员的权利、权限，对承包单位在建筑工程的施工质量、建设工期、建设资金使用和建筑工程安全生产等方面代表建设单位实施监督。为了保证工程监理人员能够独立、公正地对建筑工程实施有效监理，《建筑法》赋予工程监理人员在实施建筑工程监理活动中的基本权利是："工程监理人员认为工程施工不符合工程设计要求、施工技术标准和合同约定的，有权要求建筑施工企业改正；工程监理人员发现工程设计不符合建筑工程质量标准或者合同约定的质量要求的，应当报告建设单位要求设计单位改正。"其中的"合同"指建设单位与工程承包单位依法订立的建筑工程承包合同。

4.3.6　工程监理单位的基本执业准则

工程监理单位是为建筑工程的建设单位提供建筑工程监理服务的独立的社会中介性企业，应当按照其与建设单位订立的建设工程委托监理合同授予的权利、权限，代表建设单位对建筑工程承包单位进行的建筑工程施工进行监督管理；工程监理单位作为独立经营的社会中介性企业（相对于建设工程的建设单位和承包单位而言为第三方），应当具有一定的独立性、自主性，在对建设单位负责的同时，还必须依照建筑法律、行政法规和依法制定的有关建筑工程质量、建筑工程安全的强制性国家标准和行业标准，对建筑工程承包单位进行的建筑工程施工进行监督管理。为此，《建筑法》对工程监理单位在建筑工程监理活动中应当遵循的基本执业准则作了规定，包括：

（1）工程监理单位应当在其资质等级许可的监理范围内，承担工程监理业务。建筑工程监理属于专业性很强的技术与管理服务，要求从事建筑工程监理的单位必须具备相应的条件、专业技术与管理服务水平、技术与管理服务能力和相关实践经验。因此，国家对从事建筑工程监理的单位实行资质等级许可制度。根据《工程监理企业资质管理规定》《工程监理企业资质标准》的有关规定，取得建筑工程监理资质等级许可的建筑工程监理企业根据其资质等级的不同可以承担与其资质等级许可范围相应的建筑工程监理业务，不得超越其资质等级许可范围承担建筑工程监理业务。《工程监理企业资质管理规定》《工程监理企业资质标准》对我国建筑工程监理企业的资质等级分级标准、划分结果及各资质等级的建筑工程监理企业被许可承担的建筑工程监理业务承包范围作出了明确规定。

（2）工程监理单位应当根据建设单位的委托，客观、公正地执行监理任务。工程监理单位是为建筑工程的建设单位提供建筑工程监理服务的独立的社会中介性企业，工程监理单位及其工程监理人员在对工程实施监理的过程中，必须做到客观和公正。客观和公正是法律对工程监理单位进行的工程监理活动最基本的要求，是工程监理单位及其工程监理人员应当遵循的最基本的执业准则。

（3）与被监理工程的承包单位以及建筑材料、建筑构配件和设备供应单位不得有隶属关系或者其他利害关系。隶属关系是指工程监理单位与被监理工程的承包单位或者建筑材料、建筑构配件和设备供应单位属于行政的上下级的关系；其他利害关系是指工程监理单位与被监理工程的承包单位或者建筑材料、建筑构配件和设备供应单位存在某种利益关系。工程监理单位及其工程监理人员在对工程实施监理的过程中如果存在上述关系，必然影响其客观、公正地执行监理任务。

（4）不得转让工程监理业务。转让工程监理业务，是指工程监理单位将其承揽的工程监理业务的全部或部分转让给其他单位的行为。建筑工程监理是由具有相应资质等级的工程监理企业通过与建设单位订立建设工程委托监理合同，接受建设单位的委托并在建设工程委托监理合同授予的权利、权限范围内，对建筑工程的施工实施的监督管理活动。建设工程委托监理合同一经订立，就具有法律约束力，任何一方不得擅自变更合同，更不得擅自变更合同的主体。工程监理单位将建设工程委托监理合同约定的工程监理业务转让他人，违背了建设单位的意志，损害了建设单位的利益，而且有可能因其将工程监理业务转让给不具备相适应资质条件的单位，从而不能按照建设单位的要求对建筑工程质量、建设工期和建设资金使用、建筑工程安全生产进行控制、监督与管理。

4.3.7 工程监理单位的民事赔偿责任

《建筑法》明确规定了工程监理单位履行建设工程委托监理合同约定的监理义务的过程中，因存在严重违约行为或者违法行为而给建设单位造成损失时应承担的民事赔偿责任。

（1）工程监理单位不按照建设工程委托监理合同的约定履行监理义务，对应当监督检查的项目不检查或不按规定检查，给建设单位造成损失的，工程监督单位应当承担相应的民事赔偿责任。工程监理单位不按照建设工程委托监理合同的约定履行监理义务，对应当监督检查的项目不检查或不按规定检查属于严重的建设工程委托监理合同违约行为，根据《合同法》确立的违约责任承担原则，工程监理单位应当对上述违约行为给建设单位造成的损失（包括因建筑工程质量不合格给建设单位造成的损失，因建设工期延误给建设单位造成的损失，因多支付建筑工程费用给建设单位造成的损失，发生建筑生产安全事故给建设单位造成的损失等）承担相应的民事赔偿责任。

（2）工程监理单位与承包单位串通，为承包单位谋取非法利益，给建设单位造成损失的，工程监理单位则应与承包单位承担连带赔偿责任。工程监理单位与承包单位串通，为承包单位谋取非法利益属于违法行为，因这种违法行为给建设单位造成的损失，（包括因建筑工程质量不合格给建设单位造成的损失，因建设工期延误给建设单位造成的损失，因多支付建筑工程费用给建设单位造成的损失，发生建筑生产安全事故给建设单位造成的损失等），实施这种违法行为的责任方工程监理单位和承包单位对由此给建设单位造成的全部损失均负有民事赔偿责任，建设单位可以向其中任何一方要求全部或部分赔偿，另一方应对建设单位的损失承担连带民事赔偿责任。

4.4 建筑安全生产管理

4.4.1 建筑安全生产管理的概念

建筑安全生产管理，是指建设行政主管部门、监督管理机构、从事建筑活动的主体及有关单位为保证建筑生产安全，对建筑工程生产过程中的安全工作所进行的计划、组织、指挥、协调、控制和监督等一系列管理活动的总称，旨在保护从事建筑活动的人员在建筑工程生产过程的人身安全、财产安全与人身健康，保证建设单位的建筑工程财产不受损失，保证建筑工程产品生产任务的顺利完成。建筑安全生产管理包括：建设行政主管部门对于建筑活动过程中安全生产的全行业性建筑安全生产管理；劳动行政主管部门对建筑活动过程中安全生产的综合性监督管理；从事建筑活动的主体（包括建筑施工企业、建筑工程勘察企业、建筑工程设计企业和建筑工程监理企业）为保证其从事相关专业建筑活动过程中的生产安全所进行的自我管理。

如前所述，建筑工程生产的特点与一般工业产品生产的特点相比较具有自身的特殊性，建筑工程生产过程所面临的不安全因素（包括人的不安全行为和物的不安全状态）远远超过其他行业产品的生产过程，导致建筑工程生产过程中安全事故频发，对人民健康、生命、财产安全造成无法弥补的损失，严重损害社会公共利益。因此，为有效保证建筑生产安全，我国目前已经建立了以《建筑法》为核心并由《安全生产法》《安全生产许可证条例》《建设工程安全生产管理条例》《建筑施工企业安全生产许可证管理规定》等相关法律、法规、部门规章、相关标准与规范、相关规范性文件的确立的制度、程序、规则等组成的较为完整的建筑安全生产管理法律制度体系。其中，《建筑法》对建筑安全生产管理涉及的重要问题作出了明确规定。

4.4.2　建筑工程安全生产管理的基本方针和基本制度

1. 建筑工程安全生产管理的基本方针

在建筑工程生产过程中，建筑工程安全生产管理必须坚持安全第一、预防为主的方针。具体必须做到：

（1）从事建筑活动的单位的各级管理人员和全体员工，尤其是单位负责人，一定要牢固树立安全第一的意识，正确处理安全生产与建筑工程进度、质量、成本、效益等方面的关系，将生产安全放在首位；

（2）加强建筑工程安全生产工作的组织领导和计划性，在建筑活动中加强对安全生产的统筹规划和各方面的通力协作；

（3）建立健全安全生产的责任制度和群防群治制度；

（4）对有关管理人员及员工进行安全生产教育培训，未经安全生产教育培训的，不得从事安全管理工作或者上岗作业；

（5）建筑施工企业必须为员工发放保障建筑工程生产安全的劳动保护用品；

（6）使用的设备、器材、仪器和建筑材料必须符合保证建筑工程生产安全的国家标准和行业标准。

2. 建筑工程安全生产管理基本制度

（1）安全生产责任制度

安全生产责任制度，是指企业将各项保障生产安全的责任具体落实到各有关管理人员和不同岗位人员身上的制度。作为建筑工程生产活动的重要主体，建筑施工企业的安全生产责任制度，是由企业内部各个不同层次的安全生产责任制度所构成的保障建筑工程生产安全的责任体系，主要包括：

1）建筑施工企业主要负责人的安全生产责任制。建筑施工企业的法定代表人应对本企业的安全生产负全面责任。

根据《建筑法》《安全生产法》的相关规定，建筑施工企业主要负责人的安全生产责任包括：

① 建立、健全本单位安全生产责任制；

② 组织制定本单位安全生产规章制度和操作规程；

③ 保证本单位安全生产投入的有效实施；

④ 检查本单位的安全生产工作，及时消除生产安全事故隐患；

⑤ 制定并实施本单位的生产安全事故应急救援预案；

⑥ 及时、如实报告生产安全事故。

建筑施工企业应当具备的安全生产条件所必需的资金投入，由建筑施工企业的决策机构、主要负责人或者个人经营的投资人予以保证，并对由于安全生产所必需的资金投入不足导致的后果承担责任。

2）建筑施工企业各职能机构的负责人及其工作人员的安全生产责任制。建筑施工企业中的生产、技术、材料供应、设备管理、财务、教育培训、劳资、卫生和安全生产管理等各职能机构和其工作人员及建筑施工企业专职的安全生产管理人员，都应在各自业务范围内，对实现建筑安全生产负责。

3）具体岗位人员的安全生产责任制。具体岗位人员必须在其岗位职责范围内对建筑安全生产负责，从事特种作业的人员必须按照国家有关规定经过专门的安全作业培训，考试合格并取得特种作业操作资格证书后，方可上岗作业。

(2) 群防群治制度

群防群治制度，是指由全体员工群众共同参与的预防安全事故的发生、治理各种安全事故隐患的制度，是企业民主管理的重要内容。建筑工程安全生产管理的群防群治制度主要包括下列内容及相关要求：

1）建筑施工企业制定的有关安全生产管理的重要制度和制定的有关重大技术组织措施计划应提交职工代表大会讨论，在充分听取职工代表大会意见的基础上作出决策，发挥全体员工群众在建筑工程安全生产方面的民主管理作用；

2）将专业性的建筑工程安全生产管理同全体员工群众参与的全员性建筑工程安全生产管理结合起来；

3）有效发挥工会在建筑工程安全生产管理中的作用，利用工会发动全体员工群众，教育全体员工群众，动员全体员工群众的力量预防建筑生产安全事故的发生；

4）加强对新员工的建筑安全生产教育；

5）发动全体员工群众开展技术革新、技术改造，采用有利于保证建筑工程生产安全的新技术、新工艺，积极改善劳动和作业条件，努力将不安全的、有害健康的作业变为无害作业；

6）组织开展遵守建筑工程安全生产管理制度和预防建筑生产安全事故的群众性监督检查，员工对于违反有关建筑安全生产的法律、法规和建筑行业安全规范、规章、规程的行为有权提出批评、检举和控告。

3. 建筑安全生产管理主要相关制度

(1) 建筑安全生产教育培训制度

建筑安全生产教育培训工作是建筑施工企业实现安全生产的一项基础性工作。安全生产教育培训制度是建筑安全管理的一项重要的内容，是保证建筑生产安全的重要手段。通过建筑安全生产教育培训，能够使企业各级管理人员和全体员工掌握建筑安全生产的科学知识，熟悉建筑安全生产规章制度和安全操作规程，有效掌握岗位的安全操作技能，为确保建筑生产安全创造条件。建筑施工企业对企业各级管理人员和全体员工进行建筑安全生产教育培训的主要内容包括：

　　1）有关建筑安全生产的法律、法规的教育培训；

　　2）安全科学技术知识的教育培训；

　　3）岗位安全操作技能培训。

　　（2）建筑安全生产检查制度

　　建筑安全生产检查制度是上级管理部门或建筑施工企业自身对其安全生产状况进行定期或不定期检查的制度。通过检查发现安全问题，查出安全隐患，从而采取有效措施，堵塞安全漏洞，将建筑生产安全事故消灭在发生之前，做到防患于未然。

　　（3）建筑生产安全事故报告制度

　　根据《安全生产法》和《建筑法》的规定，建筑施工企业发生建筑生产安全事故后，事故现场有关人员应当立即报告本单位负责人。单位负责人接到事故报告后，应当迅速采取有效措施，组织抢救，防止事故扩大，减少人员伤亡和财产损失，并按照国家有关规定立即如实报告当地负有安全生产监督管理职责的部门，不得隐瞒不报、谎报或者拖延不报，不得故意破坏事故现场、毁灭有关证据。有关地方人民政府和负有安全生产监督管理职责的部门的负责人接到重大建筑生产安全事故报告后，应当立即赶到事故现场，组织事故抢救。

　　《建设工程安全生产管理条例》具体规定："施工单位发生生产安全事故，应当按照国家有关伤亡事故报告和调查处理的规定，及时、如实地向负责安全生产监督管理的部门、建设行政主管部门或者其他有关部门报告；特种设备发生事故的，还应当同时向特种设备安全监督管理部门报告。接到报告的部门应当按照国家有关规定，如实上报。实行施工总承包的建设工程，由总承包单位负责上报事故。"

　　国务院颁布的《生产安全事故报告和调查处理条例》对生产安全事故报告的程序、内容及相关事宜作出了明确具体的规定，有关建筑生产安全事故的报告应遵照其具体规定执行。

　　（4）建筑安全法律责任追究制度

　　建设单位、建筑工程勘察设计企业、建筑工程施工企业、建筑工程监理企业，由于没有履行相应的建筑安全生产管理职责造成人员伤亡和财产损失事故的，视具体情节给予相应处罚；情节严重的，责令停业整顿，降低资质等级或吊销资质证书；构成犯罪的，依法追究刑事责任。

4.4.3　从事建筑活动的主要主体的建筑工程安全生产责任

　　1. 建筑工程勘察、设计单位的建筑工程安全生产责任

　　根据《建设工程安全生产管理条例》的规定，建筑工程勘察、设计单位负有下列建筑工程安全生产责任：

　　（1）勘察单位应当按照法律、法规和工程建设强制性标准进行勘察，提供的勘察文件应当真实、准确，满足建设工程安全生产的需要。

　　（2）勘察单位在勘察作业时，应当严格执行操作规程，采取措施保证各类管线、设施和周边建筑物、构筑物的安全。

　　（3）设计单位应当按照法律、法规和工程建设强制性标准进行设计，防止因设计不合理导致生产安全事故的发生。

　　（4）设计单位应当考虑施工安全操作和防护的需要，对涉及施工安全的重点部位和环

节在设计文件中注明，并对防范生产安全事故提出指导意见。

（5）采用新结构、新材料、新工艺的建设工程和特殊结构的建设工程，设计单位应当在设计中提出保障施工作业人员安全和预防生产安全事故的措施建议。

（6）设计单位和注册建筑师等注册执业人员应当对其设计负责。

2. 建筑工程监理单位的建筑工程安全生产责任

根据《建设工程安全生产管理条例》的规定，建筑工程监理单位负有下列建筑工程安全生产责任：

（1）工程监理单位应当审查施工组织设计中的安全技术措施或者专项施工方案是否符合工程建设强制性标准。

（2）工程监理单位在实施监理过程中，发现存在安全事故隐患的，应当要求施工单位整改；情况严重的，应当要求施工单位暂时停止施工，并及时报告建设单位。施工单位拒不整改或者不停止施工的，工程监理单位应当及时向有关主管部门报告。

（3）工程监理单位和监理工程师应当按照法律、法规和工程建设强制性标准实施监理，并对建设工程安全生产承担监理责任。

3. 建筑工程施工单位的建筑工程安全生产责任

根据《建设工程安全生产管理条例》的规定，建筑工程施工单位（企业）负有下列建筑工程安全生产责任：

（1）施工单位从事建设工程的新建、扩建、改建和拆除等活动，应当具备国家规定的注册资本、专业技术人员、技术装备和安全生产等条件，依法取得相应等级的资质证书，并在其资质等级许可的范围内承揽工程。

（2）施工单位主要负责人依法对本单位的安全生产工作全面负责。施工单位应当建立健全安全生产责任制度和安全生产教育培训制度，制定安全生产规章制度和操作规程，保证本单位安全生产条件所需资金的投入，对所承担的建设工程进行定期和专项安全检查，并做好安全检查记录。

（3）施工单位的项目负责人应当由取得相应执业资格的人员担任，对建设工程项目的安全施工负责，落实安全生产责任制度、安全生产规章制度和操作规程，确保安全生产费用的有效使用，并根据工程的特点组织制定安全施工措施，消除安全事故隐患，及时、如实报告生产安全事故。

（4）施工单位对列入建设工程概算的安全作业环境及安全施工措施所需费用，应当用于施工安全防护用具及设施的采购和更新、安全施工措施的落实、安全生产条件的改善，不得挪作他用。

（5）施工单位应当设立安全生产管理机构，配备专职安全生产管理人员。

（6）专职安全生产管理人员负责对安全生产进行现场监督检查。发现安全事故隐患，应当及时向项目负责人和安全生产管理机构报告；对违章指挥、违章操作的，应当立即制止。

（7）建设工程实行施工总承包的，由总承包单位对施工现场的安全生产负总责。

（8）总承包单位应当自行完成建设工程主体结构的施工。

（9）总承包单位依法将建设工程分包给其他单位的，分包合同中应当明确各自的安全生产方面的权利、义务。总承包单位和分包单位对分包工程的安全生产承担连带责任。

（10）分包单位应当服从总承包单位的安全生产管理，分包单位不服从管理导致生产安全事故的，由分包单位承担主要责任。

（11）垂直运输机械作业人员、安装拆卸工、爆破作业人员、起重信号工、登高架设作业人员等特种作业人员，必须按照国家有关规定经过专门的安全作业培训，并取得特种作业操作资格证书后，方可上岗作业。

（12）施工单位应当在施工组织设计中编制安全技术措施和施工现场临时用电方案，对下列达到一定规模的危险性较大的分部分项工程编制专项施工方案，并附具安全验算结果，经施工单位技术负责人、总监理工程师签字后实施，由专职安全生产管理人员进行现场监督：

1）基坑支护与降水工程；

2）土方开挖工程；

3）模板工程；

4）起重吊装工程；

5）脚手架工程；

6）拆除、爆破工程；

7）国务院建设行政主管部门或者其他有关部门规定的其他危险性较大的工程。

上述工程中涉及深基坑、地下暗挖工程、高大模板工程的专项施工方案，施工单位还应当组织专家进行论证、审查。

（13）建设工程施工前，施工单位负责项目管理的技术人员应当对有关安全施工的技术要求向施工作业班组、作业人员作出详细说明，并由双方签字确认。

（14）施工单位应当在施工现场入口处、施工起重机械、临时用电设施、脚手架、出入通道口、楼梯口、电梯井口、孔洞口、桥梁口、隧道口、基坑边沿、爆破物及有害危险气体和液体存放处等危险部位，设置明显的安全警示标志。安全警示标志必须符合国家标准。

（15）施工单位应当根据不同施工阶段和周围环境及季节、气候的变化，在施工现场采取相应的安全施工措施。施工现场暂时停止施工的，施工单位应当做好现场防护，所需费用由责任方承担，或者按照合同约定执行。

（16）施工单位应当将施工现场的办公、生活区与作业区分开设置，并保持安全距离；办公、生活区的选址应当符合安全性要求。职工的膳食、饮水、休息场所等应当符合卫生标准。施工单位不得在尚未竣工的建筑物内设置员工集体宿舍。

（17）施工现场临时搭建的建筑物应当符合安全使用要求。施工现场使用的装配式活动房屋应当具有产品合格证。

（18）施工单位对因建设工程施工可能造成损害的毗邻建筑物、构筑物和地下管线等，应当采取专项防护措施。

（19）施工单位应当遵守有关环境保护法律、法规的规定，在施工现场采取措施，防止或者减少粉尘、废气、废水、固体废物、噪声、振动和施工照明对人和环境的危害和污染。

（20）在城市市区内的建设工程，施工单位应当对施工现场实行封闭围挡。

（21）施工单位应当在施工现场建立消防安全责任制度，确定消防安全责任人，制定用火、用电、使用易燃易爆材料等各项消防安全管理制度和操作规程，设置消防通道、消防水源，配备消防设施和灭火器材，并在施工现场入口处设置明显标志。

（22）施工单位应当向作业人员提供安全防护用具和安全防护服装，并书面告知危险岗位的操作规程和违章操作的危害。

（23）作业人员有权对施工现场的作业条件、作业程序和作业方式中存在的安全问题提出批评、检举和控告，有权拒绝违章指挥和强令冒险作业。

（24）在施工中发生危及人身安全的紧急情况时，作业人员有权立即停止作业或者在采取必要的应急措施后撤离危险区域。

（25）作业人员应当遵守安全施工的强制性标准、规章制度和操作规程，正确使用安全防护用具、机械设备等。

（26）施工单位采购、租赁的安全防护用具、机械设备、施工机具及配件，应当具有生产（制造）许可证、产品合格证，并在进入施工现场前进行查验。

（27）施工现场的安全防护用具、机械设备、施工机具及配件必须由专人管理，定期进行检查、维修和保养，建立相应的资料档案，并按照国家有关规定及时报废。

（28）施工单位在使用施工起重机械和整体提升脚手架、模板等自升式架设设施前，应当组织有关单位进行验收，也可以委托具有相应资质的检验检测机构进行验收；使用承租的机械设备和施工机具及配件的，由施工总承包单位、分包单位、出租单位和安装单位共同进行验收。验收合格的方可使用。

（29）《特种设备安全监察条例》规定的施工起重机械，在验收前应当经有相应资质的检验检测机构监督检验合格。

（30）施工单位应当自施工起重机械和整体提升脚手架、模板等自升式架设设施验收合格之日起30日内，向建设行政主管部门或者其他有关部门登记。登记标志应当置于或者附着于该设备的显著位置。

（31）施工单位的主要负责人、项目负责人、专职安全生产管理人员应当经建设行政主管部门或者其他有关部门考核合格后方可任职。

（32）施工单位应当对管理人员和作业人员每年至少进行一次安全生产教育培训，其教育培训情况记入个人工作档案。安全生产教育培训考核不合格的人员，不得上岗。

（33）作业人员进入新的岗位或者新的施工现场前，应当接受安全生产教育培训。未经教育培训或者教育培训考核不合格的人员，不得上岗作业。

（34）施工单位在采用新技术、新工艺、新设备、新材料时，应当对作业人员进行相应的安全生产教育培训。

（35）施工单位应当为施工现场从事危险作业的人员办理意外伤害保险。意外伤害保险费由施工单位支付。实行施工总承包的，由总承包单位支付意外伤害保险费。意外伤害保险期限自建设工程开工之日起至竣工验收合格止。

4. 建设单位的建筑工程安全生产责任

根据《建设工程安全生产管理条例》的规定，建设单位负有下列建筑工程安全生产责任：

（1）建设单位应当向施工单位提供施工现场及毗邻区域内供水、排水、供电、供气、供热、通信、广播电视等地下管线资料，气象和水文观测资料，相邻建筑物和构筑物、地下工程的有关资料，并保证资料的真实、准确、完整。

（2）建设单位因建设工程需要，向有关部门或者单位查询前款规定的资料时，有关部门或者单位应当及时提供。

（3）建设单位不得对勘察、设计、施工、工程监理等单位提出不符合建设工程安全生产法律、法规和强制性标准规定的要求，不得压缩合同约定的工期。

（4）建设单位在编制工程概算时，应当确定建设工程安全作业环境及安全施工措施所需费用。

（5）建设单位不得明示或者暗示施工单位购买、租赁、使用不符合安全施工要求的安全防护用具、机械设备、施工机具及配件、消防设施和器材。

（6）建设单位在申请领取施工许可证时，应当提供建设工程有关安全施工措施的资料。

（7）依法批准开工报告的建设工程，建设单位应当自开工报告批准之日起 15 日内，将保证安全施工的措施报送建设工程所在地的县级以上地方人民政府建设行政主管部门或者其他有关部门备案。

（8）建设单位应当将拆除工程发包给具有相应资质等级的施工单位。

（9）建设单位应当在拆除工程施工 15 日前，将下列资料报送建设工程所在地的县级以上地方人民政府建设行政主管部门或者其他有关部门备案：

1）施工单位资质等级证明；

2）拟拆除建筑物、构筑物及可能危及毗邻建筑的说明；

3）拆除施工组织方案；

4）堆放、清除废弃物的措施。

（10）实施爆破作业的，应当遵守国家有关民用爆炸物品管理的规定。

《建筑法》对涉及建设单位建筑工程安全生产责任的事项设立了审批制度："有下列情形之一的，建设单位应当按照国家有关规定办理申请批准手续：

1）需要临时占用规划批准范围以外场地的；

2）可能损坏道路、管线、电力、邮电通信等公共设施的；

3）需要临时停水、停电、中断道路交通的；

4）需要进行爆破作业的；

5）法律、法规规定需要办理报批手续的其他情形。

4.4.4 从事建筑活动的其他相关主体的建筑工程安全生产责任

根据《建设工程安全生产管理条例》的规定，为建设工程提供机械设备和配件的单位（建筑工程机械设备租赁企业）负有下列建筑工程安全生产责任：

（1）为建设工程提供机械设备和配件的单位，应当按照安全施工的要求配备齐全有效的保险、限位等安全设施和装置。

（2）出租的机械设备和施工机具及配件，应当具有生产（制造）许可证、产品合格证。

（3）出租单位应当对出租的机械设备和施工机具及配件的安全性能进行检测，在签订租赁协议时，应当出具检测合格证明。

（4）禁止出租检测不合格的机械设备和施工机具及配件。

（5）在施工现场安装、拆卸施工起重机械和整体提升脚手架、模板等自升式架设设施，必须由具有相应资质的单位承担。

（6）安装、拆卸施工起重机械和整体提升脚手架、模板等自升式架设设施，应当编制拆装方案、制定安全施工措施，并由专业技术人员现场监督。

（7）施工起重机械和整体提升脚手架、模板等自升式架设设施安装完毕后，安装单位应当自检，出具自检合格证明，并向施工单位进行安全使用说明，办理验收手续并签字。

（8）施工起重机械和整体提升脚手架、模板等自升式架设设施的使用达到国家规定的检验检测期限的，必须经具有专业资质的检验检测机构检测。经检测不合格的，不得继续使用。

（9）检验检测机构对检测合格的施工起重机械和整体提升脚手架、模板等自升式架设设施，应当出具安全合格证明文件，并对检测结果负责。

4.4.5 建筑施工企业安全生产许可制度

目前，我国对建筑施工企业实行安全生产许可制度。建筑施工企业安全生产许可制度既是我国建筑许可法律制度体系的组成部分，也是建筑安全生产管理法律制度体系的组成部分。建筑施工企业安全生产许可制度的具体内容见建设行政许可法律制度一章。

4.5 建筑工程质量管理

4.5.1 建筑工程质量的概念

建筑工程质量是指建筑工程满足建设单位需要的，符合国家法律、法规、技术规范标准、设计文件及合同规定的特性综合。这一概念强调的是建筑工程的实体质量。广义的建筑工程质量不仅包括建筑工程的实体质量，还包括形成建筑工程实体的工作质量。工作质量是指建筑工程建设的参与者，为了保证建筑工程实体质量所从事工作的水平和完善程度，包括社会工作质量，如社会调查、市场预测、质量回访和保修服务等；生产过程工作质量，如管理工作质量、技术工作质量和后勤工作质量等。工作质量直接决定了产品实体质量，建筑工程实体质量的好坏是建筑工程项目决策、建设工程勘察、设计、施工等单位各方面、各环节工作质量的综合反映。

建筑工程质量是建筑工程最重要的内在属性。建筑工程若发生质量问题，通常难以甚至不能修复、弥补，并有可能造成巨大的经济利益损失、人身伤亡、财产损失，对社会公共利益、环境、生态、资源（特别是土地资源）、经济与社会可持续发展等方面具有广泛、深入、难以逆转甚至不可逆转的重大影响作用。因此，涉及建筑工程质量管理的法律制度成为我们目前建筑法律制度体系的核心内容之一。

我国目前已经建立了以《建筑法》为核心并由《中华人民共和国产品质量法》（以下简称《质量法》）《建设工程质量管理条例》《房屋建筑和市政基础设施工程质量监督管理规定》《房屋建筑工程质量保修办法》《建设工程质量检测管理办法》《建设工程勘察质量管理办法》等相关法律、法规、部门规章、相关标准与规范、相关规范性文件的确立的制度、程序、规则等组成的较为完善的建筑工程质量管理法律制度体系。其中，《建筑法》对建筑工程质量管理涉及的主要问题作出了明确规定。

4.5.2 建筑工程质量管理的基本原则

《建筑法》确立了建筑工程质量管理的基本原则：建筑工程勘察、设计、施工的质量必须符合国家有关建筑工程安全标准的要求。

在建筑工程的各项质量属性中，能够保证建筑工程安全的质量属性无疑是最重要的。建筑工程的质量如果不符合保证建筑工程安全的要求，将会留下严重的质量隐患，危及建筑工程使用安全。确保建筑工程的质量符合建筑工程使用安全的要求，是从事建筑工程的勘察、设计、施工等专业建筑活动必须始终遵循的最重要的基本原则，也是建筑工程质量管理中最重要的内容。因此，《建筑法》对此作出了强制性规定。

4.5.3 建筑企业质量体系认证制度

《建筑法》规定："国家对从事建筑活动的单位推行质量体系认证制度。"

质量体系，是指组织为实施质量管理、保证其产品质量的组织结构、程序、过程和资源所构成的有机整体。质量体系又称质量管理体系，是在产品质量方面指挥和控制组织的管理体系，它是组织的管理体系的一部分，其致力于实现与组织的质量目标有关的结果。

质量体系认证，是指依据国际通用的质量管理和质量保证系列标准，经过国家认可的质量体系认证机构对组织的质量体系进行审核，对于符合规定条件和要求的，通过颁发组织质量体系认证证书的形式，证明组织的质量保证能力符合相应要求的活动。质量体系认证的对象是组织，通常是企业。企业质量体系认证的目的是为了使企业向用户提供可靠的质量信誉和质量担保。在合同环境下，质量体系认证是为了满足需求方质量保证的要求；在非合同环境下，质量体系认证是为了增强企业的市场竞争能力，提高质量管理素质，落实质量方针，实现质量目标。

建筑工程是一种特殊的产品，对从事建筑活动的单位推行质量体系认证制度，对保证并提高建筑工程的质量具有重要意义。

4.5.4 从事建筑活动的主要主体的建筑工程质量义务和责任

1. 建设单位的建筑工程质量义务和责任

《建筑法》规定了建设单位的建筑工程质量基本义务和责任："建设单位不得以任何理由，要求建筑设计单位或者建筑施工企业在工程设计或者施工作业中，违反法律、行政法规和建筑工程质量、安全标准，降低工程质量。建筑设计单位和建筑施工企业对建设单位违反前款规定提出的降低工程质量的要求，应当予以拒绝。"

《建设工程质量管理条例》明确规定了建设单位的建筑工程质量具体义务和责任：

（1）建设单位应当将工程发包给具有相应资质等级的单位。

（2）建设单位不得将建设工程肢解发包。

（3）建设单位应当依法对工程建设项目的勘察、设计、施工、监理以及与工程建设有关的重要设备、材料等的采购进行招标。

（4）建设单位必须向有关的勘察、设计、施工、工程监理等单位提供与建设工程有关的原始资料。原始资料必须真实、准确、齐全。

（5）建设工程发包单位不得迫使承包方以低于成本的价格竞标，不得任意压缩合理工期。

（6）建设单位不得明示或者暗示设计单位或者施工单位违反工程建设强制性标准，降低建设工程质量。

（7）施工图设计文件审查的具体办法，由国务院建设行政主管部门、国务院其他有关部门制定。2017年10月23日，国务院公布了对《建设工程质量管理条例》的修改，自公布之日起，县级以上人民政府建设行政主管部门或者其他有关部门不再对施工图进行审查。施工图设计文件未经审查批准的，不得使用。

（8）实行监理的建设工程，建设单位应当委托具有相应资质等级的工程监理单位进行监理，也可以委托具有工程监理相应资质等级并与被监理工程的施工承包单位没有隶属关系或者其他利害关系的该工程的设计单位进行监理。

（9）建设单位在领取施工许可证或者开工报告前，应当按照国家有关规定办理工程质量监督手续。

（10）按照合同约定，由建设单位采购建筑材料、建筑构配件和设备的，建设单位应当保证建筑材料、建筑构配件和设备符合设计文件和合同要求。建设单位不得明示或者暗示施工单位使用不合格的建筑材料、建筑构配件和设备。

（11）涉及建筑主体和承重结构变动的装修工程，建设单位应当在施工前委托原设计单位或者具有相应资质等级的设计单位提出设计方案；没有设计方案的，不得施工。房屋建筑使用者在装修过程中，不得擅自变动房屋建筑主体和承重结构。

（12）建设单位收到建设工程竣工报告后，应当组织设计、施工、工程监理等有关单位进行竣工验收。建设工程竣工验收应当具备下列条件：

1）完成建设工程设计和合同约定的各项内容；

2）有完整的技术档案和施工管理资料；

3）有工程使用的主要建筑材料、建筑构配件和设备的进场试验报告；

4）有勘察、设计、施工、工程监理等单位分别签署的质量合格文件；

5）有施工单位签署的工程保修书。

建设工程经验收合格的，方可交付使用。

（13）建设单位应当严格按照国家有关档案管理的规定，及时收集、整理建设项目各环节的文件资料，建立、健全建设项目档案，并在建设工程竣工验收后，及时向建设行政主管部门或者其他有关部门移交建设项目档案。

2. 建筑工程勘察、设计单位（企业）的建筑工程质量义务和责任

《建筑法》规定了建筑工程勘察、设计单位（企业）的建筑工程质量基本义务和责任："建筑工程的勘察、设计单位必须对其勘察、设计的质量负责。勘察、设计文件应当符合有关法律、行政法规的规定和建筑工程质量、安全标准、建筑工程勘察、设计技术规范以及合同的约定。设计文件选用的建筑材料、建筑构配件和设备，应当注明其规格、型号、性能等技术指标，其质量要求必须符合国家规定的标准。"

《建设工程质量管理条例》明确规定了建筑工程勘察、设计单位（企业）的建筑工程质量具体义务和责任：

（1）从事建设工程勘察、设计的单位应当依法取得相应等级的资质证书，并在其资质等级许可的范围内承揽工程。

（2）禁止勘察、设计单位超越其资质等级许可的范围或者以其他勘察、设计单位的名义承揽工程。禁止勘察、设计单位允许其他单位或者个人以本单位的名义承揽工程。

（3）勘察、设计单位不得转包或者违法分包所承揽的工程。

（4）勘察、设计单位必须按照工程建设强制性标准进行勘察、设计，并对其勘察、设计的质量负责。

（5）注册建筑师、注册结构工程师等注册执业人员应当在设计文件上签字，对设计文件负责。

（6）勘察单位提供的地质、测量、水文等勘察成果必须真实、准确。

（7）设计单位应当根据勘察成果文件进行建设工程设计。

（8）设计文件应当符合国家规定的设计深度要求，注明工程合理使用年限。

（9）设计单位在设计文件中选用的建筑材料、建筑构配件和设备，应当注明规格、型号、性能等技术指标，其质量要求必须符合国家规定的标准。

（10）除有特殊要求的建筑材料、专用设备、工艺生产线等外，设计单位不得指定生产厂、供应商。

（11）设计单位应当就审查合格的施工图设计文件向施工单位作出详细说明。

（12）设计单位应当参与建设工程质量事故分析，并对因设计造成的质量事故，提出相应的技术处理方案。

3. 建筑工程施工单位（企业）的建筑工程质量义务和责任

《建筑法》规定了建筑工程施工单位（企业）的建筑工程质量基本义务和责任："建筑施工企业对工程的施工质量负责。建筑施工企业必须按照工程设计图纸和施工技术标准施工，不得偷工减料。工程设计的修改由原设计单位负责，建筑施工企业不得擅自修改工程设计。建筑施工企业必须按照工程设计要求、施工技术标准和合同的约定，对建筑材料、建筑构配件和设备进行检验，不合格的不得使用。"

《建设工程质量管理条例》明确规定了建筑工程施工单位（企业）的建筑工程质量具体义务和责任：

（1）施工单位应当依法取得相应等级的资质证书，并在其资质等级许可的范围内承揽工程。

（2）禁止施工单位超越本单位资质等级许可的业务范围或者以其他施工单位的名义承揽工程。禁止施工单位允许其他单位或者个人以本单位的名义承揽工程。

（3）施工单位不得转包或者违法分包工程。

（4）施工单位对建设工程的施工质量负责。

（5）施工单位应当建立质量责任制，确定工程项目的项目经理、技术负责人和施工管理负责人。

（6）建设工程实行总承包的，总承包单位应当对全部建设工程质量负责；建设工程勘察、设计、施工、设备采购的一项或者多项实行总承包的，总承包单位应当对其承包的建设工程或者采购的设备的质量负责。

（7）总承包单位依法将建设工程分包给其他单位的，分包单位应当按照分包合同的约定对其分包工程的质量向总承包单位负责，总承包单位与分包单位对分包工程的质量承担连带责任。

（8）施工单位必须按照工程设计图纸和施工技术标准施工，不得擅自修改工程设计，不得偷工减料。

（9）施工单位在施工过程中发现设计文件和图纸有差错的，应当及时提出意见和建议。

（10）施工单位必须按照工程设计要求、施工技术标准和合同约定，对建筑材料、建筑构配件、设备和商品混凝土进行检验，检验应当有书面记录和专人签字；未经检验或者检验不合格的，不得使用。

（11）施工单位必须建立、健全施工质量的检验制度，严格工序管理，做好隐蔽工程的质量检查和记录。隐蔽工程在隐蔽前，施工单位应当通知建设单位和建设工程质量监督机构。

（12）施工人员对涉及结构安全的试块、试件以及有关材料，应当在建设单位或者工程监理单位监督下现场取样，并送具有相应资质等级的质量检测单位进行检测。

（13）施工单位对施工中出现质量问题的建设工程或者竣工验收不合格的建设工程，应当负责返修。

（14）施工单位应当建立、健全教育培训制度，加强对职工的教育培训；未经教育培训或者考核不合格的人员，不得上岗作业。

4. 建筑工程监理单位（企业）的建筑工程质量义务和责任

《建设工程质量管理条例》明确规定了建筑工程监理单位（企业）的建筑工程质量具体义务和责任：

（1）工程监理单位应当依法取得相应等级的资质证书，并在其资质等级许可的范围内承担工程监理业务。

（2）禁止工程监理单位超越本单位资质等级许可的范围或者以其他工程监理单位的名义承担工程监理业务。禁止工程监理单位允许其他单位或者个人以本单位的名义承担工程监理业务。

（3）工程监理单位不得转让工程监理业务。

（4）工程监理单位与被监理工程的施工承包单位以及建筑材料、建筑构配件和设备供应单位有隶属关系或者其他利害关系的，不得承担该项建设工程的监理业务。

（5）工程监理单位应当依照法律、法规以及有关技术标准、设计文件和建设工程承包合同，代表建设单位对施工质量实施监理，并对施工质量承担监理责任。

（6）工程监理单位应当选派具备相应资格的总监理工程师和监理工程师进驻施工现场。

（7）未经监理工程师签字，建筑材料、建筑构配件和设备不得在工程上使用或者安装，施工单位不得进行下一道工序的施工。未经总监理工程师签字，建设单位不拨付工程款，不进行竣工验收。

（8）监理工程师应当按照工程监理规范的要求，采取旁站、巡视和平行检验等形式，对建设工程实施监理。

4.5.5 建筑工程竣工验收制度

（1）建筑工程竣工验收的概念

建筑工程的竣工验收，是指在建筑工程已按照设计要求完成全部施工任务，准备交付给建设单位投入使用时，由建设单位或有关主管部门依照国家关于建筑工程竣工验收制度的规定，对该项工程是否合乎设计要求和工程质量标准所进行的检查、考核工作。

（2）建筑工程竣工验收应具备的条件

交付竣工验收的建筑工程，必须具备以下条件：

1）必须符合规定的建筑工程质量标准

规定的建筑工程质量标准，包括依照法律、行政法规的有关规定制定的保证建筑工程质量和安全的强制性国家标准和行业标准，建设工程施工合同约定的对该项建筑工程特殊的质量要求，以及为体现法律、行政法规规定的质量标准和建设工程施工合同约定的质量要求而在工程设计文件中提出的有关工程质量的具体指标和技术要求。

2）有完整的工程技术经济资料

工程技术经济资料，一般应包括建设工程施工合同、建筑工程用地的批准文件、工程的设计图纸及其他有关设计文件、工程所用主要建筑材料、建筑构配件和设备的出厂检验合格证明和进场检验报告、申请竣工验收的报告书及有关工程建设的技术档案等。

3）有经过签署的建筑工程质量保修书

工程竣工交付使用后，建筑施工企业应对其施工的建筑工程质量在一定期限内承担保修责任，以维护使用者的合法权益。为此，建筑施工企业应当按规定提供建筑工程质量保修证书，作为其向建筑工程的建设单位和用户承诺承担质量保修责任的书面凭证。

4）具备国家规定的其他竣工条件

国务院建设主管部门和其他行业主管部门，对各类房屋建筑工程和其他专业建筑工程交付竣工验收还必须具备的具体条件作出了明确规定。因此，各类房屋建筑工程和其他专业建筑工程还必须在具备前述条件的前提下同时具备这些具体条件，方可交付竣工验收。

建筑工程必须经竣工验收合格后，方可交付使用；没有经过竣工验收或者经过竣工验收确定为不合格的建筑工程，不得交付使用。

4.5.6　建筑工程质量保修制度

（1）建筑工程的质量保修制度的概念

建筑工程的质量保修制度，是指对建筑工程在交付使用后的一定期限内发现的工程质量缺陷，由建筑施工企业承担修复责任的制度。建筑工程作为一种特殊的耐用消费品，一旦建成后将长期使用。建筑工程在建设中存在的质量问题，在工程竣工验收时被发现的，必须经修复完好后，才能作为合格工程交付使用；有些质量问题在竣工验收时未被发现，而在一定期限内的使用过程中逐渐暴露出来的，施工企业则应当负责无偿修复，以维护用户的利益。

（2）建筑工程质量保修的范围

1）地基基础工程和主体结构工程

建筑物的地基基础工程和主体结构质量直接关系建筑物的安危，不允许存在质量隐患，而一旦发现建筑物的地基基础工程和主体结构存在质量问题，也很难通过修复的办法解决。《建筑法》规定对地基基础工程和主体结构工程实行保修制度，实际上是要求施工企业必须确保建筑物地基基础工程和主体结构的质量。对使用中发现的建筑物地基基础工程或主体结构工程的质量问题，如果能够通过确保建筑物安全的技术措施予以修复的，建筑施工企业应当负责修复；不能修复造成建筑物无法继续使用的，有关责任者应当依法承担赔偿责任。

2）屋面防水工程

对屋顶、墙壁出现漏水现象的，建筑施工企业应当负责保修。

3）其他土建工程

其他土建工程是指除屋面防水工程以外的其他土建工程，包括地面与楼面工程、门窗工程等。这些工程的质量问题应属建筑工程的质量保修范围，由建筑施工企业负责修复。

4）电气管线、上下水管线的安装工程，包括电气线路、开关、电表的安装，电气照明器具的安装，给水管道、排水管道的安装等。建筑物在正常使用过程中如出现这些管线安装工程的质量问题的，建筑施工企业应当承担保修责任。

5）供热、供冷系统工程，包括暖气设备、中央空调设备等的安装工程等，建筑施工企业也应对其质量承担保修责任。

6）其他应当保修的项目范围。凡属国务院规定和建设工程施工合同约定应由建筑施工企业承担保修责任的项目，建筑施工企业都应当负责保修。

（3）建筑工程质量保修期限

考虑到各类建筑工程的不同情况，《建筑法》对建筑工程的保修期限问题未作具体规定，而是授权国务院对建筑工程保修期限的制定原则作了明确规定。国务院颁布的《建设工程质量管理条例》中对建筑（建设）工程的最低保修期限作出了规定：

在正常使用条件下，建设工程的最低保修期限为：

1）基础设施工程、房屋建筑的地基基础工程和主体结构工程，为设计文件规定的该工程的合理使用年限；

2）屋面防水工程、有防水要求的卫生间、房间和外墙面的防渗漏，为5年；

3）供热与供冷系统，为2个采暖期、供冷期；

4）电气管线、给水排水管道、设备安装和装修工程，为2年。

其他项目的保修期限由发包方与承包方约定。建设工程的保修期，自竣工验收合格之日起计算。

国务院规定的保修期限，属于最低保修期限，建筑施工企业对其施工的建筑工程的质量保修期不能低于这一期限。国家鼓励建筑施工企业提高其施工的建筑工程的质量保修期限。

（4）涉及建筑工程质量保修制度的其他规定

1）建设工程承包单位在向建设单位提交工程竣工验收报告时，应当向建设单位出具质量保修书。质量保修书中应当明确建设工程的保修范围、保修期限和保修责任等。

2）建设工程在保修范围和保修期限内发生质量问题的，施工单位应当履行保修义务，并对造成的损失承担赔偿责任。

3）建设工程在超过合理使用年限后需要继续使用的，产权所有人应当委托具有相应资质等级的勘察、设计单位鉴定，并根据鉴定结果采取加固、维修等措施，重新界定使用期。

4.5.7 建筑工程质量监督管理制度

《建设工程质量管理条例》规定了建筑（建设）工程质量监督管理制度的具体要求：

（1）国家实行建设工程质量监督管理制度。

（2）国务院建设行政主管部门对全国的建设工程质量实施统一监督管理。国务院铁路、交通、水利等有关部门按照国务院规定的职责分工，负责对全国的有关专业建设工程质量的监督管理。

（3）县级以上地方人民政府建设行政主管部门对本行政区域内的建设工程质量实施监督管理。县级以上地方人民政府交通、水利等有关部门在各自的职责范围内，负责对本行政区域内的专业建设工程质量的监督管理。

（4）国务院建设行政主管部门和国务院铁路、交通、水利等有关部门应当加强对有关建设工程质量的法律、法规和强制性标准执行情况的监督检查。

（5）国务院发展计划部门按照国务院规定的职责，组织稽察特派员，对国家出资的重大建设项目实施监督检查。

（6）国务院经济贸易主管部门按照国务院规定的职责，对国家重大技术改造项目实施监督检查。

（7）建设工程质量监督管理，可以由建设行政主管部门或者其他有关部门委托的建设工程质量监督机构具体实施。

（8）从事房屋建筑工程和市政基础设施工程质量监督的机构，必须按照国家有关规定经国务院建设行政主管部门或者省、自治区、直辖市人民政府建设行政主管部门考核；从事专业建设工程质量监督的机构，必须按照国家有关规定经国务院有关部门或者省、自治区、直辖市人民政府有关部门考核。经考核合格后，方可实施质量监督。

（9）县级以上地方人民政府建设行政主管部门和其他有关部门应当加强对有关建设工程质量的法律、法规和强制性标准执行情况的监督检查。

（10）县级以上人民政府建设行政主管部门和其他有关部门履行监督检查职责时，有权采取下列措施：

1）要求被检查的单位提供有关工程质量的文件和资料；

2）进入被检查单位的施工现场进行检查；

3）发现有影响工程质量的问题时，责令改正。

（11）建设单位应当自建设工程竣工验收合格之日起 15 日内，将建设工程竣工验收报告和规划、公安消防、环保等部门出具的认可文件或者准许使用文件报建设行政主管部门或者其他有关部门备案。

（12）建设行政主管部门或者其他有关部门发现建设单位在竣工验收过程中有违反国家有关建设工程质量管理规定行为的，责令停止使用，重新组织竣工验收。

（13）有关单位和个人对县级以上人民政府建设行政主管部门和其他有关部门进行的监督检查应当支持与配合，不得拒绝或者阻碍建设工程质量监督检查人员依法执行职务。

（14）供水、供电、供气、公安消防等部门或者单位不得明示或者暗示建设单位、施工单位购买其指定的生产供应单位的建筑材料、建筑构配件和设备。

（15）建设工程发生质量事故，有关单位应当在 24 小时内向当地建设行政主管部门和其他有关部门报告。对重大质量事故，事故发生地的建设行政主管部门和其他有关部门应当按照事故类别和等级向当地人民政府和上级建设行政主管部门和其他有关部门报告。

（16）特别重大质量事故的调查程序按照国务院有关规定办理。

（17）任何单位和个人对建设工程的质量事故、质量缺陷都有权检举、控告、投诉。

4.6 民 用 建 筑 节 能

国家一直重视民用建筑节能的管理。国务院发布了《民用建筑节能条例》，自 2008 年 10 月 1 日起施行。

4.6.1 民用建筑节能概述

民用建筑节能，是指在保证民用建筑使用功能和室内热环境质量的前提下，降低其使用过程中能源消耗的活动。民用建筑，是指居住建筑、国家机关办公建筑和商业、服务业、教育、卫生等其他公共建筑。

各级人民政府应当加强对民用建筑节能工作的领导，积极培育民用建筑节能服务市场，健全民用建筑节能服务体系，推动民用建筑节能技术的开发应用，做好民用建筑节能知识的宣传教育工作。国家鼓励和扶持在新建建筑和既有建筑节能改造中采用太阳能、地热能等可再生能源。在具备太阳能利用条件的地区，有关地方人民政府及其部门应当采取有效措施，鼓励和扶持单位、个人安装使用太阳能热水系统、照明系统、供热系统、采暖制冷系统等太阳能利用系统。

县级以上人民政府应当安排民用建筑节能资金，用于支持民用建筑节能的科学技术研究和标准制定、既有建筑围护结构和供热系统的节能改造、可再生能源的应用，以及民用建筑节能示范工程、节能项目的推广。政府引导金融机构对既有建筑节能改造、可再生能源的应用，以及民用建筑节能示范工程等项目提供支持。民用建筑节能项目依法享受税收优惠。

国家积极推进供热体制改革，完善供热价格形成机制，鼓励发展集中供热，逐步实行按照用热量收费制度。

4.6.2 新建建筑节能

1. 城市规划中的节能要求

编制城市详细规划、镇详细规划，应当按照民用建筑节能的要求，确定建筑的布局、形状和朝向。城乡规划主管部门依法对民用建筑进行规划审查，应当就设计方案是否符合民用建筑节能强制性标准征求同级建设主管部门的意见；建设主管部门应当自收到征求意见材料之日起 10 日内提出意见。征求意见时间不计算在规划许可的期限内。

对不符合民用建筑节能强制性标准的，不得颁发建设工程规划许可证。

2. 施工图设计文件审查中的节能要求

施工图设计文件审查机构应当按照民用建筑节能强制性标准对施工图设计文件进行审查；经审查不符合民用建筑节能强制性标准的，县级以上地方人民政府建设主管部门不得颁发施工许可证。

3. 建设单位的节能要求

建设单位不得明示或者暗示设计单位、施工单位违反民用建筑节能强制性标准进行设计、施工，不得明示或者暗示施工单位使用不符合施工图设计文件要求的墙体材料、保温材料、门窗、采暖制冷系统和照明设备。

按照合同约定由建设单位采购墙体材料、保温材料、门窗、采暖制冷系统和照明设备的，建设单位应当保证其符合施工图设计文件要求。

4. 施工中的建筑节能要求

施工单位应当对进入施工现场的墙体材料、保温材料、门窗、采暖制冷系统和照明设备进行查验；不符合施工图设计文件要求的，不得使用。

工程监理单位发现施工单位不按照民用建筑节能强制性标准施工的，应当要求施工单位改正；施工单位拒不改正的，工程监理单位应当及时报告建设单位，并向有关主管部门报告。墙体、屋面的保温工程施工时，监理工程师应当按照工程监理规范的要求，采取旁站、巡视和平行检验等形式实施监理。未经监理工程师签字，墙体材料、保温材料、门窗、采暖制冷系统和照明设备不得在建筑上使用或者安装，施工单位不得进行下一道工序的施工。

5. 公共建筑的节能要求

国家机关办公建筑和大型公共建筑的所有权人应当对建筑的能源利用效率进行测评和标识，并按照国家有关规定将测评结果予以公示，接受社会监督。国家机关办公建筑应当安装、使用节能设备。大型公共建筑，是指单体建筑面积 2 万 m^2 以上的公共建筑。

4.6.3 既有建筑节能

既有建筑节能，主要的要求是对既有建筑进行节能改造。既有建筑节能改造应当根据当地经济、社会发展水平和地理气候条件等实际情况，有计划、分步骤地实施分类改造。既有建筑节能改造，是指对不符合民用建筑节能强制性标准的既有建筑的围护结构、供热系统、采暖制冷系统、照明设备和热水供应设施等实施节能改造的活动。

1. 建筑节能改造中对政府的要求

县级以上地方人民政府建设主管部门应当对本行政区域内既有建筑的建设年代、结构形式、用能系统、能源消耗指标、寿命周期等组织调查统计和分析，制定既有建筑节能改造计划，明确节能改造的目标、范围和要求，报本级人民政府批准后组织实施。

中央国家机关既有建筑的节能改造，由有关管理机关事务工作的机构制订节能改造计划，并组织实施。

2. 对公共建筑节能改造的要求

国家机关办公建筑、政府投资和以政府投资为主的公共建筑的节能改造，应当制定节能改造方案，经充分论证，并按照国家有关规定办理相关审批手续方可进行。其他公共建筑和居住建筑不符合民用建筑节能强制性标准的，在尊重建筑所有权人意愿的基础上，可以结合扩建、改建，逐步实施节能改造。

3. 既有建筑节能改造费用

国家机关办公建筑的节能改造费用，由县级以上人民政府纳入本级财政预算。居住建筑和教育、科学、文化、卫生、体育等公益事业使用的公共建筑节能改造费用，由政府、建筑所有权人共同负担。

国家鼓励社会资金投资既有建筑节能改造。

【案例4-1】：王某与北京市某物资公司关于拆迁安置居民回迁购房纠纷案

【案情摘要】

2005年10月17日，王某与北京市某物资公司签订了拆迁安置居民回迁购房合同书，王某属于拆迁安置对象。某物资公司回迁楼建设完毕以后，分给王某1套3居室楼房。2008年10月，物资公司如约将回迁楼建设完毕并交付使用。

王某在没有办理回迁入住手续的情况下，私自进入该房，在向物业公司缴纳了装修押金1000元后，于2009年3月对该房进行了装修。装修过程中，雇用没有装修资质的装修人员对房屋内部结构进行拆改，将多处钢筋混凝土结构承重墙砸毁，并将结构柱主钢筋大量截断。

其间，物资公司多次向王某发出停工通知，并委托房屋安全鉴定站对此房屋进行了鉴定，鉴定结论为：房屋墙体被拆改、移位，已对房屋承重结构造成破坏。王某对此均未理睬。

2009年4月，某物资公司向某区人民法院提起诉讼，要求王某立即搬出强占的房屋，停止毁坏住宅楼主体结构的行为，消除危险，承担对所破坏房屋由专业施工单位进行修复的费用47439.04元、鉴定费240元以及加固设计费1000元。

【案件审理】

一审法院经审理认为，凡涉及拆改主体结构和明显加大荷载的，房屋所有人、使用人必须向房屋所在地的房地产行政主管部门提出申请，并由房屋安全鉴定单位对装饰装修方案的使用进行审定。经批准后向建设主管部门办理报建手续，领取施工许可证。

原有房屋装饰装修需要拆改结构的，装饰装修设计必须保证房屋的整体性、抗震性和结构安全性，并由有资质的装饰装修单位进行施工。

本案中王某在没有办理房屋入住手续的情况下，私自进入房屋；未经有关部门批准，在装修过程中对房屋的主体结构及其他设施进行拆改；物资公司多次制止后仍不停止，给整幢房屋造成严重安全隐患，应承担民事责任。

判决如下：

1. 自本判决生效后3日内，被告王某将住房腾空，交原告物资公司；

2. 自本判决生效后3日内，被告王某给付原告物资公司对住房的鉴定费240元、加固设计费1000元、加固费33746元，并由原告物资公司负责加固施工；

3. 自加固工程完成后30日内，由被告王某负责对拆改的住房门厅隔断墙恢复原状。

【案例评析】

《建筑法》第四十九条规定："涉及建筑主体和承重结构变动的装修工程，建设单位应当在施工前委托原设计单位或者具有相应资质条件的设计单位提出设计方案；没有设计方案的，不得施工。"

第七十条规定"违反本法规定，涉及建筑主体或者承重结构变动的装修工程擅自施工的，责令改正，处以罚款；造成损失的，承担赔偿责任；构成犯罪的，依法追究刑事责任。"

《建设工程质量管理条例》规定："涉及建筑主体和承重结构变动的装修工程，建设单位应当在施工前委托原设计单位或者具有相应资质等级的设计单位提出设计方案；没有设计方案的，不得施工。房屋建筑使用者在装修过程中，不得擅自变动房屋建筑主体和承重结构。"

"违反本条例规定，涉及建筑主体或者承重结构变动的装修工程，没有设计方案擅自施工的，责令改正，处50万元以上100万元以下的罚款；房屋建筑使用者在装修过程中擅自变动房屋建筑主体和承重结构的，责令改正，处5万元以上10万元以下的罚款。有前款所列行为，造成损失的，依法承担赔偿责任。"

根据上述法律规定，在房屋建筑装饰装修过程中，不论是建设单位还是房屋建筑使用者都必须严格遵守法律强制性规定。本案中，王某作为房屋建筑使用人，擅自变动建筑主体和承重结构，是严重的违法行为，不仅要依法承担赔偿责任，还应当受到建设行政管理部门的行政处罚。

【案例4-2】：南京电视台演播中心裙楼工地重大伤亡事故案

【案情摘要】

2000年10月25日上午10时10分，南京三建集团有限公司（简称南京三建）承建的南京电视台演播中心裙楼工地发生一起重大伤亡事故。大演播厅舞台在浇筑顶部混凝土施工中，因模板支撑系统失稳，大演播厅舞台屋盖坍塌，造成正在现场施工的民工和电视台工作人员6人死亡，35人受伤（其中重伤11人），直接经济损失70.7815万元。

【事故经过】

南京电视台演播中心工程位于南京市区，由南京电视台投资兴建，东南大学建筑设计院设计，南京工苑建设监理公司监理（总监韩某）。该工程在南京市招标办进行公开招投标，南京三建中标，于2000年3月31日签订了施工合同，并组建了项目经理部，由史某任项目经理，成某任项目副经理。

该工程地下2层、地面18层，建筑面积34000m²，采用现浇框架剪力墙结构体系。同年4月1日开工，大演播厅总高38m，面积为624m²。在开始搭设模板支撑系统支架前，项目部按搭设顶部模板支撑系统的施工方法，完成了三个演播厅、门厅和观众厅的施工（都没有施工方案）。

南京三建编制了"上部结构施工组织设计"，并经项目副经理成某批准实施。

7月22日开始搭设大演播厅舞台顶部模板支撑系统。搭设时没有施工方案，没有图纸，没有进行技术交底。由项目部副经理成某决定支架三维尺寸按常规（即前五个厅的支架尺寸）进行搭设，由项目部施工员丁某在现场指挥搭设。搭设开始约15天后，副主任工程师将"模板工程施工方案"交给丁某。丁某看到施工方案后，向成某作了汇报，成某答复还按以前的规格搭架子，到最后再加固。

模板支撑系统支架由南京三建劳务公司组织进场的朱某工程队进行搭设（朱某是南京标牌厂职工，以个人名义挂靠在南京三建江浦劳务基地，6月份进入施工工地从事脚手架的搭设，事故发生时朱某工程队共17名民工，其中5人无特种作业人员操作证）。10月15日完成搭设。搭设支架的全过程中，没有办理自检、互检、交接检、专职检的手续，搭设完毕后未按规定进行整体验收。

10月17日开始进行支撑系统模板安装，10月24日完成。23日木工工长向项目部副经理成某反映水平杆加固没有到位，成某即安排架子工加固支架，25日浇筑混凝土时仍有6名架子工在加固支架。

10月25日6时开始浇筑混凝土，项目部质量员8点多才补填混凝土浇捣令，并送总监韩某签字，韩某将日期签为24日。

10时10分，出现大厅内模板支架系统整体倒塌。模板上正在浇筑混凝土的工人纷纷随塌落的支架和模板坠落，部分工人被塌落的支架、楼板和混凝土浆掩埋。

事故发生后，南京三建电视台项目经理部向有关部门紧急报告事故情况。闻讯赶到的领导，指挥公安民警、武警战士和现场工人实施了紧急抢险工作。

【事故分析】

1. 事故的原因分析

(1) 事故的直接原因：

1) 支架搭设不合理，引起立杆局部失稳。

2) 梁底模的木枋放置方向不妥，加剧了局部失稳。

3) 屋盖下模板支架与周围结构固定不牢，加大了顶部晃动。

(2) 事故的间接原因：

1) 施工组织管理混乱，模板支架搭设无图纸，无技术交底；施工中无自检、互检；搭设完成后没有组织验收；搭设开始时无施工方案，有施工方案后未按要求进行搭设，支架搭设严重脱离原设计方案要求。

2) 驻工地总监理工程师无监理资质，工程监理组没有对支架搭设过程严格把关，在没有对模板支撑系统的施工方案审查认可的情况下即同意施工，没有监督对模板支撑系统的验收，就签发了浇捣令，工作严重失职，导致工人在存在重大事故隐患的模板支撑系统上进行混凝土浇筑施工。

3) 在上部浇筑屋盖混凝土情况下，民工在模板支撑下部进行支架加固。

4) 南京三建领导安全生产意识淡薄，监督管理不力，对重点部位的施工技术管理不严，有法有规不依。施工现场用工管理混乱，部分特种作业人员无证上岗作业。

5) 施工现场支架钢管和扣件在采购、租赁过程中质量管理把关不严，部分钢管和扣件不符合质量标准。

6) 建筑管理部门对该建筑工程执法监督和检查指导不力；对监理公司的监督管理不到位。

2. 分析和处理意见

重大事故调查组经调查，在对事故责任进行分析的基础上，对责任者提出如下处理意见：

1) 南京三建项目部副经理成某具体负责大演播厅舞台工程，在未见到施工方案的情况下，决定按常规搭设顶部模板支架，在知道支架三维尺寸与施工方案不符时，不与工程技术人员商量，擅自决定继续按原尺寸施工，对事故的发生应负主要责任，建议司法机关追究其刑事责任。

2) 监理公司总监韩某，违反"南京市项目监理实施程序"中的规定，没有对施工方案进行审查认可，没有监督对模板支撑系统的验收，对施工方的违规行为没有下达停工令，无监理工程师资格证书上岗，对事故的发生应负主要责任，建议司法机关追究其刑事责任。

3）南京三建上海分公司南京电视台项目部项目施工员丁某，在未见到施工方案的情况下，违章指挥民工搭设支架，对事故的发生应负重要责任，建议司法机关追究其刑事责任。

4）朱某违反国家关于特种作业人员必须持证上岗的规定，私招乱雇部分无上岗证的民工搭设支架，对事故的发生应负直接责任，建议司法机关追究其刑事责任。

5）南京三建项目部经理史某负责电视台演播中心工程的全面工作，对该工程项目的安全生产负总责，对工程的模板支撑系统重视不够，未组织有关工程技术人员对施工方案进行认真的审查，对施工现场用工混乱等管理不力，对这起事故的发生应负直接领导责任，建议给予史某行政撤职处分。

6）监理公司总经理张某违反建设部"监理工程师资格考试和注册试行办法"的规定，严重不负责任，委派没有监理工程师资格证书的韩某担任该工程项目总监理工程师；对驻工地监理组监管不力，工作严重失职，应负有监理方的领导责任。建议有关部门按行业管理的规定对监理公司给予在南京地区停止承接任务一年的处罚和相应的经济处罚。

【案例分析】

本案中，施工单位严重违反了安全生产责任制度的有关规定，酿成了重大安全生产事故，这个教训是十分深刻的。

安全生产责任制度是工程建设中最基本的安全管理制度，是所有安全规章制度的核心。《安全生产法》和《建筑法》均把安全生产责任制度作为重点内容予以明文规定。

安全责任制的主要内容包括：

1. 从事建筑活动主体的负责人的责任制。

2. 从事建筑活动主体的职能机构或职能处室负责人及其工作人员的安全生产责任制。

3. 岗位人员的安全生产责任制。从事特种作业的安全人员必须进行培训，经过考试合格后方能上岗作业。

本案中，调查组建议司法机关追究总监韩某的刑事责任，这一处理意见曾引起巨大的社会反应。我国《刑法》第137条规定："建设单位、设计单位、施工单位、工程监理单位违反国家规定，降低工程质量标准，造成重大安全事故的，对直接责任人员，处五年以下有期徒刑或者拘役，并处罚金；后果特别严重的，处五年以上十年以下有期徒刑，并处罚金。"

尽管韩某的行为能否构成重大安全事故罪还存在争议，但在整个事件中，韩某在主观方面存在一定的过失，应当承担相应的法律责任。这起重大安全事故也为整个监理行业敲响了一个警钟，监理企业及监理人员作为工程质量责任主体之一，必须严格依法履行监理职责，否则很可能承担严重的法律后果。

思 考 题

1.《建筑法》的立法目的、调整对象、适用主体范围是什么？

2. 建设工程合同在建筑工程发包、承包活动中的作用是什么？

3. 实施强制建筑工程监理的建筑工程项目的范围是什么？为什么必须对这些工程实施强制建筑工程监理？

4. 建筑工程勘察、设计单位的建筑工程安全生产责任包括哪些？

5. 建筑工程勘察、设计单位的建筑工程质量义务和责任包括哪些？

6. 简述建筑工程质量与建筑工程安全生产之间的关系。

5 建筑行政许可法律制度

5.1 概 述

5.1.1 建筑行政许可的概念

行政许可，是国家行政机关根据公民个人、法人或者其他组织的申请，经依法审查，准予公民个人、法人或者非法人组织从事某种特定活动的行为，通常是通过授予书面证书形式赋予公民个人、法人或者其他组织从事某种特定活动的权利或者确认其具备从事某种特定活动的资格。行政许可是国家行政机关依法进行的行政行为，其基本性质是对特定活动进行事前控制的一种管理手段。

建筑行政许可，是国家建设行政主管机关（部门）或者其他由行业行政主管机关（部门）根据公民个人、法人或者其他组织的申请，经依法审查，准予公民个人、法人或者其他组织从事特定建筑活动的行为。建设行政许可法律制度是调整、规范建设行政许可行政行为的法律规范的总称。建设行政许可的种类很多，既包括在建筑活动中的许可，也包括城乡规划、房地产开发等领域的行政许可，但本章只介绍建筑活动中的行政许可。

建筑活动（包括《建筑法》所称的建筑活动和其他专业建筑工程的建筑活动）作为一种综合性技术活动，具有其自身的规律性和特殊性，对于从事建筑活动的企业和个人在专业技术水平与能力、管理水平与能力具有特殊要求，建立并实施建设行政许可法律制度，是国家对从事建筑活动的从业企业和从业人员个人进行监督管理的客观需要，有利于依法规范从事建筑活动的企业和个人的从业行为，有利于对建筑活动的依法监督与指导，有利于保证建筑工程质量和建筑生产安全，有利于依法规范建筑市场秩序，有利于国家从总体上对建筑活动规模、建筑工程数量、从事建筑活动的企业和从业人员数量与规模等方面进行宏观管理与调控，有利于依法保护建设单位、从事建筑活动的企业和个人的相关合法权益。建筑活动中的行政许可种类也较多，本章只对部分行政许可进行了介绍。

5.1.2 建筑行政许可法律制度的构成

目前，我国《建筑法》《行政许可法》与其他相关法律、行政法规共同确立的我国建筑行政许可法律制度主要包括建筑工程施工许可法律制度、建筑活动从业资格许可法律制度（包括对从事建筑活动的单位实行的单位资质等级许可制度，对从事建筑活动的个人实行的专业技术人员注册执业资格许可制度）和对建筑施工企业实行的安全生产许可法律制度。

5.2 建筑工程施工许可法律制度

5.2.1 建筑工程施工许可法律制度的概念

建筑工程施工许可法律制度是指由国家授权国家建设主管机关（部门），在建筑工程施工开始以前，对该项建筑工程是否符合法定的开工必备条件进行审查，对符合条件的建筑工程颁发施工许可证，准予该项建筑工程开工建设的法律制度。建筑工程施工许可证是建筑工程开始施工前，该建筑工程的建设单位向国家建设主管机关（部门）申请领取的准予该建筑工程施工的证明，是该建筑工程被依法准予开工建设的法定依据性、证明性文件。

对建筑工程实行施工许可法律制度，是许多国家的行政机关对建筑活动实施监督管理所采用的通常做法。目前，建筑工程施工许可法律制度是我国建设行政许可法律制度的重要组成部分。

5.2.2 适用建筑工程施工许可法律制度的建筑工程的范围

1. 依法应当申请建筑工程施工许可的建筑工程的范围

根据《建筑法》和 2014 年 6 月 25 日住房城乡建设部发布的《建筑工程施工许可管理办法》的明确规定：

在中华人民共和国境内从事各类房屋建筑及其附属设施的建造、装修装饰和与其配套的线路、管道、设备的安装，以及城镇市政基础设施工程的施工，建设单位在开工前应当依照本办法的规定，向工程所在地的县级以上地方人民政府住房城乡建设主管部门（以下简称发证机关）申请领取施工许可证。

2. 无需申请建筑工程施工许可的建筑工程的范围

并非所有的建筑工程在开工前都要向国家建设主管机关（部门）申请建筑工程施工许可。下列两类建筑工程不需要申请建筑工程施工许可：

（1）国务院建设行政主管部门确定的限额以下的小型工程

根据《建筑法》和《建筑工程施工许可管理办法》的规定，所谓限额以下的小型工程指的是：工程投资额在 30 万元以下或者建筑面积在 300m² 以下的建筑工程。

省、自治区、直辖市人民政府住房城乡建设主管部门可以根据当地的实际情况，对限额进行调整，并报国务院住房城乡建设主管部门备案。

（2）按照国务院规定的权限和程序批准开工报告的建筑工程

开工报告是建设单位依照国家有关规定向国家发展与计划主管机关（部门）申请准予开工的文件。为了避免出现同一项建筑工程的开工由不同的国家行政主管机关（部门）多头重复审批的现象，对实行开工报告审批制度的建筑工程，无需再行申请建筑工程施工许可。至于实行开工报告审批制度的建筑工程类型或者范围，政府有关行政主管部门对开工报告的审批权限和审批程序，则应当按照国务院的有关规定执行。

3. 不适用建筑工程施工许可制度的建筑工程的范围

（1）抢险救灾工程

由于此类建筑工程的特殊性，现行建筑工程施工许可制度不适用该类建筑工程。

（2）临时性建筑工程

因各种情况需要建造临时性建筑工程，例如建筑工程施工现场的管理人员和工人的宿舍、食堂、建筑材料临时性仓储用房、其他辅助性建筑物等。这些临时性建筑工程由于不属于建设单位投资建设的永久性建筑工程的范畴且其生命期短，现行建筑工程施工许可制度不适用该类建筑工程。

（3）农民自建低层住宅

农民自建低层住宅属于《建筑法》与《建筑工程施工许可管理办法》中明确指出的不适用范围。

4. 军事房屋建筑工程

军事房屋建筑工程，由于此类建筑工程涉及国家防务安全和军事机密，具有特殊性。根据《建筑法》和《建筑工程施工许可管理办法》的明确规定，军事房屋建筑工程的建筑工程施工许可的管理，按照国务院、中央军事委员会制定的办法执行。

5. 依法核定作为文物保护的纪念建筑物和古建筑等的修缮

此类建筑工程具有特殊性。根据《建筑法》和《建筑工程施工许可管理办法》的明确规定，依法核定作为文物保护的纪念建筑物和古建筑等的修缮，依照文物保护的有关法律规定执行。

5.2.3 建设单位申请建筑工程施工许可应当具备的条件

建设单位申请建筑工程施工许可的具体行为方式是依照国家有关规定向工程所在地的县级以上人民政府住房城乡建设主管部门（以下简称发证机关）申请领取施工许可证。根据《建筑法》和《建筑工程施工许可管理办法》的明确规定，建设单位申请建筑工程施工许可应当具备法律、法规规定的必备条件并提交相应的证明文件，这些必备条件包括：

（1）已经办理该建筑工程用地批准手续。

（2）在城市规划区的建筑工程，已经取得规划许可证。

规划许可证是指建设单位以划拨方式取得国有土地使用权后或者以出让方式取得国有土地使用权并签订了国有土地使用权出让合同后，持有关批准文件向政府城乡规划主管机关（部门）提出申请，由政府城乡规划主管机关（部门）根据已被批准的城乡规划中确定的规划设计要求确认该建筑工程的建设用地位置和范围（包括平面范围和空间范围）符合规划设计的相关要求并允许该建筑工程进行建设的法定凭证。规划许可证包括建设用地规划许可证和建筑工程规划许可证。建设单位的拟建建筑工程依法取得建设用地规划许可证后，还需要依法取得建筑工程规划许可证。

对城市规划区内的建筑工程实行规划许可制度，是国家确保具有法律效力的城乡规划得以有效实施、国有土地资源得以合法有效利用和建设单位依法使用国有土地资源的合法权益不受侵犯的重要的制度性措施。针对城市规划区内的建筑工程实行的规划许可制度，是建筑工程施工许可制度的基础性制度。

（3）施工场地已经基本具备施工条件，需要拆迁的，其拆迁进度符合施工要求。

（4）已经确定建筑施工企业。按照规定应该招标的工程没有招标，应该公开招标的工程没有公开招标，或者肢解发包工程，以及将工程发包给不具备相应资质条件承包人的，所确定的（建筑）施工企业无效。

（5）有满足施工需要的施工图纸及技术资料，施工图设计文件已按规定进行了审查。

（6）有保证工程质量和安全的具体措施。（建筑）施工企业编制的施工组织设计中有根据建筑工程特点制定的相应质量、安全技术措施，专业性较强的工程项目编制了专项质量、安全施工组织设计，并按照规定办理了工程质量、安全监督手续。

将"有保证工程质量和安全的具体措施"作为建筑工程开工的必备条件之一，是保证建筑工程质量和建筑生产安全的一项重要的法定措施。鉴于建筑工程质量与建筑生产安全的极端重要性，除《建筑法》外，其他相关法规和部门规章对此也作出了具体明确规定。例如，《建设工程质量管理条例》规定："建设单位在领取施工许可证或者开工报告之前，应当按照国家有关规定办理工程质量监督手续。"《建设工程安全生产管理条例》规定："建设单位在领取施工许可证时，应当提供建设工程有关安全施工措施的资料"，"建设主管部门在审核发放施工许可证时，应当对建设工程是否有安全措施进行审查，对没有安全施工措施的，不得颁发施工许可证"。

特别需要说明的是，2014年7月29日国务院新修订的《安全生产许可证条例》明确规定："（建筑施工）企业未取得安全生产许可证的，不得从事生产活动。"2004年7月5日建设部颁布的《建筑施工企业安全生产许可证管理规定》（2015年1月22日住房城乡建设部部分修改）明确规定："建筑施工企业未取得安全生产许可证的，不得从事建筑施工活动"。"住房城乡建设主管部门在审核发放施工许可证时，应当对已经确定的建筑施工企业是否有安全生产许可证进行审查，对没有取得安全生产许可证的，不得颁发施工许可证。"因此，在建设单位申请建筑工程施工许可时，建筑施工企业依法获得安全生产许可成为建设单位依法获得建筑工程施工许可的必备条件。由此可见，建筑施工企业安全许可制度已经成为建筑工程施工许可制度的组成部分，当然也成为目前我国建筑许可法律制度的组成部分。

（7）按照规定应该委托监理的工程已委托监理。

（8）建设资金已经落实。

《建筑工程施工许可管理办法》具体明确了"建设资金已经落实"的判断标准：建设工期不足一年的，到位资金原则上不得少于工程合同价的50％，建设工期超过一年的，到位资金原则上不得少于工程合同价的30％。建设单位应当提供银行出具的到位资金证明，有条件的可以实行银行付款保函或者其他第三方担保。

（9）法律、行政法规规定的其他条件。

国内其他相关法律、行政法规对建设单位申请建筑工程施工许可的条件也作出了相关规定。例如，《中华人民共和国消防法》的规定，依法应当经公安机关消防机构进行消防设计审核的建设工程，未经依法审核或者审核不合格的，负责审批该工程施工许可的部门不得给予施工许可，建设单位、施工单位不得施工；其他建设工程取得施工许可后经依法抽查不合格的，应当停止施工。因此，建设单位申请建筑工程施工许可，除了必须具备以上八项条件外，还应当具备其他法律、行政法规规定的进行建筑工程施工必须具备的有关条件。

建筑工程施工是一项复杂的、技术性、综合性生产活动，涉及诸多领域和方面，在我国现行立法体制和法律制度体系下，单一法律、行政法规很难对其作出全面、详细、穷尽的规定，为同其他法律、行政法规的相关规定相衔接，避免出现法律执行上的空白，《建筑法》和《建筑工程施工许可管理办法》作出此项规定，确有必要。

5.2.4 建设单位申请建筑工程施工许可的程序

根据《建筑法》和《建筑工程施工许可管理办法》的规定，建设单位申请建筑工程施工许可应按照下列程序进行：

（1）建设单位向发证机关（工程所在地的县级以上人民政府住房城乡建设主管部门，以下同）领取《建筑工程施工许可证申请表》；

（2）建设单位持加盖单位及法定代表人印鉴的《建筑工程施工许可证申请表》，并附有关证明文件，向发证机关提出申请；

（3）发证机关在收到建设单位报送的《建筑工程施工许可证申请表》和所附证明文件后，对于符合条件的，应当自收到申请之日起15日内颁发施工许可证；对于证明文件不齐全或者失效的，应当限期要求建设单位补证，审批时间可以自证明文件补正齐全后作相应顺延；对于不符合条件的，应当自收到申请之日起15日内书面通知建设单位，并说明理由。

建筑工程在施工过程中，建设单位或者施工单位发生变更的，应当重新申请领取施工许可证。

5.2.5 建设单位申请建筑工程施工许可的法律约束力

建筑工程施工许可证是建设单位依法定条件和程序申请建筑工程施工许可后取得建筑工程施工资格的法律凭证和法律依据；同时又是建设单位承担按期开始进行建筑工程施工的法定义务的法律依据。因此，建筑工程许可证对建设单位按期开始进行建筑工程施工活动具有法律约束力，主要包括：

（1）建筑工程施工许可证的时效性约束力。《建筑法》和《建筑工程施工许可管理办法》规定："建设单位应当自领取施工许可证之日起三个月内开工。因故不能按期开工的，应当在期满前向发证机关申请延期，并说明理由；延期以两次为限，每次不超过三个月。既不开工又不申请延期或者超过延期次数、时限的，施工许可证自行废止。"

（2）建筑工程施工许可证的时效性约束力的中止和恢复。《建筑法》和《建筑工程施工许可管理办法》规定：在建的建筑工程因故中止施工的，建设单位应当自中止施工之日起一个月内向发证机关报告，报告内容包括中止施工的时间、原因、在施部位、维修管理措施等，并按照规定做好建筑工程的维护管理工作。

建筑工程恢复施工时，应当向发证机关报告：中止施工满一年的工程恢复施工前，建设单位应当报发证机关核验施工许可证。

另外，对于按照国务院有关规定批准开工报告的建筑工程的开工和中止施工问题，《建筑法》规定："按照国务院有关规定批准开工报告的建筑工程，因故不能按期开工或者中止施工的，应当及时向批准机关报告情况。因故不能按期开工超过六个月的，应当重新办理开工报告的批准手续。"

5.3 建筑活动从业资格许可法律制度

5.3.1 建筑活动从业资格许可法律制度的概念

建筑活动从业资格许可法律制度是指由国家授权国家建设主管机关（部门），对从事建筑活动的单位（企业）和个人在进行建筑活动以前，对单位（企业）和个人从事建筑活动的能力、水平是否达到法定必备条件的要求与相关资格要求进行审查，对符合条件的单位（企业）颁发资质等级许可证书，对符合条件的个人颁发执业许可证书，准予其在该证书许可的范围内从事建筑活动的法律制度。

建筑活动作为一种综合性技术活动，具有其自身的规律性和特殊性，对于从事建筑活动的企业和个人在专业技术水平与能力、管理水平与能力具有特殊要求，建立并实施建筑活动从业资格许可法律制度，是国家对从事建筑活动的从业企业和从业人员个人进行监督管理的客观需要，同时也建立和确立了企业和个人进入我国建筑市场从事建筑活动的准入制度与规则。

目前，我国建筑活动从业资格许可制度法律，主要包括对从事建筑活动的单位（企业）实行的单位（企业）资质等级许可制度，对从事建筑活动的个人实行的专业（技术）人员注册执业许可制度。

5.3.2 从事建筑活动的单位（企业）的资质等级许可制度

从事建筑活动的单位（企业）是我国建筑业从事建筑活动的重要主体。目前，我国建筑市场上从事建筑活动的单位（企业）主要包括建筑施工企业、建筑（建设）工程勘察单位（企业）、建筑（建设）工程设计单位（企业）、（建筑、建设）工程监理单位（企业）等类型。我国现行《建筑法》和相关法律、法规、部门规章和相关规范性文件共同建立的从事建筑活动的单位（企业）的资质等级许可制度主要包括从事建筑活动的单位（企业）应具备的基本条件、从事建筑活动的单位（企业）的资质等级许可标准制度、从事建筑活动的单位（企业）的资质的申请制度与许可或审查审批制度和监督管理制度及相关法律责任等内容。

1. 从事建筑活动的单位（企业）应具备的基本条件

根据《建筑法》的规定，在我国建筑市场上从事建筑活动的建筑施工单位（企业）、建筑（建设）工程勘察单位（企业）、建筑（建设）工程设计单位（企业）、建筑（建设）工程监理单位（企业），应当具备以下四个方面的基本条件：

1）有符合国家规定的注册资本；

2）有与其从事的建筑活动相适应的具有法定执业资格的专业技术人员；

3）有从事相应建筑活动的所有技术装备；

4）法律、行政法规规定的其他条件。

2. 从事建筑活动企业的资质等级许可标准制度

根据《建筑法》的规定，在我国建筑市场上从事建筑活动的建筑施工单位（企业）、建筑（建设）工程勘察单位（企业）、建筑（建设）工程设计单位（企业）、（建筑、建设）工程监理单位（企业），按照其拥有的注册资本、专业技术人员、技术装备和已完成的建筑工程业绩等资质条件，划分为不同的资质等级，经资质审查合格，取得相应等级的资质证书后，方可在其资质等级许可的范围内从事建筑活动。

《建筑法》的上述规定确立了我国从事建筑活动的单位（企业）的资质等级许可标准制度的基本框架。在此基础上，国务院、作为负责全国建筑业企业资质的统一监督管理的国务院建设主管部门的住房城乡建设部（原建设部），以及其他行业主管部门制定了一系列相关的行政法规、部门规章和相关规范性文件，如：国务院颁布的行政法规《建设工程勘察设计管理条例》，住房城乡建设部和其他行业主管部门颁布的《建筑业企业资质管理规定》《建设工程勘察设计资质管理规定》《工程监理企业资质管理规定》《工程造价咨询企业管理办法》《外商投资建筑业企业管理规定》《外商投资建设工程设计企业管理规定》《外商投资建设工程服务企业管理规定》等部门规章以及《建筑业企业资质等级标准》《工程勘察资质分级标准》《工程设计资质标准》的规范性文件等相关制度与规定，共同构成了我国现行从事建筑活动的单位（企业）的资质等级许可标准制度。

从事建筑活动的单位（企业）的资质等级许可标准制度涉及资质条件、资质等级划分、不同资质等级的从事建筑活动的单位（企业）的从业范围等方面的相关制度与规定。

（1）从事建筑活动的企业应具备的资质条件

1）注册资本；

2）专业技术人员；

3）技术装备；

4）法律、行政法规规定的其他条件。

（2）从事建筑活动的企业的资质等级划分和相应的建筑（建设）工程承包范围

1）建筑业企业资质等级划分和相应的建筑工程（施工）承包范围

根据《建筑业企业资质管理规定》和《建筑业企业资质等级标准》（包括：《施工总承包企业特级资质标准》《专业承包企业资质等级标准》《建筑业劳务分包企业资质标准》）的有关规定，我国建筑业企业资质分为施工总承包、专业承包和劳务分包三个序列。施工总承包资质、专业承包资质、劳务分包资质序列按照工程性质和技术特点分别划分为若干资质类别，各资质类别又按照规定的条件划分为若干资质等级。表 5-1 所示是建筑业企业资质等级的具体划分。

建筑业企业资质等级划分及其建筑工程承包范围　　　　　　　表 5-1

序列	资质类别	资质分级	建筑工程（施工）承包范围
施工总承包序列	12 个资质类别	特级、一级、二级、三级	可以承担施工总承包工程
专业承包序列	36 个资质类别	一级、二级、三级	可以承担施工总承包企业分包的专业工程和建设单位依法发包的专业工程
劳务分包序列	不分资质类别	不分等级	可以承担施工总承包企业或专业承包企业分包的劳务作业

建筑业企业各级资质等级分级标准和取得各资质等级许可的建筑业企业分别可以承包的建筑工程（施工）具体范围可参见《建筑业企业资质等级标准》的具体规定。

2）建筑（建设）工程勘察、设计企业（单位）资质等级划分和相应的建筑（建设）工程勘察、设计业务承包范围

根据《建设工程勘察设计管理条例》《建设工程勘察设计资质管理规定》《工程勘察资质分级标准》的有关规定，我国建筑（建设）工程勘察企业（单位）资质等级划分情况如下：

建筑（建设）工程勘察资质分为建筑（建设）工程勘察综合资质、建筑（建设）工程

勘察专业资质、建筑（建设）工程勘察劳务资质三个序列。取得建筑（建设）工程勘察综合资质的企业，可以承接各专业（海洋工程勘察除外）、各等级工程勘察业务；取得建筑（建设）工程勘察专业资质的企业，可以承接相应等级相应专业的工程勘察业务；取得建筑（建设）工程勘察劳务资质的企业，可以承接岩土工程治理、工程钻探、凿井等工程勘察劳务业务。

建筑（建设）工程勘查综合资质只设甲级；建筑（建设）工程勘查专业资质设甲级、乙级，根据工程性质和技术特点，部分专业设丙级；建筑（建设）工程勘查劳务资质不分等级。取得建筑（建设）工程勘查资质等级许可的建筑（建设）工程勘察企业根据其资质等级不同可以承担与其资质等级许可范围相应的建筑（建设）工程勘查业务（如表5-2所示）。

建筑（建设）工程勘察企业的资质等级划分及其工程勘察业务承包范围　　　　表5-2

序列	分级	建筑（建设）工程勘察业务承包范围
综合资质	甲级	可以承担各专业（海洋工程除外）、各等级的建筑（建设）工程项目的工程勘察业务，其承担业务的范围和地区不受限制
专业资质	甲级	可以承担相应专业所有建筑（建设）工程项目的工程勘察业务，其承担业务的范围和地区不受限制
	乙级	可以承担相应专业中、小型建筑（建设）工程项目的工程勘察业务，其承担业务的地区不受限制
	丙级	可以承担相应专业范围内小型建筑（建设）工程项目的工程勘察业务，其承担业务的地区限于企业所属省、自治区、直辖市所辖行政区范围内
劳务资质	不分等级	只能承担岩土工程治理、工程钻探、凿井等建筑（建设）工程勘察劳务业务，其承担业务的地区不受限制

建筑（建设）工程勘查企业各级资质等级分级标准和各资质等级的建筑（建设）工程勘查企业分别可以承包的建筑（建设）工程勘查业务的具体范围可参见《工程勘察资质分级标准》的具体规定。

根据《建设工程勘察设计管理条例》《建设工程勘察设计资质管理规定》《工程设计资质标准》的有关规定，我国建筑（建设）工程设计企业（单位）资质等级划分情况如下：

建筑（建设）工程设计企业资质分为建筑（建设）工程设计综合资质、建筑（建设）工程设计行业资质、建筑（建设）工程设计专业资质、建筑（建设）工程设计专项资质等四个序列。

建筑（建设）工程设计综合资质只设甲级；建筑（建设）工程设计行业资质、建筑（建设）工程设计专业资质、建筑（建设）工程设计专项资质设甲级、乙级，根据建设工程性质和技术特点，个别建设工程行业、专业、专项资质可以设丙级，建筑工程专业资质可以设丁级。取得建筑（建设）工程设计资质等级许可的建筑（建设）设计企业根据其资质等级的不同可以承担与其资质等级许可范围相应的建筑（建设）工程设计业务（如表5-3所示）。

建筑（建设）工程设计企业的资质等级划分及其工程设计业务承包范围　　　表 5-3

序列	分级	建筑（建设）工程设计业务承包范围
综合资质	甲级	可以承担各行业建设工程项目的设计业务，其规模和承担业务的地区不受限制
行业资质	甲级	可以承担本行业建设工程项目主体工程及其配套工程的工程设计业务，其规模和承担业务的地区不受限制
	乙级	可以承担本行业中、小型建设工程项目主体工程及其配套工程的工程设计业务，其承担业务的地区不受限制
	丙级	可以承担本行业小型建设工程项目的工程设计业务，其承担业务的地区不受限制
专业资质	甲级	可以承担本专业建设工程项目主体工程及其配套工程的工程设计业务，其规模和承担业务的地区不受限制
	乙级	可以承担本专业中、小型建设工程项目主体工程及其配套工程的工程设计业务，其承担业务的地区不受限制
	丙级	承担本专业小型建设工程项目的工程设计业务，其承担业务的地区不受限制
	丁级	可以承担本专业特定规模的一般公共建筑工程、一般住宅工程、厂房和仓库、构筑物等建筑工程项目的工程设计业务，其承担业务的地区不受限制
专项资质	甲级	可以承担大、中、小型专项建设工程项目的工程设计业务，其规模和承担业务的地区不受限制
	乙级	可以承担中、小型专项建设工程的工程设计业务，其承担业务的地区不受限制

建筑（建设）工程设计企业各级资质等级分级标准和各资质等级的建筑（建设）工程设计企业分别可以承包的建筑（建设）工程设计业务的具体范围可参见《工程设计资质标准》的具体规定。

3）建筑（建设）工程监理企业资质等级划分和相应的工程监理业务承包范围

根据《工程监理企业资质管理规定》《工程监理企业资质标准》的有关规定，我国建筑（建设）工程监理企业资质等级划分情况如下：

建筑（建设）工程监理企业资质分为综合资质、专业资质和事务所三个序列。综合资质只设甲级。专业资质原则上分为甲、乙、丙三个级别，并按照工程性质和技术特点划分为 14 个专业工程类别；除房屋建筑、水利水电、公路和市政公用四个专业工程类别设丙级资质外，其他专业工程类别不设丙级资质。事务所不分等级。

取得建筑（建设）工程监理资质等级许可的建筑（建设）工程监理企业根据其资质等级的不同可以承担与其资质等级许可范围相应的建筑（建设）工程监理业务（如表 5-4 所示）。

建筑（建设）工程监理企业的资质等级划分及其工程监理业务承包范围　　　表 5-4

序列	分级	建筑（建设）工程监理业务承包范围
综合资质	甲级	可以承担所有专业工程类别建设工程项目的工程监理业务，以及建设工程的项目管理、技术咨询等相关服务

序列	分级	建筑（建设）工程监理业务承包范围
专业资质	甲级	可承担相应专业工程类别建设工程项目的工程监理业务，以及相应类别建设工程的项目管理、技术咨询等相关服务
	乙级	可承担相应专业工程类别二级（含二级）以下建设工程项目的工程监理业务，以及相应类别和级别建设工程的项目管理、技术咨询等相关服务
	丙级	可承担相应专业工程类别三级建设工程项目的工程监理业务，以及相应类别和级别建设工程的项目管理、技术咨询等相关服务
事务所资质	不分等级	可承担三级建设工程项目的工程监理业务，以及相应类别和级别建设工程的项目管理、技术咨询等相关服务。但是，国家规定必须实行强制监理的建设工程监理业务除外

建筑（建设）工程监理企业各级资质等级分级标准和各资质等级的建筑（建设）工程监理企业分别可以承包的建筑（建设）工程监理业务的具体范围可参见《工程监理企业资质标准》的具体规定。

3. 从事建筑活动的单位（企业）的资质的申请制度、许可或审查审批制度、监督管理制度和法律责任

根据《建筑法》《建设工程勘察设计管理条例》《建筑业企业资质管理规定》《建设工程勘察设计资质管理规定》《工程监理企业资质管理规定》等法律、行政法规、部门规章的相关规定，对从事建筑活动的单位（企业）的资质（包括建筑业企业资质、（建筑）建设工程勘查、设计单位（企业）资质、（建筑）建设工程监理单位（企业）资质）进行全国性统一监督管理的机关是国务院建设主管部门，国务院其他行业主管部门配合国务院建设主管部门实施相关资质类别和相应行业从事建筑活动的单位（企业）的资质管理工作，省、自治区、直辖市人民政府建设主管部门负责本行政区域内从事建筑活动的单位（企业）的资质的统一监督管理，省、自治区、直辖市人民政府其他行业主管部门配合同级建设主管部门实施本行政区域内相关资质类别和相应行业从事建筑活动的单位（企业）的资质管理工作。

（1）从事建筑活动的单位（企业）的资质的申请制度。从事建筑活动的单位（企业）的资质申请分为首次申请、增项申请、晋级（升级）申请、变更申请等类型，《建设工程勘察设计管理条例》《建筑业企业资质管理规定》《建设工程勘察设计资质管理规定》《工程监理企业资质管理规定》分别对建筑业企业，（建筑）建设工程勘查、设计单位（企业），（建筑）建设工程监理单位（企业）资质申请的程序，需要提交的相关材料，受理资质申请的资质许可机关或者审查审批机关，申请时限等有关规定与要求作了明确具体的规定。

（2）从事建筑活动的单位（企业）的资质的审查审批制度。针对上述从事建筑活动的单位（企业）的资质申请类型，《建设工程勘察设计管理条例》《建筑业企业资质管理规定》《建设工程勘察设计资质管理规定》《工程监理企业资质管理规定》分别对建筑业企业，（建筑）建设工程勘查、设计单位（企业），（建筑）建设工程监理单位（企业）资质申请的许可或审查审批权限，许可或审查审批时限，许可或审查审批程序，备案机关与要求等有关部门规定与要求作了明确具体的规定。

（3）从事建筑活动的单位（企业）的资质的监督管理制度。从事建筑活动的单位（企业）在依法申请并获得相应资质等级许可后，便可在其所获得的资质等级许可范围内从事相应的建筑活动，但是这并不能有效确保从事建筑活动的单位（企业）均能自觉按照其所获得的资质等级许可范围内从事相应的建筑活动，需要对其进行必要的监督管理，及时纠正单位（企业）资质等级许可文件（证书）使用、资质管理中的违法行为。《建设工程勘察设计管理条例》《建筑业企业资质管理规定》《建设工程勘察设计资质管理规定》《工程监理企业资质管理规定》分别就对建筑业企业，（建筑）建设工程勘查、设计单位（企业），（建筑）建设工程监理企业单位（企业）的监督管理涉及的监督管理权限、监督管理措施、监督管理责任、撤回资质、撤消资质、注销资质、涉及单位（企业）资质的单位（企业）信用档案的建立与管理等有关规定与要求作了明确具体的规定。

（4）相关法律责任。对于从事建筑活动的单位（企业）的资质申请、许可或审查审批，单位（企业）资质等级许可文件（证书）使用和资质管理中的违法行为，《建设工程勘察设计管理条例》《建筑业企业资质管理规定》《建设工程勘察设计资质管理规定》《工程监理企业资质管理规定》分别规定了相关的法律责任。

另外，部门规章《工程造价咨询企业管理办法》对我国从事建筑活动的企业中的工程造价咨询企业的资质等级标准和相应的建筑（建设）工程造价咨询业务承包范围，工程造价咨询企业的资质的申请制度、审查审批制度、监督管理制度和法律责任等作出了明确具体的规定。

部门规章《外商投资建筑业企业管理规定》《外商投资建设工程设计企业管理规定》和《外商投资建设工程服务企业管理规定》对在我国建筑市场上从事建筑工程施工、建筑（建设）工程设计、（建筑）建设工程服务的外商投资企业（包括外商独资企业、中外合资经营企业以及中外合作经营企业）的资质等级标准和相应的建筑（建设）工程施工承包范围、建筑（建设）工程设计业务承包范围、（建筑）建设工程服务承包范围，从事建筑工程施工、建筑（建设）工程设计、（建筑）建设工程服务的外商投资企业的资质的申请制度、许可或审查审批制度、监督管理制度和法律责任等作出了明确具体的规定。

上述从事建筑活动的单位（企业）应具备的基本条件，从事建筑活动的单位（企业）的资质等级许可标准制度，从事建筑活动的单位（企业）的资质的申请制度、许可或审查审批制度、监督管理制度、相关法律责任构成了我国现行法律制度体系和建筑市场环境下从事建筑活动的单位（企业）的资质等级许可制度的较为完整的体系。

5.3.3 从事建筑活动的专业（技术）人员的注册执业许可制度

1. 从事建筑活动的专业（技术）人员的注册执业许可制度概述

从事建筑活动的专业（技术）人员的注册执业许可制度，指从事建筑活动的专业（技术）人员个人在具备相关条件的前提下通过国家考核认定或参加国家组织的相关专业（注册）执业资格全国统一考试合格获得从事建筑活动的相关专业（注册）执业资格证书，并按照相关规定注册，取得中华人民共和国相关专业注册执业证书和执业印章（即取得相关专业注册执业许可），在相关专业（注册）执业资格证书和注册执业证书许可的范围从事相关专业性建筑活动的制度，是一种国家注册执业许可制度。

执业资格是指国家对某些责任较大、社会通用性强、关系国家和公众利益的专业（工种）实行的准入控制，规定专业技术人员从事某一特定专业（工种）的学识、技术和能力的必备标准。

如前所述，建筑活动作为一种综合性技术活动，具有其自身的规律性和特殊性，对于从事建筑活动的专业（技术）人员个人在专业技术水平与能力、管理水平与能力具有特殊要求。从事建筑活动的专业（技术）人员个人是我国建筑业从事建筑活动的另一类重要主体，是从事建筑活动的企业的最基本、最核心的构成要素，其数量规模远大于企业，其从事建筑活动的专业能力、水平与质量实质上决定了企业从事建筑活动的专业能力、水平与质量。因此，对从事建筑活动的专业（技术）人员实行注册执业许可制度是我国建筑业发展的客观需要，是国家对从事建筑活动的专业（技术）人员个人进行监督管理的客观需要。从事建筑活动的专业（技术）人员的注册执业许可制度是我国建筑活动从业资格许可制度的重要组成部分，是我国建筑许可法律制度的重要构成要素，该项制度实质上建立和确立了专业（技术）人员个人进入我国建筑市场从事建筑活动的准入制度与规则。

2. 从事建筑活动的专业（技术）人员的注册执业许可的种类

在我国，对从事建筑活动的专业（技术）人员实行的注册执业许可制度是一个较为复杂的体系，涉及注册执业资格种类、资格考核制度（包括特许、考核认定、考试、资格互认四种考核方式及相关制度）、注册制度、执业制度、执业范围、继续教育制度、监督管理、法律责任制度、信用档案管理制度等多方面。目前，在我国实行的从事建筑活动的专业（技术）人员的注册执业许可的种类包括：注册建筑师、勘察、设计注册工程师（13个专业）、注册城市规划师、注册监理工程师、注册建造师、注册造价工程师、注册房地产估价师、注册物业管理师等。基于我国建设业健康、持续、高速发展的实际需要，从事建筑活动的专业（技术）人员的注册执业许可的种类还在不断增多。

从事建筑活动的专业（技术）人员的注册执业许可较为主要的种类是：

（1）注册建筑师

注册建筑师，是指经考试、特许、考核认定取得中华人民共和国注册建筑师执业资格证书，或者经资格互认方式取得建筑师互认资格证书，并按照《中华人民共和国注册建筑师条例实施细则》，取得中华人民共和国注册建筑师注册证书和中华人民共和国注册建筑师执业印章，从事建筑设计及相关业务活动的专业技术人员。注册建筑师的执业范围包括：建筑设计、建筑设计技术咨询（建筑工程技术咨询，建筑工程招标、采购咨询，建筑工程项目管理，建筑工程设计文件及施工图审查，工程质量评估，以及国务院建设主管部门规定的其他建筑技术咨询业务），建筑物调查与鉴定，对本人主持设计的项目进行施工指导和监督、国务院建设主管部门规定的其他业务等。注册建筑师分一级注册建筑师、二级注册建筑师。

（2）勘察、设计注册工程师

勘察、设计注册工程师，是指经考试取得中华人民共和国勘察、设计注册工程师资格证书，并依法注册取得中华人民共和国勘察、设计注册工程师注册执业证书和执业印章，从事各类房屋建筑工程及其他专业建筑工程勘察、设计及相关业务的专业技术人员。

目前，我国已经建立了注册土木工程师（岩土）、注册公用设备工程师、注册电气工程师、注册化工工程师、注册土木工程师（港口与航道工程）、注册环保工程师、注册土木工程师（水利水电工程）、注册石油天然气工程师、注册冶金工程师、注册采矿/矿物工程师、注册机械工程师、注册土木工程师（道路工程）、注册结构工程师（一级、二级）

等 13 个专业的从事建筑工程勘察、设计活动的专业（技术）人员的注册执业许可种类。

勘察、设计注册工程师的执业范围包括：专业工程勘察、设计，专业工程技术咨询，专业工程招标、采购咨询，专业工程的项目管理，对专业勘察、设计项目的施工进行指导和监督，国务院有关部门规定的其他业务。各专业勘察、设计注册工程师的具体执业范围由国家相关行业主管机关（部门）颁布的相关部门规章具体规定。

（3）注册监理工程师

注册监理工程师，是指经考试取得中华人民共和国监理工程师资格证书，并按照《注册监理工程师管理规定》注册，取得中华人民共和国注册监理工程师注册执业证书和执业印章，从事工程监理及相关业务活动的专业技术人员。

注册监理工程师的执行范围包括：工程监理、工程经济与技术咨询、工程招标与采购咨询、工程项目管理服务以及国务院有关部门规定的其他业务。

（4）注册造价工程师

注册造价工程师，是指通过全国造价工程师执业资格统一考试或者资格认定、资格互认，取得中华人民共和国造价工程师执业资格，并按照《注册造价工程师管理办法》注册，取得中华人民共和国造价工程师注册执业证书和执业印章，从事工程造价活动的专业人员。

注册造价工程师的执业范围包括：建设项目建议书、可行性研究投资估算的编制和审核，项目经济评价，工程概、预、结算、竣工结（决）算的编制和审核；工程量清单、标底（或者控制价）、投标报价的编制和审核，工程合同价款的签订及变更、调整、工程款支付与工程索赔费用的计算；建设项目管理过程中设计方案的优化、限额设计等工程造价分析与控制，工程保险理赔的核查；工程经济纠纷的鉴定。

（5）注册建造师

注册建造师，是指通过考核认定或考试合格取得中华人民共和国建造师资格证书，并按照《注册建造师管理规定》注册，取得中华人民共和国建造师注册证书和执业印章，担任施工单位项目负责人及从事相关活动的专业技术人员。

注册建造师分为一级注册建造师和二级注册建造师。

注册建造师的执业范围包括：

一级注册建造师可担任大中小型工程项目负责人，二级注册建造师可担任中小型工程项目负责人，大中型工程项目负责人必须由本专业注册建造师担任。涉及注册建造师的执业范围的各类别建筑工程的规模划分标准按照住房城乡建设部颁布的《注册建造师执业工程规模标准》的规定执行。

3. 从事建筑活动的专业（技术）人员的注册执业许可制度的基本内容

（1）资格考核制度

资格考核制度包括特许、考核认定、考试、资格互认四种考核方式及相关制度。

1）特许和考核制度

在专业（技术）人员的注册执业资格考试实施前，一般通过特许和考核认定的办法，使少数具有一定资历和较高技术水平的专业技术人员取得注册执业资格。考核认定程序一般是：本人填报考核认定材料，单位核实并按隶属关系由各级建设、人事主管部门进行审核后，报省（自治区、直辖市）注册执业许可管理机构和国务院各有关主管部门进行初

审，初审合格后报全国注册执业许可管理机构审定，并参加由全国注册执业许可机构举办
的考核认定培训班，经考核培训合格后，颁发注册执业资格证书。特许程序类似考核认
定，特许人员不需要参加考核培训。

2）统一考试制度

从事建筑活动的专业（技术）人员均需要参加国家组织的相关专业（注册）执业资格
全国统一考试和地方考试（仅限于有二级注册执业资格的专业（技术）人员的注册执业许
可种类），考试合格后方可取得相关专业的（注册）执业资格证书。满足一定学历和实践
时间要求的人员均可报考。

3）资格互认制度

是针对国外或港、澳、台地区从事建筑活动的专业（技术）人员的一种注册执业资格
互认的制度安排。目前开展资格互认的对象主要是香港、台湾地区的从事建筑活动的专业
（技术）人员，涉及的注册执业许可种类有注册一级建筑师、注册一级结构工程师、注册
城市规划师、注册建造师和注册房地产估价师。

（2）注册制度

从事建筑活动的专业（技术）人员取得相关专业的（注册）执业资格证书后，还必须
依法注册（向注册机关申请注册并经过审批），才能取得相关专业的注册执业证书和执业
印章（即取得相关专业注册执业许可），才能在相关专业（注册）执业资格证书和注册执
业证书许可的范围内按照国家相关规定从事相关的专业性建筑活动。

目前，我国注册建筑师、勘察、设计注册工程师部分专业（注册结构工程师、注册岩
土工程师、注册公用设备工程师、注册电气工程师、注册化工工程师等 5 个专业）、注册
房地产估价师、注册造价工程师、注册城市规划师、注册监理工程师、注册建造师等从事
建筑活动的专业（技术）人员的注册执业许可种类实施了注册制度。注册作为行政许可项
目，属于行政审批环节。除注册建筑师明确审批机关（许可机关）为全国注册建筑师管理
委员会负责外，其他从事建筑活动的专业（技术）人员的注册执业许可种类的注册审批机
关（许可机关）为住房城乡建设部（或会同有关行业主管机关（部门））。

（3）执业范围和执业制度

国家对依法取得相关专业注册执业许可的从事建筑活动的专业（技术）人员的执业范
围均有明确规定并建立了相关专业执业制度。依法取得相关专业注册执业许可的从事建筑
活动的专业（技术）人员不得超越相关专业注册执业许可规定的专业范围执业，并必须执
行相关专业执业制度的相关规定。

（4）继续教育制度

由于知识与技术的在不断更新，每一位依法取得相关专业注册执业许可的从事建筑活
动的专业（技术）人员都必须要及时更新知识和掌握新技术，因此都必须要接受相应专业
的继续教育。依法取得相关专业注册执业许可的从事建筑活动的专业（技术）人员接受相
应专业继续教育的频率和形式由相应的行政法规或者部门规章规定。

（5）监督管理制度

国家对依法取得相关专业注册执业许可的从事建筑活动专业（技术）人员的执业行为
过程建立了相关的监督管理制度，每一位取得相关专业注册执业许可的从事建筑活动的专
业（技术）人员在执业过程中都必须依法接受相关专业注册执业许可机关的监督管理。

（6）法律责任制度

国家对依法取得相关专业注册执业许可的从事建筑活动的专业（技术）人员的执业行为建立了相应的法律责任制度，每一位取得相关专业注册执业许可的从事建筑活动的专业（技术）人员在执业过程中只要违反相关的执业行为规范与标准，都必须依法承担相应的法律责任。

（7）信用档案管理

根据规范和整顿建筑市场的需要，从 2002 年起，住房和城乡建设领域开始研究建立获得从事建筑活动的注册执业许可的专业（技术）人员信用档案并实施信用档案制度。目前，已经实施信用档案管理的从事建筑活动的专业（技术）人员的注册执业许可种类有房地产估价师，其他种类，如注册建筑师、注册城市规划师、注册结构工程师等的信用档案管理制度正处于研究和探索中。

目前，我国涉及从事建筑活动的专业（技术）人员的注册执业许可制度的法律、行政法规、部门规章、规范性文件种类繁多、复杂。包括：《建筑法》《中华人民共和国注册建筑师条例》《中华人民共和国注册建筑师条例实施细则》《注册结构工程师执业资格制度暂行规定》《注册监理工程师管理规定》《注册造价工程师管理办法》《注册建造师管理规定》《建设工程质量监督工程师资格管理暂行规定》《勘察设计注册工程师管理规定》，涉及各专业勘察、设计注册工程师制度的管理规定，暂行规定等等。上述法律、行政法规、部门规章、规范性文件的相关规定共同确立了我国从事建筑活动的专业（技术）人员的注册执业许可制度。

5.4 建筑施工企业安全生产许可法律制度

建筑工程生产的特点与一般工业产品生产的特点相比较具有自身的特殊性，建筑工程生产过程所面临的不安全因素（包括人的不安全行为和物的不安全状态）远远超过其他行业产品的生产过程，导致建筑工程生产过程中安全事故频发，对人民健康、生命、财产安全造成无法弥补的损失，严重损害社会公共利益。因此，建筑安全生产管理成为建筑活动中必须极端重视的重要管理环节。

建筑施工企业是我国建筑市场中从事建筑活动的重要主体，是建筑工程的生产者，当然成为建筑安全生产管理的主要责任者。

5.4.1 建筑施工企业安全生产许可法律制度概述

1. 建筑施工企业安全生产许可的概念

安全生产许可，是国家有关行政主管机关（部门）依法准予从事具有危险性的特殊产品生产的企业进行上述产品生产的行政行为。

建筑施工企业安全生产许可是政府建设主管机关（部门）准予建筑施工企业进行建筑工程施工（生产）活动的行政行为。建筑施工企业取得安全生产许可的具体表现是依法取得许可机关颁发的安全生产许可证。

目前，根据我国安全生产方面的法律、行政法规、部门规章的相关规定，建筑施工企业取得安全生产许可是其进行建筑工程施工（生产）、取得建筑工程施工许可的前置必备条件。例如，《建筑施工企业安全生产许可证管理规定》明确规定："建筑施工企业未取得安全生产许可证的，不得从事建筑施工活动"，"建设主管部门在审核发放施工许可证时，应当对已经确定的建筑施工企业是否有安全生产许可证进行审查，对没有取得安全生产许可证的，不得颁发施工许可证。"因此，可以认为，建筑施工企业安全许可制度已经成为建筑工程施工许可法律制度的组成部分，当然也成为目前我国建设行政许可法律制度的组成部分。

2. 建筑施工企业安全生产许可法律制度的构成

建筑施工企业安全生产许可法律制度是针对从事建筑工程施工（生产）的建筑施工企业制定的安全生产许可法律制度。根据《中华人民共和国安全生产法》（以下简称《安全生产法》）、《安全生产许可证条例》《建设工程安全生产管理条例》《建筑施工企业安全生产许可证管理规定》的有关规定，建筑施工企业安全生产许可法律制度包括：建筑施工企业取得安全生产许可证应具备的安全生产条件、建筑施工企业安全生产许可证的申请与颁发制度、建筑施工企业安全生产许可证的监督管理制度、处罚规则等方面的相关制度。

5.4.2 建筑施工企业取得安全生产许可证应具备的安全生产条件

根据《建筑施工企业安全生产许可证管理规定》的规定，建筑施工企业取得安全生产许可证应当具备下列安全生产条件：

1. 建立、健全安全生产责任制，制定完备的安全生产规章制度和操作规程；

2. 保证本单位安全生产条件所需资金的投入；

3. 设置安全生产管理机构，按照国家有关规定配备专职安全生产管理人员；

4. 主要负责人、项目负责人、专职安全生产管理人员经建设主管部门或者其他有关部门考核合格；

5. 特种作业人员经有关业务主管部门考核合格，取得特种作业操作资格证书；

6. 管理人员和作业人员每年至少进行一次安全生产教育培训并考核合格；

7. 依法参加工伤保险，依法为施工现场从事危险作业的人员办理意外伤害保险，为从业人员交纳保险费；

8. 施工现场的办公、生活区及作业场所和安全防护用具、机械设备、施工机具及配件符合有关安全生产法律、法规、标准和规程的要求；

9. 有职业危害防治措施，并为作业人员配备符合国家标准或者行业标准的安全防护用具和安全防护服装；

10. 有对危险性较大的分部分项工程及施工现场易发生重大事故的部位、环节的预防、监控措施和应急预案；

11. 有生产安全事故应急救援预案、应急救援组织或者应急救援人员，配备必要的应急救援器材、设备；

12. 法律、法规规定的其他条件。

5.4.3 建筑施工企业安全生产许可证的申请与颁发制度

1. 建筑施工企业安全生产许可证的申请制度

根据《建筑施工企业安全生产许可证管理规定》的规定，建筑施工企业申请领取安全生产许可证的程序和相关规定包括：

（1）建筑施工企业从事建筑施工活动前，应当依照本规定向省级以上建设主管部门申请领取安全生产许可证。

（2）中央管理的建筑施工企业（集团公司、总公司）应当向国务院建设主管部门申请领取安全生产许可证。

（3）其他建筑施工企业，包括中央管理的建筑施工企业（集团公司、总公司）下属的建筑施工企业，应当向企业注册所在地省、自治区、直辖市人民政府建设主管部门申请领取安全生产许可证。

（4）建筑施工企业申请安全生产许可证时，应当向建设主管部门提供下列材料：

1）建筑施工企业安全生产许可证申请表；

2）企业法人营业执照；

3）建筑施工企业取得安全生产许可证应具备的安全生产条件中规定的相关文件、材料。

建筑施工企业申请安全生产许可证，应当对申请材料实质内容的真实性负责，不得隐瞒有关情况或者提供虚假材料。

（5）安全生产许可证的有效期为3年。安全生产许可证有效期满需要延期的，企业应当于期满前3个月向原安全生产许可证颁发管理机关申请办理延期手续。

（6）企业在安全生产许可证有效期内，严格遵守有关安全生产的法律法规，未发生死亡事故的，安全生产许可证有效期届满时，经原安全生产许可证颁发管理机关同意，不再审查，安全生产许可证有效期延期3年。

（7）建筑施工企业变更名称、地址、法定代表人等，应当在变更后10日内，到原安全生产许可证颁发管理机关办理安全生产许可证变更手续。

（8）建筑施工企业破产、倒闭、撤销的，应当将安全生产许可证交回原安全生产许可证颁发管理机关予以注销。

（9）建筑施工企业遗失安全生产许可证，应当立即向原安全生产许可证颁发管理机关报告，并在公众媒体上声明作废后，方可申请补办。

2. 建筑施工企业安全生产许可证的颁发制度

根据《建筑施工企业安全生产许可证管理规定》的规定，建筑施工企业安全生产许可证的颁发程序是：

建设主管部门应当自受理建筑施工企业的申请之日起45日内审查完毕；经审查符合安全生产条件的，颁发安全生产许可证；不符合安全生产条件的，不予颁发安全生产许可证，书面通知企业并说明理由。企业自接到通知之日起应当进行整改，整改合格后方可再次提出申请。

5.4.4 建筑施工企业安全生产许可证的监督管理制度

根据《建筑施工企业安全生产许可证管理规定》的规定，对建筑施工企业安全生产许可证实施下列监督管理：

1. 县级以上人民政府建设主管部门应当加强对建筑施工企业安全生产许可证的监督管理。建设主管部门在审核发放施工许可证时，应当对已经确定的建筑施工企业是否有安全生产许可证进行审查，对没有取得安全生产许可证的，不得颁发施工许可证。

2. 跨省从事建筑施工活动的建筑施工企业有违反本规定行为的，由工程所在地的省级人民政府建设主管部门将建筑施工企业在本地区的违法事实、处理结果和处理建议抄告原安全生产许可证颁发管理机关。

3. 建筑施工企业安全生产许可证的暂扣、吊销、撤销，建筑施工企业安全生产许可证档案制度

（1）建筑施工企业取得安全生产许可证后，不得降低安全生产条件，并应当加强日常安全生产管理，接受建设主管部门的监督检查。安全生产许可证颁发管理机关发现企业不再具备安全生产条件的，应当暂扣或者吊销安全生产许可证。

（2）安全生产许可证颁发管理机关或者其上级行政机关发现有下列情形之一的，可以撤销已经颁发的安全生产许可证：

1）安全生产许可证颁发管理机关工作人员滥用职权、玩忽职守颁发安全生产许可证的；

2）超越法定职权颁发安全生产许可证的；

3）违反法定程序颁发安全生产许可证的；

4）对不具备安全生产条件的建筑施工企业颁发安全生产许可证的；

5）依法可以撤销已经颁发的安全生产许可证的其他情形。

依照前款规定撤销安全生产许可证，建筑施工企业的合法权益受到损害的，建设主管部门应当依法给予赔偿。

（3）安全生产许可证颁发管理机关应当建立、健全安全生产许可证档案管理制度，定期向社会公布企业取得安全生产许可证的情况，每年向同级安全生产监督管理部门通报建筑施工企业安全生产许可证颁发和管理情况。

5.4.5 处罚规则

《建筑施工企业安全生产许可证管理规定》对违反《建筑施工企业安全生产许可证管理规定》相关规定的行为制定了相关的处罚规则。

【案例 5-1】：建设单位将工程肢解发包，施工单位超越本单位资质且无建筑工程施工许可证违法施工案

【案情摘要】

2008 年 3 月中旬，某地方建设行政主管部门对当地某建筑工程进行检查时，发现该工程建设单位将工程桩基部分肢解发包给 A、B 二家桩基施工单位（其中 A 桩基施工单位不具有相应资质等级），且开工时未取得工程质量监督手续和建筑工程施工许可证；A 桩基施工单位超越本单位资质等级允许范围承接工程，且无建筑工程施工许可证违法施工；B 桩基施工单位无建筑工程施工许可证违法施工。

该工程总建筑面积约 150000m²，工程合同总造价约 20000 万元，共有 19 个单体，地下室一层，工程分为两个标段。

A 桩基施工单位（为地基基础专业承包三级资质）承接部分工程桩基合同造价约 800 万元；B 桩基施工单位承接部分工程桩基合同造价约 1000 万元，工程于 2007 年 12 月下旬开工，2008 年 1 月中旬才取得工程质量监督手续和建筑工程施工许可证，至检查时桩基础工程已全部施工完毕。

【案件分析】

建设单位在工程建设过程中将桩基工程肢解发包给两家桩基施工单位（其中一家不具有相应资质等级），且开工时未取得工程质量监督手续，也未取得建筑工程施工许可证，

已经违反了《中华人民共和国建筑法》第七条第一款（建筑工程开工前，建设单位应当按照国家有关规定向工程所在地县级以上人民政府建设行政主管部门申请领取施工许可证），第二十四条第一款（提倡对建筑工程实行总承包，禁止将建筑工程肢解发包），国务院令第279号《建设工程质量管理条例》第七条（建设单位应当将工程发包给具有相应资质等级的单位，建设单位不得将建设工程肢解发包），第十三条（建设单位在领取施工许可证或者开工报告前，应当按照国家有关规定办理工程质量监督手续）的规定。根据国务院令第279号《建设工程质量管理条例》第五十五条（违反本条例规定，建设单位将建设工程肢解发包的，责令改正，处工程合同价款0.5％以上1％以下的罚款）的规定对建设单位进行处罚。

A桩基施工单位超越本单位资质等级许可的业务范围（三级资质可承担工程造价300万元及以下）承接工程，且无建筑工程施工许可证违法施工，违反了《中华人民共和国建筑法》第二十六条（承包建筑工程的企业应当持有依法取得的资质证书，并在其资质等级许可的业务范围内承揽工程），国务院令第279号《建设工程质量管理条例》第二十五条第二款（禁止施工单位超越本单位资质等级许可的业务范围或者以其他施工单位的名义承揽工程），住房城乡建设部第91号令《建筑工程施工许可管理办法》第三条第一款（本办法规定必须申请领取施工许可证的建筑工程未取得施工许可证的，一律不得开工）的规定。根据国务院令第279号《建设工程质量管理条例》第六十条（违反本条例规定，勘察、设计、施工、工程监理单位超越本单位资质等级承揽工程的，责令停止违法行为，对施工单位处工程合同价款2％以上4％以下的罚款）的规定对A桩基施工单位进行处罚。

B桩基施工单位无建筑工程施工许可证违法施工，违反了住房城乡建设部第91号令《建筑工程施工许可管理办法》第三条第一款（本办法规定必须申请领取施工许可证的建筑工程未取得施工许可证的，一律不得开工）的规定；根据住房城乡建设部第18号令《建筑工程施工许可管理办法》第十二条（对未取得施工许可证或者规避办理施工许可证将工程分解后擅自施工的，由有管辖权的发证机关责令停止施工，限期改正，对建设单位处工程合同价款1％以上2％以下罚款；对施工单位处3万元以下罚款）的规定对B桩基施工单位进行处罚。

案例选自：http：//blog. sina. com. cn/s/blog_58fa101a0100lshx. html

思　考　题

1. 什么是建设行政许可？建设行政许可法律制度的构成成份包括哪些？
2. 适用建筑工程施工许可法律制度的建筑工程的范围包括哪些？
3. 从事建筑活动的单位（企业）的资质等级许可制度包括哪些具体制度？
4. 目前我国从事建筑活动的专业（技术）人员的注册执业许可的种类包括哪些？
5. 为什么说建筑施工企业安全许可制度是建筑工程施工许可法律制度的组成部分？

6 建设工程招标投标法律制度

6.1 概　　述

6.1.1 招标投标的概念

招标投标是工程建设中重要的竞争性交易方式，1999 年 8 月 30 日全国人大常委会通过了《中华人民共和国招标投标法》（以下简称《招标投标法》），并于 2017 年 12 月 27 日进行了修改。

招标投标的概念有不同的表述。首先，在国际上，一般是将招标投标作为一个行为整体处理的，如世界银行①发布的《国际复兴开发银行贷款和国际开发协会信贷采购指南》（Guidelines for Procurement under IBRD Loans and IDA Credits）就是如此处理的，该文件中招标和投标都是使用的"Bidding"，如遇必须将这两阶段分开时，仍是将这两阶段视为"Bidding"下的两个阶段，如"招标与投标的时间间隔"称为"Time Interval between Invitation and Submission of Bids"。② 亚洲开发银行也有类似的规定。③ 第二种表述方式则是将招标与投标分开进行界定，这是我国学术界主要的表述方式，如"所谓招标，是指招标人为购买物资，发包工程或进行其他活动，根据公布的标准和条件，公开或书面邀请投标人前来投标，以便从中择优选定中标人的单方行为"，④ "所谓投标，是指符合招标文件规定资格的投标人按照招标文件的要求，提出自己的报价及相应条件的书面回答行为"。⑤ 第三种表述方式则是采用列举式，界定具体的招标方式，但不对招标作直接的概念规定，如我国《招标投标法》的规定，没有对招标的概念进行界定，正式界定了公开招标和邀请招标的概念。

考察招标投标概念的不同表述方式，以及我们日常生活中使用的招标投标概念，第一种表述方式与第二种表述方式的区别在于：第一种表述方式把招标投标看成完整的一个交易行为；而第二种表述方式则分别把招标和投标看成交易行为的"买"和"卖"两个方面。在英语中这一完整的一个交易行为由"Bidding"来表示，而汉语中目前并无一个表示这一交易行为的词。权威的汉语词典对招标的解释是"兴建工程或进行大宗商品交易

---

① 世界银行（World Bank）是世界银行集团的简称，它是由国际复兴开发银行（International Bank for Reconstruction and Development—IBRD）、国际开发协会（International Development Association—IDA）和国际金融公司（International Finance Corporation—IFC）组成。

② World Bank. Model Bidding Documents for Projects Financed by World Bank，1995.

③ Asian Development Bank. Sample Bidding Documents Procument of Civil Work（Second Edition），1993.

④ 张培田主编. 招标投标法律指南. 北京：中国政法大学出版社，1992：1.

⑤ 同上：3.

时，公布标准和条件，招人承包或承买叫做招标"①，投标则被解释为"承包建筑工程或承买大宗商品时，承包人或买主按照招标公告的标准和条件提出价格，填具标单，叫做投标。"② 我国的《招标投标法》也把招标与投标理解为交易行为的两个方面。事实上，招标投标首先是一个完整的交易行为，我们首先应当对招标投标作一个整体的定义（因为目前汉语中尚无一个词来代表完整的招标投标，因此，只能把招标投标理解为一个词），然后再分别对招标和投标进行界定，这样才能对招标投标有一个全面的理解。

对招标投标可以作如下的界定：招标投标是在市场经济条件下进行大宗货物的买卖、工程建设项目的发包与承包，以及服务项目的采购与提供时，愿意成为卖方（提供方）者提出自己的条件，采购方选择条件最优者成为卖方（提供方）的一种交易方式。招标与投标是相互对应的一对概念，是一个问题的两个方面。具体地说，招标，是指招标人对货物、工程和服务事先公布采购的条件和要求，以一定的方式邀请不特定或者一定数量的自然人、法人或者其他组织投标，而招标人按照公开规定的程序和条件确定中标人的行为；而投标，则是指投标人响应招标人的要求参加投标竞争的行为。

在这种交易方式下，通常是由项目采购（包括货物的购买、工程的发包和服务的采购）的采购方作为招标人，通过发布招标公告或者向一定数量的特定供应商、承包商发出招标邀请等方式发出招标采购信息，提出所需采购项目的性质及其数量、质量、技术要求、交货期、竣工期或提供服务的时间，以及对供应商、承包商的资格要求等招标采购条件，表明将选择最能够满足采购要求的供应商、承包商与之签订采购合同的意向，由各有意提供采购所需货物、工程或服务项目的供应商、承包商作为投标人，向招标人书面提出自己拟提供的货物、工程或服务的报价及其他响应招标要求的条件，参加投标竞争。经招标人对各投标人报价及其他条件进行审查比较后，从中择优选定中标者，并与其签订采购合同。

6.1.2　招标投标活动的基本原则

《招标投标法》第 5 条规定"招标投标活动应当遵循公开、公平、公正和诚实信用的原则。"

1. 公开原则

招标投标活动的公开原则，首先要求进行招标活动的信息要公开。采用公开招标方式，应当发布招标公告；依法必须进行招标的项目的招标公告，必须通过国家指定的报刊、信息网络或者其他公共媒介发布。无论是招标公告、资格预审公告，还是招标邀请书，都应当载明能大体满足潜在投标人决定是否参加投标竞争所需要的信息。另外开标的程序、评标的标准和程序、中标的结果等都应当公开。

2. 公平原则

招标投标活动的公平原则，要求招标人严格按照规定的条件和程序办事，同等地对待每一个投标竞争者，不得对不同的投标竞争者采用不同的标准。招标人不得以任何方式限制或者排斥本地区、本系统以外的法人或者其他组织参加投标。

3. 公正原则

在招标投标活动中招标人行为应当公正。对所有的投标竞争者都应平等对待，不能有

---

① 中国社会科学院语言研究所词典编辑室编. 现代汉语词典（第 5 版）. 北京：商务印书馆，2005：1719.

② 同上：1375.

特殊。特别是在评标时，评标标准应当明确、严格，对所有在投标截止日期以后送到的投标书都应拒收，与投标人有利害关系的人员都不得作为评标委员会的成员。招标人和投标人双方在招标投标活动中的地位平等，任何一方不得向另一方提出不合理的要求，不得将自己的意志强加给对方。

4. 诚实信用原则

诚实信用是民事活动的一项基本原则，招标投标活动是以订立采购合同为目的的民事活动，当然也适用这一原则。诚实信用原则要求招标投标各方都要诚实守信，不得有欺骗、背信的行为。

6.1.3　招标投标的性质

招标投标是民事行为。民事行为是与行政行为相对应的。我国在《招标投标法》颁布前的长期招标投标实践中，招标投标实际上被视为了行政行为，人们普遍把招标投标管理视为政府的事情。《招标投标法》强调了招标投标的民事行为属性，政府则只是对招标投标进行监督。

招投投标的目的是为了签订合同。在法律上，合同的成立可分为要约和承诺两个阶段。要约是希望和他人订立合同的意思表示，而承诺则为受要约人同意接受要约的意思表示。有些合同在要约之前还需要经过要约邀请，要约邀请是希望他人向自己发出要约的意思表示。要约邀请的内容往往是不明确的，要约邀请也不是合同成立必须经过的阶段。要约邀请对行为人不具有合同意义上的约束力。

从行为的性质看，招标是要约邀请，而投标则是要约，中标通知书是承诺。我国《合同法》也明确规定，招标公告是要约邀请。认为招标是要约，其重要的依据就是招标者应受招标文件约束。我们并不能从招标者应受招标文件约束中得出招标是要约的结论。但是，如何理解招标者应受招标文件约束这一情况呢？对这一情况我们应当考虑到以下两个问题：一是招标行为应受市场的有关法规约束，不能利用招标进行欺诈；二是投标单位的投标书是在假设招标文件真实可靠的条件下作出的。这样，我们就不难理解招标者之所以要受招标文件的约束了，它并非合同意义上的约束力，与招标是否是要约无关。

虽然招标文件对招标项目有详细介绍，但它缺少合同成立的重要条件——价格，在招标中，项目成交的价格是有待于投标者提出的。因而，招标不具备要约的条件，不是要约。它实际上是邀请其他人（投标人）来对其提出要约（报价），是一种要约邀请。

一般认为投标是一种要约。投标符合要约的所有条件：它具有缔结合同的主观目的；一旦中标，投标人将受投标书的拘束；投标书的内容具有足以使合同成立的主要条件。而招标人向中标的投标人发出的中标通知书，则是招标人同意接受中标的投标人的投标条件，即同意接受该投标人的要约的意思表示，属于承诺。

6.1.4　强制招标的范围

虽然招标投标被视为民事行为，但是，由于招标这种采购方式能够提高资金的使用效益和使用效率，在采购过程中能够实现公开、公平和公正，能够择优选择供应商（承包商），因此，对于使用公共资金（由招标人代表公共利益使用的资金）或者对质量关系社会公共利益、公众安全的项目，国家有强制招标的要求。

在我国境内进行下列工程建设项目，包括项目的勘察、设计、施工、监理以及与工程建设有关的重要设备、材料等的采购，必须进行招标：

（1）大型基础设施、公用事业等关系社会公共利益、公众安全的项目；

（2）全部或者部分使用国有资金投资或者国家融资的项目；

（3）使用国际组织或者外国政府贷款、援助资金的项目。

对上述必须进行招标的建设项目，任何个人或者单位不得将其化整为零或者以其他任何方式规避招标。依法必须进行招标的工程建设项目的具体范围和规模标准，由国务院发展改革部门会同国务院有关部门制定，报国务院批准后公布施行。工程建设项目，是指工程以及与工程建设有关的货物、服务。工程，是指建设工程，包括建筑物和构筑物的新建、改建、扩建及其相关的装修、拆除、修缮等；与工程建设有关的货物，是指构成工程不可分割的组成部分，且为实现工程基本功能所必需的设备、材料等；与工程建设有关的服务，是指为完成工程所需的勘察、设计、监理等服务。2012 年 2 月 1 日起施行的《招标投标法实施条例》不再允许各省、自治区、直辖市人民政府规定本行政区域内必须进行招标的具体范围和规模标准。

对于必须招标的建设项目，在特殊情况下可以不招标。涉及国家安全、国家秘密、抢险救灾或者属于利用扶贫资金实行以工代赈、需要使用农民工等特殊情况，不适宜进行招标的项目，按照国家有关规定可以不进行招标。除此之外，有下列情形之一的，可以不进行招标：1）需要采用不可替代的专利或者专有技术；2）采购人依法能够自行建设、生产或者提供；3）已通过招标方式选定的特许经营项目投资人依法能够自行建设、生产或者提供；4）需要向原中标人采购工程、货物或者服务，否则将影响施工或者功能配套要求；5）国家规定的其他特殊情形。

6.1.5 招标投标的监督

1. 招标投标监督分工与职责

有关行政监督部门依法对招标投标活动实施监督，依法查处招标投标活动中的违法行为。《招标投标法实施条例》规定：国务院发展改革部门指导和协调全国招标投标工作，对国家重大建设项目的工程招标投标活动实施监督检查。国务院工业和信息化部、住房城乡建设部、交通运输部、铁道部、水利部、商务部等部门，按照规定的职责分工对有关招标投标活动实施监督。县级以上地方人民政府发展改革部门指导和协调本行政区域的招标投标工作。县级以上地方人民政府有关部门按照规定的职责分工，对招标投标活动实施监督，依法查处招标投标活动中的违法行为。县级以上地方人民政府对其所属部门有关招标投标活动的监督职责分工另有规定的，从其规定。财政部门依法对实行招标投标的政府采购工程建设项目的预算执行情况和政府采购政策执行情况实施监督。监察机关依法对与招标投标活动有关的监察对象实施监察。

2. 招标投标投诉

投标人和其他利害关系人认为招标投标活动不符合《招标投标法》有关规定的，有权向招标人提出异议或者依法向有关行政监督部门投诉。

投标人或者其他利害关系人认为招标投标活动不符合法律、行政法规规定的，可以自知道或者应当知道之日起 10 日内向有关行政监督部门投诉。投诉应当有明确的请求和必要的证明材料。就资格预审文件和招标文件、开标、中标结果投诉的，应当先向招标人提出异议，异议答复期间不计算在投诉规定的期限内。行政监督部门收到投诉书后，应当自收到投诉之日起 3 个工作日内决定是否受理投诉，并自受理投诉之日起 30 个工作日内作出书面处理决定；需要检验、检测、鉴定、专家评审的，所需时间不计算在内。行政监督部门处理投诉，有权查阅、复制有关文件、资料，调查有关情况，相关单位和人员应当予以配合。必要时，行政监督部门可以责令暂停招标投标活动。行政监督部门的工作人员对监督检查过程中知悉的国家秘密、商业秘密，应当依法予以保密。

6.2 建设工程招标

6.2.1 招标的方式

1. 公开招标

（1）公开招标的含义

公开招标，是指招标人以招标公告的方式邀请不特定的法人或者其他组织投标。它是一种由招标人按照法定程序，在公开出版物上发布或者以其他公开方式发布招标公告，所有符合条件的承包商都可以平等参加投标竞争，从中择优选择中标者的招标方式。由于这种招标方式对竞争没有限制，因此，又被称为无限竞争性招标。公开招标最基本的含义是：1）招标人以招标公告的方式邀请投标；2）可以参加投标的法人或者其他组织是不特定的。从招标的本质来讲，这种招标方式是最符合招标的宗旨的，因此，应当尽量采用公开招标方式进行招标。

（2）公开招标的优缺点

关于公开招标的优点，在我国较早翻译的一本招标投标著作中，美国的法学专家曾将其归纳为以下三点："第一，在涉及使用公共基金时，政府代理机构必然对所有与公共基金有直辖或间接捐款关系的潜在投标人提供均等的机会；第二，竞争的结果有利于最经济地利用公共基金；第三，公开竞争性招标的方法可以起到防止浪费、贪污和偏袒的保证作用。"[①] 美国学者总结的三个优点，直至今日，仍然是公开招标的主要优点。

公开招标的缺点有：第一，单纯依靠书面文件确定中标人存在的缺点；第二，招标成本高；第三，招标周期长。

虽然公开招标有一定缺点，但在一般的情况下，只有公开招标才能最好地实现招标与政府采购的目标。因此，《政府采购法》规定：公开招标应作为政府采购的主要采购方式。在《招标投标法》中规定首先应当选择公开招标，特殊情况需要采用邀请招标的，需要经过批准。

2. 邀请招标

（1）邀请招标的含义

邀请招标，是指招标人以投标邀请书的方式邀请特定的法人或者其他组织投标。邀请招标是由接到投标邀请书的法人或者其他组织才能参加投标的一种招标方式，其他潜在的投标人则被排除在投标竞争之外，因此，也被称为有限竞争性招标。邀请招标必须向三个以上的潜在投标人发出邀请。并且被邀请的法人或者其他组织必须具备以下条件：1）具备承担招标项目的能力，如施工招标，被邀请的施工企业必须具备与招标项目相应的施工

---

① ［美］斯特门德主编，本书翻译组译：《国际经济知识：招标与承包》，上海社会科学院出版社 1988 年出版，第 69 页。

资质等级；2）资信良好。

（2）可以采用邀请招标的采购项目

在公开招标之外规定邀请招标方式的原因在于，公开招标虽然最符合招标的宗旨，但也存在着一些缺点。而邀请招标恰恰能够有效地克服公开招标的这些缺陷。按照相关规定，以下项目可以采用邀请招标：1）技术比较复杂或者专业性很强的货物、工程、服务，潜在投标人较少或者招标人与潜在投标人比较了解；2）期限紧张或者是采购价值低；3）需要保密；4）时间要求紧张，如抢险救灾；5）受自然地域环境限制。

6.2.2 工程建设项目招标的种类

1. 建设工程项目总承包招标

建设工程项目总承包招标又叫建设项目全过程招标，在国外称之为"交钥匙"承包方式。它是指从项目建议书开始，包括可行性研究报告、勘察设计、设备材料询价与采购、工程施工、生产准备、投料试车，直到竣工投产、交付使用全过程实行招标；工程总承包企业根据建设单位提出的工程使用要求，对项目建设书、可行性研究、勘察设计、设备询价与选购、材料订货、工程施工、职工培训、试生产、竣工投产等实行全面报价投标。以暂估价形式包括在总承包范围内的工程、货物、服务属于依法必须进行招标的项目范围且达到国家规定规模标准的，应当依法进行招标。

2. 建设工程勘察招标

建设工程勘察招标是指招标人就拟建工程的勘察任务发布通告，以法定方式吸引勘察单位参加竞争，经招标人审查获得投标资格的勘察单位按照招标文件的要求，在规定的时间内向招标人填报标书，招标人从中选择条件优越者完成勘察任务。

3. 建设工程设计招标

建设工程设计招标是指招标人就拟建工程的设计任务发布通告，以吸引设计单位参加竞争，经招标人审查获得投标资格的设计单位按照招标文件的要求，在规定的时间内向招标人填报投标书，招标人从中择优确定中标单位来完成工程设计任务。设计招标主要是设计方案招标，工业项目可进行可行性研究方案招标。

4. 建设工程施工招标

建设工程施工招标，是指招标人就拟建的工程发布公告或者邀请，以法定方式吸引建筑施工企业参加竞争，招标人从中选择条件优越者完成工程建设任务的法律行为。

5. 建设工程监理招标

建设工程监理招标，是指招标人为了委托监理任务的完成，以法定方式吸引监理单位参加竞争，招标人从中选择条件优越者的法律行为。

6. 建设工程材料设备招标

建设工程材料设备招标，是指招标人就拟购买的材料设备发布公告或者邀请，以法定方式吸引建设工程材料设备供应商参加竞争，招标人从中选择条件优越者购买其材料设备的法律行为。

6.2.3 招标公告与投标邀请书

1. 招标公告与投标邀请书的概念

招标公告是指采用公开招标方式的招标人（包括招标代理机构）向所有潜在的投标人发出的一种广泛的通告。招标公告的目的是使所有潜在的投标人都具有公平的投标竞争的机会。

投标邀请书是指采用邀请招标方式的招标人，向三个以上具备承担招标项目的能力、资信良好的特定法人或者其他组织发出的参加投标的邀请。投标邀请书的内容基本与招标公告的内容一样。

2. 招标公告的发布

对于公开招标而言，招标公告的发布是十分重要的，它是招标信息进入公众领域的第一步。因此，世界各国和国际组织都对公开招标的招标公告的发布有严格要求。

招标人采用公开招标方式的，应当发布招标公告。招标公告必须通过一定的媒介进行传播。依法必须进行招标的项目招标公告，应当通过国家指定的报刊、信息网络或者其他媒介发布。招标公告应当载明招标人的名称和地址、招标项目的性质、数量、实施地点和时间以及获取招标文件的办法等事项。国家指定媒介的目的是为了保证公告传播范围足够广泛。

在不同媒介发布的同一招标项目的招标公告的内容应当一致。指定媒介发布依法必须进行招标的项目的境内招标公告，不得收取费用。

6.2.4 资格预审

1. 资格预审的概念

资格预审，是指招标人在招标开始之前或者开始初期，由招标人对申请参加投标的潜在投标人进行资质条件、业绩、信誉、技术、资金等多方面的情况进行资格审查。只有在资格预审中被认定为合格的潜在投标人，才可以参加投标。如果国家对投标人的资格条件有规定的，依照其规定。招标人采用资格预审办法对潜在投标人进行资格审查的，应当发布资格预审公告、编制资格预审文件。

一般的国家和国际组织都对招标项目的资格预审有一定的要求。如《世行采购指南》规定，"通常对于大型或者结构复杂的工程，或者在其他准备详细的投标文件成本很高不利于竞争的情况下，诸如专为用户设计的设备、工业成套设备、专业化服务，以及'交钥匙合同'、设计和施工合同或者管理承包合同等，对投标商进行资格预审是必要的。"[①]

2. 资格预审的程序

（1）资格预审公告

资格预审通告，是指招标人向潜在投保人发出的参加资格预审的广泛邀请。资格预审公告至少应包括下述内容：招标人的名称和地址；招标项目名称；招标项目的数量和规模；交货期或者交工期；发售资格预审文件的时间、地点以及发放的办法；资格预审文件的售价；提交申请书的地点和截止时间以及评价申请书的时间表；资格预审文件送交地点、送交的份数以及使用的文字等。国家对发布资格预审公告媒体的要求与招标公告相同。

（2）发出资格预审文件

资格预审公告后，招标人向申请参加资格预审的申请人发放或者出售资格审查文件。招标人应当合理确定提交资格预审申请文件的时间。依法必须进行招标的项目提交资格预审申请文件的时间，自资格预审文件停止发售之日起不得少于 5 日。资格预审的内容包括

---

① 赵雷等著. 中华人民共和国招标投标法通论及适用指南. 北京：中国建材工业出版社，1999：100.

基本资格审查和专业资格审查两部分。基本资格审查是指对申请人的合法地位和信誉等进行的审查。专业资格审查是对已经具备基本资格的申请人履行拟定招标采购项目能力的审查。

（3）对潜在投标人资格的审查和评定

投标人在规定时间内，按照资格预审文件中规定的标准和方法，对提交资格预审申请书的潜在投标人资格进行审查。资格预审结束后，招标人应当及时向资格预审申请人发出资格预审结果通知书。未通过资格预审的申请人不具有投标资格。国有资金占控股或者主导地位的依法必须进行招标的项目，招标人应当组建资格审查委员会审查资格预审申请文件。资格审查委员会及其成员应当遵守《招标投标法》和《招标投标法实施条例》有关评标委员会及其成员的规定。

3. 资格预审的方法

资格预审的方法一般有合格制和有限数量制两种。《标准施工招标资格预审文件》也是规定了这两种方法。采用合格制的资格预审方法，只要符合资格标准的申请人均可以参加投标。如果采用有限数量制，则应当按照资格预审文件规定的数量，按照得分排序，由高到低确定规定数量的资格预审合格人。

6.2.5 编制和发售招标文件

招标人应当根据招标项目的特点和需要编制招标文件。招标文件是投标人准备投标文件和参加投标的依据，也是招标投标活动当事人的行为准则和评标的重要依据。因此，招标文件在招标活动中具有重要的意义。2007年11月1日，国家发展和改革委员会、财政部、原建设部、原铁道部、交通运输部、信息产业部、水利部、民用航空总局、广播电影电视总局联合发布了《标准施工招标文件》，自2008年5月1日起在政府投资项目中试行。

1. 招标文件的内容

按照我国《招标投标法》的规定，招标文件应当包括招标项目的技术要求、对投标人资格审查的标准、投标报价要求和评标标准等所有实质性要求和条件以及拟签订合同的主要条款。我们可以将招标文件可以分为以下几大部分内容：第一部分包括投标须知、合同条件及协议书格式等；第二部分则是技术规范；第三部分是对投标文件格式的要求，包括投标书格式、工程量清单、辅助资料表、投标保函的格式、履约担保的格式等；第四部分是图纸。《标准施工招标文件》则包括了四卷：第一卷的内容有招标公告（未进行资格预审）、投标邀请书、投标人须知、评标办法、合同条款及格式、工程量清单，第二卷的内容是图纸，第三卷的内容是技术标准和要求，第四卷的内容是投标文件格式。

2. 招标文件的发售

招标文件一般按照套数发售。向投标人供应招标文件套数的多少可以根据招标项目的复杂程度等来确定，一般都是一个投标人一套。对于大型或者结构复杂的建设工程，招标文件篇幅较大，招标人根据文件的不同性质，可分为若干卷次。招标人发售招标文件收取的费用应当限于补偿印刷、邮寄的成本支出，不得以营利为目的。

3. 招标文件的澄清和修改

招标人对已发出的招标文件进行必要的澄清或者修改，应当在招标文件要求提交投标文件截止时间至少15日前，以书面形式通知所有招标文件收受人。该澄清或者修改的内容为招标文件的组成部分。为了使招标人能够满足其招标需要，招标人拥有修改招标文件的权利是必要的，也是符合招标投标活动的基本原则的。对招标文件作出必要的澄清或者修改后，以书面形式通知所有招标文件收受人是招标人必须履行的义务，因为招标文件收受人没有其他的方法可以了解到招标人对招标文件所作的必要的澄清或者修改。同时，提前15天以书面形式通知所有投标人的要求，也能确保投标人对招标人提出的对招标文件的澄清和修改及时作出回应。

4. 投标有效期和投标保证金

招标人应当在招标文件中载明投标有效期。投标有效期从提交投标文件的截止之日起算。招标人在招标文件中要求投标人提交投标保证金的，投标保证金不得超过招标项目估算价的 2%。投标保证金有效期应当与投标有效期一致。依法必须进行招标的项目的境内投标单位，以现金或者支票形式提交的投标保证金应当从其基本账户转出。

5. 对招标文件的公平性要求

招标文件是招标活动公平、公正的重要体现，招标文件不得要求或者标明特定的生产供应者以及含有倾向或者排斥潜在投标人的其他内容。

国家对招标项目的技术、标准和投标人的资格条件有规定的，应当按照规定在招标文件中载明。国家在这方面的要求一般都是强制性的，不允许当事人通过协议降低这方面的要求。

招标人不得以不合理的条件限制、排斥潜在投标人或者投标人。招标人有下列行为之一的，属于以不合理条件限制、排斥潜在投标人或者投标人：

（1）就同一招标项目向潜在投标人或者投标人提供有差别的项目信息；

（2）设定的资格、技术、商务条件与招标项目的具体特点和实际需要不相适应或者与合同履行无关；

（3）依法必须进行招标的项目以特定行政区域或者特定行业的业绩、奖项作为加分条件或者中标条件；

（4）对潜在投标人或者投标人采取不同的资格审查或者评标标准；

（5）限定或者指定特定的专利、商标、品牌、原产地或者供应商；

（6）依法必须进行招标的项目非法限定潜在投标人或者投标人的所有制形式或者组织形式；

（7）以其他不合理条件限制、排斥潜在投标人或者投标人。

6.3 建设工程投标

6.3.1 投标人及其资格要求

依《招标投标法》第 25 条的规定："投标人是响应招标、参加投标竞争的法人或者其他组织。"响应招标，是指投标人应当对招标人在招标文件中提出的实质性要求和条件作出响应。依此规定，自然人（个人）是被排除在投标人之外的，但该条同时规定了自然人（个人）作为投标人的例外情况：依法招标的科研允许个人参加投标的，投标的个人适用本法有关投标人的规定。投标人参加依法必须进行招标的项目的投标，不受地区或者部门的限制，任何单位和个人不得非法干涉。

但是，自然人不能作为建设工程项目的投标人。因为我国对建设项目的投标人（承包人）有严格的限制，必须要具有营业执照和相应的资质等级证书，而具备这些条件的只能是法人或者其他组织。

投标人应当具备以下条件：

1. 投标人应当具备承担招标项目的能力

投标人应当具备与投标项目相适应的技术力量、机械设备、人员、资金等方面的能力，具有承担该招标项目的能力。参加投标项目是投标人的营业执照中的经营范围所允许的，并且投标人要具备相应的资质等级。当然，如果法律对提供服务、货物的主体没有这方面的限制，则不应当有这方面的要求。承包建设项目的单位应当持有依法取得资质证书，并在其资质等级许可的范围内承揽工程。禁止超越本企业资质等级许可的业务范围或者以任何形式用其他企业的名义承揽建设项目。

2. 投标人应当符合招标文件规定的资格条件

招标人可以在招标文件中对投标人的资格条件作出规定，投标人应当符合招标文件规定的资格条件。如果国家对投标人的资格条件有规定的，则依照其规定。

3. 没有不得参加投标的情形

与招标人存在利害关系可能影响招标公正性的法人、其他组织或者个人，不得参加投标。单位负责人为同一人或者存在控股、管理关系的不同单位，不得参加同一标段投标或者未划分标段的同一招标项目投标。

6.3.2 投标文件的编制

1. 编制投标文件的准备

为了编制投标文件，除了应当搜集有关资料外，还应当参加投标预备会和勘察现场。投标预备会是由招标人召集主持的，为投标做准备的会议。会议的目的是为了澄清、解答投标人提出的问题和组织投标人考察现场、了解情况。投标人提出的与投标有关的任何问题必须在投标预备会召开的一定时间前（如 7 天，具体时间在投标文件中说明），以书面形式送达招标人。

投标人可能被邀请对工程施工现场和周围环境进行勘察，以获取须投标人自己负责的有关编制投标文件和签署合同所需的所有资料。勘察现场一般是投标预备会的重要内容。勘察现场所发生的费用由投标人自己负担。招标人向投标人提供的有关施工现场的资料和数据，是招标人现有的能使投标人利用的资料。招标人对投标人由此而作出的推论、理解和结论概不负责。

投标预备会（包括勘察现场）的会议记录包括所有问题和答复的副本，应当迅速提供给所有获得招标文件的投标人。

2. 编制投标文件的一般要求

投标人应当按照招标文件的要求编制投标文件。投标文件应当对招标文件提出的实质性要求和条件作出响应。

投标文件必须符合招标文件的要求，这是对投标文件的基本要求。投标人对招标文件规定的要求和规则应当执行。投标文件对招标文件要求的格式不得更改。如果投标人填写后，仍然需要进一步表达自己的意思，可以附上补充说明。投标人提交的文件种类、份数、正本与副本数量应当与规定相符合。

投标文件应当对招标文件提出的实质性要求和条件作出响应。一般认为，投标报价、投标方案、技术和质量要求等应当属于实质性要求和条件。

投标人要对计算数量如工程量、总价、单价等进行认真核对。文字表述要准确、无误，投标文件应当制作整洁、干净。

6.3.3 投标文件的送达

投标人应当将投标文件的正本和每份副本分别密封在内层包封，再密封在一个外层包封中，并在内包封上正确标明"投标文件正本"或"投标文件副本"。

投标人应当在招标文件要求提交投标文件的截止时间前，将投标文件送达投标地点。投标人收到投标文件后，应当签收保存，不得开启。投标人在投标截止期以后收到的投标文件，将原封退给投标人。

6.3.4 投标文件的补充、修改或者撤回

投标人在招标文件要求提交投标文件的截止时间前，可以补充、修改或者撤回已提交的投标文件，并以规定的书面形式通知招标人（应当与投标文件同样密封和递交）。补充、修改的内容也是投标文件的组成部分。这样的规定有助于各方对投标的参与，减少投标的风险；同时，也能够保护招标人的利益，因为如果发生在提交投标文件的截止时间后再修改或者撤回投标文件的，招标人可以没收投标人的投标保证金。

在招标文件要求提交投标文件的截止时间后，投标人不得对投标文件进行补充、修改或者撤回。

6.3.5 联合体共同投标

1. 联合体共同投标的概念和法律特征

依照《招标投标法》的规定，联合体共同投标，是指由两个以上的法人或者其他组织共同组成非法人的联合体，以该联合体的名义即一个投标人的身份参加投标的组织方式。在很多情况下，组成联合体能够发挥联合体各方的优势，有利于招标项目的进度控制、投资控制、质量控制。但是，联合投标应当是潜在投标人的自愿行为，也只有这种自愿的基础，才能发挥联合体的优势。因此，招标人不得强制投标人组成联合体共同投标。

联合体投标人应当具有以下一些法律特征：

第一，必须签订联合协议。联合协议是联合体投标人存在的基石，联合体各方通过签订联合协议，明确各自在联合体中应承担的工作和义务。联合体投标人在参加投标时，必须向采购人提交联合协议。

第二，不具备独立的法律人格。联合体为共同投标并在中标后共同完成中标项目而组成的临时性组织，联合体任何成员不可重复投标。联合体投标人内部是一种松散的联营关系，联合体各方之间这种靠合同的约束组成的联合体，不产生新的经济实体，不具备独立的法律人格。它表面上是以一个投标人的身份参加投标，但中标后却不能以联合体的名义与招标人签订合同，而是由联合体各方共同与招标人签订采购合同。

第三，联合体各方承担连带责任。《招标投标法》第31条规定："联合体中标的，联合体各方应当共同与招标人签订合同，就中标项目向招标人承担连带责任。"联合体各方不仅应就采购合同约定的事项对招标人承担连带责任，还应就联合体投标人在接到中标通知书后放弃中标项目，给招标人造成的损失承担连带责任。所谓联合体各方的连带责任，就是指在联合体应当对采购人承担民事法律责任的情形下，采购人有权向任何一个、几个

或全部联合体成员提出要求履行全部义务的请求，当某一联合体成员履行了全部义务之后，该成员有权要求其他负有连带责任的联合体成员偿付（后者）应当承担的份额。

第四，联合体投标应当是潜在投标人的自愿行为，也只有这种自愿的基础，才能发挥联合体的优势。因此，招标人不得强制投标人组成联合体共同投标。

2. 联合体各方应当具备的条件

关于联合体各方应当具备的条件，是一个非常值得讨论的问题。我国目前《招标投标法》的规定是：联合体各方应当具备承担招标项目的相应能力；国家有关规定或者招标文件对投标人资格条件有关规定，联合体各方均应当具备规定的相应资格条件。由同一专业的单位组成的联合体，按照资质等级较低的单位确定资质等级。

3. 联合体内部各方的权利和义务

联合体各方应当签订共同投标协议，明确约定各方应当承担的工作和责任，并将共同投标协议连同投标文件一并提交招标人。联合体中标者，联合体各方应当共同与招标人签订合同，就中标项目向招标人承担连带责任。

联合体各方在中标后承担的连带责任包括以下两种情况：1）联合体在接到中标通知书后未与招标人签订书面合同，除不可抗力外，联合体放弃中标项目的，其已经提交的投标保证金不予退还，给招标人造成的损失超过投标保证金数额的，还应当对超过部分予以赔偿；未提交投标保证金的，联合体各方对招标人的损失承担连带赔偿责任。2）中标的联合体除不可抗力外，不履行与招标人签订的合同的，履约保证金不予退还，给招标人造成的损失超过履约保证金数额的，还应当对超过部分予以赔偿；没有提交履约保证金的，联合体各方应当对招标人的损失承担连带赔偿责任。

6.3.6 禁止串通投标的具体规定

我国招标投标实践中，存在较为严重的串通投标的行为。串通投标严重损害了招标投标活动的公平公正，一直是招标投标制度禁止和打击的行为。但在实践中长期存在着认定困难的状态。《招标投标法实施条例》具体规定了串通投标的三类情形。

1. 投标人相互串通投标的情形

有下列情形之一的，属于投标人相互串通投标：

（1）投标人之间协商投标报价等投标文件的实质性内容；

（2）投标人之间约定中标人；

（3）投标人之间约定部分投标人放弃投标或者中标；

（4）属于同一集团、协会、商会等组织成员的投标人按照该组织要求协同投标；

（5）投标人之间为谋取中标或者排斥特定投标人而采取的其他联合行动。

2. 视为投标人相互串通投标的情形

有下列情形之一的，视为投标人相互串通投标：

（1）不同投标人的投标文件由同一单位或者个人编制；

（2）不同投标人委托同一单位或者个人办理投标事宜；

（3）不同投标人的投标文件载明的项目管理成员为同一人；

（4）不同投标人的投标文件异常一致或者投标报价呈规律性差异；

（5）不同投标人的投标文件相互混装；

（6）不同投标人的投标保证金从同一单位或者个人的账户转出。

3. 招标人与投标人串通投标的情形

有下列情形之一的，属于招标人与投标人串通投标：

（1）招标人在开标前开启投标文件并将有关信息泄露给其他投标人；

（2）招标人直接或者间接向投标人泄露标底、评标委员会成员等信息；

（3）招标人明示或者暗示投标人压低或者抬高投标报价；

（4）招标人授意投标人撤换、修改投标文件；

（5）招标人明示或者暗示投标人为特定投标人中标提供方便；

（6）招标人与投标人为谋求特定投标人中标而采取的其他串通行为。

6.4　建设工程开标、评标和中标

6.4.1　开标

招标投标活动经过了招标阶段、投标阶段，就进入了开标阶段。所谓开标，是指招标人将所有投标人的投标文件启封揭晓，由开标主持人逐一宣读投标文件。另外，开标应当公开进行，即应当向所有投标人公开投标文件，其行为完全是在投标人及有关方面的监督下进行。

1. 开标时间和地点

（1）开标时间

一般情况下，开标时间由招标文件规定，立法机构或者金融机构一般不进行干预。如世界银行只是规定"开标时间应为送交投标文件的截止日之后"[①]。但习惯上，开标时间一般规定为提交投标文件的截止时间后的二十四小时至三个月以内。[②] 我国在《招标投标法》颁布以前的有关招标投标的规定中也都没有开标时间的规定，但在实际操作中，与提交投标文件的截止时间也都有一定的间隔。但是，这样的规定容易给投标行为舞弊造成了可乘之机。如，招标人在指定开标时间之前向投标人泄露其他投标人的投标文件内容，尤其是投标报价。

为了避免投标中的舞弊行为，我国《招标投标法》规定，开标应当在招标文件确定的提交投标文件截止时间的同一时间公开进行。虽然这样的规定不能从根本上解决招标投标中的不正当竞争行为，但在有些情况下确实是十分有效的。如果投标人对投标文件的泄密有顾虑，可以在截止时间前的最后时刻提交投标文件。

在有些情况下可以暂缓或者推迟开标时间。如：招标文件发售后对原招标文件做了变更或者补充；开标前发现有影响招标公正性的不正当行为；出现突发事件等。

（2）开标地点

开标地点应当为招标文件中预先确定的地点。招标人应当在招标文件中对开标地点作出明确、具体的规定，以便投标人及有关方面按照招标文件规定的开标时间到达开标地点。反之，招标人也必须在事先规定地点开标，不能随意变更开标地点。

---

① 中国技术进出口总公司国际招标编写组编著. 国际招标与投标实务. 北京：中国对外经济贸易出版社，1991：271.

② 赵雷等著. 中华人民共和国招标投标法通论及适用指南. 北京：中国建材工业出版社，1999：170.

2. 出席开标

开标由招标人主持，邀请所有投标人参加。投标人或者他们的代表则不论是否被邀请，都有权参加开标。但参加开标是投标人的权利而非义务，不能因为投标人或者其代表没有参加开标而否决其投标。招标投标行政监督部门也应当出席开标，其职责是对招标投标活动进行监督。

3. 开标程序

（1）检查投标文件的密封情况

开标时，首先由投标人或者其推选的代表检查投标文件的密封情况，确认投标文件密封完好，封套书写明招标人的规定，没有其他标记或者字样。然后，由开标主持人以招标文件递交的先后顺序逐个开启投标文件。招标人在招标文件要求提交投标文件的截止时间前收到的所有投标文件，开标时都应当众予以拆封、宣读。对于在招标文件要求提交投标文件的截止时间后送达的投标文件，招标人应当拒收。

（2）开封、宣读投标文件

开标主持人在开标时，要高声朗读每个投标人的名称、投标价格和投标文件的其他主要内容。在宣读的同时，开标主持人对开标所读的每一项内容，都应当按照开标时间的先后顺序进行记录。

6.4.2 评标

评标是招标投标过程中非常核心的环节。从某个角度说，评价招标投标的成功与否，只需考察其评标即可。因为招标的直接目的是确定一个优秀的承包人，投标的目的也是为了中标。而决定这两个目标能否实现的关键都是评标。对于评标，《招标投标法》作出了原则的规定，但各地方、各部门对这些原则规定的理解各不相同，说明《招标投标法》的规定缺乏可操作性。为了规范评标过程，2001年7月5日原国家计委、原国家经贸委、原建设部、原铁道部、交通运输部、信息产业部、水利部联合发布了《评标委员会和评标方法暂行规定》，2003年2月22日，原国家计委又发布了《评标专家和评标专家库管理暂行办法》。

1. 评标专家库和评标专家

（1）评标专家库的设立

评标专家库由省级（含省级）以上人民政府有关部门或者依法成立的招标代理机构依照《招标投标法》的规定自主组建。评标专家库的组建活动应当公开，接受公众监督。省级以上人民政府有关部门和招标代理机构应当加强对其所建评标专家库及评标专家的管理，但不得以任何名义非法控制、干预或者影响评标专家的具体评标活动。省级以上人民政府有关部门组建评标专家库，应当有利于打破地区封锁，实现评标专家资源共享。

省级人民政府可组建跨部门、跨地区的综合性评标专家库。

（2）评标专家库应当具备的条件

评标专家库应当具备下列条件：

1）具有符合本办法第七条规定条件的评标专家，专家总数不得少于500人；

2）有满足评标需要的专业分类；

3）有满足异地抽取、随机抽取评标专家需要的必要设施和条件；

4）有负责日常维护管理的专门机构和人员。

（3）评标专家的入选

专家入选评标专家库，采取个人申请和单位推荐两种方式。采取单位推荐方式的，应事先征得被推荐人同意。个人申请书或单位推荐书应当存档备查。个人申请书或单位推荐书应当附有符合规定条件的证明材料。

组建评标专家库的政府部门或者招标代理机构，应当对申请人或被推荐人进行评审，决定是否接受申请或者推荐，并向符合规定条件的申请人或被推荐人颁发评标专家证书。评审过程及结果应做成书面记录，并存档备查。

组建评标专家库的政府部门，可以对申请人或者被推荐人进行必要的招标投标业务和法律知识培训。

2. 评标机构

（1）评标委员会的组建

评标委员会由招标人负责组建，负责评标活动，向招标人推荐中标候选人或者根据招标人的授权直接确定中标人。

评标委员会由招标人或其委托的招标代理机构熟悉相关业务的代表，以及有关技术、经济等方面的专家组成，成员人数为五人以上的单数，其中技术、经济等方面的专家不得少于成员总数的三分之二。评标委员会设负责人的，评标委员会负责人由评标委员会成员推举产生或者由招标人确定。评标委员会负责人与评标委员会的其他成员有同等的表决权。

评标委员会的专家成员应当从省级以上人民政府有关部门提供的专家名册或者招标代理机构的专家库内的相关专家名单中确定。确定评标专家，可以采取随机抽取或者直接确定的方式。一般项目，可以采取随机抽取的方式；技术特别复杂、专业性要求特别高或者国家有特殊要求的招标项目，采取随机抽取方式确定的专家难以胜任的，可以由招标人直接确定。

评标委员会成员的名单在中标结果确定前应当保密。

关于评标委员会，首先需要明确的是应当对谁负责？我国《招标投标法》对此没有作出明确的规定。但一般认为评标委员会应当对招标人负责，法律对评标委员会及其评标过程的严格要求是为了最大限度地保护招标人的利益。

（2）评标的保密性和独立性

按照我国《招标投标法》的规定，招标人应当采取必要的措施，保证评标在严格保密的情况下进行。评标是招标投标活动中一个十分重要的阶段，如果对评标过程不进行保密，则影响公正评标的不正当行为有可能发生。如果这类情况出现，则评标以前的所有招标投标活动都没有任何实质意义。评标的保密性表现在两个方面：一方面，评标委员会成员的名单在中标结果确定前应当保密；另一方面，评标的过程应当保密。

评标委员会在评标过程中是独立的，任何单位和个人都不得非法干预、影响评标过程和结果。评标的独立性是相对于评标委员会评标整体对招标人负责而言的。评标开始后，评标委员会应当独立地开展工作，但其工作的依据最主要的是招标公告。评标委员会依据法律法规、招标公告独立地开展工作，能够最大限度地维护招标人言而有信的形象，能够最大限度地维护招标人的利益。

3. 评标的准备与初步评审

（1）评标的准备

评标委员会成员应当编制供评标使用的相应表格，认真研究招标文件，至少应了解和熟悉以下内容：

1）招标的目标；

2）招标项目的范围和性质；

3）招标文件中规定的主要技术要求、标准和商务条款；

4）招标文件规定的评标标准、评标方法和在评标过程中考虑的相关因素。

招标人或者其委托的招标代理机构应当向评标委员会提供评标所需的重要信息和数据。

招标人设有标底的，标底在开标前应当保密，并在评标时作为参考。

评标委员会应当根据招标文件规定的评标标准和方法，对投标文件进行系统地评审和比较。招标文件中没有规定的标准和方法不得作为评标的依据。因此，评标委员会成员还应当了解招标文件规定的评标标准和方法，这也是评标的重要准备工作。

（2）外汇报价的处理

评标委员会应当按照投标报价的高低或者招标文件规定的其他方法对投标文件排序。以多种货币报价的，应当按照中国银行在开标日公布的汇率中间价换算成人民币。

招标文件应当对汇率标准和汇率风险作出规定。未作规定的，汇率风险由投标人承担。

（3）初步评审的内容

初步评审的内容包括对投标文件的符合性评审、技术性评审和商务性评审。

1）投标文件的符合性评审。投标文件的符合性评审包括商务符合性和技术符合性鉴定。投标文件应实质上响应招标文件的所有条款、条件，无显著的差异或保留。所谓显著的差异或保留包括以下情况：对工程的范围、质量及使用性能产生实质性影响；偏离了招标文件的要求，而对合同中规定的业主的权利或者投标人的义务造成实质性的限制；纠正这种差异或者保留将会对提交了实质性响应要求的投标书的其他投标人的竞争地位产生不公正的影响。

2）投标文件的技术性评审。投标文件的技术性评审包括：方案可行性评估和关键工序评估；劳务、材料、机械设备、质量控制措施评估以及对施工现场周围环境污染的保护措施的评估。

3）投标文件的商务性评审。投标文件的商务性评审包括：投标报价校核；审查全部报价数据计算的正确性，分析报价构成的合理性，并与标底价格进行对比分析。修正后的投标报价经投标人确认后对其起约束作用。

（4）投标文件的澄清和说明

评标委员会可以要求投标人对投标文件中含意不明确的内容作必要的澄清或者说明，但是澄清或者说明不得超出投标文件的范围或者改变投标文件的实质性内容。对招标文件的相关内容作出澄清和说明，其目的使有利于评标委员会对投标文件的审查、评审和比较。澄清和说明包括投标文件中含义不明确、对同类问题表述不一致或者有明显文字和计算错误的内容。

投标文件中的大写金额和小写金额不一致的，以大写金额为准；总价金额与单价金额不一致的，以单价金额为准，但单价金额小数点有明显错误的除外；对不同文字文本投标文件的解释发生异议的，以中文文本为准。

4. 投标偏差

评标委员会应当根据招标文件，审查并逐项列出投标文件的全部投标偏差。投标偏差分为重大偏差和细微偏差。

（1）重大偏差

下列情况属于重大偏差：

1）没有按照招标文件要求提供投标担保或者所提供的投标担保有瑕疵；

2）投标文件没有投标人授权代表签字和加盖公章；

3）投标文件载明的招标项目完成期限超过招标文件规定的期限；

4）明显不符合技术规格、技术标准的要求；

5）投标文件载明的货物包装方式、检验标准和方法等不符合招标文件的要求；

6）投标文件附有招标人不能接受的条件；

7）不符合招标文件中规定的其他实质性要求。

（2）细微偏差

细微偏差是指投标文件在实质上响应招标文件要求，但在个别地方存在漏项或者提供了不完整的技术信息和数据等情况，并且补正这些遗漏或者不完整不会对其他投标人造成不公平的结果。细微偏差不影响投标文件的有效性。

评标委员会应当书面要求存在细微偏差的投标人在评标结束前予以补正。拒不补正的，在详细评审时可以对细微偏差作不利于该投标人的量化，量化标准应当在招标文件中规定。

5. 详细评审

（1）概述

经初步评审合格的投标文件，评标委员会应当根据招标文件确定的评标标准和方法，对其技术部分和商务部分作进一步评审、比较。中标人的投标应当符合下列条件之一：1）能够最大限度地满足招标文件中规定的各项综合评标标准；2）能够满足招标文件的实质性要求，并且经评审的投标价格最低，但是投标价格低于成本的除外。

设有标底的招标项目，评标委员会在评标时应当参考标底。评标委员会完成评标后，应当向招标人提出书面评标报告，并推荐合格的中标候选人。招标人根据评标委员会提出的书面评标报告和推荐的中标候选人确定中标人；投标人也可以授权评标委员会直接确定中标人。评标只对有效投标进行评审。

评标方法包括经评审的最低投标价法、综合评估法或者法律、行政法规允许的其他评标方法。

（2）经评审的最低投标价法

根据经评审的最低投标价法，能够满足招标文件的实质性要求，并且经评审的最低投标价的投标，应当推荐为中标候选人。这种评标方法是按照评审程序，经初审后，以合理低标价作为中标的主要条件。合理的低标价必须是经过终审，进行答辩，证明是实现低标价的措施有力可行的报价。但不保证最低的投标价中标，因为这种评标方法在比较价格时必须考虑一些修正因素，因此也有一个评标的过程。世界银行、亚洲开发银行等都是以这种方法作为主要的评标方法。因为在市场经济条件下，投标人的竞争主要是价格的竞争，而其他的一些条件如质量、工期等已经在招标文件中规定好了，投标人不得违反，否则将无法构成对招标文件的实质性响应。而信誉等因素则应当是资格预审中应当解决的因素，即信誉不好的应当在资格预审时淘汰。

按照《评标委员会和评标方法暂行规定》的规定，经评审的最低投标价法一般适用于具有通用技术、性能标准或者招标人对其技术、性能没有特殊要求的招标项目。结合该规定的精神，我们可以理解为，这种评标方法应当是一般项目的首选评标方法。

（3）综合评估法

不宜采用经评审的最低投标价法的招标项目，一般应当采取综合评估法进行评审。

根据综合评估法，最大限度地满足招标文件中规定的各项综合评价标准的投标，应当推荐为中标候选人。衡量投标文件是否最大限度地满足招标文件中规定的各项评价标准，可以采取折算为货币的方法、打分的方法或者其他方法。需量化的因素及其权重应当在招标文件中明确规定。

在综合评估法中，最为常用的方法是百分法。这种方法是将评审各指标分别在百分之内所占比例和评标标准在招标文件内规定。开标后按评标程序，根据评分标准，由评委对各投标人的标书进行评分，最后以总得分最高的投标人为中标人。这种评标方法长期以来一直是建设工程领域采用的主流评标方法。在实践中，百分法有许多不同的操作方法，其主要区别在于：这种评标方法的价格因素的比较需有一个基准价（或者被称为参考价），主要的情况是以标底作为基准价；但是，为了更好地符合市场，或者为了保密，基准价的确定有时加入投标人的报价。

无论如何，综合评估法这种评标方法应当保留。特别是对于设计、监理等的招标，需要竞争的不是投标人的价格，不能以报价作为惟一或者主要的评标内容。但是，对于建设工程招标的主要内容—施工招标，则不应当以此种评标方法作为主要的评标方法，否则无法反映出施工招标需要投标人竞争的主要内容是投标报价这一要求。

6.4.3 中标

中标人确定后，招标人应当向中标人发出中标通知书，并同时将中标结果通知所有未中标的投标人。中标通知书对招标人和中标人具有法律效力。中标通知书发出后，招标人改变中标结果的，或者中标人放弃中标项目的，应当依法承担法律责任。

招标人和中标人应当自中标通知书发出之日起 30 日内，按照招标文件和中标人的投标文件订立书面合同。招标人和中标人不得再行订立背离合同实质性内容的其他协议。招标文件要求中标人提交履约保证金的，中标人应当提交。

依法必须进行招标的项目，招标人应当自确定中标人之日起 15 日内，向有关行政监督部门提交招标投标情况的书面报告。

【案例 6-1】：建筑公司诉房地产开发公司招标投标纠纷案

【案情摘要】

原告：安徽省 B 建筑公司

被告：安徽省 A 房地产开发公司

2000 年 11 月 22 日安徽省 A 房地产开发公司就一住宅建设项目进行公开招标，安徽省 B 建筑公司与其他三家建筑公司共同参加了投标。结果由 B 建筑公司中标。2000 年 12 月 14 日，A 房地产开发公司就该工程建设项目向 B 建筑公司发出中标通知书。该通知书载明：工程建筑面积 74781m²，中标造价人民币 8000 万元，要求 12 月 25 日签订工程承包合同，12 月 28 日开工。中标通知书发出后，B 建筑公司按 A 房地产开发公司的要求提出，为抓紧工期，应该先做好施工准备，后签工程合同。A 房地产开发公司也就同意了这个意见，之后，开进了施工队伍，平整了施工场地，将打桩桩架运入现场，并配合 A 房地产开发公司在 12 月 28 日打了两根桩，完成了项目的开工仪式。

但是，工程开工后，还没有等到正式签订承包合同，双方就因为对合同内容的意见不一而发生了争议。A 房地产公司要求 B 建筑公司将工程中的一个专项工程分包给自己信赖的 C 公司，而 B 建筑公司以招标文件没有要求必须分包而拒绝。2001 年 3 月 1 日，A 房地产开发公司明确函告 B 建筑公司："将另行落实施工队伍。"

无可奈何的 B 建筑公司只得诉至安徽省甲市中级人民法院，在法庭上 B 建筑公司指出，A 房地产开发公司既已发出中标通知书，就表明招投标过程中的要约已经承诺，按招投标文件和《施工合同示范文本》的有关规定，签订工程承包合同是 A 房地产开发公司的法定义务。因此，B 建筑公司要求 A 房地产开发公司继续履行合同，并赔偿损失 560 万元。但 A 房地产开发公司辩称：虽然已发了中标通知书，但这个文件并无合同效力，且双方的合同尚未签订，因此双方还不存在合同上的权利义务关系，A 房地产开发公司有权另行确定合同相对人。

【审裁结果】一审法院依据认定了房地产开发公司违约，并判决由 A 房地产开发公司补偿 B 建筑公司经济损失 196 万元。判决后，双方都没有上诉。

【分析评论】

1. 法律责任归属分析

分析这一案例首先需要解决的问题是谁应当对此承担法律责任？《招标投标法》第 45 条规定："中标通知书对招标人和中标人具有法律效力。中标通知书发出后，招标人改变中标结果的，或者中标人放弃中标项目的，应当依法承担法律责任。"第 46 条规定："招标人和中标人应当自中标通知书发出之日起 30 日内，按照招标文件和中标人的投标文件订立书面合同。"因此，如果双方最终没有签订合同，则应当有一方对此承担法律责任。

在正常的情况下，合同的内容都应当在招标文件和投标文件中体现出来。但是，在这一过程中，招标人处于主动地位，投标人只是按照招标文件的要求编制投标文件。如果投标文件不符合招标文件的要求，则应当被否决。因此，一旦出现招标文件和投标文件都没有约定合同内容的情况，应当属于招标文件的缺陷。此时的处理原则可以适用《合同法》第 61 条和 62 条的规定：第一，双方协议补充；第二，按照合同有关条款或者交易习惯确定；第三，适用《合同法》第 62 条的规定。就本案而言，一般情况下，承包人（B 建筑公司）应当自己完成发包的全部工作内容，承包的内容进行分包则为特殊情况；况且，我国立法并不鼓励发包人（A 房地产开发公司）指定分包。因此，不进行分包是一般的理解。从另一角度看，一般情况下不进行分包是交易习惯。因此，如果 A 房地产开发公司拒绝签订合同则应当承担法律责任。

如果没有其他交易习惯，也不能按照其他方式达成合意，认为应当按照格式条款的规定来理解这一内容。因为除了招标文件中要求投标人明确的内容，合同其他内容都可以认为是招标人拟定的。一般情况下，合同文本应当作为招标文件的组成部分，当然，要求投标人明确的内容应当是空缺的。并且招标文件确实有可能重复使用，因为对于房地产开发商而言，有可能开发多处项目，此时的施工合同完全可能采用同一合同文本。因此，双方对条款内容的理解发生争议的，应当按照通常理解予以解释；如果有两种以上解释的，应当作出不利于提供条款内容一方的解释。因此，如果因为双方在这一条款的理解上发生争议而致合同无法订立，应当作出不利于房地产开发商的解释，最终由房地产开发商承担法律责任。

2. 投标行为的责任性质

我国《合同法》对招标公告的性质作出了明确的规定，是一种要约邀请。虽然《合同法》未作明确规定，但学界对投标性质的理解基本一致，应当是一种要约。[①] 在上述案例中，投标人中标后不能放弃中标项目，不能拒绝与招标人订立合同，否则也应当承担法律责任。投标人对自己的投标行为应承担何种责任呢？要约生效以后，即对要约人产生约束，自开标之日起至确定中标人之前，投标人不得补充、修改或撤回投标文件，否则将会承担法律责任，此处责任的性质，应属于缔约过失责任。

缔约过失责任一直是立法及学术上讨论的一个重要问题。缔约过失责任是指缔约一方当事人故意或者过失地违反依诚实信用原则所应承担的先合同义务，而造成对方信赖利益的损失时依法承担的民事赔偿责任。而所谓先合同义务是自缔约双方为签订合同而互相接触磋商开始逐渐产生的注意义务，包括互相协助、互相照顾、互相保护、互相通知、诚实信用等义务。[②] 先合同义务一般存在于要约生效后，合同成立之前。因此，缔约过失也只能在此阶段产生。根据《合同法》第15条规定："承诺生效时合同成立。"在此之前，行为尚处于要约邀请阶段，不需承担法律责任；在此之后，合同已经成立，当事人行为性质变为违约行为，应承担违约责任。在招标投标过程中，投标即为要约，中标通知书即为承诺，而开标之后至确定中标人之前的期间即为要约生效后，合同成立之前的期间。所以，招标人与投标人对在此期间内因为故意或过失而导致对方当事人损失的行为，如假借订立合同，恶意进行磋商，故意隐瞒与订立合同有关的重要事实或者提供虚假情况，投标人相互串通投标或与招标人串通投标，投标人弄虚作假，骗取中标等，应该承担缔约过失责任。

缔约过失责任一般以损害事实的存在为成立条件，只有缔约一方违反先合同义务造成相对方损失时，才能产生缔约过失责任。一般认为，缔约过失责任中的损失主要是信赖利益的损失，即当事人因信赖合同的成立和有效，但合同却不成立或无效而遭受的损失。[③] 其赔偿范围也主要是与订约有关的费用支出。因此，招标人和投标人在开标至定标期间所应承担责任的范围也应以此为限。例如制作招标、投标文件等进行招标或投标行为所发生的费用。在招标投标实践中，招标人一般都要求投标人在投标时提交投标保证金或者投标保函，这时的保证金数额我们可以看成双方对预期损失的约定。

总之，B建筑公司公司中标后，不能主动放弃这一项目，否则应当承担相应的法律

---

① 何红锋. 工程建设相关法律实务. 北京：人民交通出版社，2000：122-124.
② 崔建远. 新合同法原理与案例评释. 长春：吉林大学出版社，2000：110.
③ 郭明瑞，房绍坤. 新合同法原理. 北京：中国人民大学出版社，2000：151.

责任。

3. 发出中标通知书后的责任性质

在我国目前的招标投标领域中，定标行为的责任性质并不明确，许多招标项目在发出中标通知书以后，招标人拒绝与中标人签订合同或者改变中标结果，还有一些中标人放弃中标项目，但却均得不到任何制裁，而受损失一方当事人也找不到相应的法律依据来维护自己的合法权益，因此，应对发出中标通知书的行为进一步剖析，以明确其责任性质。

由于投标人投标的过程为要约，那么招标人在对各投标人的投标文件进行严格评审，确定某一投标人为中标人之后，向其发出的中标通知书即为对投标人要约的承诺。因为中标通知书的发出意味着招标人接受了投标人的投标文件，而投标文件又意味着对招标文件的接受，两者的内容构成了明确具体的合同内容。

关于承诺生效时间的规则，理论上有两种不同的观点：一是发信主义，认为承诺一经发出即生效；另一种是到达主义，认为承诺的通知应于到达要约人时生效。根据《合同法》规定，我国采用到达主义的规则，按此规则中标人收到中标通知书的时间即为承诺生效的时间。但《招标投标法》第45条第二款规定："中标通知书对招标人和中标人具有法律效力。中标通知书发出后，招标人改变中标结果的，或者中标人放弃中标项目的，应当依法承担法律责任。"根据此规定，承诺生效的时间似乎又变成了发出中标通知书的时间。因此，就产生了法律之间的冲突。对于这一点，有些同志认为，在定标过程中，如果采用到达主义的规则，则很可能出现并非由于招标人的过错而导致中标人未能在投标有效期内收到中标通知书的情况，而此时招标人便丧失了对中标人的约束权。因此，为了避免出现这种情况，《招标投标法》采取的是发信主义，即发出中标通知书的时间为承诺生效的时间。[1] 我们认为，《合同法》为普通法，《招标投标法》为特别法，根据特别法优于普通法的原则，这种规定也是行之有据的。

中标通知书发出后，招标人或者中标人承担的法律责任是违约责任还是缔约过失责任，也是一个非常值得探讨的问题。违约责任与缔约过失责任的责任方式有所不同，缔约过失责任的方式只限于赔偿责任，不包括其他责任形式，而违约责任除赔偿责任外，还包括支付违约金、继续履行以及其他补救措施等责任方式，而且违约责任的赔偿范围也远大于缔约过失责任的赔偿范围，缔约过失责任的赔偿范围为信赖利益的损失，而违约责任的赔偿范围通常为实际损失和可得利益的损失。这也是区分招标投标过程中不同阶段责任性质的实践意义之所在。

持违约责任观点的依据是：中标通知书发出以后承诺生效，即发生合同成立的法律效力，此后招标人与中标人因故意或过失造成对方损害的行为则应视为不履行合同义务或履行合同义务不符合约定，即为违约行为，其所承担的责任也应为违约责任而非缔约过失责任。此时，招标人改变中标结果或者变更中标人，实质上是一种单方面撕毁合同的行为；投标人放弃中标项目的，则是一种不履行合同的行为。这两种都属于违约行为，所以应当承担违约责任。[2]

持缔约过失责任的依据是：一般情况下，合同于承诺生效时成立，但根据《合同

---

[1] 李荣融主编. 中华人民共和国招标投标法释义. 北京：中国计划出版社，1999：88.
[2] 李荣融主编. 中华人民共和国招标投标法释义. 北京：中国计划出版社，1999：89.

法》第 32 条规定："当事人采用合同书形式订立合同的，自双方当事人签字或者盖章时合同成立。"采用招标投标方式订立的合同，往往是法律要求采用书面形式的。例如，《合同法》第 270 条规定："建设工程合同应当采用书面形式。"由此可知，在招标投标过程中，中标通知书的发出即承诺的生效并不意味着合同的成立，只有在招标人与中标人签订书面合同后，合同方成立。因此，在双方当事人签订合同之前，合同尚未成立。既然合同尚未成立，那么也就谈不上违约责任，根据缔约过失责任的发生条件，在发出中标通知书后签订合同之前的期间内，招标人与投标人所承担的责任应该为缔约过失责任而非违约责任。

中标通知书发出后，招标人或者中标人承担的法律责任是违约责任。至于法律要求采取书面形式的合同，合同成立的时间涉及如何看待法律规定的书面形式的法律效力问题。合同的法定形式未遵守的法律效力有不同的观点和立法：有的国家立法采用的是证据效力，认为法定形式为合同的证明；有的是采用成立效力，认为法定形式为合同的成立要件；有的则采用的是生效效力，认为法定形式为合同的生效要件。[①]我国《合同法》采证据效力说，最主要的依据是，《合同法》第 36 条规定："法律、行政法规规定或者当事人约定采用书面形式订立合同，当事人未采用书面形式但一方已经履行主要义务，对方接受的，该合同成立。"因此，即使法律规定应当采取书面形式的合同，在没有订立书面合同前，有其他证据证明合同成立的，合同也已经成立。而在招标投标中，中标通知书是合同成立的有效证明。因此，在中标通知书发出以后，如果招标人拒绝与中标人签订合同或者改变中标结果，除应承担违约责任，应当赔偿中标人的所有损失，包括中标人可得利益的损失。如果中标人放弃中标项目，招标人则有权没收其投标保证金，如果保证金不足以弥补招标人损失的，招标人有权继续要求赔偿损失。

综上所述，人民法院对 A 房地产开发公司违约的认定，判决由 A 房地产开发公司补偿 B 建筑公司经济损失符合法律规定和法理。但人民法院没有判决双方继续履行合同，不妥。因为 B 建筑公司主要的主张是继续履行合同，双方没有解除合同的理由，将来在合同履行中的合作困难，不是解除合同的理由。

【案例 6-2】：招标程序投诉纠纷案

【案情摘要】

某医院决定投资兴建一幢现代化的住院综合楼，其中土建工程采用公开招标的方式选定施工单位，但招标文件对省内的投标人与省外的投标人提出了不同的要求，也明确了投标保证金的数额。该院委托某建筑事务所为该项工程编制标底。2000 年 10 月 6 日招标公告发出后，共有 A、B、C、D、E、F 等 6 家省内的建筑单位参加了投标。招标文件规定 2000 年 10 月 30 日为提交投标文件的截止时间，2000 年 11 月 3 日举行开标会。其中，E 单位在 2000 年 10 月 30 日提交了投标文件，但 2000 年 11 月 1 日才提交投标保证金。开标会由该省建委主持。结果，某所编制的标底高达 6200 多万元，而其中的 A、B、C、D 等 4 个投标人的投标报价均在 5200 万元以下，与标底相差 1000 万余元，引起了投标人的异议。同时，D 单位向某医院要求撤回投标文件。为此，该院请求省建委对原标底进行复

---

① 王家福主编. 中国民法学民法债权. 北京：法律出版社，1991：304-305.

核。2001年1月28日，被指定进行标底复核的省建设工程造价总站（以下简称总站）拿出了复核报告，证明某建筑事务所在编制标底的过程中确实存在这4家投标单位所提出的问题，复核标底额比原标底额低近1000万元。

由于述问题久拖不决，导致中标书在开标三个月后一直未能发出。为了能早日开工，该院在获得了省建委的同意后，更改了中标金额和工程结算方式，确定F公司为中标单位。

投标人A、B、C、D向该省建委投诉，称：某建筑事务所擅自更改招标文件中的有关规定，多计漏算多项材料价格，并夸大了工程量，使标底高出实际估算近1000万元；招标程序中还有其他违法行为。

【处理结果】确认F公司中标无效。

【分析评论】

1. 在上述招标投标程序中，有以下违法行为：

（1）在公开招标中，对省内的投标人与省外的投标人提出了不同的要求。因为公开招标应当平等地对待所有的投标人，不允许对不同的投标人提出不同的要求。

（2）提交投标文件的截止时间，与举行开标会的时间不是同一时间。按照《招标投标法》的规定，开标应当在招标文件确定的提交投标文件截止时间的同一时间公开进行。

（3）开标会由该省建委主持。开标应当由招标人或者招标代理人主持，省建委作为行政管理机关只能监督招标投标活动，不能作为开标会的主持人。

（4）中标书在开标三个月后一直未能发出。评标工作不应久拖不决，如果在评标中出现无法克服的困难，应当及早采取其他措施（如宣布招标失败）。

（5）更改中标金额和工程结算方式，确定F公司为中标单位。如果不宣布招标失败，则招标人和中标人应当按照招标文件和中标人的投标文件订立书面合同，招标人和中标人不得再行订立背离合同实质性内容的其他协议。

2. E单位的投标文件应当被认为是无效投标而拒绝。因为招标文件规定的投标保证金是投标文件的组成部分，因此，对于未能按照要求提交投标保证金的投标（包括期限），招标单位将视为不响应投标而予以拒绝。

3. 对D单位撤回投标文件的要求，应当没收其投标保证金。因为，投标行为是一种要约，在投标有效期内撤回其投标文件的，应当承担相应的法律责任。因此，招标单位可以没收D单位的投标保证金。

4. 问题久拖不决后，某医院可以要求重新进行招标，不能确定F单位为中标单位。理由是：

（1）一个工程只能编制一个标底。如果在开标后（即标底公开后）再复核标底，将导致具体的评标条件发生变化。实际上属于招标单位的评标准备工作不够充分。

（2）问题久拖不决，使得各方面的条件发生变化。再按照最初招标文件中设定的条件订立合同是不公平的。

5. 如果重新进行招标，给投标人造成的损失不能要求某医院赔偿。虽然重新招标是由于招标人的准备工作不够充分导致的，但并非属于欺诈等违反诚实信用的行为。而招标在合同订立中仅仅是要约邀请，对招标人不具有合同意义上的约束力，招标并不能保证投标人中标，投标的费用应当由投标人自己承担。

思 考 题

1. 简述招标投标的性质。
2. 分析公开招标的优缺点。
3. 投标人应当具备的条件有哪些?
4. 简述资格预审的概念及程序。
5. 简述联合体共同投标的法律特征及各方的权利和义务。
6. 简述招标公告与投标邀请书的概念。
7. 简述投标偏差的概念及分类。
8. 经评审的最低投标价法和综合评估法的适用范围有什么不同?

7 建设工程勘察设计法律制度

7.1 概　述

7.1.1 建设工程勘察设计的概念

建设工程勘察，是指根据建设工程的要求，查明、分析、评价建设场地的地质地理环境特征和岩土工程条件，编制建设工程勘察文件的活动。建设工程设计，是指根据建设工程的要求，对建设工程所需的技术、经济、资源、环境等条件进行综合分析、论证、编制建设工程设计文件的活动。

建设工程勘察和建设工程设计是工程建设程序中的两个阶段，由于这两个阶段关系密切，管理内容和方式类似，因此这两个阶段往往合称，国家颁布的制度也往往统一进行规定。如勘察设计领域最主要的法规，国务院 2000 年 9 月 25 日颁布施行、2015 年 6 月 12 日、2017 年 10 月 7 日修改的《建设工程勘察设计管理条例》。据国际权威机构分析，"工程勘察设计费一般占工程全寿命费用的比例不到 1‰"[1]。有专家分析指出，"初步设计阶段对投资的影响约为 20％，技术设计阶段对投资的影响约为 40％，施工图设计准备阶段对投资的影响约为 25％"[2]。但勘察设计活动，对工程投资和使用效果有着极其重要的影响。不但对工程的直接投资有重大影响，也直接决定了工程投入使用后的功能和经常性费用。

7.1.2 建设工程勘察设计的阶段划分

1. 建设工程勘察的阶段划分

（1）可行性研究勘察

可行性研究勘察（也称选址勘察）应根据建设条件，进行技术经济论证，提出比较方案。该阶段勘察应对拟建场址稳定性和适宜性作出评价。

（2）初步勘察

初步勘察是在可行性研究勘察的基础上，对场地内建筑地段的稳定性作出岩土工程评价，并未确定建筑总平面布置、主要建筑物地基基础方案及对不良地质现象进行防治工作方案进行论证，满足初步设计或者扩大初步设计的要求。

（3）详细勘察

详细勘察应当对地基基础处理与加固，不良地质现象的防治工程进行岩土工程的计算与评价，满足施工图设计的要求。

2. 建设工程设计的阶段划分

---

① 唐道明. 发展工程勘察设计咨询业的意义和途径. 人民日报，2007-4-2.
② 全国造价工程师执业资格考试教材编写组工程造价计价与控制. 北京：中国计划出版社，2009：172.

（1）方案设计

方案设计（概念设计）是投资决策之后，由咨询单位将可行性研究提出意见和问题，经与业主协商认可后提出的具体开展建设的设计文件、其深度应当满足编制初步设计文件和控制概算的需要。

（2）初步设计

初步设计（基础设计）的内容依项目的类型不同而有所变化，一般来说，它是项目的宏观设计，即项目的总体设计、布局设计，主要的工艺流程、设备的选型和安装设计、土建工程量及费用的估算等。初步设计文件应当满足编制施工招标文件、主要设备材料订货和编制施工图设计文件的需要，是下一阶段施工图设计的基础。

（3）施工图设计

施工图设计（详细设计）的主要内容是根据批准的初步设计，绘制出正确、完整和尽可能详细的建筑、安装图纸，包括建设项目部分工程的详图、零部件结构明细表、验收标准、方法、施工图预算等。此设计文件应当满足设备材料采购、非标准设备制作和施工的需要，并注明建筑工程合理使用年限。

7.2　建设工程勘察设计文件的编制、实施与审批

7.2.1　建设工程勘察设计文件的编制

1. 建设工程勘察设计文件的编制依据

编制建设工程勘察、设计文件，应当以下列规定为依据：1）项目批准文件；2）城乡规划；3）工程建设强制性标准；4）国家规定的建设工程勘察、设计深度要求。铁路、交通、水利等专业建设工程，还应当以专业规划的要求为依据。

2. 建设工程勘察设计文件编制的具体要求

（1）建设工程勘察文件编制的具体要求

编制建设工程勘察文件，应当真实、准确，满足建设工程规划、选址、设计、岩土治理和施工的需要。为了保障建设工程勘察质量，原建设部于2002年12月4日颁布了《建设工程勘察质量管理办法》（2007年11月22日修订），提出了下列要求：

1）建设单位应当为勘察工作提供必要的现场工作条件，保证合理的勘察工期，提供真实、可靠的原始资料。建设单位应当严格执行国家收费标准，不得迫使工程勘察企业以低于成本的价格承揽任务。

2）工程勘察企业应当健全勘察质量管理体系和质量责任制度。

3）工程勘察企业应当拒绝用户提出的违反国家有关规定的不合理要求，有权提出保证工程勘察质量所必需的现场工作条件和合理工期。

4）工程勘察企业应当参与施工验收，及时解决工程设计和施工中与勘察工作有关的问题。

5）工程勘察企业的法定代表人、项目负责人、审核人、审定人等相关人员，应当在勘察文件上签字或者盖章，并对勘察质量负责。工程勘察企业法定代表人对本企业勘察质量全面负责；项目负责人对项目的勘察文件负主要质量责任；项目审核人、审定人对其审核、审定项目的勘察文件负审核、审定的质量责任。

（2）建设工程设计文件编制的具体要求

编制方案设计文件，应当满足编制初步设计文件和控制概算的需要。编制初步设计文件，应当满足编制施工招标文件、主要设备材料订货和编制施工图设计文件的需要。编制施工图设计文件，应当满足设备材料采购、非标准设备制作和施工的需要，并注明建设工程合理使用年限。设计文件中选用的材料、构配件、设备，应当注明其规格、型号、性能等技术指标，其质量要求必须符合国家规定的标准。除有特殊要求的建筑材料、专用设备和工艺生产线等外，设计单位不得指定生产厂、供应商。

7.2.2 建设工程勘察设计文件的实施

建设工程勘察、设计单位应当在建设工程施工前，向施工单位和监理单位说明建设工程勘察、设计意图，解释建设工程勘察、设计文件。建设工程勘察、设计单位应当及时解决施工中出现的勘察、设计问题。

建设单位、施工单位、监理单位不得修改建设工程勘察、设计文件；确需修改建设工程勘察、设计文件的，应当由原建设工程勘察、设计单位修改。经原建设工程勘察、设计单位书面同意，建设单位也可以委托其他具有相应资质的建设工程勘察、设计单位修改。修改单位对修改的勘察、设计文件承担相应责任。施工单位、监理单位发现建设工程勘察、设计文件不符合工程建设强制性标准、合同约定的质量要求的，应当报告建设单位，建设单位有权要求建设工程勘察、设计单位对建设工程勘察、设计文件进行补充、修改。建设工程勘察、设计文件内容需要作重大修改的，建设单位应当报经原审批机关批准后，方可修改。

7.2.3 施工图设计文件的审查

1. 施工图审查机构

国家实施施工图设计文件（含勘察文件）审查制度。《建设工程质量管理条例》第11条规定，"施工图设计文件审查的具体办法，由国务院建设行政主管部门、国务院其他有关部门制定"。2017年10月23日，国务院公布了对《建设工程质量管理条例》的修改，自公布之日起，县级以上人民政府建设行政主管部门或者其他有关部门不再对施工图进行审查。施工图设计文件未经审查批准的，不得使用。2013年4月27日住房城乡建设部发布的《房屋建筑和市政基础设施工程施工图设计文件审查管理办法》规定：施工图审查，是指施工图审查机构（以下简称审查机构）按照有关法律、法规，对施工图涉及公共利益、公众安全和工程建设强制性标准的内容进行的审查。

省、自治区、直辖市人民政府建设主管部门应当按照国家确定的审查机构条件，并结合本行政区域内的建设规模，认定相应数量的审查机构。

审查机构是专门从事施工图审查业务，不以营利为目的的独立法人。审查机构按承接业务范围分两类，一类机构承接房屋建筑、市政基础设施工程施工图审查业务范围不受限制；二类机构可以承接中型及以下房屋建筑、市政基础设施工程的施工图审查。

2. 施工图审查内容和时限

审查机构应当对施工图审查下列内容：1）是否符合工程建设强制性标准；2）地基基础和主体结构的安全性；3）是否符合民用建筑节能强制性标准，对执行绿色建筑标准的项目，还应当审查是否符合绿色建筑标准；4）勘察设计企业和注册执业人员以及相关人员是否按规定在施工图上加盖相应的图章和签字；5）法律、法规、规章规定必须审查的其他内容。

施工图审查原则上不超过下列时限：1）大型房屋建筑工程、市政基础设施工程为 15 个工作日，中型及以下房屋建筑工程、市政基础设施工程为 10 个工作日。2）工程勘察文件，甲级项目为 7 个工作日，乙级及以下项目为 5 个工作日。以上时限不包括施工图修改时间和审查机构的复审时间。

3. 施工图审查的处理

审查机构对施工图进行审查后，应当根据下列情况分别作出处理：

（1）审查合格

审查合格的，审查机构应当向建设单位出具审查合格书，并在全套施工图上加盖审查专用章。审查合格书应当有各专业的审查人员签字，经法定代表人签发，并加盖审查机构公章。审查机构应当在出具审查合格书后 5 个工作日内，将审查情况报工程所在地县级以上地方人民政府住房城乡建设主管部门备案。

（2）审查不合格

审查不合格的，审查机构应当将施工图退建设单位并出具审查意见告知书。同时，应将审查意见告知书及审查中发现的建设单位、勘察设计企业和注册执业人员违反法律、法规和工程建设强制性标准的问题，报工程所在地县级以上地方人民政府住房城乡建设主管部门。

施工图退建设单位后，建设单位应当要求原勘察设计企业进行修改，并将修改后的施工图报原审查机构审查。

施工图未经审查合格的，不得使用。从事房屋建筑工程、市政基础设施工程施工、监理等活动，以及实施对房屋建筑和市政基础设施工程质量安全监督管理，应当以审查合格的施工图为依据。

4. 施工图审查责任

审查机构对施工图审查工作负责，承担审查责任。施工图经审查合格后，仍有违反法律、法规和工程建设强制性标准的问题，给建设单位造成损失的，审查机构依法承担相应的赔偿责任；建设主管部门对审查机构、审查机构的法定代表人和审查人员依法作出处理或者处罚。

5. 对施工图审查机构的监督检查

县级以上人民政府建设主管部门应当加强对审查机构的监督检查，主要检查下列内容：1）是否符合规定的条件；2）是否超出范围从事施工图审查；3）是否使用不符合条件的审查人员；4）是否按规定的内容进行审查；5）是否按规定上报审查过程中发现的违法违规行为；6）是否按规定填写审查意见告知书；7）是否按规定在审查合格书和施工图上签字盖章；8）是否建立健全审查机构内部管理制度；9）审查人员是否按规定参加继续教育。

县级以上人民政府住房城乡建设主管部门实施监督检查时，有权要求被检查的审查机构提供有关施工图审查的文件和资料，并将监督检查结果向社会公布。

7.3 建设工程勘察设计业的知识产权保护

为了保护与管理勘察设计企业的知识产权，鼓励技术创新和发明创造，丰富与发展原创性智力成果，增加企业自主知识产权的数量并提高其质量，增强企业自主创新能力和市场竞争力，同时尊重并合法利用他人的知识产权，根据国家有关知识产权的法律、法规，由原建设部、国家知识产权局于 2003 年 10 月 22 日颁发实施《工程勘察设计咨询业知识产权保护与管理导则》。

7.3.1 勘察设计业知识产权的范围

工程勘察、设计是富有创造性的智力劳动。工程技术人员利用工程勘察设计理论、技术与实践经验所完成的每项工程勘察设计成果都凝结着他们的心血、智慧和创新精神。对这种原创或创新性智力劳动成果的保护，是对工程技术人员创新与发展的鼓励，有助于工程勘察设计业的技术进步，同时也符合建设单位（业主）和公众的利益。

勘察设计业知识产权的范围包括：1）著作权及与著作权有关的权利（后者以下简称邻接权）；2）专利权；3）专有技术（又称技术秘密）权；4）商业秘密权；5）商标专用权及相关识别性标志权利；6）依照国家法律、法规规定，或者由合同约定由企业享有的其他知识产权。

1. 著作权及与著作权有关的权利

勘察设计业的著作权主要包括勘察、设计、咨询活动和科研活动中形成的，以各种载体所表现的文字作品、图形作品、模型作品、建筑作品等勘察设计咨询作品的著作权。勘察设计作品包括以下内容：1）工程勘察投标方案，专业工程设计投标方案，建筑工程设计投标方案（包括创意或概念性投标方案），工程咨询投标方案等；2）工程勘察和工程设计阶段的原始资料、计算书、工程设计图及说明书、技术文件和工程总结报告等；3）科研活动的原始数据、设计图及说明书、技术总结和科研报告等；4）企业自行编制的计算机软件、企业标准、导则、手册、标准设计等。

2. 专利权

勘察设计业的专利权系指获得授权并有效的发明专利权、实用新型专利权和外观设计专利权，包括各种具有新颖性、创造性和实用性的新工艺、新设备、新材料、新结构等新技术和新设计，以及对原有技术的新改进、新组合等的专利权。

3. 专有技术（又称技术秘密）权

勘察设计业的专有技术权系指对没有申请专利，具有实用性，能为企业带来利益，并采取了保密措施，不为公众所知悉的技术享有的权利，包括各种新工艺、新设备、新材料、新结构、新技术、产品配方、各种技术诀窍及方法等。

4. 商业秘密权

勘察设计业除上述技术秘密以外的其他商业秘密，系指具有实用性，能为企业带来利益，并采取了保密措施，不为公众所知悉的经营信息，包括生产经营、企业管理、科技档案、客户名单、财务账册、统计报表等。

5. 商标专用权及相关识别性标志权利

勘察设计业的商标权及相关识别性标志权，系指企业名称、商品商标、服务标志，以及依照法定程序取得的各种资质证明等依法享有的权利。

7.3.2 勘察设计业知识产权的归属

1. 勘察设计业著作权及邻接权的归属

勘察设计业著作权及邻接权的归属，一般按以下原则认定：

（1）执行勘察设计企业的任务或主要利用企业的物质技术条件完成的，并由企业承担责任的工程勘察、设计、咨询的投标方案和各类文件等职务作品，其著作权及邻接权归企业所有。直接参加投标方案和文件编制的自然人（包括企业职工和临时聘用人员，下同）享有署名权。

（2）建设单位（业主）按照国家规定支付勘察、设计、咨询费后所获取的工程勘察、设计、咨询的投标方案或各类文件，仅获得在特定建设项目上的一次性使用权，其著作权仍属于勘察设计企业所有。

（3）勘察设计企业自行组织编制的计算机软件、企业标准、导则、手册、标准设计等是职务作品，其著作权及邻接权归企业所有。直接参加编制的自然人享有署名权。

（4）执行勘察设计企业的任务或主要利用企业的物质技术条件完成的，并由企业承担责任的科技论文、技术报告等职务作品，其著作权及邻接权归企业所有。直接参加编制的自然人享有署名权。

（5）勘察设计企业职工的非职务作品的著作权及邻接权归个人所有。

2. 勘察设计业专利权和专有技术权的归属

勘察设计业专利权和专有技术权的归属，一般按以下原则认定：

（1）执行勘察设计企业的任务，或主要利用本企业的物质技术条件所完成的发明创造或技术成果，属于职务发明创造或职务技术成果，其专利申请权和专利的所有权、专有技术的所有权，以及专利和专有技术的使用权、转让权归企业所有。直接参加专利或专有技术开发、研制等工作的自然人依法享有署名权。

（2）勘察设计企业职工的非职务专利或专有技术权归个人所有。

3. 勘察设计企业商业秘密权的归属

勘察设计企业在科研、生产、经营、管理等工作中所形成的，能为企业带来经济利益的，采取了保密措施不为公众所知悉的技术、经营、管理信息等商业秘密属于企业所有。

4. 勘察设计企业商标专用权及相关识别性标志权利的归属

勘察设计企业的名称、商品商标、服务标志，以及依法定程序取得的各种资质证明等的权利为企业所有。

5. 勘察设计企业合作与委托形成的知识产权的归属

勘察设计企业与其他企事业单位合作所形成的著作权及邻接权、专利权、专有技术权等知识产权，为合作各方所共有，合同另有规定的按照约定确定其权属。

勘察设计企业接受国家、企业、事业单位的委托，或者委托其他企事业单位所形成的著作权及邻接权、专利权、专有技术权等知识产权，按照合同确定其权属。没有合同约定的，其权属归完成方所有。

6. 勘察设计企业人员离职期间形成的知识产权的归属

勘察设计企业的人员，在离开企业期间形成的知识产权的归属，一般按以下原则认定：

（1）企业派遣出国开展合作设计、访问、进修、留学等，或者派遣到其他企事业单位短期工作的人员，在企业尚未完成的勘察、设计、咨询、科研等项目，在国外或其他单位完成而可能获得知识产权的，企业应当与派遣人员和接受派遣人员的单位共同签订协议，明确其知识产权的归属。

（2）企业的离休、退休、停薪留职、调离、辞退等人员，在离开企业一年内形成的，且与其在原企业承担的工作或任务有关的各类知识产权归原企业所有。

7. 勘察设计企业接收培训等人员形成的知识产权的归属

勘察设计企业接收的培训、进修、借用或临时聘用等人员，在接收企业工作或学习期间形成的职务成果的知识产权，按照接收企业与派出方的协议确定归属，没有协议的其权利属于接收企业。

【案例 7-1】：不具备设计资质所签合同无效纠纷案

【案情摘要】

2007 年 2 月 8 日，上海某绿化管理投资有限公司（原告，以下简称绿化公司）与某装饰工程有限公司（被告，以下简称）签订了《室内装饰设计合同书》。合同约定：装饰公司负责上海市徐家汇路 1 号金玉兰广场四层一区内全部装修工程的室内装潢设计，提供令绿化公司满意的室内装饰设计，结构加固方案及室内管道机电配套（照明、电气、给排水及空调等）系统的全套设计图纸。绿化公司要求装饰公司在 2007 年 2 月 21 日前完成整个项目的设计草案（包含池区、休息区与贵宾区的方案设计），并于 3 月 5 日前完成整个项目的全部设计图纸。设计费共计人民币 168000 元。在此期间，装饰公司陆续提供了该项目的设计草案及设计图纸，绿化公司则支付装饰公司设计费人民币 100800 元。2007 年 3 月 5 日，装饰公司仍未依合同约定向绿化公司提供整个项目的全部设计图纸。绿化公司遂诉至法院，要求装饰公司返还设计费 100800 元，赔偿相当于二个月免租期的经济损失 320000 元，并提供了相应的证据予以证明。

【审判结果】

经法院审理查明，装饰公司不具备建筑装饰设计资质。故作出以下判决：1）双方于 2007 年 2 月 8 日签订的《室内装饰设计合同书》无效。2）装饰公司在本判决生效后 15 日内返还绿化公司人民币 100800 元。3）装饰公司在本判决生效后 15 日内赔偿绿化公司经济损失人民币 142459 元。4）绿化公司在本判决生效后 15 日内将根据《室内装饰设计合同书》所取得的绿化公司图纸 991 张及磁盘 2 张返还绿化公司。

判决后，装饰公司提出上诉，认为自己营业执照上的经营范围有建筑装潢设计内容，故自己有设计资质，且图纸上有设计所的盖章，故设计合同有效，要求撤销原判，驳回被上诉人的诉讼请求。被上诉人某绿化管理投资有限公司则要求维持原判。

二审法院认为，某装饰工程有限公司无建筑装饰设计资质，某绿化管理投资有限公司亦未严格审查，故双方之间签订的《室内装饰设计合同》无效，双方应返还财产并各自承担相应的责任。原审据此所作的判决并无不当，上诉人上诉认为自己具有设计资质是因执照上有此内容，该理由显然不成立；图纸上的盖章亦非上诉人本身，故其上诉请求本院不予支持。据此，驳回上诉，维持原判。

【分析评论】

要求建设工程勘察、设计等承包单位具备相应的从业资质是我国建设工程领域一项重要的管理制度，并由国家法律、行政法规明确加以规定。《建设工程勘察设计管理条例》第八条规定："建设工程勘察、设计单位应当在其资质等级许可的范围内承揽建设工程勘察、设计业务。禁止建设工程勘察、设计单位超越其资质等级许可的范围或者以其他建设工程勘察、设计单位的名义承揽建设工程勘察、设计业务。"《建设工程质量管理条例》第七条规定："建设单位应当将工程发包给具有相应资质等级的单位。"第十八条规定："从事建设工程勘察、设计的单位应当依法取得相应等级的资质证书，并在其资质等级许可的范围内承揽工程。"上述规定属行政法规的强制性规定，装饰工程有限公司违反法律、行政法规的强制性规定，在无建筑装饰设计资质的情况下承揽装饰工程设计，其签订的合同应认定无效。

原审被告所辩称，其营业执照上的经营范围有建筑装潢设计内容，仅表明在公司核准登记时，核准了该项经营业务。而建设工程资质管理则是国家在建设领域采取的行政许可制度，除了在公司登记时要有相应的经营范围，还要获得相应的资质等级才能从事相应的建设活动。设计的相应资质等级要向建设行政主管部门申请，且具有强制法规定的功能。《最高人民法院关于适用〈合同法〉若干问题的解释》第十条规定："当事人超越经营范围订立合同，人民法院不因此认定合同无效。但违反国家限制经营、特许经营以及法律、行政法规禁止经营规定的除外。"因此，原审被告的上诉理由并不成立。

【案例7-2】：设计人承担违约责任条件纠纷案

【案情摘要】

2006年，某房地产开发公司（以下简称开发公司）与某设计院（以下简称设计院）签订了一份《建设工程设计合同》，由设计院承接开发公司发包的关于某大楼建设的初步设计，设计费20万元，设计期限为3个月。同时，双方还约定，由开发公司提供设计所需要的勘察报告等基础资料和提交时间。设计院按进度要求交付设计文件，如不能按时交付设计文件，则应当承担违约责任。

合同签订后，开发公司向设计院交付定金4万元。但是在提供基础资料时缺少有关工程勘察报告。后经设计院多次催要，开发公司才于10天后交付全部资料，导致设计院加班加点仍未按时完成设计任务。在工程结算时，开发公司要求设计院减少设计费。设计院提出异议，遂产生纠纷。

【分析评论】

我国行政机关在对勘察设计进行管理时，往往是作为一项制度进行管理的，但在实践中，勘察、设计往往是两个合同。本案例中的合同就是这种情况。这个时候，对于设计合同中的设计单位，提供包括勘察资料在内的设计基础资料，是发包人的义务。发包人应按时向设计人提交完整、详尽的资料和文件，这是设计人进行建设工程设计的前提和基础，也是发包人应尽的义务。发包人未按合同约定的时间提交资料，或提交资料有瑕疵的，应当承担违约责任。同时，设计人在发包人按约定提交基础资料前，有权拒绝发包人相应的履行要求。《合同法》第六十七条规定："当事人互负债务，有先后履行顺序，先履行一方未履行的，后履行一方有权拒绝其履行要求。先履行一方履行债务不符合约定的，后履行一方有权拒绝其相应的履行要求。"本案中，开发公司未按约定提交勘察报告，是设计院不能按约定完成设计任务的直接原因，设计院提交设计文件的时间应当相应顺延。而且，根据《合同法》第二百八十五条的规定，因发包人未按照期限提供必需的设计工作条件而造成设计的返工、停工或修改设计的，发包人应按设计人实际消耗的工作量增付费用。因此，设计院还有权向开发公司索要赶工费用。

思 考 题

1. 简述建设工程勘察设计的概念。
2. 建设工程勘察的阶段应当如何划分？
3. 建设工程设计的阶段应当如何划分？
4. 建设工程勘察设计文件的编制依据是什么？
5. 简述建设工程设计文件编制的具体要求。
6. 审查机构应当对施工图审查的内容有哪些？
7. 简述勘察设计业知识产权的范围。
8. 简述勘察设计业著作权及邻接权归属认定的原则。

8 工程建设标准法律制度

8.1 概　述

8.1.1 工程建设标准的概念和特点

1. 工程建设标准的概念

标准（含标准样品），是指农业、工业、服务业以及社会事业等领域需要统一的技术要求。标准，是对重复性事物和概念所作的统一规定，它以科学、技术和实践经验的综合成果为基础，经有关方面协商一致，以特定形式发布，作为共同遵守的准则和依据。工程建设标准是为在工程建设领域内获得最佳秩序，对工程建设活动或其结果规定共同的和重复使用的规则、导则或特性的文件。工程建设标准是对新建工程项目所作最低限度技术要求的规定，是建设法律、法规体系的重要组成部分。工程建设标准侧重于单项技术要求，主要包括工程项目的分类等级、允许使用荷载、建筑面积及层高层数的限制、防火与疏散以及结构、材料、供暖、通风、照明、给排水、消防、电梯、通信、动力等的基本要求。

标准化的含义，是在经济、技术、科学及管理等社会实践中，对重复性事物和概念通过制定、实施标准，达到统一，以获得最佳秩序和社会效益的过程。工程建设标准化是为在工程建设领域内获得最佳秩序，以实际的或潜在的问题制定共同的和重复使用的规则的活动。为了促进技术进步，改进产品质量，全国人大常委会于 1988 年 12 月 29 日颁布了《标准化法》，并于 2017 年 11 月 4 日进行了修订。

工程建设标准与规范、规程等概念有密切的关系。规范是在工农业生产和工程建设中，对设计、施工、制造、检验等技术事项所作的一系列规定；规程是对作业、安装、鉴定、安全、管理等技术要求和实施程序所作的统一规定。标准、规范、规程都是标准的一种表现形式，习惯上统称为标准，只有针对具体对象才加以区别。当针对产品、方法、符号、概念等时，一般采用标准；当针对工程勘察、规划、设计、施工等技术事项所作的规定时，通常采用规范；当针对操作、工艺、管理等技术要求时，一般采用规程。

2. 工程建设标准的特点

（1）前瞻性

工程建设标准是工程建设中共同的和重复使用的规则、导则或特性的文件，因此，工程建设标准将决定未来工程的要求，具有一定的前瞻性。

（2）科学性

工程建设标准是以科学、技术和实践经验的综合成果为基础制定出来的，揭示了工程建设活动的规律。即制定标准的基础是综合成果，单单是科学技术成果，如果没有经过综合研究、比较、选择、分析其在实践活动中的可行性、合理性或没有经过实践检验，是不能纳入标准之中的，同样，单单是实践检验，如果没有总结其普遍性、规律性或经过科学的论证，也是不能纳入标准的，工程建设标准的制定过程反映了标准的严格的科学性。

（3）民主性

工程建设标准的制定过程应当是民主的。在制定标准的过程中，要征求标准涉及的各方的意见，对于不同的意见要有一个合理的解释。标准的民主性越突出，标准的执行就越顺利，标准就越有生命力。

（4）权威性

标准需要经过一个具有公信力的公认机构批准。在我国，工程建设标准一般是由政府机关颁布的。标准反映了工程建设的客观规律，制定过程民主，以特定的形式批准，保证了标准的严肃性和权威性。

8.1.2　工程建设标准的范围

1. 工程建设国家标准的范围

对保障人身健康和生命财产安全、国家安全、生态环境安全以及满足经济社会管理基本需要的技术要求，应当制定强制性国家标准。对满足基础通用、与强制性国家标准配套、对各有关行业起引领作用等需要的技术要求，可以制定推荐性国家标准。对需要在全国范围内统一的下列技术要求，应当制定国家标准：

（1）工程建设勘察、规划、设计、施工（包括安装）及验收等通用的质量要求；

（2）工程建设通用的有关安全、卫生和环境保护的技术要求；

（3）工程建设通用的术语、符号、代号、量与单位、建筑模数和制图方法；

（4）工程建设通用的试验、检验和评定等方法；

（5）工程建设通用的信息技术要求；

（6）国家需要控制的其他工程建设通用的技术要求。

2. 工程建设行业标准的范围

对没有国家标准而需要在全国某个行业范围内统一的下列技术要求，可以制定行业标准：

（1）工程建设勘察、规划、设计、施工（包括安装）及验收等行业专用的质量要求；

（2）工程建设行业专用的有关安全、卫生和环境保护的技术要求；

（3）工程建设行业专用的术语、符号、代号、量与单位和制图方法；

（4）工程建设行业专用的试验、检验和评定等方法；

（5）工程建设行业专用的信息技术要求；

（6）其他工程建设行业专用的技术要求。

3. 工程建设地方标准的范围

工程建设地方标准项目的确定，应当从本行政区域工程建设的需要出发，并应体现本行政区域的气候、地理、技术等特点。对没有国家标准、行业标准或国家标准、行业标准规定不具体，且需要在本行政区域内作出统一规定的工程建设技术要求，可制定相应的工程建设地方标准。

4. 工程建设团体标准的范围

国家鼓励学会、协会、商会、联合会、产业技术联盟等社会团体协调相关市场主体共同制定满足市场和创新需要的团体标准，由本团体成员约定采用或者按照本团体的规定供社会自愿采用。

5. 工程建设企业标准的范围

国家法律法规没有对工程建设企业标准的范围进行限制。工程建设企业标准可以覆盖本企业生产、经营活动各个环节。工程建设企业标准一般包括企业的技术标准、管理标准和工作标准。

8.1.3 工程建设标准的种类

工程建设标准可以从不同的角度进行分类。

1. 按照标准的适用范围进行分类

按照标准的适用范围进行分类，工程建设标准可以分为国家标准、行业标准、地方标准、团体标准、企业标准和国际标准。

（1）工程建设国家标准

工程建设国家标准，是指工程建设领域中需要在全国范围内统一，由国务院批准发布或者授权批准发布，或者由国务院标准化行政主管部门制定的标准。

（2）工程建设行业标准

工程建设行业标准，是指工程建设领域中没有国家标准而需要在全国某个行业范围内统一的，由国务院有关行政主管部门制定，报国务院标准化行政主管部门备案的标准。

（3）工程建设地方标准

工程建设地方标准，是指工程建设领域中没有国家标准、行业标准或国家标准、行业标准规定不具体，且需要在本行政区域内作出统一规定的工程建设技术要求，由地方人民政府标准化行政主管部门制定的标准。

（4）工程建设团体标准

工程建设团体标准，是指学会、协会、商会、联合会、产业技术联盟等社会团体协调相关市场主体共同制定满足市场和创新需要的标准。

（5）工程建设企业标准

工程建设企业标准是对工程建设企业生产、经营活动中的重复性事项所作的统一规定。

（6）工程建设国际标准

国际标准是指国际标准化组织（ISO）、国际电工委员会（IEC）和国际电信联盟（ITU）制定的标准，以及国际标准化组织确认并公布的其他国际组织，如国际计量局（BIPM）、国际建筑结构研究与改革委员会（CIB）、国际照明委员会员（CIE）、因特网工程特别工作组（IETF）、国际煤气工业联合会（IGU）等制定的标准。这些机构制定和确认的工程建设标准就是工程建设国际标准。

2. 按照标准的性质进行分类

按照标准的性质进行分类，工程建设标准可以分为强制性标准和推荐性标准。对保障人身健康和生命财产安全、国家安全、生态环境安全以及满足经济社会管理基本需要的技术要求，应当制定工程建设强制性标准。工程建设强制性标准以外的其他标准是推荐性标准。

3. 按照标准的专业进行分类

通常按标准的专业进行分类，工程建设标准可以分为技术标准、管理标准和工作标准。

(1) 技术标准

技术标准是对标准化领域中需要统一的技术事项所制定的标准。技术标准是一个大类，可进一步分为：基础技术标准、产品标准、工艺标准、检验和试验方法标准、设备标准、原材料标准、安全标准、环境保护标准、卫生标准等。其中的每一类还可进一步细分，如技术基础标准还可再分为：术语标准、图形符号标准、数系标准、公差标准、环境条件标准、技术通则性标准等。

(2) 管理标准

管理标准是对标准化领域中需要协调统一的管理事项所制定的标准。管理标准主要是对管理目标、管理项目、管理业务、管理程序、管理方法和管理组织所作的规定。管理标准包括管理基础标准、技术管理标准、经济管理标准、行政管理标准、生产经营管理标准。

(3) 工作标准

工作标准是指对工作的责任、权利、范围、质量要求、程序、效果、检查方法、考核办法所制定的标准。工作标准一般包括部门工作标准和岗位（个人）工作标准。在建立了企业标准体系的企业里一般都制定工作标准。按岗位制定的工作标准通常包括：岗位目标（工作内容、工作任务）、工作程序和工作方法、业务分工和业务联系（信息传递）方式、职责权限、质量要求与定额、对岗位人员的基本技术要求、检查考核办法等内容。

8.2 工程建设标准的制定

工程建设标准的制定，是指标准制定部门对需要制定工程建设标准的项目，编制计划，组织草拟，审批、编号、发布的活动。

8.2.1 工程建设国家标准的制定

1. 工程建设国家标准的计划

工程建设国家标准的计划分为五年计划和年度计划。五年计划是编制年度计划的依据；年度计划是确定工作任务和组织编制标准的依据。

(1) 编制工程建设国家标准计划的原则

编制工程建设国家标准计划，应当遵循下列原则：1) 在国民经济发展的总目标和总方针的指导下进行，体现国家的技术、经济政策；2) 适应工程建设和科学技术发展的需要；3) 在充分做好调查研究和认真总结经验的基础上，根据工程建设标准体系表的要求，综合考虑相关标准之间的构成和协调配套；4) 从实际出发，保证重点，统筹兼顾，根据需要和可能，分清轻重缓急，做好计划的综合平衡。

(2) 工程建设国家标准五年计划的编制

五年计划由计划编制纲要和计划项目两部分组成。其内容应当符合下列要求：1) 计划编制纲要包括计划编制的依据、指导思想、预期目标、工作重点和实施计划的主要措施等；2) 计划项目的内容包括标准名称、制定或修订、适用范围及其主要技术内容、主编部门、主编单位和起始年限等。列入五年计划的国家标准制订项目应当落实主编单位、主编单位应当具备下列条件：1）承担过与该国家标准项目相应的工程建设勘察、规划、设计、施工或科研任务的企业、事业单位；2）具有较丰富的工程建设经验、较高的技术水平和组织管理水平，能组织解决国家标准编制中的重大技术问题。

列入五年计划的国家标准修订项目，其主编单位一般由原国家标准的管理单位承担。五年计划的编制工作应当按下列程序进行：1）国务院工程建设行政主管部门根据国家编制国民经济和社会发展五年计划的原则和要求，统一部署编制国家标准五年计划的任务；2）国务院有关行政主管部门和省、自治区、直辖市工程建设行政主管部门，根据国务院工程建设行政主管部门统一部署的要求，提出五年计划建议草案，报国务院工程建设行政主管部门；3）国务院工程建设行政主管部门对五年计划建议草案进行汇总，在与各有关方面充分协商的基础上进行综合平衡，并提出五年计划草案，报国务院计划行政主管部门批准下达。

（3）工程建设国家标准年度计划的编制

年度计划由计划编制的简要说明和计划项目两部分组成。计划项目的内容包括标准名称、制定或修订、适用范围及其主要技术内容、主编部门和主编单位、参加单位、起止年限、进度要求等。年度计划应当在五年计划的基础上进行编制。国家标准项目在列入年度计划之前由主编单位做好年度计划的前期工作，并提出前期工作报告。前期工作报告应当包括：国家标准项目名称、目的和作用、技术条件和成熟程度、与各类现行标准的关系、预期的经济效益和社会效益、建议参编单位和起止年限。

列入年度计划的国家标准项目，应当具备下列条件：1）有年度计划的前期工作报告；2）有生产和建设的实践经验；3）相应的科研成果经过鉴定和验证，具备推广应用的条件；4）不与相关的国家标准重复或矛盾；5）参编单位已落实。

年度计划的编制工作应当按下列程序进行：1）国务院有关行政主管部门和省、自治区、直辖市工程建设行政主管部门，应当根据五年计划的要求，分期分批地安排各国家标准项目的主编单位进行年度计划的前期工作。由主编单位提出的前期工作报告和年度计划项目表，报主管部门审查；2）国务院有关行政主管部门和省、自治区、直辖市工程建设行政主管部门，根据国务院工程建设行政主管部门当年的统一部署，做好所承担年度计划项目的落实工作并在规定期限前报国务院工程建设行政主管部门；3）国务院工程建设行政主管部门根据各主管部门提出的计划项目，经综合平衡后，编制工程建设国家标准的年度计划草案，在规定期限前报国务院计划行政主管部门批准下达。

列入年度计划国家标准项目的主编单位应当按计划要求组织实施。在计划执行中遇有特殊情况，不能按原计划实施时，应当向主管部门提交申请变更计划的报告。各主管部门可根据实际情况提出调整计划的建议，经国务院工程建设行政主管部门批准后，按调整的计划组织实施。

（4）工程建设国家标准计划的监督和检查

国务院各有关行政主管部门和省、自治区、直辖市工程建设行政主管部门对主管的国家标准项目计划执行情况负有监督和检查的责任，并负责协调解决计划执行中的重大问题。各主编单位在每年年底前将本年度计划执行情况和下年度的工作安排报行政主管部门，并报国务院工程建设行政主管部门备案。

2. 工程建设国家标准的制定

工程建设标准的制定，是指标准制定部门对需要制定工程建设标准的项目，组织草拟、编写和报批的活动，它是工程建设标准制定的一个环节。

（1）工程建设国家标准制定的基本要求

制订国家标准的工作程序按准备、征求意见、送审和报批四个阶段进行。

国务院有关行政主管部门依据职责负责强制性国家标准的项目提出、组织起草、征求意见和技术审查。国务院标准化行政主管部门负责强制性国家标准的立项、编号和对外通报。国务院标准化行政主管部门应当对拟制定的强制性国家标准是否符合规定进行立项审查，对符合规定的予以立项。省、自治区、直辖市人民政府标准化行政主管部门可以向国务院标准化行政主管部门提出强制性国家标准的立项建议，由国务院标准化行政主管部门会同国务院有关行政主管部门决定。社会团体、企业事业组织以及公民可以向国务院标准化行政主管部门提出强制性国家标准的立项建议，国务院标准化行政主管部门认为需要立项的，会同国务院有关行政主管部门决定。

制订国家标准必须贯彻执行国家的有关法律、法规和方针、政策，密切结合自然条件，合理利用资源，充分考虑使用和维修的要求，做到安全适用、技术先进、经济合理。

制定国家标准，对需要进行科学试验或测试验证的项目，应当纳入各级主管部门的科研计划，认真组织实施，写出成果报告。凡经过行政主管部门或受委托单位鉴定，技术上成熟，经济上合理的项目应当纳入标准。

制定国家标准应当积极采用新技术、新工艺、新设备、新材料。纳入标准的新技术、新工艺、新设备、新材料，应当经有关主管部门或受委托单位鉴定，有完整的技术文件，且经实践检验行之有效。

制定国家标准要积极采用国际标准和国外先进标准，凡经过认真分析论证或测试验证，并且符合我国国情的，应当纳入国家标准。

制定国家标准，其条文规定应当严谨明确，文句简练，不得模棱两可；其内容深度、术语、符号、计量单位等应当前后一致，不得矛盾。

制定国家标准必须做好与现行相关标准之间的协调工作。对需要与现行工程建设国家标准协调的，应当遵守现行工程建设国家标准的规定；确有充分依据对其内容进行更改的，必须经过国务院工程建设行政主管部门审批，方可另行规定。凡属于产品标准方面的内容，不得在工程建设国家标准中加以规定。

制定国家标准必须充分发扬民主。对国家标准中有关政策性问题，应当认真研究、充分讨论、统一认识；对有争论的技术性问题，应当在调查研究、试验验证或专题讨论的基础上，经过充分协商，恰如其分地作出结论。

（2）准备阶段的工作

准备阶段的工作应当符合下列要求：1）主编单位根据年度计划的要求，进行编制国家标准的筹备工作。落实国家标准编制组成员，草拟制定国家标准的工作大纲。工作大纲包括国家标准的主要章节内容、需要调查研究的主要问题、必要的测试验证项目、工作进度计划及编制组成员分工等内容；2）主编单位筹备工作完成后，由主编部门或由主编部门委托主编单位主持召开编制组第一次工作会议。其内容包括：宣布编制组成员、学习工程建设标准化工作的有关文件、讨论通过工作大纲和会议纪要。会议纪要印发国家标准的参编部门和单位，并报国务院工程建设行政主管部门备案。

（3）征求意见阶段的工作

征求意见阶段的工作应当符合下列要求：1）编制组根据制定国家标准的工作大纲开展调查研究工作。调查对象应当具有代表性和典型性。调查研究工作结束后，应当及时提出调查研究报告，并将整理好的原始调查记录和收集到的国内外有关资料由编制组统一归档；2）测试验证工作在编制组统一计划下进行，落实负责单位、制定测试验证工作大纲、确定统一的测试验证方法等。测试验证结果，应当由项目的负责单位组织有关专家进行鉴定。鉴定成果及有关的原始资料由编制组统一归档；3）编制组对国家标准中的重大问题或有分歧的问题，应当根据需要召开专题会议。专题会议邀请有代表性和有经验的专家参加，并应当形成会议纪要。会议纪要及会议记录等由编制组统一归档；4）编制组在做好上述各项工作的基础上，编写标准征求意见稿及其条文说明。主编单位对标准征求意见稿及其条文说明的内容全面负责；5）主编部门对主编单位提出的征求意见稿及其条文说明根据本办法制定标准的原则进行审核。审核的主要内容：国家标准的适用范围与技术内容协调一致；技术内容体现国家的技术经济政策；准确反映生产、建设的实践经验；标准的技术数据和参数有可靠的依据，并与相关标准相协调；对有分歧和争论的问题，编制组内取得一致意见；国家标准的编写符合工程建设国家标准编写的统一规定；6）征求意见稿及其条文说明应由主编单位印发国务院有关行政主管部门、各有关省、自治区、直辖市工程建设行政主管部门和各单位征求意见。征求意见的期限一般为两个月。必要时，对其中的重要问题，可以采取走访或召开专题会议的形式征求意见。

（4）送审阶段的工作

送审阶段的工作应当符合下列要求：1）编制组将征求意见阶段收集到的意见，逐条归纳整理，在分析研究的基础上提出处理意见，形成国家标准送审稿及其条文说明。对其中有争议的重大问题可以视具体情况进行补充的调查研究、测试验证或召开专题会议，提出处理意见；2）当国家标准需要进行全面的综合技术经济比较时，编制组要按国家标准送审稿组织试设计或施工试用。试设计或施工试用应当选择有代表性的工程进行。试设计或施工试用结束后应当提出报告；3）国家标准送审的文件一般应当包括：国家标准送审稿及其条文说明、送审报告、主要问题的专题报告、试设计或施工试用报告等。送审报告的内容主要包括：制定标准任务的来源、制定标准过程中所作的主要工作、标准中重点内容确定的依据及其成熟程度、与国外相关标准水平的对比、标准实施后的经济效益和社会效益以及对标准的初步总评价、标准中尚存在主要问题和今后需要进行的主要工作等；4）国家标准送审文件应当在开会之前一个半月发至各主管部门和关单位；5）国家标准送审稿的审查，一般采取召开审查会议的形式。经国务院工程建设行政主管部门同意后，也可以采取函审和小型审定会议的形式；6）审查会议应由主编部门主持召开。参加会议的代表应包括国务院有关行政主管部门的代表、有经验的专家代表、相关的国家标准编制组或管理组的代表。审查会议可以成立会议领导小组，负责研究解决会议中提出的重大问题。会议由代表和编制组成员共同对标准送审稿进行审查，对其中重要的或有争议的问题应当进行充分讨论和协商，集中代表的正确意见；对有争议并不能取得一致意见的问题，应当提出倾向性审查意见。审查会议应当形成会议纪要。其内容一般包括：审查会议概况、标准送审稿中的重点内容及分歧较大问题的审查意见、对标准送审稿的评价、会议代表和领导小组成员名单等；7）采取函审和小型审定会议对标准送审稿进行审查时，由主编部门印发通知。参加函审的单位和专家，应经国务院工程建设行政主管部门审查同意、主编部门在函审的基础上主持召开小型审定会议，对标准中的重大问题和有分歧的问题提出审查意见，形成会议纪要，印发各有关部门和单位并报国务院工程建设行政主管部门。

（5）报批阶段的工作

报批阶段的工作应当符合下列要求：1）编制组根据审查会议或函审和小型审定会议的审查意见，修改标准送审稿及其条文说明，形成标准报批稿及其条文说明。标准的报批文件经主编单位审查后报主编部门。报批文件一般包括标准报批稿及其条文说明、报批报告、审查或审定会议纪要、主要问题的专题报告、试设计或施工试用报告等。2）主编部门应当对标准报批文件进行全面审查，并会同国务院工程建设行政主管部门共同对标准报批稿进行审核。主编部门将共同确认的标准报批文件一式三份报国务院工程建设行政主管部门审批。

3. 工程建设国家标准的审批、发布

强制性国家标准由国务院批准发布或者授权批准发布。推荐性国家标准由国务院标准化行政主管部门制定。

国家标准的编号由国家标准代号、发布标准的顺序号和发布标准的年号组成，并应当符合下列统一格式：

强制性国家标准的编号为：

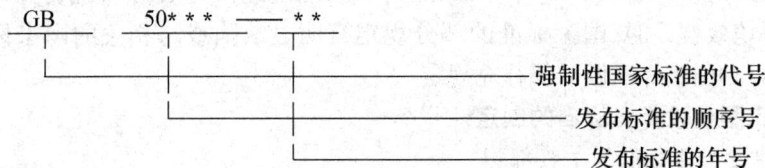

```
GB        50* * *  ——  * *
 |          |           |
 |          |           └──── 强制性国家标准的代号
 |          └──────────────── 发布标准的顺序号
 └─────────────────────────── 发布标准的年号
```

推荐性国家标准编号为：

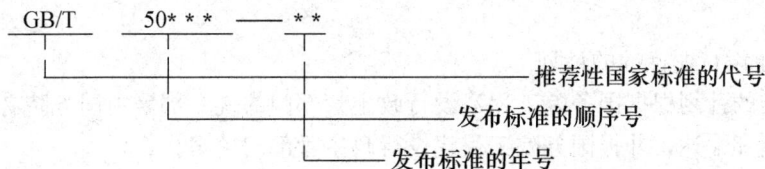

```
GB/T      50* * *  ——  * *
 |          |           |
 |          |           └──── 推荐性国家标准的代号
 |          └──────────────── 发布标准的顺序号
 └─────────────────────────── 发布标准的年号
```

国家标准的出版由国务院工程建设行政主管部门负责组织。国家标准的出版印刷应当符合工程建设标准出版印刷的统一要求。国家标准属于科技成果。对技术水平高、取得显著经济效益或社会效益的国家标准，应当纳入各级科学技术进步奖励范围，予以奖励。

4. 工程建设国家标准的复审与修订

（1）工程建设国家标准的复审

工程建设国家标准的复审是指对现行工程建设标准的适用范围、技术水平、指标参数等内容进行复查和审议，以确认其继续有效、废止或予以修订的活动。国家标准实施后，国务院标准化行政主管部门和国务院有关行政主管部门、设区的市级以上地方人民政府标准化行政主管部门应当建立标准实施信息反馈和评估机制,根据反馈和评估情况对其制定的标准进行复审。复审可以采取函审或会议审查,一般由参加过该标准编制或审查的单位或个人参加。标准的复审周期一般不超过 5 年。经过复审,对不适应经济社会发展需要和技术进步的应当及时修订或者废止。

属于下列情况之一的,应当及时进行复审:1)不适应法律法规、国家产业政策、产业结构调整、产品更新换代或科学技术发展需要的。2)不适应我国加入世界贸易组织的有关规定或开展国际贸易需要的。3)所引用的或相关的技术标准进行了重大修改、修订并批准发布的。4)重大突发性事件、自然灾害、工程质量或安全事故发生后需要的。5)标准实施中有重要反馈意见的。

国家标准复审后,标准管理单位应当提出其继续有效或者予以修订、废止的意见,经该国家标准的主管部门确认后报国务院工程建设行政主管部门批准。对确认继续有效的国家标准,当再版或汇编时,应在其封面或扉页上的标准编号下方增加"＊＊＊＊年＊月确认继续有效"。对确认继续有效或予以废止的国家标准,由国务院工程建设行政主管部门在指定的报刊上公布。对需要全面修订的国家标准,由其管理单位做好前期工作。国家标准修订的准备阶段工作应在管理阶段进行,其他有关的要求应当符合制定国家标准的有关规定。

(2)工程建设国家标准的修订

凡属下列情况之一的国家标准应当进行局部修订:1)国家标准的部分规定已制约了科学技术新成果的推广应用;2)国家标准的部分规定经修订后可取得明显的经济效益、社会效益、环境效益;3)国家标准的部分规定有明显缺陷或与相关的国家标准相抵触;4)需要对现行的国家标准做局部补充规定。

8.2.2　工程建设行业标准的制定

1. 工程建设行业标准的主管部门

国务院有关行政主管部门根据《标准化法》和国务院工程建设行政主管部门确定的行业标准管理范围,履行行业标准的管理职责。工程建设行业标准由国务院有关行政主管部门制定。

2. 工程建设行业标准的计划

行业标准的计划根据国务院工程建设行政主管部门的统一部署由国务院有关行政主管部门组织编制和下达,并报国务院工程建设行政主管部门备案。

与两个以上国务院行政主管部门有关的行业标准,其主编部门由相关的行政主管部门协商确定或由国务院工程建设行政主管部门协调确定,其计划由被确定的主编部门下达。行业标准不得与国家标准相抵触。行业标准的某些规定与国家标准不一致时,必须有充分的科学依据和理由,并经国家标准的审批部门批准。有关行业标准之间应当协调、统一、避免重复。

3. 制定、修订工程建设行业标准的工作程序

与工程建设国家标准相同,制定、修订行业标准的工作程序,可以按准备、征求意见、送审和报批四个阶段进行。

行业标准的编写应当符合工程建设标准编写的统一规定。行业标准的编号由行业标准的代号、标准发布的顺序号和批准标准的年号组成,并应当符合下列统一格式:

强制性行业标准的编号：

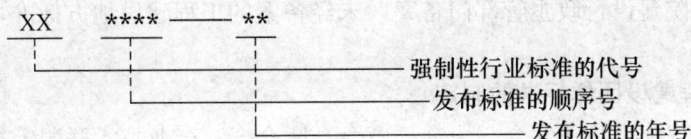

```
XX    ****———**
 │     │      │
 │     │      └────────── 强制性行业标准的代号
 │     └──────────────── 发布标准的顺序号
 └────────────────────── 发布标准的年号
```

推荐性行业标准的编号：

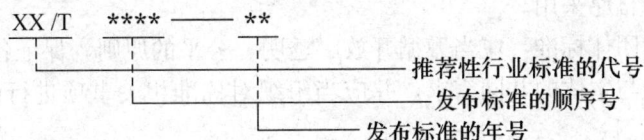

```
XX /T    ****———**
 │        │      │
 │        │      └────────── 推荐性行业标准的代号
 │        └──────────────── 发布标准的顺序号
 └────────────────────────── 发布标准的年号
```

4. 工程建设行业标准的审批、发布

行业标准由国务院有关行政主管部门审批、编号和发布。其中，两个以上部门共同制定的行业标准，由有关的行政主管部门联合审批、发布，并由其主编部门负责编号。行业标准实施后，该标准的批准部门应当根据科学技术的发展和工程建设的实际需要适时进行复审，确认其继续有效或予以修订、废止。一般五年复审一次，复审结果报国务院工程建设行政主管部门备案。

行业标准发布后，应当报国务院工程建设行政主管部门和标准化行政主管部门备案。

行业标准由标准的批准部门负责组织出版，并应当符合工程建设标准出版印刷的统一规定行业标准属于科技成果。对技术水平高，取得显著经济效益、社会效益和环境效益的行业标准，应当纳入各级科学技术进步奖励范围，并予以奖励。

8.2.3 工程建设地方标准的制定

1. 工程建设地方标准制定的管理部门

地方标准由省、自治区、直辖市人民政府标准化行政主管部门制定；设区的市级人民政府标准化行政主管部门根据本行政区域的特殊需要，经所在地省、自治区、直辖市人民政府标准化行政主管部门批准，可以制定本行政区域的地方标准。工程建设地方标准在省、自治区、直辖市范围内由省、自治区、直辖市建设行政主管部门统一计划、统一审批、统一发布、统一管理。

2. 工程建设地方标准制定的原则

制定工程建设地方标准，应当严格遵守国家的有关法律、法规，贯彻执行国家的技术经济政策，密切结合自然条件，合理利用资源，积极采用新技术、新材料、新工艺、新设备，做到技术先进、经济合理、安全适用。

制定工程建设地方标准应当以实践经验和科学技术发展的综合成果为依据，做到协商一致，共同确认。工程建设地方标准不得与国家标准和行业标准相抵触。对与国家标准或行业标准相抵触的工程建设地方标准的规定，应当自行废止。当确有充分依据，且需要对国家标准或行业标准的条文进行修改的，必须经相应标准的批准部门审批。

工程建设地方标准中，对直接涉及人民生命财产安全、人体健康、环境保护和公共利益的条文，经国务院建设行政主管部门确定后，可作为强制性条文。

3. 工程建设地方标准的备案

地方标准由省、自治区、直辖市人民政府标准化行政主管部门报国务院标准化行政主管部门备案，由国务院标准化行政主管部门通报国务院有关行政主管部门。工程建设地方标准还应报国务院建设行政主管部门备案，未经备案的工程建设地方标准，不得在建设活动中使用。

8.2.4 工程建设团体标准的制定

国家鼓励工程建设相关学会、协会、商会、联合会、产业技术联盟等社会团体协调相关市场主体共同制定满足市场和创新需要的团体标准，由本团体成员约定采用或者按照本团体的规定供社会自愿采用。

制定工程建设团体标准，应当遵循开放、透明、公平的原则，保证各参与主体获取相关信息，反映各参与主体的共同需求，并应当组织对标准相关事项进行调查分析、实验、论证。

国务院标准化行政主管部门会同国务院有关行政主管部门对工程建设团体标准的制定进行规范、引导和监督。

8.2.5 工程建设企业标准的制定

工程建设企业标准的制定应当认真贯彻执行国家有关的法律、法规和方针、政策；充分考虑工程建设的实际需要；结合本企业的特点，促进技术进步、改善经营管理、保证工程质量、提高经济效益；积极采用国际标准或国外先进标准，向国际惯例靠拢。工程建设企业标准应当根据科学技术进步、实践经验总结和管理工作的需要，适时组织修订。

工程建设企业标准是对工程建设企业生产、经营活动中的重复性事项所作的统一规定，应当覆盖本企业生产、经营活动各个环节。工程建设企业标准一般包括企业的技术标准、管理标准和工作标准。

技术标准，是指对工程建设企业中需要协调和统一的技术要求所制定的标准。应当围绕工程建设企业所承担的任务，对材料和设备采购的技术要求，勘察、设计或施工过程中的质量、方法或工艺的要求，安全、卫生和环境保护的技术要求以及试验、检验和评定的方法等作出规定。对已有国家标准、行业标准或地方标准的，工程建设企业可以按照国家标准、行业标准或地方标准的规定执行，也可以根据本企业的技术特点和实际需要制定优于国家标准、行业标准或地方标准的企业标准；对没有国家标准、行业标准或地方标准的，工程建设企业应当制定企业标准。国家鼓励企业积极采用国际标准或国外先进标准。

管理标准，是指对工程建设企业中需要协调和统一的管理要求所制定的标准。应当围绕工程建设企业规范化管理的需要，对本企业组织管理、计划管理、技术管理、质量管理和财务管理等具体的管理事项作出规定。

工作标准，是指对工程建设企业中需要协调和统一的工作事项要求所制定的标准，应当围绕工作岗位的要求，对工程建设企业中各个工作岗位的任务、职责、权限、技能、方法、程序、评定等作出规定。

8.3 工程建设标准的实施

工程建设标准的实施，主要包括工程建设标准的行政管理和监督，以及标准在企业的执行。

8.3.1 工程建设标准的行政管理

1. 工程建设国家标准的日常管理

工程建设国家标准发布后，由其管理单位组建国家标准管理组，负责国家标准的日常管理工作。国家标准管理组设专职或兼职若干人。其人员组成，经国家标准管理单位报该国家标准管理部门审定后报国务院工程建设行政主管部门备案。

国家标准日常管理的主要任务是：1）根据主管部门的授权负责国家标准的解释；2）对国家标准中遗留的问题，负责组织调查研究、必要的测试验证和重点科研工作；3）负责国家标准的宣传贯彻工作；4）调查了解国家标准的实施情况，收集和研究国内外有关标准、技术信息资料和实践经验，参加相应的国际标准化活动；5）参与有关工程建设质量事故的调查和咨询；6）负责开展标准的研究和学术交流活动；7）负责国家标准的复审、局部修订和技术档案工作。

国家标准管理人员在该国家标准管理部门和管理单位的领导下工作。管理单位应当加强对其的领导，进行经常性的督促检查，定期研究和解决国家标准日常管理工作中的问题。

2. 工程建设行业标准的行政管理

国务院有关行政主管部门根据《中华人民共和国标准化法》和国务院工程建设行政主管部门确定的行业标准管理范围，履行行业标准的管理职责。

3. 工程建设地方标准的行政管理

工程建设地方标准在省、自治区、直辖市范围内由省、自治区、直辖市建设行政主管部门统一计划、统一审批、统一发布、统一管理。省、自治区、直辖市建设行政主管部门负责本行政区域内工程建设标准化工作的管理，并履行以下职责：（1）组织贯彻国家有关工程建设标准化的法律、法规和方针、政策并制定本行政区域的具体实施办法；（2）制定本行政区域工程建设地方标准化工作的规划、计划；（3）承担工程建设国家标准、行业标准化制定、修订等任务；（4）组织制定本行政区域的工程建设地方标准；（5）在本行政区域组织实施工程建设标准和对工程建设标准的实施工进行监督；（6）负责本行政区域工程建设企业标准的备案。

4. 工程建设企业标准的行政管理

对于工程建设企业标准的实施，行政机关主要任务是指导。各级工程建设行政主管部门应当加强对本部门工程建设企业标准化工作的指导，结合本部门工程建设企业标准化工作的实际需要，坚持区别对待的原则，制定相应的管理办法或实施细则。通过抓试点、抓典型、开展经验交流等活动，积极稳妥地推动本部门工程建设企业标准化工作的开展。对在工程建设企业标准化工作中的先进单位和作出突出贡献的个人，应当给予表彰和奖励。

各级工程建设行政主管部门应当采取措施，加强对本部门工程建设企业标准化工作的检查监督，保证工程建设企业标准化工作落到实处。同时，应当积极为本部门工程建设企业标准化提供信息和情报等方面的服务，建立信息、情报网络，及时传递和反馈国内外标准化工作的发展动态和本部门工程建设企业标准化工作的情况。

各级工程建设行政主管部门要充分发挥本部门标准化协会、有关专业（行业）学（协）会等群众学术团体的作用，指导这些群众学术团体研究本部门工程建设企业标准化工作中的问题，协助企业开展企业标准化工作。

8.3.2 工程建设标准的执行

1. 工程建设标准执行的要求

工程建设强制性标准，必须执行，从事科研、生产、经营的单位和个人，必须严格执行强制性标准。不符合强制性标准的产品，禁止生产、销售和进口，包括：在国内销售的一切产品（包括配套设备）不符合强制性标准要求的，不准生产和销售；专为出口而生产的产品（包括配套设备）不符合强制性标准要求的，不准在国内销售；不符合强制性标准要求的产品（包括配套设备），不准进口。推荐性标准，国家鼓励企业自愿采用，具体含义为：1）推荐性标准，企业自愿采用；2）国家将采取优惠措施，鼓励企业采用推荐性标准。推荐性标准一旦纳入指令性文件，将具有相应的行政约束力。

2. 产品标准的质量认证

对于工程建设领域中生产产品的企业，企业对有国家标准或者行业标准的产品，可以向国务院标准化行政主管部门或者国务院标准化行政主管部门授权的部门申请产品质量认证，包括合格认证和安全认证。"认证"是依据标准和相应要求，经认证机构确认并通过颁发认证证书和标志，以证明某一产品符合相应标准和要求的活动。认证所依据的标准是国家标准或行业标准。认证合格的，由认证部门授予认证证书，准许在产品或者其包装上使用规定的认证标志。已经取得认证证书的产品不符合国家标准或者行业标准的，以及产品未经认证或者认证不合格的，不得使用认证标志出厂销售。

3. 工程建设国际标准的执行

采用国际标准是指将国际标准的内容，经过分析研究和试验验证，等同或修改转化为我国标准（包括国家标准、行业标准、地方标准和企业标准，下同），并按我国标准审批发布程序审批发布。采用国际标准，应当符合我国有关法律、法规，遵循国际惯例，做到技术先进、经济合理、安全可靠。我国标准采用国际标准的程度，分为等同采用和修改采用。

等同采用，指与国际标准在技术内容和文本结构上相同，或者与国际标准在技术内容上相同，只存在少量编辑性修改。采用国际标准时，应当尽可能等同采用国际标准。由于基本气候、地理因素或者基本的技术问题等原因对国际标准进行修改时，应当将与国际标准的差异控制在合理的、必要的并且是最小的范围之内。

修改采用，指与国际标准之间存在技术性差异，并清楚地标明这些差异以及解释其产生的原因，允许包含编辑性修改。修改采用不包括只保留国际标准中少量或者不重要的条款的情况。修改采用时，我国标准与国际标准在文本结构上应当对应，只有在不影响与国际标准的内容和文本结构进行比较的情况下才允许改变文本结构。

8.3.3 工程建设标准实施的监督

工程建设标准实施的监督，是指行政管理部门对工程建设标准的实施情况进行监督检查。在建设工程标准的实施方面，行政管理部门主要对强制性标准的实施进行监督。

1. 工程建设标准实施监督的机构

国务院建设行政主管部门负责全国实施工程建设强制性标准的监督管理工作。国务院有关行政主管部门按照国务院的职能分工负责实施工程建设强制性标准的监督管理工作。县级以上地方人民政府建设行政主管部门负责本行政区域内实施工程建设强制性标准的监督管理工作。

在中华人民共和国境内从事新建、扩建、改建等工程建设活动，必须执行工程建设强制性标准。工程建设中拟采用的新技术、新工艺、新材料，不符合现行强制性标准规定的，应当由拟采用单位提请建设单位组织专题技术论证，报批准标准的建设行政主管部门或者国务院有关主管部门审定。

工程建设中采用国际标准或者国外标准，现行强制性标准未作规定的，建设单位应当向国务院建设行政主管部门或者国务院有关行政主管部门备案。

建设工程质量监督管理，可以由建设行政主管部门或者其他有关部门委托的建设工程质量监督机构具体实施。从事房屋建筑工程和市政基础设施工程质量监督的机构，必须按照国家有关规定经国务院建设行政主管部门或者省、自治区、直辖市人民政府建设行政主管部门考核；从事专业建设工程质量监督的机构，必须按照国家有关规定经国务院有关部门或者省、自治区、直辖市人民政府有关部门考核。经考核合格后，方可实施质量监督。

对于工程建设标准强制性监督的具体分工如下：1）建设项目规划审查机构应当对工程建设规划阶段执行强制性标准的情况实施监督。2）施工图设计文件审查单位应当对工程建设勘察、设计阶段执行强制性标准的情况实施监督。3）建筑安全监督管理机构应当对工程建设施工阶段执行施工安全强制性标准的情况实施监督。4）工程质量监督机构应当对工程建设施工、监理、验收等阶段执行强制性标准的情况实施监督。5）建设项目规划审查机关、施工图设计文件审查单位、建筑安全监督管理机构、工程质量监督机构的技术人员必须熟悉、掌握工程建设强制性标准。工程建设标准批准部门应当定期对建设项目规划审查机关、施工图设计文件审查单位、建筑安全监督管理机构、工程质量监督机构实施强制性标准的监督进行检查，对监督不力的单位和个人，给予通报批评，建议有关部门处理。

2. 工程建设标准实施监督检查的方式和措施

工程建设标准批准部门应当对工程项目执行强制性标准情况进行监督检查。监督检查可以采取重点检查、抽查和专项检查的方式。

县级以上人民政府建设行政主管部门和其他有关部门履行监督检查职责时，有权采取下列措施：1）要求被检查的单位提供有关工程质量的文件和资料；2）进入被检查单位的施工现场进行检查；3）发现有影响工程质量的问题时，责令改正。

3. 工程建设强制性标准监督检查的内容

工程建设强制性标准监督检查的内容包括：1）关工程技术人员是否熟悉、掌握强制性标准；2）工程项目的规划、勘察、设计、施工、验收等是否符合强制性标准的规定；3）工程项目采用的材料、设备是否符合强制性标准的规定；4）工程项目的安全、质量是否符合强制性标准的规定；5）工程中采用的导则、指南、手册、计算机软件的内容是否符合强制性标准的规定。工程建设标准批准部门应当将强制性标准监督检查结果在一定范围内公告。

4. 违反工程建设强制性标准的法律责任

（1）建设单位的法律责任

建设单位有下列行为之一的，责令改正，并处以20万元以上50万元以下的罚款：

1）明示或者暗示施工单位使用不合格的建筑材料、建筑构配件和设备的；2）明示或者暗示设计单位或者施工单位违反工程建设强制性标准，降低工程质量的。

（2）勘察、设计单位的法律责任

勘察、设计单位违反工程建设强制性标准进行勘察、设计的，责令改正，并处以 10 万元以上 30 万元以下的罚款。如果造成工程质量事故的，责令停业整顿，降低资质等级；情节严重的，吊销资质证书；造成损失的，依法承担赔偿责任。

（3）施工单位的法律责任

施工单位违反工程建设强制性标准的，责令改正，处工程合同价款 2% 以上 4% 以下的罚款；造成建设工程质量不符合规定的质量标准的，负责返工、修理，并赔偿因此造成的损失；情节严重的，责令停业整顿，降低资质等级或者吊销资质证书。

（4）工程监理单位的法律责任

工程监理单位违反强制性标准规定，将不合格的建设工程以及建筑材料、建筑构配件和设备按照合格签字的，责令改正，处 50 万元以上 100 万元以下的罚款，降低资质等级或者吊销资质证书；有违法所得的，予以没收；造成损失的，承担连带赔偿责任。

（5）建设行政主管部门和有关行政主管部门工作人员的责任

建设行政主管部门和有关行政主管部门工作人员，玩忽职守、滥用职权、徇私舞弊的，给予行政处分；构成犯罪的，依法追究刑事责任。

（6）造成工程质量、安全隐患或者工程事故的责任

违反工程建设强制性标准造成工程质量、安全隐患或者工程事故的，按照《建设工程质量管理条例》有关规定，对事故责任单位和责任人进行处罚。

（7）行政处罚的执法机构

有关责令停业整顿、降低资质等级和吊销资质证书的行政处罚，由颁发资质证书的机关决定；其他行政处罚，由建设行政主管部门或者有关部门依照法定职权决定。

【案例 8-1】某建设单位诉某建筑工程公司商务楼工程施工合同质量纠纷案[①]

【案情摘要】

原告：天津某科技发展股份有限公司，下简称建设方

被告：天津某建筑工程有些责任公司，下简称施工方

2007 年 5 月 15 日，施工方在建设方某商务楼工程施工招投中中标，同年 5 月 21 日双方签订了建设工程施工合同。施工过程中，施工方在混凝土中掺入一定量的草煤灰。2008 年 5 月该工程已封顶时，建设方发现该商务楼的顶层 17 层和第 15、16 层的混凝土凝固较慢。于是，建设方认为该混凝土的强度不够，要求施工方采取措施，对该三层重新施工。而施工方则认为混凝土强度符合相关的技术规范，不同意重新施工或采取其他措施。双方协商未果，建设方将施工方起诉至某区法院，要求施工方对混凝土强度不够的三层重新施工并赔偿建设方的相应损失。根据双方的请求，法院委托某区建筑工程质量检测中心按照两种技术规范对该工程结构混凝土实体强度进行检测，检测结果如下：

---

① 何红锋主编. 建设工程施工合同纠纷案例评析——最新司法解释下的分析与思考（修订版）. 北京：知识产权出版社，2009：143.

根据原告的要求，检测中心按照行业协会推荐性标准《钻芯法检测混凝土强度技术规程》（CECS03：2007）的检测结果为：第15、16、17层的结构混凝土实体强度达不到该技术规范的要求，其他各层的结构混凝土实体强度均达到该技术规范的要求。

根据被告的请求，检测中心按照地方推荐性标准《结构混凝土实体检测技术规程》（DB/T 29-148—2005）的检测结果为：第15、16、17及其他各层结构混凝土实体强度均达到该规范的要求。

【审裁结果】

法院经过庭审，判决如下：1）驳回原告的诉讼请求；2）案件受理费和检测费由原告方承担。

法院判决主要理由为：在没有强制性国家标准、行业标准和地方标准的情况下，双方可以通过合同来约定施工工程中所要适用推荐性的技术规范。而该案中的施工合同中，双方并未约定所要适用的技术规范。因此，施工方有权选择相应的推荐性标准作为施工的技术标准。

【分析评论】

本案是涉及标准规范适用问题的施工质量纠纷案件，在分析本案前，要搞清楚以下问题：

其一，强制性标准与推荐性标准的关系。强制性标准是保障人体健康，人身财产安全的标准和法律，行政法规规定强制执行的标准。强制性标准，必须执行；推荐性标准，国家鼓励企业自愿采用。

其二，国家强制性标准和强制性条文的关系。《标准化法》规定，"强制性标准，必须执行"，"不符合强制性标准的产品，禁止生产、销售和进口"，显然强制性标准在我国具有强制约束力，相当于技术法规。但强制性标准在实施工程中显现了一些问题：一方面，由于强制性标准的制定程序、编写格式和内容表现形式等完全按照现行的制修订标准有关规定执行，造成了一些强制性标准内容不合理，影响了强制性标准的有效实施，不利于国家对强制性标准实施情况进行依法监督，有的甚至在一定程度上阻碍了技术的进步。另一方面，标准是一本完整的技术文件，对一项活动或产品规定了全部的技术要求，有些要求属于强制性，有些则是推荐性的，对于推荐性的要求完全可由市场来调节，如产品的外观、形状、尺寸等，而根据当时的有关规定，只要标准中涉及一项指标属于强制性要求，则就把该标准定为强制性标准，其他应该是推荐性的指标也被同时定为强制性。当时这种规定产生了许多合法不合理的现象，影响了强制性标准的严肃性。因此，2000年2月22日国家质量技术监督局发布了"关于实施《关于强制性标准实行条文强制的若干规定》的通知"，于同年6月1日实施该规定。在《关于强制性标准实行条文强制的若干规定》中规定强制性标准可分为全文强制和条文强制两种形式：1）标准的全部技术内容需要强制时，为全文强制形式；2）标准中部分技术内容需要强制时，为条文强制形式。

其三、协会标准和行业标准的关系。《标准化法》根据制定的主体不同，将标准分为国家标准、行业标准、地方标准和企业标准，而没有规定协会标准（即行业协会制定的标准）。有的学者认为协会标准是不同于以上四种标准的新类型标准。我们则认为可以将协会标准看作行业标准的一种，原因在于：一方面在我国行业协会具有行政色彩，行使部分行政职权；另一方面行业协会制定标准时多数情况下获得了行业主管机关的事前授权或取得了事后认可。

在上文基本介绍的基础上，针对本案分析如下：

1. 对本案中结构混凝土实体施工质量检测没有具体的国家标准。有关混凝土的国家标准有：1)《混凝土结构设计规范》GB 50010—2002：适用于混凝土承重结构的设计，其中只涉及混凝土强度设计值；2)《混凝土结构工程施工质量验收规范》GB 50204—2002：适用于建筑工程混凝土结构施工质量的验收，其中只有 10.1 涉及结构实体检验，过于简略缺乏可操作性；3)《混凝土强度检验评定标准》GBJ 107—87：适用于普通混凝土和轻骨料混凝土抗压强度的检验评定；4)《建筑结构检测技术规程》GB/T 50344—2004：适用于建筑工程中各类结构工程质量的检测，其中对混凝土强度检测仍缺乏可操作性，如缺陷取样方法、养护方式等等。因此，在国家标准中没有具体明确的标准时，省、自治区和直辖市可以制定具体的、可操作的地方标准。天津制定了推荐性的地方标准《结构混凝土实体检测技术规程》DB/T 29—148—2005。因此，施工方有权选择适用该地方标准《结构混凝土实体检测技术规程》DB/T 29—148—2005。

2. 能适用本案的《钻芯法检测混凝土强度技术规程》CECS 03—2007 和《超声回弹综合法检测混凝土强度技术规程》CECS 02—2005 都是推荐性的标准，与地方标准《结构混凝土实体检测技术规程》DB/T 29—148—2005 处于同位阶的地位，适用主体可以选择适用。建设方和施工方在合同中没有具体约定适用某个具体规范时，施工方可以选择适用地方标准《结构混凝土实体检测技术规程》DB/T 29—148—2005，并应在检测时以施工方的选择为准。

3. 施工方选择适用地方标准《结构混凝土实体检测技术规程》符合有关国家标准的原则规定。因为《结构混凝土实体检测技术规程》的主要质量检验指标是依据国家现行标准《混凝土结构设计规范》GB 50010—2002、《混凝土结构工程施工质量验收规范》GB 50204—2002、《混凝土强度检验评定标准》GBJ 107—87 等有关原则制定的。

因此，本案施工方对结构混凝土实体检测有权选择适用天津的地方标准《结构混凝土实体检测技术规程》DB/T 29—148—2005，法院的判决符合相关法律的规定。为了避免纠纷的发生，在没有具体的强制性标准的情况下，发包方和承包人应在合同中约定所要适用的技术规范。

思 考 题

1. 我国工程建设标准的特点有哪些？
2. 简述工程建设国际标准的概念及内容。
3. 列入年度计划的国家标准项目应当具备哪些条件？
4. 简述工程建设国家标准的制定各阶段的基本要求。
5. 省、自治区、直辖市建设行政主管部门管理本行政区域内工程建设标准化工作的职责有哪些？
6. 简述产品标准的质量认证及认证标准。
7. 简述工程建设标准实施监督检查的方式和措施。
8. 简述违反工程建设强制性标准的法律责任。

9 建设工程合同法律制度

9.1 概　述

9.1.1 建设工程合同的概念

建设工程合同是承包人进行工程建设，发包人支付价款的合同。我国建设领域习惯上把建设工程合同的当事人双方称为发包方和承包人，这与我国《合同法》将他们称为发包人与承包人没有区别。双方当事人应当在合同中明确各自的权利义务，但主要是承包人进行工程建设，发包人支付工程款。进行工程建设的行为包括勘察、设计、施工。建设工程实行监理的，发包人也应当与监理人采用书面形式订立委托监理合同。建设工程合同是一种诺成合同，合同订立生效后双方应当严格履行。建设工程合同也是一种双务、有偿合同，当事人双方在合同中都有各自的权利和义务，在享有权利的同时必须履行义务。

从合同理论上说，建设工程合同是广义的承揽合同的一种，也是承揽人（承包人）按照定作人（发包人）的要求完成工作（工程建设），交付工作成果（竣工工程），定作人给付报酬的合同。但由于建设工程合同在经济活动、社会生活中的重要作用，以及在国家管理、合同标的等方面均有别于一般的承揽合同，我国一直将建设工程合同列为单独的一类重要合同。但考虑到建设工程合同毕竟是从承揽合同中分离出来的，《合同法》规定：建设工程合同中没有规定的，适用承揽合同的有关规定。

9.1.2 建设工程合同的特征

1. 合同主体要求严格

建设工程合同主体一般只能是法人。发包人一般只能是经过批准进行工程项目建设的法人，必须已经落实投资计划，并且应当具备相应的协调能力；承包人则必须具备法人资格，而且应当具备相应的从事勘察设计、施工、监理等资质。无营业执照或无承包资质的单位不能作为建设工程合同的承包人。

2. 合同标的的特殊性

建设工程合同的标的是完成各类建筑产品承包任务的行为，建筑产品是不动产，其基础部分与大地相连，不能移动。这就决定了每个建设工程合同的标的都是特殊的，相互间具有不可替代性。这还决定了承包人工作的流动性。建筑物所在地就是勘察、施工生产场地，设计也要进行现场踏勘，施工队伍、施工机械必须围绕建筑产品不断移动。另外，建筑产品的类别庞杂，其外观、结构、使用目的、使用人都各不相同，这就要求每一个建筑产品都需单独设计和施工（即使可重复利用标准设计或重复使用图纸，也应采取必要的修改设计才能施工），即建筑产品是单体性生产，这也决定了建设工程合同标的的特殊性。

3. 合同履行期限长

建设工程由于结构复杂、体积大、建筑材料类型多、工作量大，使得合同履行期限都较长（与一般工业产品的生产相比）。而且，建设工程合同的订立和履行一般都需要较长的准备期，在合同的履行过程中，还可能因为不可抗力、工程变更、材料供应不及时等原因而导致合同期限顺延。所有这些情况，决定了建设工程合同的履行期限具有长期性。

4. 计划和程序的严格

由于工程建设对国家的经济发展、公民的工作和生活都有重大的影响，因此，国家对建设工程的计划和程序都有严格的管理制度。订立建设工程合同必须以国家批准的投资计划为前提，即使是国家投资以外的、以其他方式筹集的投资也要受到当年的贷款规模和批准限额的限制，纳入当年投资规模的平衡，并经过严格的审批程序。建设工程合同的订立和履行还必须符合国家关于建设程序的规定。

5. 合同形式的特殊要求

我国《合同法》对合同形式确立了以不要式为主的原则，即在一般情况下对合同形式采用书面形式还是口头形式没有限制。但是，考虑到建设工程的重要性和复杂性，在建设过程中经常会发生影响合同履行的纠纷，因此，《合同法》要求，建设工程合同应当采用书面形式。

9.1.3　建设工程合同的种类

建设工程合同可以从不同的角度进行分类。

1. 从承发包的不同范围和数量进行划分

从承发包的不同范围和数量进行划分，可以将建设工程合同分为建设工程总承包合同、建设工程承包合同、分包合同。发包人将工程建设的全过程发包给一个承包人的合同即为建设工程总承包合同。发包人如果将建设工程的勘察、设计、施工等的每一项分别发包给一个承包人的合同即为建设工程承包合同。经合同约定和发包人认可，从工程承包人承包的工程中承包部分工程而订立的合同即为建设工程分包合同。

2. 从完成承包的内容进行划分

完成承包的内容进行划分，建设工程合同可以分为建设工程勘察合同、建设工程设计合同和建设工程施工合同三类。但由于建设工程监理合同与建设合同关系密切，在《合同法》的"建设工程合同"一章中对此进行了规定，故本章也对建设工程监理合同进行了介绍。由于 FIDIC 合同条件的特殊性，以及 FIDIC 合同条件对我国建设工程合同的影响，对 FIDIC 合同条件也进行了介绍。

9.2　合同法基本知识

9.2.1　合同法概述

1. 合同的概念

合同是平等主体的自然人、法人、其他组织之间设立、变更、终止民事权利义务关系的协议。各国的合同法规范的都是债权合同，它是市场经济条件下规范财产流转关系的基本依据，因此，合同是市场经济中广泛进行的法律行为。而广义的合同还应包括婚姻、收养、监护等有关身份关系的协议，以及劳动合同等，这些合同由其他法律进行规范，不属于我国合同法中规范的合同。

2. 合同的分类

从不同的角度可以对合同作不同的分类。

(1) 合同法的基本分类

《合同法》分则部分将合同分为 15 类：买卖合同；供用电、水、气、热力合同；赠与合同；借款合同；租赁合同；融资租赁合同；承揽合同；建设工程合同；运输合同；技术合同；保管合同；仓储合同；委托合同；行纪合同；居间合同。这可以认为是合同法对合同的基本分类，合同法对每一类合同都作了较为详细的规定。

(2) 其他分类

其他分类是侧重学理分析的，虽然合同法中也有涉及。

1) 计划与非计划合同。计划合同是依据国家有关计划签订的合同；非计划合同则是当事人根据市场需求和自己的意愿订立的合同。虽然在市场经济中，依计划订立的合同的比重降低了，但仍然有一部分合同是依据国家有关计划订立的。对于计划合同，有关法人、其他组织之间应当依照有关法律、行政法规规定的权利和义务订立合同。

2) 双务合同与单务合同。双务合同是当事人双方相互享有权利和相互负有义务的合同。大多数合同都是双务合同，如建设工程合同。单务合同是指合同当事人双方并不相互享有权利、负有义务的合同，如赠与合同。

3) 诺成合同与实践合同。诺成合同是当事人意思表示一致即可成立的合同。实践合同则要求在当事人意思表示一致的基础上，还必须交付标的物或者其他给付义务的合同。在现代经济生活中，大部分合同都是诺成合同。这种合同分类的目的在于确立合同的生效时间。

4) 主合同与从合同。主合同是指不依赖其他合同而独立存在的合同。从合同是以主合同的存在为存在前提的合同。主合同的无效、终止将导致从合同的无效、终止，但从合同的无效、终止不能影响主合同。担保合同是典型的从合同。

5) 有偿合同与无偿合同。有偿合同是指合同当事人双方任何一方均须给予另一方相应权益方能取得自己利益的合同。而无偿合同的当事人一方无须给予相应权益即可从另一方取得利益。在市场经济中，绝大部分合同都是有偿合同。

6) 要式合同与不要式合同。要式合同与不要式合同。如果法律要求必须具备一定形式和手续的合同，称为要式合同。反之，法律不要求具备一定形式和手续的合同，称为不要式合同。

9.2.2 合同的订立

1. 订立合同的形式和内容

(1) 合同形式的概念和分类

合同的形式是当事人意思表示一致的外在表现形式。一般认为，合同的形式可分为书面形式、口头形式和其他形式。口头形式是以对话形式表现合同内容的合同。书面形式是指合同书、信件和数据电文（包括电报、电传、传真、电子数据交换和电子邮件）等可以有形地表现所载内容的形式。其他形式则包括公证、审批、登记等形式。

如果以合同形式的产生依据划分，合同形式则可分为法定形式和约定形式。合同的法定形式是指法律直接规定合同应当采取的形式。如《合同法》规定建设工程合同应当采用书面形式，则当事人不能对合同形式加以选择。合同的约定形式是指法律没有对合同形式作出要求，当事人可以约定合同采用的形式。

（2）合同形式欠缺的法律后果

我国合同法规定的合同形式的不要式原则的一个重要体现还在于：即使法律、行政法规规定或当事人约定采用书面形式订立合同，当事人未采用书面形式，但一方已经履行了主要义务，对方接受的，该合同成立。采用合同书形式订立合同的，在签字盖章之前，当事人一方已经履行主要义务，对方接受的，该合同成立。因为合同的形式只是当事人意思的载体，从本质上说，法律、行政法规在合同形式上的要求也是为了保障交易安全。如果在形式上不符合要求，但当事人已经有了交易事实，再强调合同形式就失去了意义。当然，在没有履行行为之前，合同的形式不符合要求，则合同未成立。

这一规定对于建设工程合同具有重要的意义。例如：某施工合同，在施工任务完成后由于发包人拖欠工程款而发生纠纷，但双方一直没有签订书面合同，此时是否应当认定合同已经成立？答案应当是肯定的。又例如：在施工合同履行中，如果工程师发布口头指令，最后没有以书面形式确认，但承包人有证据证明工程师确实发布过口头指令（当然，需要经过一定的程序），一样可以认定口头指令的效力，构成合同的组成部分。

（3）合同的内容

合同的内容由当事人约定，这是合同自由的重要体现。合同法规定了合同一般应当包括的条款：1）当事人的名称或者姓名和住所；2）标的；3）数量；4）质量；5）价款或者报酬；6）履行的期限、地点和方式；7）违约责任；8）解决争议的方法。但具备这些条款不是合同法成立的必备条件。建设工程合同也应当包括这些内容，但由于建设工程合同往往比较复杂，合同中的内容往往并不全部在狭义的合同文本中，如有些内容反映在工程量表中，有些内容反映在当事人约定采用的质量标准中。

2. 要约与承诺

当事人订立合同，采用要约、承诺方式。合同的成立需要经过要约和承诺两个阶段，这是民法学界的共识，也是国际合同公约和世界各国合同立法的通行做法。建设工程合同的订立同样需要通过要约、承诺。

（1）要约的概念和条件

要约是希望和他人订立合同的意思表示。提出要约的一方为要约人，接受要约的一方为被要约人。要约应当具有以下条件：1）内容具体确定；2）表明经受要约人承诺，要约人即受该意思表示约束。具体地讲，要约必须是特定人的意思表示，必须是以缔结合同为目的。要约必须是对相对人发出的行为，必须由相对人承诺，虽然相对人的人数可能为不特定的多数人。另外，要约必须具备合同的一般条款。

（2）要约邀请

要约邀请是希望他人向自己发出要约的意思表示。要约邀请并不是合同成立过程中的必经过程，它是当事人订立合同的预备行为，在法律上无须承担责任。这种意思表示的内容往往不确定，不含有合同得以成立的主要内容，也不含相对人同意后受其约束的表示。比如价目表的寄送、招标公告、商业广告、招股说明书等，即是要约邀请。但是，如果商业广告的内容符合要约规定的，视为要约。

（3）承诺的概念和条件

承诺是受要约人作出的同意要约的意思表示。

承诺具有以下条件：1）承诺必须由受要约人作出；2）承诺只能向要约人作出。非要约对象向要约人作出的完全接受要约意思的表示也不是承诺，因为要约人根本没有与其订立合同的意愿；3）承诺的内容应当与要约的内容一致；4）承诺必须在承诺期限内发出。超过期限，除要约人及时通知受要约人该承诺有效外，为新要约。

在建设工程合同的订立过程中，招标人发出中标通知书的行为是承诺。因此，作为中标通知书必须由招标人向投标人发出，并且其内容应当与招标文件、投标文件的内容一致。

3. 关于格式条款

格式条款是指当事人为了重复使用而预先拟定，并在订立合同时未与对方协商即采用的条款。格式条款又被称为标准条款，提供格式条款的相对人只能在接受格式条款和拒签合同两者之间进行选择。格式条款既可以是合同的部分条款为格式条款，也可以是合同的所有条款为格式条款。在现代经济生活中，格式条款适应了社会化大生产的需要，提高了交易效率，在日常工作和生活中随处可见。但这类合同的格式条款提供人往往利用自己的有利地位，加入一些不公平、不合理的内容。因此，各国立法都对格式条款提供人进行一定的限制。

提供格式条款的一方应当遵循公平的原则确定当事人之间的权利义务关系，并采取合理的方式提请对方注意免除或限制其责任的条款，按照对方的要求，对该条款予以说明。提供格式条款一方免除其责任、加重对方责任、排除对方主要权利的，该条款无效。

对格式条款的理解发生争议的，应当按照通常的理解予以解释，对格式条款有两种以上解释的，应当作出不利于提供格式条款的一方的解释。在格式条款与非格式条款不一致时，应当采用非格式条款。

4. 缔约过失责任

（1）缔约过失责任的概念

缔约过失责任，是指在合同缔结过程中，当事人一方或双方因自己的过失而致合同不成立、无效或被撤销，应对信赖其合同为有效成立的相对人赔偿基于此项信赖而发生的损害。缔约过失责任既不同于违约责任，也有别于侵权责任，是一种独立的责任。现实生活中确实存在由于过失给当事人造成损失，但合同尚未成立的情况。缔约过失责任的规定能够解决这种情况的责任承担问题。

（2）承担缔约过失的情形

1）假借订立合同，恶意进行磋商。恶意磋商，是指一方没有订立合同的诚意，假借订立合同与对方磋商而导致另一方遭受损失的行为。如甲施工企业知悉自己的竞争对手在协商与乙企业联合投标，为了与对手竞争，遂与乙企业谈判联合投标事宜，在谈判中故意拖延时间，使竞争对手失去与乙企业联合的机会，之后宣布谈判终止，致使乙企业遭受重大损害。

2）故意隐瞒与订立合同有关的重要事实或提供虚假情况

故意隐瞒重要事实或者提供虚假情况，是指以涉及合同成立与否的事实予以隐瞒或者提供与事实不符的情况而引诱对方订立合同的行为。如代理人隐瞒无权代理这一事实而与相对人进行磋商；施工企业不具有相应的资质等级而谎称具有；没有得到进（出）口许可而谎称获得；故意隐瞒标的物的瑕疵等等。

3）有其他违背诚实信用原则的行为

其他违背诚实信用原则的行为主要指当事人一方对附随义务的违反，即违反了通知、保护、说明等义务。

4）违反缔约中的保密义务

当事人在订立合同过程中知悉的商业秘密，无论合同是否成立，不得泄露或者不正当使用。泄露或者不正当使用该商业秘密给对方造成损失的，应当承担损害赔偿责任。例如，发包人在建设工程招标投标中或者合同谈判中知悉对方的商业秘密，如果泄露或者不正当使用，给承包人造成损失的，应当承担损害赔偿责任。

9.2.3 合同的效力

1. 合同的生效

（1）合同生效应当具备的条件

合同生效是指合同对双方当事人的法律约束力的开始。合同成立后，必须具备相应的法律条件才能生效，否则合同是无效的。合同生效应当具备下列条件：1）当事人具有相应的民事权利能力和民事行为能力；2）意思表示真实；3）不违反法律或者社会公共利益。

（2）合同的生效时间

一般说来，依法成立的合同，自成立时生效。具体地讲：口头合同自受要约人承诺时生效；书面合同自当事人双方签字或者盖章时生效；法律规定应当采用书面形式的合同，当事人虽然未采用书面形式但已经履行全部或者主要义务的，可以视为合同有效。合同中有违反法律或社会公共利益的条款的，当事人取消或改正后，不影响合同其他条款的效力。

法律、行政法规规定应当办理批准、登记等手续生效的，依照其规定。当事人可以对合同生效约定附条件或者约定附期限。

2. 效力待定的合同

有些合同的效力较为复杂，不能直接判断是否生效，而与合同的一些后续行为有关，这类合同即为效力待定的合同。

（1）限制民事行为能力人订立的合同

无民事行为能力人不能订立合同，限制行为能力人一般情况下也不能独立订立合同。限制民事行为能力人订立的合同，经法定代理人追认以后，合同有效。限制民事行为能力人的监护人是其法定代理人。相对人可以催告法定代理人在一个月内予以追认，法定代理人未作表示的，视为拒绝追认。合同被追认之前，善意相对人有撤销的权利。撤销应当以通知的方式作出。

（2）无代理权人订立的合同

行为人没有代理权、超越代理权或者代理权终止后以被代理人的名义订立的合同，未经被代理人追认，对被代理人不发生效力，由行为人承担责任。相对人可以催告被代理人在一个月内予以追认。被代理人未作表示的，视为拒绝追认。合同被追认之前，善意相对人有撤销的权利。撤销应当以通知的方式作出。行为人没有代理权、超越代理权或者代理权终止后以被代理人的名义订立的合同，相对人有理由相信行为人有代理权的，该代理行为有效。

（3）表见代理人订立的合同

"表见代理"是善意相对人通过被代理人的行为足以相信无权代理人具有代理权的代理。基于此项信赖，该代理行为有效。善意第三人与无权代理人进行的交易行为（订立合同），其后果由被代理人承担。表见代理的规定，其目的是保护善意的第三人。在现实生活中，较为常见的表见代理是采购员或者推销员拿着盖有单位公章的空白合同文本，超越授权范围与其他单位订立合同。此时其他单位如果不知采购员或者推销员的授权范围，即为善意第三人。此时订立的合同有效。

表见代理一般应当具备以下条件：1）表见代理人并未获得被代理人的书面明确授权，是无权代理；2）客观上存在让相对人相信行为人具备代理权的理由；3）相对人善意且无过失。

有些情况下，表见代理与无权代理的区分是十分困难的。最高人民法院曾经发布过一个案例，能够充分说明这种区分的困难。

（4）法定代表人、负责人越权代表订立的合同

法人或其他组织的法定代表人、负责人超越权限订立的合同，除相对人知道或应当知道其超越权限以外，该代表行为有效。

（5）无处分权人处分他人财产订立的合同

无处分权人处分他人财产订立的合同，一般情况下是无效的。但是，在下列两种情况下合同有效：1）无处分权人处分他人财产，经权利人追认，订立的合同有效；2）无处分权人通过订立合同取得处分权的合同有效。如在房地产开发项目的施工中，施工企业对房地产是没有处分权的，如果施工企业将施工的商品房卖给他人，则该买卖合同无效。但是，如果房地产开发商追认该买卖行为，则买卖合同有效；或者事后施工企业与房地产开发商达成该商品房折抵工程款，则该买卖合同也有效。

3. 无效合同

（1）无效合同的情形

无效合同是指当事人违反了法律规定的条件而订立的，国家不承认其效力，不给予法律保护的合同。无效合同从订立之时起就没有法律效力，不论合同履行到什么阶段，合同被确认无效后，这种无效的确认要溯及到合同订立时。

以下合同为无效合同：1）一方以欺诈、胁迫的手段订立，损害国家利益的合同；2）恶意串通，损害国家、集体或第三人利益的合同；3）以合法形式掩盖非法目的的合同；4）损害社会公共利益；5）违反法律、行政法规的强制性规定的合同。

有些合同中的免责条款也会无效。合同免责条款，是指当事人约定免除或者限制其未来责任的合同条款。当然，并不是所有的免责条款都无效，合同中的下列免责条款无效：1）造成对方人身伤害的；2）因故意或者重大过失造成对方财产损失的。

（2）无效合同的确认

无效合同的确认权归人民法院或者仲裁机构，合同当事人或其他任何机构均无权认定合同无效。

（3）无效合同的法律后果

合同被确认无效后，合同规定的权利义务即为无效。履行中的合同应当终止履行，尚未履行的不得继续履行。对因履行无效合同而产生的财产后果应当依法进行处理。无效合同的法律后果有以下几种：

1）返还财产。由于无效合同自始没有法律约束力，因此，返回财产是处理无效合同的主要方式。合同被确认无效后，当事人依据该合同所取得的财产，应当返还给对方；不能返还的，应当作价补偿。建设工程合同如果无效一般都无法返还财产，因为无论是勘察设计成果还是工程施工，承包人的付出都是无法返还的，因此，一般应当采用作价补偿的方法处理。

2）赔偿损失。合同被确认无效后，有过错的一方应赔偿对方因此而受到的损失。如果双方都有过错，应当根据过错的大小各自承担相应的责任。

3）追缴财产，收归国有。双方恶意串通，损害国家或者第三人利益的，国家采取强制性措施将双方取得的财产收归国库或者返还第三人。无效合同不影响善意第三人取得合法权益。

4. 可变更或可撤销的合同

可变更或可撤销的合同，是指欠缺生效条件，但一方当事人可依照自己的意思使合同的内容变更或者使合同的效力归于消灭的合同。如果合同当事人对合同的可变更或可撤销发生争议，只有人民法院或者仲裁机构有权变更或者撤销合同。可变更或可撤销的合同不同于无效合同，当事人提出请求是合同被变更、撤销的前提，人民法院或者仲裁机构不得主动变更或者撤销合同。当事人如果只要求变更，人民法院或者仲裁机构不得撤销其合同。

有下列情形之一的，当事人一方有权请求人民法院或者仲裁机构变更或者撤销其合同：

（1）因重大误解而订立的合同

重大误解是指由于合同当事人一方本身的原因，对合同主要内容发生误解，产生错误认识。由于建设工程合同订立的程序较为复杂，当事人发生重大误解的可能性很小，但在建设工程合同的履行或者变更的具体问题上仍有发生重大误解的可能性。如在工程师发布的指令中，或者建设工程涉及的买卖合同中等。行为人因对行为的性质、对方当事人、标的物的品种、质量、规格和数量等的错误认识，使行为的后果与自己的意思相悖，并造成较大损失时，可以认定为重大误解。当然，这里的重大误解必须是当事人在订立合同时已经发生的误解，如果是合同订立后发生的事实，且一方当事人订立时由于自己的原因而没有预见到，则不属于重大误解。

（2）在订立合同时显失公平的合同

一方当事人利用优势或者利用对方没有经验，致使双方的权利与义务明显违反公平原则的，可以认定为显失公平。最高人民法院的司法解释认为，民间借贷（包括公民与企业之间的借贷）约定的利息高于银行同期同种贷款利率的 4 倍，为显失公平。但在其他方面，显失公平尚无定量的规定。

（3）以欺诈、胁迫等手段或者乘人之危，使对方在违背真实意思的情况下订立的合同

一方以欺诈、胁迫等手段或者乘人之危，使对方在违背真实意思的情况下订立的合同，受损害方有权请求人民法院或者仲裁机构变更或者撤销。

9.2.4 违约责任

1. 违约责任的概念

违约责任，是指当事人任何一方不履行合同义务或者履行合同义务不符合约定而应当

承担的法律责任。违约行为的表现形式包括不履行和不适当履行。不履行是指当事人不能履行或者拒绝履行合同义务。不能履行合同的当事人一般也应承担违约责任。不适当履行则包括不履行以外的其他所有违约情况。当事人一方不履行合同义务，或履行合同义务不符合约定的，应当承担继续履行、采取补救措施或者赔偿损失等违约责任。当事人双方都违反合同的，应各自承担相应的责任。

2. 承担违约责任的方式

(1) 继续履行

继续履行是指违反合同的当事人不论是否承担了赔偿金或者其他形式的违约责任，都必须根据对方的要求，在自己能够履行的条件下，对合同未履行的部分继续履行。因为订立合同的目的就是通过履行实现当事人的目的，从立法的角度，应当鼓励和要求合同的实际履行。承担赔偿金或者违约金责任不能免除当事人的履约责任。

(2) 采取补救措施

所谓的补救措施主要是指我国民法通则和合同法中所确定的，在当事人违反合同的事实发生后，为防止损失发生或者扩大，而由违反合同一方依照法律规定或者约定采取的修理、更换、重新制作、退货、减少价格或者报酬等措施，以给权利人弥补或者挽回损失的责任形式。采取补救措施的责任形式，主要发生在质量不符合约定的情况下。建设工程合同中，采取补救措施是施工单位承担违约责任常用的方法。

(3) 赔偿损失

当事人一方不履行合同义务或者履行合同义务不符合约定的，给对方造成损失的，应当赔偿对方的损失。损失赔偿额应当相当于因违约所造成的损失，包括合同履行后可以获得的利益，但不得超过违反合同一方订立合同时预见或应当预见的因违反合同可能造成的损失。这种方式是承担违约责任的主要方式。因为违约一般都会给当事人造成损失，赔偿损失是守约者避免损失的有效方式。

(4) 支付违约金

当事人可以约定一方违约时应当根据违约情况向对方支付一定数额的违约金，也可以约定因违约产生的损失额的赔偿办法。约定违约金低于造成损失的，当事人可以请求人民法院或仲裁机构予以增加；约定违约金过分高于造成损失的，当事人可以请求人民法院或仲裁机构予以适当减少。

违约金与赔偿损失不能同时采用。如果当事人约定了违约金，则应当按照支付违约金承担违约责任。

(5) 定金罚则

当事人可以约定一方向对方给付定金作为债权的担保。债务人履行债务后定金应当抵作价款或收回。给付定金的一方不履行约定债务的，无权要求返还定金；收受定金的一方不履行约定债务的，应当双倍返还定金。

当事人既约定违约金，又约定定金的，一方违约时，对方可以选择适用违约金或定金条款。但是，这两种违约责任不能合并使用。

3. 因不可抗力无法履约的责任承担

因不可抗力不能履行合同的，根据不可抗力的影响，部分或全部免除责任。当事人延迟履行后发生的不可抗力，不能免除责任。当事人因不可抗力不能履行合同的，应当及时通知对方，以减轻给对方造成的损失，并应当在合理的期限内提供证明。

当事人可以在合同中约定不可抗力的范围。为了公平的目的，避免当事人滥用不可抗力的免职权，约定不可抗力的范围是必要的。在有些情况下还应当约定不可抗力的风险分担责任。

9.3　建设工程勘察设计合同

9.3.1　建设工程勘察设计合同概述

1. 建设工程勘察设计合同的概念

建设工程勘察设计合同是委托人与承包人为完成一定的勘察、设计任务，明确双方权利义务关系的协议。承包人应当完成委托人委托的勘察、设计任务，委托人则应接受符合约定要求的勘察、设计成果并支付报酬。一般情况下，建设工程勘察合同与设计合同是两个合同。但是，这两个合同的特点和管理内容相似，因此，我们往往将这两个合同统称为建设工程勘察设计合同。

建设工程勘察设计合同的委托人一般是项目业主（建设单位）或建设项目总承包单位；承包人是持有国家认可的勘察、设计证书，具有经过有关部门核准的资质等级的勘察、设计单位。合同的委托人、承包人均应具有法人地位。委托人必须是有国家批准建设项目，落实投资计划的企事业单位、社会团体；或者是获得总承包合同的建设项目总承包单位。

2. 规范建设工程勘察设计合同的法律规范

勘察设计合同是建设工程合同的重要组成部分，《合同法》的有关规定是勘察设计合同的重要规范；《民法总则》对合同的有关规定也是规范勘察设计合同的原则规定。住房城乡建设部、国家工商行政管理局于 2016 年 7 月 25 日发布了《建设工程勘察合同（示范文本）》GF—2016—0203，2015 年 3 月 4 日发布了《建设工程设计合同示范文本（房屋建筑工程）》GF—2015—0209 和《建设工程设计合同示范文本（专业建设工程）》GF—2015—0210。

9.3.2　建设工程勘察、设计合同的主要内容

1. 委托人提交有关基础资料的期限

这是对委托人提交有关基础资料在时间上的要求。勘察或者设计的基础资料是指勘察、设计单位进行勘察、设计工作所依据的基础文件和情况。勘察基础资料包括项目的可行性研究报告，工程需要勘察的地点、内容，勘察技术要求及附图等。设计的基础资料包括工程的选址报告等勘察资料以及原料（或者经过批准的资源报告），燃料、水、电、运输等方面的协议文件，需要经过科研取得的技术资料。

2. 勘察、设计单位提交勘察、设计文件（包括概预算）的期限

这是指勘察、设计单位完成勘察设计工作，交付勘察或者设计文件的期限。勘察、设计文件主要包括勘察、建设设计图纸及说明，材料设备清单和工程的概预算等。勘察、设计文件是工程建设的依据，工程必须按照勘察设计文件进行施工，因此勘察设计文件的交付期限直接影响工程建设的期限，所以当事人在勘察或者设计合同时应当明确勘察、设计文件的交付期限。

3. 勘察或者设计的质量要求

这主要是委托人对勘察、设计工作提出的标准和要求。勘察、设计单位应当按照确定的质量要求进行勘察、设计，按时提交符合质量要求的勘察、设计文件。勘察、设计的质量要求条款明确了勘察、设计成果的质量，也是确定勘察、设计单位工作责任的重要依据。

4. 勘察、设计费用

勘察、设计费用是委托人对勘察、设计单位完成勘察、设计工作的报酬。支付勘察、设计费是委托人在勘察、设计合同中的主要义务。双方应当明确勘察、设计费用的数额和计算方法，勘察设计费用支付方式、地点、期限等内容。

5. 双方的其他协作条件

其他协作条件是指双方当事人为了保证勘察、设计工作顺利完成所应当履行的相互协助的义务。委托人的主要协作义务是在勘察、设计人员进入现场工作时，为勘察、设计人员提供必要的工作条件和生活条件，以保证其正常开展工作。勘察、设计单位的主要协作义务是配合工程建设的施工，进行设计交底，解决施工中的有关设计问题，负责设计变更和修改预算，参加试车考核和工程验收等。

6. 违约责任

合同当事人双方应当根据国家的有关规定约定双方的违约责任。

9.3.3 建设工程勘察设计合同的履行

1. 建设工程勘察设计合同的定金

按规定收取费用的勘察、设计合同生效后，委托人应向承包人付给定金。勘察、设计合同履行后，定金抵作勘察、设计费。委托人不履行合同的，无权请求返还定金。承包人不履行合同的，应当双倍返还定金。

2. 勘察、设计合同双方的权利义务

勘察、设计合同作为双务合同，当事人的权利义务是相互的，一方的义务就是对方的权利。我们在这里只介绍各自的义务。

（1）委托人的义务

1）向承包人提供开展勘察、设计工作所需的有关基础资料，并对提供的时间、进度与资料的可靠性负责。委托勘察工作的，在勘察工作开展前，应提出勘察技术要求及附图。

委托初步设计的，在初步设计前，应提供经过批准的设计任务书、选址报告，以及原料（或经过批准的资料报告）、燃料、水、电、运输等方面的协议文件和能满足初步设计要求的勘察资料、需要经过科研取得的技术资料。

委托施工图设计的，在施工图设计前，应提供经过批准的初步设计文件和能满足施工图设计要求的勘察资料、施工条件，以及有关设备的技术资料。

2）在勘察、设计人员进入现场作业或配合施工时，应负责提供必要的工作和生活条件。

3）委托配合引进项目的设计任务，从询价、对外谈判、国内外技术考察直至建成投产的各阶段，应吸收承担有关设计任务的单位参加。

4）按照国家有关规定付给勘察、设计费。

5）维护承包人的勘察成果和设计文件，不得擅自修改，不得转让给第三方重复使用。

（2）承包人的义务

1）勘察单位应按照现行的标准、规范、规程和技术条例，进行工程测量、工程地质、水文地质等勘察工作，并按合同规定的进度、质量提交勘察成果。

2）设计单位要根据批准的设计任务书或上一阶段设计的批准文件，以及有关设计技术经济协议文件、设计标准、技术规范、规程、定额等提出勘察技术要求和进行设计，并按合同规定的进度和质量提交设计文件（包括概预算文件、材料设备清单）。

3）初步设计经上级主管部门审查后，在原定任务书范围内的必要修改，由设计单位负责。原定任务书有重大变更而重作或修改设计时，须具有设计审批机关或设计任务书批准机关的意见书，经双方协商，另订合同。

4）设计单位对所承担设计任务的建设项目应配合施工，进行设计技术交底，解决施工过程中有关设计的问题，负责设计变更和修改预算，参加试车考核及工程竣工验收。对于大中型工业项目和复杂的民用工程应派现场设计代表，并参加隐蔽工程验收。

9.4 建设工程施工合同

9.4.1 概述

1. 建设工程施工合同的概念

建设工程施工合同即建筑安装工程承包合同，是发包人和承包人为完成商定的建筑安装工程，明确相互权利、义务关系的合同。依照施工合同，承包人应完成一定的建筑、安装工程任务，发包人应提供必要的施工条件并支付工程价款。施工合同是建设工程合同的一种，它与其他建设工程合同一样是一种双务合同，在订立时也应遵守自愿、公平、诚实信用等原则。

施工合同是工程建设的主要合同，是施工单位进行工程建设质量管理、进度管理、费用管理的主要依据之一。在市场经济条件下，建设市场主体之间相互的权利义务关系主要是通过合同确立的，因此，在建设领域加强对施工合同的管理具有十分重要的意义。国家立法机关、国务院、国家建设行政管理部门都十分重视施工合同的规范工作，1999年3月15日九届全国人大第二次会议通过、1999年10月1日生效实施的《中华人民共和国合同法》对建设工程施工合同作了专章规定。《中华人民共和国建筑法》也有许多涉及建设工程施工合同的规定。建设部1993年1月29日发布了《建设工程施工合同管理办法》。这些法律、法规、部门规章是我国工程建设施工合同管理的依据。最高人民法院2004年发布的《关于审理建设工程施工合同纠纷案件适用法律问题的解释》，对司法实践中施工合同的一些争议进行了解释。

2.《建设工程施工合同（示范文本）》简介

根据有关工程建设施工的法律、法规，结合我国工程建设施工的实际情况，并借鉴了国际上广泛使用的土木工程施工合同条件（特别是FIDIC土木工程施工合同条件），住房城乡建设部、国家工商行政管理局于2017年9月22日发布了《建设工程施工合同（示范文本）》GF—2017—0201（以下简称《施工合同文本》）。《施工合同文本》是对国家住房和城乡建设部、国家工商行政管理局2017年4月3日发布的《建设工程施工合同（示范文本)》GF—2013—0201 的改进。

《施工合同文本》由《合同协议书》《通用合同条款》《专用合同条款》三部分组成，并附有 11 个附件：附件 1 是《承包人承揽工程项目一览表》，是协议书附件；其他为专用合同条款附件，附件 2 是《发包人供应材料设备一览表》、附件 3 是《工程质量保修书》、附件 4 是主要建设工程文件目录、附件 5 是承包人用于本工程施工的机械设备表、附件 6 是承包人主要施工管理人员表、附件 7 是分包人主要施工管理人员表、附件 8 是履约担保格式、附件 9 是预付款担保格式、附件 10 是支付担保格式、附件 11 是暂估价一览表。

《合同协议书》是《施工合同文本》中总纲性的文件。虽然其文字量并不大，但它规定了合同当事人双方最主要的权利义务，规定了组成合同的文件及合同当事人对履行合同义务的承诺，并且合同当事人在这份文件上签字盖章，因此具有很高的法律效力。《合同协议书》的内容包括工程概况、合同工期、质量标准、签约合同价与合同价格形式、项目经理、合同文件构成等。

《通用合同条款》是根据《合同法》《建筑法》等法律、法规对承发包双方的权利义务作出的规定，除双方协商一致对其中的某些条款作了修改、补充或取消，双方都必须履行。它是将建设工程施工合同中共性的一些内容抽象出来编写的一份完整的合同文件。《通用条款》具有很强的通用性，基本适用于各类建设工程。

《专用合同条款》则是根据具体的施工项目需要明确的内容。

9.4.2　施工合同无效、撤销及其处理

1. 施工合同无效的情形及其处理

（1）施工合同无效的情形

施工合同具有下列情形之一的，应当认定无效：1）承包人未取得建筑施工企业资质或者超越资质等级的；2）没有资质的实际施工人借用有资质的建筑施工企业名义的；3）建设工程必须进行招标而未招标或者中标无效的。

（2）施工合同无效的处理

建设工程施工合同无效，但建设工程经竣工验收合格，承包人有权要求参照合同约定支付工程价款。

建设工程施工合同无效，且建设工程经竣工验收不合格的，按照以下情形分别处理：1）修复后的建设工程经竣工验收合格，发包人有权要求承包人承担修复费用；2）修复后的建设工程经竣工验收不合格，承包人无权要求发包人支付工程价款。因建设工程不合格造成的损失，发包人有过错的，也应承担相应的民事责任。

承包人非法转包、违法分包建设工程或者没有资质的实际施工人借用有资质的建筑施工企业名义与他人签订建设工程施工合同的行为无效。人民法院可以收缴当事人已经取得的非法所得。

2. 施工合同撤销及其处理

（1）施工合同可以撤销的情形

承包人具有下列情形之一，发包人可以向人民法院或者仲裁委员会请求解除施工合同：1）明确表示或者以行为表明不履行合同主要义务的；2）合同约定的期限内没有完工，且在发包人催告的合理期限内仍未完工的；3）已经完成的建设工程质量不合格，并拒绝修复的；4）将承包的建设工程非法转包、违法分包的。

发包人具有下列情形之一，致使承包人无法施工，且在催告的合理期限内仍未履行相应义务，承包人可以向人民法院或者仲裁委员会请求解除施工合同：1）未按约定支付工程价款的；2）提供的主要建筑材料、建筑构配件和设备不符合强制性标准的；3）不履行合同约定的协助义务的。

（2）施工合同撤销的处理

建设工程施工合同解除后，已经完成的建设工程质量合格的，发包人应当按照约定支付相应的工程价款。因一方违约导致合同解除的，违约方应当赔偿因此而给对方造成的损失。

9.4.3　施工合同质量纠纷处理

发包人具有下列情形之一，造成建设工程质量缺陷，应当承担过错责任：1）提供的设计有缺陷；2）提供或者指定购买的建筑材料、建筑构配件、设备不符合强制性标准；3）直接指定分包人分包专业工程。

承包人有过错的，也应当承担相应的过错责任。

建设工程未经竣工验收，发包人擅自使用后，又以使用部分质量不符合约定为由主张权利的，不予支持；但是承包人应当在建设工程的合理使用寿命内对地基基础工程和主体结构质量承担民事责任。

建设工程竣工前，当事人对工程质量发生争议，工程质量经鉴定合格的，鉴定期间为顺延工期期间。

9.4.4　施工合同价款纠纷处理

1. 垫资纠纷的处理

当事人对垫资和垫资利息有约定，承包人请求按照约定返还垫资及其利息的，应予支持，但是约定的利息计算标准高于中国人民银行发布的同期同类贷款利率的部分除外。当事人对垫资没有约定的，按照工程欠款处理。当事人对垫资利息没有约定，承包人无权要求支付利息。

2. 工程价款的结算

当事人对建设工程的计价标准或者计价方法有约定的，按照约定结算工程价款。因设计变更导致建设工程的工程量或者质量标准发生变化，当事人对该部分工程价款不能协商一致的，可以参照签订建设工程施工合同时当地建设行政主管部门发布的计价方法或者计价标准结算工程价款。

当事人约定，发包人收到竣工结算文件后，在约定期限内不予答复，视为认可竣工结算文件的，按照约定处理。承包人请求按照竣工结算文件结算工程价款的，应予支持。

当事人就同一建设工程另行订立的建设工程施工合同与经过备案的中标合同实质性内容不一致的，应当以备案的中标合同作为结算工程价款的根据。

3. 工程价款利息的支付

当事人对欠付工程价款利息计付标准有约定的，按照约定处理；没有约定的，按照中国人民银行发布的同期同类贷款利率计息。

利息从应付工程价款之日计付。当事人对付款时间没有约定或者约定不明的，下列时间视为应付款时间：1）建设工程已实际交付的，为交付之日；2）建设工程没有交付的，为提交竣工结算文件之日；3）建设工程未交付，工程价款也未结算的，为当事人起诉之日。

4. 承包人的优先受偿权

我国《合同法》第二百八十六条规定："发包人未按照约定支付价款的，承包人可以催告发包人在合理期限内支付价款。发包人逾期不支付的，除按照建设工程的性质不宜折价、拍卖的以外，承包人可以与发包人协议将该工程折价，也可以申请人民法院将该工程依法拍卖。建设工程的价款就该工程折价或者拍卖的价款优先受偿。"

我国建设工程领域拖欠工程款的现象十分严重，这不但给建设工程的正常施工和建设工程质量留下了重大隐患，同时造成施工企业拖欠材料款和工人工资，是形成"三角债"的最主要的龙头和影响社会安定的重要因素。该条指出了发包人（建设单位）拖欠工程款后，承包人（施工企业）可以采取的两项救济措施：1）与发包人协议将该工程折价；2）申请人民法院将该工程依法拍卖。目前，在司法实践中，这一规定的应用主要体现在：经过诉讼，人民法院判决建设单位（主要是房地产开发企业）应当向承包人支付工程款，承包人的优先受偿权优于抵押权和其他债权，但消费者交付购买商品房的全部或者大部分款项后，承包人就该商品房享有的工程价款优先受偿权不得对抗买受人。

9.5 建设工程监理合同

9.5.1 概述

1. 建设工程监理合同的概念和特征

建设工程监理合同，是指委托人与监理人就委托的工程项目管理内容签订的明确双方权利、义务的协议。监理合同是委托合同的一种，但毫无疑问，它与建设工程合同是密不可分、有极强的关联关系的。监理合同除具有委托合同的共同特点外，还具有以下特点：

（1）监理合同的当事人双方应当是具有民事权利能力和民事行为能力、取得法人资格的企事业单位、其他社会组织，个人在法律允许的范围内也可以成为合同当事人。委托人必须是具有国家批准的建设项目，落实投资计划的企事业单位、其他社会组织及个人，作为受托人必须是依法成立具有法人资格的监理企业或监理事务所，所承担的工程监理业务应与企业资质等级和业务范围相符合。

（2）监理合同委托的工作内容必须符合工程项目建设程序，遵守有关法律、行政法规。监理合同是以对建设工程项目实施控制和管理为主要内容，因此监理合同必须符合建设工程项目的程序，符合国家和建设行政主管部门颁发的有关建设工程的法律、行政法规、部门规章和各种标准、规范要求。

（3）监理合同的标的是服务，即监理工程师凭借自己的专业知识、经验、技能受业主委托，主要为其与承包人所签订的建设工程施工合同的履行实施监督和管理。

2. 建设工程监理合同示范文本简介

根据国家有关工程建设监理的法律、法规，结合我国工程建设监理的实际情况，并借鉴了国际上广泛使用的 FIDIC《客户/咨询工程师（单位）服务协议书范本》，2012 年 3 月 27 日，住房城乡建设部、国家工商行政管理总局对《建设工程委托监理合同（示范文本）》GF—2000—2002 进行了修订，制定了《建设工程监理合同（示范文本）》GF—2012—0202（以下简称《监理合同》），是公用建筑、民用住宅、工业厂房、交通设施等各类工程委托监理的合同样本。

《监理合同》由"协议书"、"通用条件"、"专用条件"三部分组成，并附有相关服务的范围和内容、委托人派遣的人员和提供的房屋、资料、设备两个附件。

9.5.2 监理合同的订立

1. 委托的监理业务

委托的监理业务包括"监理"、"相关服务"、"正常工作"和"附加工作"。"监理"是指监理人受委托人的委托，依照法律法规、工程建设标准、勘察设计文件及合同，在施工阶段对建设工程质量、进度、造价进行控制，对合同、信息进行管理，对工程建设相关方的关系进行协调，并履行建设工程安全生产管理法定职责的服务活动。"相关服务"是指监理人受委托人的委托，按照本合同约定，在勘察、设计、保修等阶段提供的服务活动。"正常工作"指本合同订立时通用条件和专用条件中约定的监理人的工作。"附加工作"是指本合同约定的正常工作以外监理人的工作。

2. 监理合同的履行期限、地点和方式

订立监理合同时约定的履行期限、地点和方式是指合同中规定的当事人履行自己的义务完成工作的时间、地点以及结算酬金。在签订《监理合同》时双方必须商定监理期限，标明何时开始，何时完成。合同中注明的监理和相关服务开始实施和完成日期是根据工程情况估算的时间，合同约定的监理酬金是根据这个时间估算的，也相应地包括监理酬金和相关服务酬金。除不可抗力外，因非监理人原因导致监理人履行合同期限延长、内容增加时，监理人应当将此情况与可能产生的影响及时通知委托人。增加的监理工作时间、工作内容应视为附加工作。附加工作酬金的确定方法在专用条件中约定。

监理酬金支付方式也必须明确：首期支付多少，是每月等额支付还是根据工程形象进度支付，支付货币的币种等。附加工作酬金的确定方法也应当在专用条件中明确。

3. 双方的权利和义务

(1) 委托人权利

委托人的权利包括：1) 授予监理人权限的权利；2) 对其他合同承包人的选定权；3) 委托监理工程重大事项的决定权；4) 对监理人履行合同的监督控制权。

(2) 监理人权利

监理人权利包括：1) 完成监理任务后获得酬金的权利；2) 终止合同的权利；3) 工程建设有关事项和工程设计的建议权；4) 对实施项目的质量、工期和费用的监督控制权；5) 工程建设有关协作单位组织协调的主持权；6) 在业务紧急情况下，为了工程和人身安全，尽管变更指令已超越了委托人授权而又不能事先得到批准时，也有权发布变更指令；7) 审核承包商索赔的权利。

(3) 委托人义务

委托人义务包括：1) 委托人应负责工程建设的所有外部关系的协调工作，满足开展监理工作所需提供的外部条件；2) 与监理人作好协调工作；3) 为了不耽搁服务，委托人应在合理的时间内就监理人以书面形式提交并要求作出决定的一切事宜作出书面决定；4) 为监理人顺利履行合同义务，做好协助工作。

(4) 监理人义务

监理人义务包括：1) 监理人在履行合同义务期间，应运用合理的技能、认真勤奋地工作，公正地维护有关方面的合法权益；2）合同履行期间应按合同约定派驻足够的人员从事监理工作；3）在合同期内或合同终止后，未征得有关方同意，不得泄露与本工程、合同业务有关的保密资料；4）任何由委托人提供的供监理人使用的设施和物品都属于委托人的财产，监理工作完成或中止时，应将设施和剩余物品归还委托人；5）非经委托人书面同意，监理人及其职员不应接受监理合同约定以外的与监理工程有关的报酬，以保证监理行为的公正性；6）监理人不得参与可能与合同规定的与委托人利益相冲突的任何活动；7）在监理过程中，不得泄露委托人申明的秘密，亦不得泄露设计、承包等单位并申明的秘密；8）负责合同的协调管理工作。

9.5.3 监理合同的履行

1. 监理人应完成的监理工作

除专用条件另有约定外，监理工作内容包括：1）收到工程设计文件后编制监理规划，并在第一次工地会议 7 天前报委托人。根据有关规定和监理工作需要，编制监理实施细则；2）熟悉工程设计文件，并参加由委托人主持的图纸会审和设计交底会议；3）参加由委托人主持的第一次工地会议；主持监理例会并根据工程需要主持或参加专题会议；4）审查施工承包人提交的施工组织设计，重点审查其中的质量安全技术措施、专项施工方案与工程建设强制性标准的符合性；5）检查施工承包人工程质量、安全生产管理制度及组织机构和人员资格；6）检查施工承包人专职安全生产管理人员的配备情况；7）审查施工承包人提交的施工进度计划，核查承包人对施工进度计划的调整；8）检查施工承包人的试验室；9）审核施工分包人资质条件；10）查验施工承包人的施工测量放线成果；11）审查工程开工条件，对条件具备的签发开工令；12）审查施工承包人报送的工程材料、构配件、设备质量证明文件的有效性和符合性，并按规定对用于工程的材料采取平行检验或见证取样方式进行抽检；13）审核施工承包人提交的工程款支付申请，签发或出具工程款支付证书，并报委托人审核、批准；14）在巡视、旁站和检验过程中，发现工程质量、施工安全存在事故隐患的，要求施工承包人整改并报委托人；15）经委托人同意，签发工程暂停令和复工令；16）审查施工承包人提交的采用新材料、新工艺、新技术、新设备的论证材料及相关验收标准；17）验收隐蔽工程、分部分项工程；18）审查施工承包人提交的工程变更申请，协调处理施工进度调整、费用索赔、合同争议等事项；19）审查施工承包人提交的竣工验收申请，编写工程质量评估报告；20）参加工程竣工验收，签署竣工验收意见；21）审查施工承包人提交的竣工结算申请并报委托人；22）编制、整理工程监理归档文件并报委托人。

2. 违约责任

（1）监理人的违约责任

因监理人违反本合同约定给委托人造成损失的，监理人应当赔偿委托人损失。赔偿金额的确定方法在专用条件中约定。监理人承担部分赔偿责任的，其承担赔偿金额由双方协商确定。监理人向委托人的索赔不成立时，监理人应赔偿委托人由此发生的费用。

（2）委托人的违约责任

委托人未履行本合同义务的，应承担相应的责任。委托人违反本合同约定造成监理人损失的，委托人应予以赔偿。委托人向监理人的索赔不成立时，应赔偿监理人由此引起的费用。委托人未能按期支付酬金超过 28 天，应按专用条件约定支付逾期付款利息。

（3）除外责任

因非监理人的原因，且监理人无过错，发生工程质量事故、安全事故、工期延误等造成的损失，监理人不承担赔偿责任。因不可抗力导致本合同全部或部分不能履行时，双方各自承担其因此而造成的损失、损害。

【案例 9-1】：建设工程未经验收擅自使用纠纷案

【案情摘要】

2008 年 4 月，北京某美食宫就其内部装修工程与北京某装饰设计工程公司签订了装修合同，由北京某装饰设计工程公司承包北京某美食宫内部装修工程和设备安装调试工作。合同约定承包方式为概算加增减账；付款方式为按工程进度拨付工程款；工程价款暂估为 1400 万元；并且在合同中约定由施工方北京某装饰设计工程公司负责该工程的组织验收工作。合同签订后北京某装饰设计工程公司即按合同约定对北京某美食宫装修工程进行施工，并于同年七月施工完毕。北京某美食宫即开始营业，施工方北京某装饰设计工程公司多次告知其该工程未经验收不能使用，否则由其承担责任，但建设方北京某美食宫仍然继续营业，并以未经验收为由拒不支付尚欠工程款 280 万元。在此情况下，施工单位北京某装饰设计工程公司多次与北京某美食宫进行协商，请其组织验收，但建设单位北京某美食宫以合同约定由施工单位组织验收，理应由北京某装饰设计工程公司负责组织验收工作，否则就不支付尚欠工程款 280 万元。北京某装饰设计工程公司随向人民法院提起诉讼。

【审判结果】

一审法院根据我国民法、建筑法以及合同法的规定判决被告支付尚欠工程款人民币 280 万元，本案诉讼费由被告承担。美食宫不服判决，提出上诉。二审法院驳回上诉，维持原判。

【分析评论】

从上述案情介绍看，本案的焦点在于工程竣工后由谁来负责组织验收和建设单位擅自使用未验收的工程谁来承担法律责任。

1. 关于工程竣工后组织验收工作的责任

工程竣工后，发包人与承包人有明确的责任分工，组织有关部门进行竣工验收是发包人的责任。因为工程是属于发包人的财产，故涉及建设工程合同当事人之外的第三人应当由发包人负责处理。如果从建设工程合同本身看，承包任务完成后，工程项目由承包人交付给发包人，也应当由发包人组织竣工验收。国务院令第 279 号《建设工程质量管理条例》第十六条规定："建设单位收到建设工程竣工报告后，应当组织设计、施工、工程监理等有关单位进行竣工验收。"《合同法》第二百七十九条规定："建设工程竣工后，发包人应当根据施工图纸及说明书、国家颁发的施工验收规范和质量检验标准及时进行验收。"从上述法律规定来看，组织验收既是发包人的义务，又是发包人的权利。从义务方面而言，发包人对已竣工的工程，必须及时进行验收，这是发包人的义务，且这一义务不能转移给承包人。因此，由于发包人没有及时组织验收而给施工方造成损失的应由发包人承担责任。在建设工程领域中，如果离开了发包人，竣工验收根本无法进行。

2. 关于发包人擅自使用未验收工程的法律责任

关于发包人擅自使用未验收工程的法律责任问题，是我国在实践中和理论上都存在较大争议的问题。但目前的法律规定逐渐明确。《建筑法》第六十一条第二款规定："建筑工程竣工验收合格后，方可交付使用；未经验收或者验收不合格的，不得交付使用。"《合同法》第二百七十九条规定："建设工程竣工验收合格后，方可交付使用；未经验收或者验收不合格的，不得交付使用。"因此，竣工工程必须经过验收并且验收合格后方能交付使用，否则不得交付使用。这也属于法律强制性的规定，该规定既是对发包人权利的限制，又是为了维护发包人的最终利益。若发包人强行使用未经验收或验收不合格的工程，出现质量或其他问题，就很难分清责任，因此只能由发包人自己承担责任。本案中发包人擅自使用未经验收的工程，施工方多次书面告之，请其停止使用，但发包人依然决定继续使用，已经违背了我国建筑法和合同法的规定，应视为施工方已向发包人交付所建工程。

综上，本案中发包人将组织验收的义务转嫁给施工方，同时又擅自使用该工程，却又以该工程未经验收为由拒不支付工程款，其理由不能成立。

【案例 9-2】：天津市新科源技术开发有限公司诉天津天大天发房地产开发有限公司等建设工程施工合同纠纷案

【案情摘要】

原告（被上诉人）：天津市新科源技术开发有限公司

被告（被上诉人）：天津市津盛建筑工程有限公司

被告（被上诉人）：天津市鸿盛建筑工程有限公司

被告（上诉人）：天津天大天发房地产开发有限公司

2004 年 4 月 21 日，天津天大天发房地产开发有限公司（以下简称"天大天发公司"）与天津市津盛建筑工程有限公司（以下简称"津盛公司"）签订《天津市建设工程施工合同》约定，天大天发公司将位于天津市静海县碧水园连体别墅 12 号楼～26 号楼的施工工程发包给津盛公司，合同价款为 14977404 元。

合同签订后，津盛公司将其承包的上述工程转包给天津市鸿盛建筑工程有限公司（以下简称"鸿盛公司"）。

鸿盛公司于 2004 年 5 月 4 日、7 月 28 日与天津市新科源技术开发有限公司（以下简称"新科源公司"）签订三份《天津市小型建设工程施工合同》。合同约定，鸿盛公司将上述碧水园工程中的 12、14、15、16、18、19、20 号楼施工图纸中部分工程转包给新科源公司施工。合同签订后，新科源公司即进场施工，完成部分工程后，于 2005 年 8 月撤出施工现场，其所承包的 12、14、15、16、18、19、20 号楼的施工工程未全部完成。新科源公司与鸿盛公司现已实际终止了施工合同的履行。

虽然与新科源公司直接签订施工合同的是鸿盛公司，但工程款绝大部分由津盛公司直接向新科源公司支付。鸿盛公司、新科源公司均不具有承包建设工程的资质。

2005 年 9 月 21 日，新科源公司将津盛公司、鸿盛公司、天大天发有限公司起诉至天津市第一中级人民法院，请求法院判令被告津盛公司支付原告工程款 840 万元、被告鸿盛公司对上述债务承担连带责任、被告天大天发公司在欠付工程款的范围内对上述债务承担连带责任。

一审中，法院认定，新科源公司施工工程价款为 7896751 元，津盛公司、鸿盛公司已付新科源公司的工程款数额为 6097329 元，尚欠 1799422 元。

关于天大天发公司应否承担连带给付责任的问题，一审法院认为，天大天发公司与津盛公司尚未对上述 12～26 号楼的工程款进行结算，对工程款是否全部付清双方尚存异议，因此天大天发公司不能证明其已付清了全部工程款，故天大天发公司对欠付新科源公司的工程款依法应与津盛公司、鸿盛公司承担连带给付责任。

【审判结果】

据此，一审法院判决被告天津市鸿盛建筑工程有限公司给付原告天津市新科源技术开发有限公司工程款 1799422 元、被告津盛公司、被告天大天发公司承担连带给付责任。

一审判决后，天大天发公司不服一审判决，向天津市高级人民法院提起上诉，请求二审法院撤销一审法院判决，依法发回重审或改判，改判其不承担连带给付责任，应在拖欠的工程款数额内承担责任。其主要理由是：天大天发公司就津盛公司承包的工程已经全部付清工程款，不再欠付津盛公司的工程款，不应承担连带给付责任。

二审法院在审理中另查明，天大天发公司曾向天津市静海县人民法院起诉津盛公司，2006 年 3 月 29 日，在法院主持下，双方达成调解协议，解除了双方于 2004 年 4 月 21 日签订的建设工程施工合同。

关于天大天发公司与津盛公司工程款给付及工程结算问题，天大天发公司认为已支付全部工程款，计 13347558.62 元，而津盛公司认为未付清工程款，认可天大天发公司已给付 13086641 元。因涉及其中 22～26 号由于质量问题被拆除，双方未能就整体工程进行最后结算。

二审法院认为，此案的争议焦点是天大天发公司应否承担连带责任。根据《最高人民法院关于审理建设工程施工合同纠纷案件适用法律问题的解释》第 26 条第 2 款的规定，发包人只在欠付工程款范围内对实际施工人承担责任。该规定的责任形式并非连带责任。新科源公司作为碧水园工程的实际施工人可以向发包人天大天发公司主张权利，但作为发包人的天大天发公司只就新科源公司所施工 12、14、15、16、18、19、20 号楼工程中，欠付津盛公司工程款的范围内对实际施工人新科源公司承担给付责任。一审法院判决天大天发公司对鸿盛公司所欠新科源公司 1799422 元工程款承担连带责任缺乏法律依据。二审法院据以纠正。

综上，二审法院判决津盛公司对鸿盛公司给付新科源公司工程款 1799422 元承担连带给付责任、天大天发公司就新科源公司所施工的 12、14、15、16、18、19、20 号楼工程在欠付津盛公司工程价款范围内对新科源公司承担给付责任。

【分析评论】

本案是《关于审理建设工程施工合同纠纷案件适用法律问题的解释》（以下简称"施工合同司法解释"）发布后审理的案件，涉及"施工合同司法解释"第 26 条的理解和应用。"施工合同司法解释"第 26 条规定："实际施工人以转包人、违法分包人为被告起诉的，人民法院应当依法受理。实际施工人以发包人为被告主张权利的，人民法院可以追加转包人或者违法分包人为本案当事人。发包人只在欠付工程价款范围内对实际施工人承担责任。"这一规定被认为是"加强了对农民工合法权益的保护"[①]，为此，突破了合同相对

① 黄松有主编. 最高人民法院建设工程施工合同司法解释的理解与适用. 北京：人民法院出版社，2004：15.

性原则。

最高人民法院的法官们对这一规定的理由进行了归纳，认为"实际施工人与发包人已经全面实际履行了发包人与承包人之间的合同并形成了事实上的权利义务关系"[①]。这种观点实际上要求实际施工人行使突破合同相对性权利是以转包合同为前提的，因为只有转包才有可能出现"实际施工人与发包人已经全面实际履行了发包人与承包人之间的合同"这种情况。在法官们随后的论述中证明了这一点："转承包人与发包人（业主）之间已经全面实际履行承包人与发包人（业主）签订的建设工程施工合同并形成事实上的权利义务关系时，转承包人事实上已经取代第一手的承包人与发包人形成合同关系，在这种情况下，应当准许转承包人以发包人为被告提起追索工程价款的诉讼"[②]。

在实践中，由于一个实际施工人一般不会承担发包人的全部施工任务，如有多个违法分包人；即使承包人转包全部施工任务，发包人与承包人订立的施工合同与转包合同的工程价款一般也不会相同。在建设工程施工合同中，一旦发生诉讼，发包人很少有主动承认自己拖欠工程款的。实际施工人以转包人、违法分包人和发包人为共同被告提起诉讼后，如果严格依照民事诉讼的理论，人民法院是不能审查发包人在施工合同的履行中是否拖欠工程款的。原因有以下两点：第一，不告不理原则是民事诉讼法的基本原则。民事诉讼中，原告的诉讼请求决定了法院的审理范围，法院一般只应在原告请求范围就具体请求事项进行审理，对超过当事人诉讼主张的部分不得主动审理。实际施工人主张的是分包或者转包合同的工程款，其承包工程范围和工程款数额都远远小于发包人与承包人订立的施工合同。在本施工合同纠纷中，违法转包合同的工程款按照鉴定结论是7896751元。按照实际施工人的请求，拖欠840万元；按照鉴定结论，拖欠1799422元。而施工合同的工程款是14977404元，发包人认为已经付清承包人全部工程款，而承包人认为发包人尚欠工程款。法院如果审查全部工程内容和整个施工合同的工程款，则超出了当事人的诉讼主张，因为当事人只主张了转包合同的840万元欠款，发包合同中的大部分工程和工程款与该转包合同无关。法院如果不对工程进行全面审查，在当事人有争议的情况下，又无法查清发包人是否欠付工程价款。第二，法院审理财产案件，审查范围与诉讼费用有关。不论是现行的国务院颁布的《诉讼费用交纳办法》，还是最高人民法院以前颁布的诉讼收费规定，财产案件都是按照诉讼请求的金额或者价额的一定比例确定案件受理费的。方流芳教授曾经对案件受理费和当事人诉权的关系进行考证，原告、反诉方和上诉人若不能预交诉讼费，"按自动撤诉处理"，"法院将无力交纳讼费视为'撤诉'，似乎是代替当事人在处分他们的诉权"[③]。虽然方流芳教授对此并不赞同，但目前的实际状况是：诉讼费决定了法院是否立案以及对案件审查的范围。因此，当实际施工人按照分包或者转包合同拖欠的工程款缴纳诉讼费后，法院不宜审查数额远远超过这一合同的施工合同的工程款。以上述纠纷为例，法院受理实际施工人的诉讼请求时，是按照争议的840万元为依据收取诉讼费的，不宜去审查14977404元的工程纠纷。

因此，我们认为，"施工合同司法解释"第26条的规定给司法实践带来了两难：实际

施工人根据分包合同或者转包合同起诉后，法院如果审查全部工程内容和整个施工合同的工程款，违反民事诉讼法的基本原则；法院如果不审查全部工程内容和整个施工合同的工程款，则无法查明发包人是否欠付工程价款。这一规定可以适用的情况是，发包人主动承认欠付工程价款，遗憾的是这种情况在司法实践中太少见了。为了解决这个两难，有些法院采取了以下两种作法：第一，不再审查发包人是否欠付工程价款，判决发包人与承包人对实际施工人承担连带责任；第二，粗略审查发包人是否欠付工程价款。这两种做法都不妥。第一种做法，法院减少了审查的工作，但"施工合同司法解释"之所以突破合同相对性，主要是因为承包人（施工企业）往往无财产可供执行，如此判决的结果往往是执行发包人的财产，如果发包人确实已经全额支付了工程价款，必然造成发包人的重复支付，形成了新的不公平。第二种做法，首先为什么是粗略审查，因为不论是法官还是律师，都会认为审查全部工程内容和整个施工合同的工程款，超出了他们的工作范围。特别是律师，是按照争议的数额收取律师费的，他们本来还有可能代理其争议数额远远高于违法分包或者转包合同的诉讼的，因为施工合同整体本身非常有可能发生诉讼。另外，诉讼中的其他制度也妨碍了对发包人是否欠付工程价款的详细审查。如整体工程的造价鉴定，应当由谁提出？如果发包人与承包人都不配合进行鉴定，应当如何承担法律后果？在这样的情况下，法院对发包人是否欠付工程价款的审查必然是粗略的。且这一粗略审查的结果，消灭了一个数额更大的争议，而消灭这个争议无疑是不公平的。

综上所述，在司法实践中如何正确适用突破合同相对性的司法解释，仍然是一个需要进一步讨论的问题。

思 考 题

1. 建设工程合同的特征有哪些？
2. 简述要约与承诺的概念与条件。
3. 什么是缔约过失责任？
4. 简述施工合同价款的约定的三种方式。
5. 简述合同生效应当具备的条件。
6. 简述效力待定的合同的类型。
7. 简述勘察、设计合同双方的权利义务。
8. 简述建设工程监理合同的概念和特征。

10　房地产法律制度

10.1　概　　述

10.1.1　房地产法概述

1. 房地产法的概念

房地产法是指调整在房地产开发、交易、服务、管理过程中所形成的一定的社会关系的法律规范的总称。

房地产法有狭义和广义之分。狭义的房地产法仅指《城市房地产管理法》，它是调整我国房地产关系的基本法律。广义的房地产法，除《城市房地产管理法》之外，还包括所有调整房地产关系的其他法律规范。本教程是指广义的房地产法。

2. 房地产法的调整对象

法律上所称的调整对象，是指法律所促进、限制和保护的社会关系的范围。房地产法的调整对象就是一定范围内的房地产关系，即房地产活动的参与者在房地产开发、经营、交易、中介服务、物业服务等过程中所形成的一定的社会关系。房地产法的调整对象可分为房地产民事关系、房地产经济关系和房地产行政关系。

10.1.2　房地产法的基本原则

为了加强对房地产业的管理，维护房地产市场秩序，保障房地产权利人的合法权益，促进房地产业的可持续发展，房地产立法确定了以下基本原则：

（1）节约用地，保护耕地原则；

（2）国家实行国有土地有偿、有限期使用的原则；

（3）国家扶持发展居民住宅建设的原则；

（4）国家保护房地产权利人合法权益的原则；

（5）房地产权利人必须守法的原则。

10.1.3　房地产法律的立法现状

房地产和房地产业涉及的社会面广、资金量大、产权关系复杂，特别需要法律法规的规范，以建立正常的房地产市场秩序，规范房地产市场行为，维护房地产权利人的正当权益。

目前，中国房地产的法律法规体系建设已取得了显著成绩，该体系的构架由法律、行政法规、地方性法规、部门规章、政府规章、规范性文件和技术规范等构成。其中，法律主要有四部，即《物权法》（该法于 2007 年 3 月 16 日，由第十届全国人大通过，于 2007 年 10 月 1 日实施）、《城市房地产管理法》（1994 年颁布，1995 年 1 月 1 日起实施，2007 年 8 月 30 日第十届全国人民代表大会常务委员会修订）、《土地管理法》（该法于 1986 年 6 月 25 日由第六届全国人民代表大会常务委员会通过，1998 年修订，1999 年 1 月 1 日起实施)、《城乡规划法》(第十届全国人民代表大会常务委员会第三十次会议于 2007 年 10 月 28 日通过,自 2008 年 1 月 1 日起施行)。第七届全国人大常委会于 1989 年通过,并于 1990 年 4 月 1 日起实施过《城市规划法》。

《物权法》与《城市房地产管理法》《土地管理法》《城乡规划法》既有分工,又相辅相成。

《物权法》是维护国家基本经济制度,维护社会主义市场经济秩序,明确物的归属,发挥物的效用,保护权利人物权的重要法律。作为不动产形式的房地产,《物权法》对其产权的设定、归属、界定和保护等作了明确的规定。

《城市房地产管理法》是房地产业的基本法律。《城市房地产管理法》对加强城市房地产的管理,维护房地产市场秩序,保障房地产权利人的合法权益,促进房地产业的健康发展起到直接的规范和保障作用,并对如何取得国有土地使用权、房地产开发、房地产交易和房地产权属登记管理等作出了具体规定。

《土地管理法》是为了加强土地管理,维护土地的社会主义公有制,保护、开发土地资源,合理利用土地,切实保护耕地,促进社会经济的可持续发展。因此,对于城市建设和房地产业来说,《土地管理法》主要是土地资源的保护、利用和配置,规范城市建设用地的征收,即征收农村集体所有的土地以及使用国有土地等问题。

《城乡规划法》是为了确定城市的性质、规模和发展方向,协调城乡空间布局,改善人居环境,促进城乡经济社会全面协调可持续发展。城乡规划重点是规范城市建设用地布局、功能分区和各项建设的具体部署,控制和确定不同地段的土地用途、范围和容量,协调城乡各项基础设施和公共设施的建设。

房地产的行政法规主要有:《城市房地产开发经营管理条例》《国有土地上房屋征收与补偿条例》《土地管理法实施条例》《城镇国有土地使用权出让和转让暂行条例》《外商投资开发经营成片土地暂行管理办法》《物业管理条例》《住房公积金管理条例》和《不动产登记暂行条例》等。

房地产的部门规章主要有:《房地产开发企业资质管理办法》《城市商品房预售管理办法》《商品销售管理办法》《城市房地产转让管理规定》《商品房屋租赁管理办法》《城市房地产抵押管理办法》《城市房地产中介服务管理办法》《房地产经纪管理办法》《房地产估价师注册管理办法》《房产测绘管理办法》《房屋登记办法》《城市房地产权属档案管理办法》《公有住宅售后维修养护管理暂行办法》《住宅专项维修资金管理办法》《不动产登记暂行条例实施细则》等。

此外,还有《房地产估价师执业资格制度暂行规定》《房地产估价师执业资格考试实施办法》《房地产经纪人执业资格考试实施办法》《关于房地产中介服务收费的通知》等多项规范性文件,以及国家标准《房地产估价规范》《房产测量规范》等技术规范。

10.2　房地产开发用地制度

10.2.1　中国的土地制度

1. 土地制度的概念

土地制度有广义和狭义的概念之分。狭义的土地制度仅指土地的所有制度、土地的使用制度和土地的管理制度。

广义的土地制度是指包括一切土地问题的制度，是人们在一定社会经济条件下，因土地的归属和利用而产生的所有土地关系的总称。土地制度不仅是指土地所有制度、土地使用制度，还包括由土地关系所产生的诸如土地使用权流转制度、耕地保护制度、土地用途管制等制度。

2. 土地制度的内容

土地制度是经济制度的重要组成部分，我国现阶段的土地制度是以土地公有制为基础和核心的土地制度，包括了上述广义土地制度的全部内容。

我国土地公有制的内容主要包括：

（1）我国全部土地实行社会主义公有制，即全民所有制和劳动群众集体所有制。

（2）土地的全民所有制采取国家所有的形式，国家代表全体人民占有属于全民的土地，行使占有、使用、收益和处分的权利。

（3）土地的社会主义劳动群众集体所有制，采取农村集体经济组织的农民集体所有的形式，农村集体经济组织代表该组织的全体农民占有属于该组织的农民集体所有的土地，并对该集体所有的土地行使经营、管理权。

（4）国家实行国有土地有偿使用制度。

（5）国家实行土地用途管制制度。

（6）国家实行严格的耕地保护制度。

3. 国有土地的范围及其所有权的行使

依据《宪法》《物权法》《土地管理法》和《土地管理法实施条例》的相关规定，下列土地属于全民所有即国家所有：

（1）城市市区的土地。

（2）农村和城市郊区中已经依法没收、征收、征购为国有的土地。

（3）国家依法征收的土地。

（4）森林、山岭、草原、荒地、滩涂等自然资源，属于国家所有，但法律规定属于集体所有的除外。

（5）农村集体经济组织全部成员转为城镇居民的，原属于其成员集体所有的土地；

（6）因国家组织移民、自然灾害等原因，农民成建制地集体迁移后不再使用的原属于迁移农民集体所有的土地。

（7）矿藏、水流、海域属于国家所有。

国有土地等国有财产由国务院代表国家行使所有权；国家机关对其直接支配的不动产，享有占有、使用以及依照法律和国务院的有关规定处分的权利。国家举办的事业单位对其直接支配的不动产，享有占有、使用以及依照法律和国务院的有关规定收益、处分的权利。国家出资的企业，由国务院、地方人民政府依照法律、行政法规规定分别代表国家履行出资人职责，享有出资人权益。

4. 集体土地所有权的范围及其所有权行使

根据《宪法》《物权法》和《土地管理法》的规定，农村和城市郊区的土地，除由法律规定属于国家所有的以外，属于农民集体所有；宅基地和自留地、自留山，属于农民集体所有。

对于集体所有的土地和森林、山岭、草原、荒地、滩涂等，依照下列规定行使所有权。

（1）属于村农民集体所有的，由村集体经济组织或者村民委员会代表集体行使所有权。

（2）分别属于村内两个以上农民集体所有的，由村内各该集体经济组织或者村民小组代表集体行使所有权。

（3）属于乡镇农民集体所有的，由乡镇集体经济组织代表集体行使所有权。

5. 城市土地使用制度的基本框架

中国城市土地使用制度的改革有一个发展过程。这个发展过程从法律制度的构建上，突出表现在下列五个阶段：1）征收土地使用费；2）开展土地使用权有偿出让和转让；3）制定地方性土地使用权有偿出让、转让法规；4）修改宪法和土地管理法；5）制定全国性的土地使用权出让和转让条例。

我国宪法规定，任何组织或者个人不得侵占、买卖或者以其他形式非法转让土地。土地的使用权可以依照法律的规定转让。

中国城市土地使用制度经过改革探索，找到了一种既能维护土地公有制，又有利于市场经济运行的制度。

这种土地使用制度，是在不改变城市土地国有的条件下，采取拍卖、招标、挂牌和协议等方式将土地使用权有偿、有限期地出让给土地使用者；土地使用者在土地使用权年限内可以转让、出租、抵押或者用于其他经济活动，其合法权益受国家法律保护；土地使用期限届满，需要继续使用的，经批准，期限可以延长，同时按当时市场情况补交土地出让金，相当于第二次买地。住宅用地的使用期限届满后，自动续期，不需要提出申请。

10.2.2 房地产开发用地制度

1. 土地使用权出让

（1）土地使用权出让的概念

土地使用权出让，是指国家将国有土地使用权（以下简称土地使用权）在一定年限内出让给土地使用者，由土地使用者向国家支付土地使用权出让金的行为。

（2）土地使用权出让的法律特征

1）土地使用权的出让方只能是国家

国家依据国有土地所有权与土地使用权可以分离的原则，将国有土地使用权出让给土地使用者。有权将国有土地使用权出让的只能是国家，因为国家是国有土地的惟一所有权人。其他任何社会组织或者公民个人都不能成为国有土地使用权的出让方。依据有关法律规定，市、县人民政府有权作为国有土地所有者（土地使用权的出让方）的代表出让土地使用权。

2）土地使用权出让是有偿的

土地使用权出让，是国家将土地使用权作为一种资产（即地产），在国家与土地使用者之间进行流转。由于我国土地制度实行的是公有制，土地的所有权是不能买卖流转的。因此，在保持土地公有制的前提下，要实行地产市场活跃与繁荣，根据财产所有权的使用权与所有权可以分离的理论，将土地使用权设定为一种用益物权，将土地使用权从土地所有权中分离出来。《物权法》规定，建设用地使用权可以在土地的地表、地上或者地下分别设立。新设立的建设用地使用权，不得损害已设立的用益物权。

在土地一级市场，土地使用者要取得土地使用权这一用益物权，必须向国家支付土地使用权出让金，并且必须用货币的形式支付。

3）土地使用权出让是有期限的

土地使用权出让不是永久的，是有期限的。土地使用者支付出让金后得到的是一定期限的使用权。根据《城镇国有土地使用权出让和转让暂行条例》的规定，各类用地的使用权出让的最高年限是：

① 居住用地 70 年；

② 工业用地 50 年；

③ 教育、科技、文化、卫生、体育用地 50 年；

④ 商业、旅游、娱乐用地 40 年；

⑤ 综合或者其他用地 50 年。

法律规定了土地使用权出让的最高年限，但并未限定最低年限。在实际出让土地使用权时，可以低于最高出让年限的。

《物权法》规定，住宅建设用地使用权期间届满的，自动续期。但住宅建设用地到期后是否要第二次补交地价款，如何补交地价款，法律没有明确规定。

非住宅建设用地使用权期间届满后的续期，依照法律规定办理。该土地上的房屋及其他不动产的归属，有约定的，按照约定；没有约定或者约定不明确的，依照法律、行政法规的规定办理。

4）土地使用权出让的客体是国有土地使用权

能够成为土地使用权出让客体的，只能是国有土地使用权，而不是国有土地所有权，也不是农村集体土地所有权或农村集体土地使用权。农村集体土地未经征收转为国有土地的，不得出让。《城市房地产管理法》规定，城市规划区内的集体所有的土地，经依法征收为国有土地后，该幅国有土地的使用权方可出让。《物权法》规定，国家为了公共利益的需要，可以依照法律规定对土地实行征收或者征用并给予补偿。

（3）土地使用权出让的方式

《城市房地产管理法》规定，土地使用权的出让方式有三种，即拍卖出让、招标出让和协议出让。2002 年国土资源部颁布的《招标拍卖挂牌出让国有土地使用权规定》规定，商业、旅游、娱乐和商品住宅等各类经营性用地，必须以招标、拍卖或者挂牌方式出让。同一宗地有两个以上意向用地者的，也应当采用招标、拍卖或者挂牌方式出让。挂牌出让国有土地使用权，是指出让人发布挂牌公告，按公告规定的期限将拟出让宗地的交易条件在指定的土地交易场所挂牌公布，接受竞买人的报价申请并更新挂牌价格，根据挂牌期限截止时的出价结果确定土地使用者的行为。

2. 土地使用权划拨

（1）土地使用权划拨的含义

土地使用权划拨，是指县级以上人民政府依法批准，在土地使用者缴纳补偿、安置等费用后将该幅土地交付其使用，或者将土地使用权无偿交付给土地使用者使用的行为。

划拨土地使用权有以下含义：

1）划拨土地使用权包括土地使用者缴纳拆迁安置、补偿费用（如城市的存量土地或征收集体土地的成本费用）和无偿取得（如国有的荒山、沙漠、滩涂等）两种形式。

2）除法律、法规另有规定外，划拨土地没有使用期限的限制，但未经许可不得进行转让、出租、抵押等经营活动。

3）取得划拨土地使用权，必须经有批准权的人民政府核准并按法定的程序办理手续。

4）在国家没有法律规定之前，在城市范围内的土地和城市范围以外的国有土地，除出让土地以外的土地，均按划拨土地进行管理。

（2）划拨土地使用权的范围

下列建设用地的土地使用权，确属必需，可以由县级以上人民政府依法批准划拨：

1）国家机关用地和军事用地；

2）城市基础设施用地和公用事业用地；

3）国家重点扶持的能源、交通、水利等项目用地；

4）法律、行政法规规定的其他用地。

（3）划拨土地使用权的管理

根据《城市房地产管理法》和《城镇国有土地使用权出让和转让暂行条例》的规定，经市、县人民政府土地管理部门和房产管理部门批准，划拨土地使用权和地上建筑物，其他附着物所有权可以转让、出租、抵押。

划拨土地使用权可以转让、出租、抵押的条件是：

1）土地使用者为公司、企业、其他经济组织和个人；

2）领有国有土地使用证；

3）具有地上建筑物、其他附着物合法的产权证明；

4）依法签订土地使用权出让合同，并向当地市、县人民政府补交土地使用权出让金或者以转让、出租、抵押所获收益抵交土地使用权出让金。

划拨的土地使用权转让有两种情形：一是报有批准权的人民政府审批准予转让的，应当由受让方办理土地使用权出让手续，并依照国家有关规定缴纳土地使用权出让金；二是可不办理出让手续的，但转让方应将所获得的收益中的土地收益上缴国家。

房产所有权人以营利为目的，将划拨土地使用权的土地上的建筑物出租的，应当将租金中所含土地收益上缴国家。

划拨的土地使用权抵押时，其抵押的金额不应包括土地价格，因抵押划拨土地使用权造成土地使用权转移的，应当办理土地出让手续，并向国家缴纳地价款才能变更权属。

对未经批准擅自转让、出租、抵押划拨土地使用权的单位和个人，县级以上人民政府土地管理部门应当没收非法收入，根据情节处以罚款。

凡上缴土地收益的土地，仍按划拨土地进行管理。

3. 土地使用权的收回

土地使用权无论是出让取得尚未到期或是划拨取得的，有以下几种情形的，国家可以收回土地使用权：

（1）为公共利益需要使用土地的；

（2）为实施城市规划进行旧城区改建，需要调整使用土地的；

（3）土地出让等有偿使用合同约定的使用期限届满，土地使用者未申请续期或者申请续期未获批准的；

（4）因单位撤销、迁移等原因，停止使用原划拨的国有土地的；

（5）公路、铁路、机场、矿场等经核准报废的。

国家收回土地使用权时，对其地上建筑物、其他附着物，根据实际情况应给原土地使用者适当补偿。

10.3 国有土地上房屋征收

10.3.1 房屋征收概述

1. 房屋征收与房屋拆迁、房屋搬迁的区别

征收，是特指国家依据国家权力改变财产所有权的一种国家行为。如征收土地是指将农村集体所有的土地改变为国家所有；征收房屋及其他不动产，则是指将单位、个人所有的房屋及其他不动产改变为国家所有的行为。地方政府的征收决定是原房屋物权消灭的法律行为。

原城市房屋拆迁制度中的城市房屋拆迁是指取得房屋拆迁许可证的拆迁人，拆除城市规划区内国有土地上的房屋及其附属物，并对被拆迁房屋的所有人进行补偿或安置的行为。在原城市房屋拆迁制度中，拆迁是一种消灭原房屋物权的事实行为。拆是指拆除，迁是指搬迁。

《国有土地上房屋征收补偿条例》规定，实施房屋征收应当先补偿、后搬迁。国家征收房屋，在对被征收人补偿后，才能拆除原房屋，并将"拆迁房屋"修改为"搬迁房屋"。房屋搬迁，是指为了新的建设需要，在国家作出征收土地或者收回土地决定后，由房屋征收部门对原房屋所有人依法给予补偿或安置，原房屋所有权人搬迁出房屋。房屋搬迁的前提是征收的决定和补偿。搬迁房屋是房屋征收过程中的一个环节。搬迁房屋是房屋征收决定的实现，也是补偿协议签订后或补偿决定公告后，被征收人履行义务的行为。

2. 房屋征收的原则和前提

房屋征收与补偿应当遵循决策民主、程序正当、结果公开的原则。

征收的前提是基于公共利益的需要，而不是商业利益或其他个别主体利益的需要。公共利益是指涉及保障国家安全、促进国民经济和社会发展等方面的国家利益、社会整体发展、环境资源保护等。《国有土地上房屋征收补偿条例》列举了涉及公共利益的几种情形：

（1）国防和外交的需要；

（2）由政府组织实施的能源、交通、水利等基础设施建设的需要；

（3）由政府组织实施的科技、教育、文化、卫生、体育、环境和资源保护、防灾减灾、文物保护、社会福利、市政公用等公共事业的需要；

（4）由政府组织实施的保障性安居工程建设的需要；

（5）由政府依照城乡规划法有关规定组织实施的对危房集中、基础设施落后等地段进行旧城区改建的需要；

（6）法律、行政法规规定的其他公共利益的需要。

对以上情形之一，确需征收房屋的，由市、县级人民政府作出房屋征收决定。

10.3.2 房屋征收的程序

征收程序是规范政府征收行为，维护被征收人合法权益，促使政府做好群众工作的重

要保障。

要通过征收获得公民房屋的所有权，必须具备三个法定条件，亦即必须满足三个标准：一是为了公共利益，二是依据法律规定的条件和程序，三是给予补偿。

《国有土地上房屋征收补偿条例》规定的房屋征收的程序，体现了公众参与和公开透明的原则。

政府作出征收决定，要依照以下程序进行：

（1）征收房屋的规划管理

确需征收房屋的各项建设活动，应当符合国民经济和社会发展规划、土地利用总体规划、城乡规划和专项规划。保障性安居工程建设、旧城区改建，应当纳入市、县级国民经济和社会发展年度计划。制定国民经济和社会发展规划、土地利用总体规划、城乡规划和专项规划，应当广泛征求社会公众意见，经过科学论证。

（2）征收补偿方案的公布

征收补偿方案由房屋征收部门拟定后报市、县级人民政府。

市、县级人民政府应当组织有关部门对征收补偿方案进行论证并予以公布，征求公众意见。市、县级人民政府应当将征求意见情况和根据公众意见修改的情况及时公布。

（3）征收的听证程序

因旧城区改建需要征收房屋，多数被征收人认为征收补偿方案不合法的，市、县级人民政府应当组织由被征收人和公众代表参加的听证会，并根据听证会情况修改方案。

（4）征收的风险评估和决定

政府作出房屋征收决定前，应当进行社会稳定风险评估。房屋征收决定涉及被征收人数量较多的，应当经政府常务会议讨论决定。

（5）征收决定的公布

市、县级人民政府作出房屋征收决定后应当及时公告。房屋征收部门应当对房屋征收范围内房屋的权属、区位、用途、建筑面积等情况组织调查登记，被征收人应当予以配合。调查结果应当在房屋征收范围内向被征收人公布。

（6）被征收人的救济途径

市、县级人民政府作出房屋征收决定后应当及时公告。公告应当载明征收补偿方案和行政复议、行政诉讼权利等事项。被征收人对征收决定和补偿决定不服的，可以依法申请行政复议或者提起行政诉讼。

10.3.3　房屋征收补偿

1. 房屋征收补偿的范围

被征收房屋的补偿范围包括：

（1）被征收房屋价值的补偿；

（2）因征收房屋造成的搬迁、临时安置的补偿；

（3）因征收房屋造成的停产停业损失的补偿。

地方人民政府应当制定补助和奖励办法，对被征收人给予补助和奖励。

市、县级人民政府作出房屋征收决定前，应当组织有关部门依法对征收范围内未经登记的建筑进行调查、认定和处理。对认定为合法建筑和未超过批准期限的临时建筑的，应当给予补偿；对认定为违法建筑和超过批准期限的临时建筑的，不予补偿。

2. 房屋征收的补偿方式

房屋征收的补偿方式有两种：货币补偿和产权调换。被征收人可以选择货币补偿，也可以选择房屋产权调换。

（1）货币补偿

货币补偿，是指国家对被征收的房屋及其附属物进行评估作价后，以货币补偿给被征收人，由被征收人自行购买房屋的一种补偿方式。

（2）产权调换

产权调换，是指国家用异地或者原地重建的房屋与被征收人的房屋按一定标准进行交换的一种补偿方式。被征收人选择房屋产权调换的，市、县级人民政府应当提供用于产权调换的房屋，并与被征收人计算、结清被征收房屋价值与用于产权调换房屋价值的差价。

因旧城区改建征收个人住宅，被征收人选择在改建地段进行房屋产权调换的，作出房屋征收决定的市、县级人民政府应当提供改建地段或者就近地段的房屋。被征收人选择房屋产权调换的，市、县级人民政府应当提供用于产权调换的房屋，并与被征收人计算、结清被征收房屋价值与用于产权调换房屋价值的差价。

3. 房屋征收的补偿标准

房屋征收的补偿标准是房屋征收过程中矛盾的焦点。以前城市房屋拆迁中突出的矛盾就是被拆迁人与拆迁人在补偿标准上难以达成一致意见。

1991 年的城市房屋拆迁制度对被拆迁房屋价值的补偿是按房屋重置价评估的，并结合房屋的成新结算。重置价的评估方式是没有考虑房屋所处的区位、地段等土地的因素，而仅仅考虑了房屋的建造成本。按这样的评估方式评估的被拆迁房屋自然价值很低，而被拆迁房屋往往又是年代久远的旧房屋，在补偿时又要计算一个折旧率。

2001 年修改后的拆迁制度，其拆迁评估是按房屋的市场价进行评估的。

被拆迁房屋货币补偿金额是根据被拆迁房屋的区位、用途、建筑面积等因素，按房地产市场价格评估的价值进行补偿。

房屋拆迁评估价格为被拆迁房屋的房地产市场价格，不包含搬迁补助费、临时安置补助费和拆迁非住宅房屋造成停产、停业的补偿费，以及被拆迁房屋室内自行装修装饰的补偿金额。

搬迁补助费、临时安置补助费和拆迁非住宅房屋造成停产、停业的补偿费，按照省、自治区、直辖市人民政府规定的标准执行。被拆迁房屋室内自行装修装饰的补偿金额，由拆迁人和被拆迁人协商确定；协商不成的，可以通过委托评估确定。

《国有土地上房屋征收补偿条例》规定，对被征收房屋价值的补偿，不得低于房屋征收决定公告之日被征收房屋类似房地产的市场价格。

因征收房屋造成搬迁的，房屋征收部门应当向被征收人支付搬迁费；选择房屋产权调换的，产权调换房屋交付前，房屋征收部门应当向被征收人支付临时安置费或者提供周转用房。

对因征收房屋造成停产停业损失的补偿，根据房屋被征收前的效益、停产停业期限等因素确定。

10.3.4 征收房屋纠纷的解决程序

房屋搬迁纠纷的类型，按照房屋征收部门与被征收人是否达成补偿协议可以分为：达成补偿后形成的纠纷和达不成补偿协议的纠纷两类。

1. 纠纷的处理方式

（1）达成补偿协议后的纠纷处理

房屋征收部门与被征收人达成补偿协议订立后，一方当事人不履行补偿协议约定的义务的，另一方当事人可以依法提起诉讼。补偿协议包括补偿方式、补偿金额和支付期限、用于产权调换房屋的地点和面积、搬迁费、临时安置费或者周转用房、停产停业损失、搬迁期限、过渡方式和过渡期限等事项。补偿协议属于民事法律关系，该类纠纷的性质属于民事纠纷。

（2）达不成补偿协议后的纠纷处理

1）补偿决定的公告

房屋征收部门与被征收人在征收补偿方案确定的签约期限内达不成补偿协议，采取行政途径解决。由房屋征收部门报请作出房屋征收决定的市、县级人民政府依法按照征收补偿方案作出补偿决定，并在房屋征收范围内予以公告。

2）被征收人的救济途径

被征收人对补偿决定不服的，可以依法申请行政复议，也可以依法提起行政诉讼。

2. 房屋征收决定的实施

（1）房屋搬迁的期限

作出房屋征收决定的市、县级人民政府对被征收人给予补偿后，被征收人应当在补偿协议约定或者补偿决定确定的搬迁期限内完成搬迁。

（2）房屋搬迁的强制执行

被征收人在法定期限内不申请行政复议或者不提起行政诉讼，在补偿决定规定的期限内又不搬迁的，由作出房屋征收决定的市、县级人民政府依法申请人民法院强制执行。

（3）房屋搬迁中的禁止行为

任何单位和个人不得采取暴力、威胁或者违反规定以中断供水、供热、供气、供电和道路通行等非法方式迫使被征收人搬迁。禁止建设单位参与搬迁活动。

10.4 房地产开发经营制度

10.4.1 房地产开发经营的概念和原则

1. 房地产开发经营的概念

房地产开发经营，是指房地产开发企业在城市规划区内国有土地上进行基础设施建设、房屋建设，并转让房地产开发项目或者销售、出租商品房的行为。

2. 房地产开发经营的基本原则

房地产开发经营应当遵循以下几个原则：

（1）严格执行城市规划的原则；

（2）坚持经济效益、社会效益、环境效益相统一的原则；

（3）实行全面规划、合理布局、综合开发、配套建设的原则。

10.4.2 房地产开发项目管理

1. 房地产开发项目立项的原则

确定房地产开发项目，应当符合土地利用总体规划、年度建设用地计划和城市规划、房地产开发年度计划的要求；按照国家有关规定需要经计划主管部门批准的，还应当报计划主管部门批准，并纳入年度固定资产投资计划。

确定房地产开发项目，应当坚持旧区改建和新区建设相结合的原则，注重开发基础设施薄弱、交通拥挤、环境污染严重以及危旧房屋集中的区域，保护和改善城市生态环境，保护历史文化遗产。

房地产开发项目的开发建设应当统筹安排配套基础设施，并根据先地下，后地上的建设原则实施。

2. 房地产项目资本金制度

《城市房地产开发经营管理条例》规定，房地产开发项目应当建立资本金制度，资本金占项目总投资的比例不得低于20%。2004年4月，针对房地产投资过热，国务院颁发了《国务院关于调整部分行业固定资产投资项目资本金比例的通知》，规定从2004年4月26日起，将房地产开发项目（不含经济适用房项目）资本金比例由20%及以上提高到35%及以上。

2008年下半年，为应对国际金融危机，扩大国内需求，国家采取了一系列鼓励投资措施。2009年5月27日，国务院公布了《关于调整固定资产投资项目资本金比例的通知》，细化了不同行业固定资产投资项目资本金比例。规定保障性住房和普通商品住房项目的最低资本金比例为20%，其他房地产开发项目的最低资本金比例为30%。

固定资产投资项目资本金制度既是宏观调控手段，也成为一种风险约束机制。房地产开发项目实行资本金制度，并规定房地产开发企业承揽项目必须有一定比例的资本，可以有效地防止部分不规范的企业违规开发行为，减少楼盘"烂尾"等现象的发生，减少开发经营风险。

3. 房地产项目不按期开发的法律责任

房地产开发企业应当按照土地使用权出让合同约定的土地用途、动工开发期限进行项目开发建设。出让合同约定的动工开发期限满1年未动工开发的，可以征收相当于土地使用权出让金20%以下的土地闲置费；满2年未动工开发的，可以无偿收回土地使用权。但是，因不可抗力或者政府、政府有关部门的行为或者动工开发必需的前期工作造成动工迟延的除外。

4. 房地产开发项目的质量责任

房地产开发企业开发建设的房地产项目，应当符合有关法律、法规的规定和建筑工程质量、安全标准、建筑工程勘察、设计、施工的技术规范以及合同的约定。

房地产开发企业应当对其开发建设的房地产开发项目的质量承担责任。

勘察、设计、施工、监理等单位应当依照《建筑法》和《建筑工程质量管理条例》等有关法律、法规的规定或者合同的约定，承担相应的责任。

5. 房地产开发项目的竣工验收备案制度

（1）竣工验收的组织

1）工程竣工验收的申请和组织

工程完工后，施工单位向建设单位提交工程竣工报告，申请工程竣工验收。实行监理的工程，工程竣工报告须经总监理工程师签署意见。

建设单位收到工程竣工报告后，对符合竣工验收要求的工程，组织勘察、设计、施工、监理等单位组成验收组，制定验收方案。对于重大工程和技术复杂工程，根据需要可邀请有关专家参加验收组。

2）住宅开发项目的综合验收

房地产开发项目竣工后，房地产开发企业应当向项目所在地的县级以上地方人民政府房地产开发主管部门提出开发项目的综合竣工验收申请。房地产开发主管部门应当自收到竣工验收申请之日起 30 日内，对涉及公共安全的内容，组织工程质量监督、规划、消防、人防等有关部门或者单位进行验收。

住宅小区等群体房地产开发项目竣工，应当依照下列要求进行综合验收：

① 城市规划设计条件的落实情况；

② 城市规划要求配套的基础设施和公共设施的建设情况；

③ 单项工程的工程质量验收情况；

④ 拆迁安置方案的落实情况；

⑤ 物业管理的落实情况。

住宅小区等群体房地产开发项目实行分期开发的，可以分期验收。

（2）竣工验收的内容

1）建设、勘察、设计、施工、监理单位分别汇报工程合同履约情况和在工程建设各个环节执行法律、法规和工程建设强制性标准的情况；

2）审阅建设、勘察、设计、施工、监理单位的工程档案资料；

3）实地查验工程质量；

4）对工程勘察、设计、施工、设备安装质量和各管理环节等方面作出全面评价，形成经验收组人员签署的工程竣工验收意见。参与工程竣工验收的建设、勘察、设计、施工、监理等各方不能形成一致意见时，应当协商提出解决的方法，待意见一致后，重新组织工程竣工验收。

房地产开发项目竣工，经验收合格后，方可交付使用；未经验收或者验收不合格的，不得交付使用。

（3）竣工验收备案

竣工验收备案是政府主管部门对房地产开发项目质量监督管理的手段之一。建设单位应当自工程竣工验收合格之日起 15 日内，向工程所在地的县级以上地方人民政府建设主管部门（以下简称备案机关）备案。

建设单位办理工程竣工验收备案应当提交下列文件：

1）工程竣工验收备案表；

2）工程竣工验收报告。竣工验收报告应当包括工程报建日期，施工许可证号，施工图设计文件审查意见，勘察、设计、施工、工程监理等单位分别签署的质量合格文件及验收人员签署的竣工验收原始文件，市政基础设施的有关质量检测和功能性试验资料以及备案机关认为需要提供的有关资料；

3）法律、行政法规规定应当由规划、环保等部门出具的认可文件或者准许使用文件；

4）法律规定应当由公安消防部门出具的对大型的人员密集场所和其他特殊建设工程验收合格的证明文件；

5）施工单位签署的工程质量保修书；

6）法规、规章规定必须提供的其他文件。

住宅工程还应当提交《住宅质量保证书》和《住宅使用说明书》。

10.5 房地产交易管理制度

10.5.1 房地产交易管理概述

1. 房地产交易的概念

房地产交易是指房地产作为一种商品或财产的流转状况。《城市房地产管理法》对房地产交易的概念，采取列举的形式作了规定，具体是指房地产转让、房地产抵押和房屋租赁三种形式。

2. 房地产交易管理的概念

房地产交易管理是指政府设立的房地产交易管理部门及其他相关部门以法律的、行政的、经济的手段，对房地产交易活动行使指导、监督等管理职能。

政府主管部门及相关部门对房地产交易的管理，在市场经济条件下，更多的是采用经济的管理手段，如开征房产税，征收营业税和所得税，实行差别化住房信贷政策等；同时又必须采取必要的行政管理手段，如商品房预售的许可制度、住房保障政策、土地政策、限制购买政策等。而这些经济管理手段、行政管理手段都必须制度化、法律化。经济的管理手段、行政的管理手段大多数是用法律的形式表现的。

3. 房地产交易中的基本制度

《城市房地产管理法》和相关法规在房地产交易环节规定的有关制度有：房地产价格申报制度、房地产价格评估制度、房地产价格评估人员资格认证制度、房地产经纪人执业资格制度、商品房预售许可制度、房屋租赁登记备案制度和不动产登记制度等。

10.5.2 房地产转让管理制度

1. 房地产转让的概念和特征

（1）房地产转让的概念

房地产转让是指房地产权利人通过买卖、赠与或者其他合法方式将其房地产转移给他人的行为。房地产转让的通常形式是买卖，这是一种有偿转让的方式。赠与是一种无偿的转让方式。

随着房地产市场的繁荣和活跃，房地产有偿转让的形式也不再局限于买卖一种形式，有偿转让的其他合法方式有以下几种：

1）以房地产作价入股，与他人合资设立企业法人，房地产权属发生变更的；

2）一方提供土地使用权，另一方或者多方提供资金，合资或合作开发经营房地产，而房地产权属发生变更的；

3）因企业被收购、兼并或合并，房地产权属随之转移的；

实践中，有些房地产开发项目通过股权置换或者股份转让的方式将整个房地产开发项目转让的形式。

4）以房地产抵债的；

5）法律、法规规定的其他情形。

（2）房地产转让的法律特征

1）房地产转让是房屋所有权的转让和土地使用权的转让。

房地产转让的实质是房地产权属发生转移，即产权的买断（有偿）或全部的让渡（无偿）。由于我国土地实行的是公有制，土地的所有权不能买卖，流通领域中的地产实际上只是土地使用权。因此，房地产的转让只是房屋所有权的转移和土地使用权的转移。

2）房地产转让时，房屋所有权和该房屋占用范围内的土地使用权同时转让。

房屋必须承载于土地之上，房屋的这一特性决定了房地产的转让必须实行房屋所有权和土地使用权权利主体一致原则。房屋和土地是不可分割的。《城市房地产管理法》规定，房地产转让时，房屋所有权和该房屋所占用范围内的土地使用权同时转让。

3）以出让方式取得土地使用权的，房地产转让时，土地使用权出让合同载明的权利义务随之转移。

2. 房地产转让的一般规定

房屋从其使用功能而言是一种生活资料或生产资料，从其价值而言又是一种重要的资产。作为住宅功能的房屋在计划经济时代仅是一种福利待遇或者说是一种基本的生活资料，房屋和土地都未能反映其真实的价值。在市场经济社会，住宅等房地产作为一种特殊的商品，进入流通领域后，不仅仅体现了其商品的性质，由体现其具有保值和投资的性质，甚至是投机的性质。由于房地产业的相关性强，对国家宏观经济的影响巨大。因此，国家对房地产业的调控也比较强。国家对房地产市场的开发经营主体及交易行为等采用准入制，即通过法律、法规明确规定哪类房地产可以进入市场，哪一类房地产是有条件地进入市场，哪一类房地产是禁止进入市场并进行指导和监督。

（1）以出让方式取得土地使用权进行房地产开发的，其房地产转让应当符合下列条件：

1）按照出让合同约定已经支付全部土地使用权出让金，并取得土地使用权证书；

2）按照出让合同约定进行投资开发，属于房屋建设工程的，应完成开发投资总额的25%以上；属于成片开发土地的，须形成工业用地或者其他建设用地条件。

3）转让房地产时，房屋已经建成的，还应当持有房屋所有权证书。

（2）以划拨方式取得土地使用权的房地产转让的条件

以划拨方式取得土地使用权的，转让房地产时，按照国务院的规定，报有批准权的人民政府审批。有批准权的人民政府准予转让的，应当由受让方办理土地使用权出让手续，并依照国家有关规定缴纳土地使用权出让金。

以划拨方式取得土地使用权的，转让房地产时，属于下列情形之一的，经有批准权的人民政府批准，可以不办理土地使用权出让手续，但应将转让房地产所获收益中的土地收益上缴国家或作其他处理。

1）经城市规划行政主管部门批准，转让的土地用于建设《城市房地产管理法》第24条规定的项目的；

2）私有住宅转让后仍用于居住的；

3）按照国务院住房制度改革有关规定出售公有住房的；

4）同一宗土地上部分房屋转让而土地使用权不可分割转让的；

5）转让的房地产暂时难以确定土地使用权出让用途、年限和其他条件的；

6）县级以上人民政府规定暂时无法或不需要采取土地使用权出让的其他情形。

（3）禁止转让的房地产

有些房地产项目因违规开发、有些房地产因司法程序或行政程序或其他原因权利受到限制，不符合交易条件，相关法律、法规禁止其转让。主要有以下几种情形：

1）以出让方式取得的土地使用权，不符合《城市房地产管理法》第39条规定的条件的；

2）司法机关和行政机关依法裁定，决定查封或者以其他形式限制房地产权利的；

3）依法收回土地使用权的；

4）共有房地产，未经其他共有人书面同意的；

5）权属有争议的；

6）未依法登记领取权属证书的；

7）法律、行政法规规定禁止转让的其他情形。

3. 商品房销售管理制度

（1）商品房销售和商品房销售代理

1）商品房销售的概念

商品房销售包括商品房现售和商品房预售。

商品房现售，是指房地产开发企业将竣工验收合格的商品房出售给买受人，并由买受人支付房价款的行为。

商品房预售，是指房地产开发企业将正在建设中的商品房（期房）预先出售给买受人，并由买受人支付定金或者房价款的行为。

商品房的现房销售与期房预售是有区别的。从合同法的角度而言，现房销售的合同标的是房屋，是不动产物权的转移，而商品房预售的合同标的是一种期待权，是财产权利的转让。

2）商品房销售代理

房地产开发企业可以自行销售商品房，也可以委托房地产中介服务机构销售商品房。

商品房销售代理是指房地产开发商将其开发的商品房销售业务委托给专门的房地产中介服务机构代为销售的一种经营方式。

商品房销售代理应当符合以下条件：

① 房地产开发企业委托中介服务机构销售商品房的，受托机构应当是依法设立并取得工商营业执照的房地产中介服务机构。

② 房地产开发企业应当与受托房地产中介服务机构订立书面委托合同，委托合同应当载明委托期限、委托权限以及委托人和被委托人的权利、义务。

③ 受托房地产中介服务机构销售商品房时，应当向买受人出示商品房的有关证明文件和商品房销售委托书。

④ 受托房地产中介服务机构销售商品房时，应当如实向买受人介绍所代理销售商品房的有关情况。

⑤ 受托房地产中介服务机构不得代理销售不符合销售条件的商品房。

⑥ 受托房地产中介服务机构在代理销售商品房时不得收取代理费以外的其他费用。

⑦ 商品房销售人员应当经过专业培训，方可从事商品房销售业务。

（2）商品房预售管理

1）商品房预售的条件

商品房预售应当符合下列条件：

① 已交付全部土地使用权出让金，取得土地使用权证书；

② 持有建设工程规划许可证和施工许可证；

③ 按提供预售的商品房计算，投入开发建设的资金达到工程建设总投资的 25％以上，并已经确定施工进度和竣工交付日期。

2）商品房预售许可制度

在商品房预售时，购买人实质上得到是一种期待权，对购买人而言存在较大的风险。因此，国家对预售商品房设置了较严格的条件。

国家对商品房预售实行预售许可制度。

开发商进行商品房预售，应当向城市、县房地产管理部门办理预售登记，取得《商品房预售许可证》。

商品房的预售方案应当说明商品房的位置、装修标准、竣工交付日期、预售总面积、交付使用后的物业管理等内容，并应当附商品房预售总平面图、分层平面图。

3）商品房预售合同登记备案

房地产开发商取得了商品房预售许可证后，就可以向社会预售其商品房。房地产开发商应当与承购人签订商品房预售合同。预售人（房地产开发商）应当在签约之日起 30 日内持商品房预售合同向县级以上人民政府房地产管理部门和土地管理部门办理登记备案手续。现在各地房地产管理部门普遍应用网络信息技术，对商品房预售合同实行网上登记备案。

（3）商品房现房销售

1）商品房现售的条件

商品房现房销售，应当符合以下条件：

① 现售商品房的房地产开发企业应当具有企业法人营业执照和房地产开发企业资质证书；

② 取得土地使用权证书或者使用土地的批准文件；

③ 持有建设工程规划许可证和施工许可证；

④ 已通过竣工验收；

⑤ 拆迁安置已经落实；

⑥ 供水、供电、供热、燃气、通信等配套基础设施具备交付使用条件，其他配套基础设施和公共设施具备交付使用条件或者已确定施工进度和交付日期；

⑦ 物业管理方案已经落实。

房地产开发企业应当在商品房现售前将房地产开发项目手册及符合商品房现售条件的有关证明文件报送房地产开发主管部门备案。

商品房销售时，房地产开发企业选聘了物业服务企业的，买受人应当在订立商品房买卖合同时与房地产开发企业选聘的物业服务企业订立有关物业管理的协议。

2）商品房销售中的禁止行为

① 房地产开发企业不得在未解除商品房买卖合同前，将作为合同标的物的商品房再行销售给他人。

② 房地产开发企业不得采取返本销售或者变相返本销售的方式销售商品房。

③ 房地产开发企业不得采取售后包租或者变相售后包租的方式销售未竣工商品房。

④ 商品住宅按套销售，不得分割拆零销售。

在商品房销售中，有个别开发商以一个平方米单位产权（有的小至零点一平方米单位产权）的方式向社会出售整幢房屋或者商铺。这一做法属于非法集资行为，被集资方与集资方是一种债权关系，不是房地产的产权关系。政府主管部门明确规定，对于拆零销售的房屋，不予办理产权登记。

3）商品房价格的确定

商品房销售价格由当事人协商议定，国家另有规定的除外。

商品房价格的计价方式有三种：商品房销售可以按套（单元）计价，也可以按套内建筑面积或者建筑面积计价。但是，产权登记是按建筑面积登记的。按套、套内建筑面积计价并不影响用建筑面积进行产权登记。

商品房建筑面积由套内建筑面积和分摊的共有建筑面积组成，套内建筑面积部分为独立产权，分摊的共有建筑面积部分为共有产权，买受人按照法律、法规的规定对其享有权利，承担责任。

按套（单元）计价或者按套内建筑面积计价的，商品房买卖合同中应当注明建筑面积和分摊的共有建筑面积。

按套（单元）计价的现售房屋，当事人对现售房屋实地勘察后可以在合同中直接约定总价款。

按套（单元）计价的预售房屋，房地产开发企业应当在合同中附所售房屋的平面图。平面图应当标明详细尺寸，并约定误差范围。房屋交付时，套型与设计图纸一致，相关尺寸也在约定的误差范围内，维持总价款不变；套型与设计图纸不一致或者相关尺寸超出约定的误差范围，合同中未约定处理方式的，买受人可以退房或者与房地产开发企业重新约定总价款。买受人退房的，由房地产开发企业承担违约责任。

4）面积误差的处理

商品房面积误差是指购房合同约定的房屋建筑面积与产权登记时实际测量时的房屋建筑面积不一致，有误差。商品房面积在合同约定时与实际交付时产生误差是因为购房合同签订时，房屋可能还在建造之中，施工中存在规划、设计等变更。因此，《商品房销售管理办法》规定了一定范围的合理误差。对误差比例过大的，超出了合理范围的，实行罚则。面积短缺超过误差比的部分，实行双倍赔偿；而面积过大，超过误差比的部分定性为赠与，购房人不再支付房款。最高人民法院《关于审理商品房买卖合同纠纷案件适用法律若干问题的解释》也作出了同样的规定。

按套内建筑面积或者建筑面积计价的，当事人应当在合同中载明合同约定面积与产权登记面积发生误差的处理方式。

合同未作约定的，按以下原则处理：

① 面积误差比绝对值在3%以内（含3%）的，据实结算房价款；

② 面积误差比绝对值超出 3%时，买受人有权退房。

买受人退房的，房地产开发企业应当在买受人提出退房之日起 30 日内将买受人已付房价款退还给买受人，同时支付已付房价款利息。买受人不退房的，产权登记面积大于合同约定面积时，面积误差比在 3%以内（含 3%）部分的房价款由买受人补足；超出 3%部分的房价款由房地产开发企业承担，产权归买受人。产权登记面积小于合同约定面积时，面积误差比绝对值在 3%以内（含 3%）部分的房价款由房地产开发企业返还买受人；绝对值超出 3%部分的房价款由房地产开发企业双倍返还买受人。

面积误差比＝（产权登记面积－合同约定面积）÷合同约定面积×100%

因规划设计变更造成面积差异，当事人不解除合同的，应当签署补充协议。

按建筑面积计价的，当事人应当在合同中约定套内建筑面积和分摊的共有建筑面积，并约定建筑面积不变而套内建筑面积发生误差以及建筑面积与套内建筑面积均发生误差时的处理方式。

5）开发商规划、设计变更的法律责任

房地产开发企业应当按照批准的规划、设计建设商品房。商品房销售后，房地产开发企业不得擅自变更规划、设计。

经规划部门批准的规划变更、设计单位同意的设计变更导致商品房的结构型式、户型、空间尺寸、朝向变化，以及出现合同当事人约定的其他影响商品房质量或者使用功能情形的，房地产开发企业应当在变更确立之日起 10 日内，书面通知买受人。

买受人有权在通知到达之日起 15 日内做出是否退房的书面答复。买受人在通知到达之日起 15 日内未做书面答复的，视同接受规划、设计变更以及由此引起的房价款的变更。房地产开发企业未在规定时限内通知买受人的，买受人有权退房；买受人退房的，由房地产开发企业承担违约责任。

（4）商品房质量的保修制度

1）商品房的质量责任

房地产开发企业作为商品房开发项目的组织者和初始权利人应当对其开发建设的房地产开发项目的质量承担责任。

勘察、设计、施工、监理等单位应当依照《建筑法》《建筑工程质量管理条例》等有关法律、法规的规定或者合同的约定，承担相应的责任。保修费用由质量缺陷的责任方承担。

在保修期限时因房屋建筑工程质量缺陷造成房屋所有人、使用人或者第三方人身、财产损害的，房屋所有人、使用人或者第三方可以向建设单位提出赔偿要求。建设单位向造成房屋建筑工程质量缺陷的责任方追偿。

因保修不及时造成新的人身、财产损害，由造成拖延的责任方承担赔偿责任。

2）房屋质量的保修责任

房屋建筑工程质量保修，是指对房屋建筑工程竣工验收后在保修期限内出现的质量缺陷，由义务人无偿予以修复。房屋建筑质量缺陷，是指房屋建筑工程的质量不符合工程建设强制性标准以及合同的约定。

房屋建筑工程质量的保修责任，根据不同的法律关系分为两种保修责任：一是根据《建设工程施工合同》，施工单位对建设单位（即开发商）的保修责任；二是根据《商品房买卖合同》，开发商对购房人的保修责任。

第一种保修期限是施工单位对建设单位（开发商）的房屋质量保修的期限。

2000年原建设部颁发的《房屋建筑工程质量保修办法》和国务院颁布的《建设工程质量管理条例》规定的建设工程实行质量保修制度，规定了施工单位对建设单位的保修责任，房屋建筑工程保修期从工程竣工验收合格之日起计算。因此，施工单位对建设单位（开发商）的房屋质量保修责任是一种法定的保修责任。

建设单位（房地产开发商）和施工单位应当对在工程质量保修书中约定保修范围、保修期限和保修责任等，双方约定的保修范围、保修期限必须符合国家有关规定。因此，建设单位（开发商）对购房人的保修期限，应当不低于《房屋建筑工程质量保修办法》和《建设工程质量管理条例》规定的期限。

在正常使用条件下，房屋建筑工程的最低保修期限为：

① 地基基础工程和主体结构工程，为设计文件规定的该工程的合理使用年限；

② 屋面防水工程、有防水要求的卫生间、房间和外墙面的防渗漏，为5年；

③ 供热与供冷系统，为2个采暖期、供冷期；

④ 电气管线、给排水管道、设备安装为2年；

⑤ 装修工程为2年。

其他项目的保修期限由建设单位和施工单位约定。

施工单位对建设单位的保修期从工程竣工验收合格之日起计算。

第二种保修期限是开发商对购房人的房屋质量保修的期限。

《房地产开发经营管理条例》规定，房地产开发企业应当在商品房交付使用时，向购买人提供住宅质量保证书和住宅使用说明书。住宅质量保证书应当列明工程质量监督部门核验的质量等级、保修范围、保修期和保修单位等内容。房地产开发企业应当按照住宅质量保证书的约定，承担商品房保修责任。保修期内，因房地产开发企业对商品房进行维修，致使房屋原使用功能受到影响，给购买人造成损失的，应当依法承担赔偿责任。

住宅保修期自开发企业将竣工验收的住宅交付用户使用之日起计算。

施工单位对建设单位（即开发商）的保修责任与开发商对购房人的保修责任，这两种保修责任的保修期限及强制力并不完全相同。一是保修期的计算时间不同；二是保修期的时间不同；三是保修责任的强制力不同。施工单位对建设单位（开发商）的保修责任和期限是一种明确具体的法定责任。而开发商对购房人的保修期限是一种合同责任，法律的强制力要低于前一种。

开发商对购房人的保修期要短于施工单位对建设单位的保修期。房屋竣工后，并不一定马上就转让给购房人。因此，正常情况下，施工单位对建设单位的保修期应当长于开发商交付给购房人的保修期。根据住房城乡建设部的《商品房住宅实行〈住宅质量保证书〉和〈住宅使用说明书〉制度的规定》，房地产开发企业可以延长保修期。国家对住宅工程质量保修期另有规定的，保修期按照国家规定执行。

因此，现行商品房的保修期限应当按照《房屋建筑工程质量保修办法》和《建设工程质量管理条例》规定的期限执行。

3）房屋质量保修的程序

房屋建筑工程在保修期限内出现质量缺陷，建设单位或者房屋建筑所有人应当向施工单位发出保修通知。施工单位接到保修通知后，应当到现场核查情况，在保修书约定的时间内予以保修。发生涉及结构安全或者严重影响使用功能的紧急抢修事故，施工单位接到保修通知后，应当立即到达现场抢修。

发生涉及结构安全的质量缺陷，建设单位或者房屋建筑所有人应当立即向当地建设行政主管部门报告，采取安全防范措施；由原设计单位或者具有相应资质等级的设计单位提出保修方案，施工单位实施保修，原工程质量监督机构负责监督。

保修完成后，由建设单位或者房屋建筑所有人组织验收。涉及结构安全的，应当报当地建设行政主管部门备案。

施工单位未按工程质量保修书约定保修的，建设单位可以另行委托其他单位保修，由原施工单位承担相应责任。

10.5.3 房地产抵押管理制度

1. 房地产抵押的概念和特征

（1）房地产抵押的概念

房地产抵押是指抵押人将其合法的房地产（包括房屋及其土地上的附着物、在建工程和建设用地使用权等）以不转移占有的方式向抵押权人提供债务履行担保的行为。债务人不履行债务时，债权人有权依法以抵押的房地产拍卖所得的价款优先受偿。

在抵押关系中，抵押人是指为债务履行提供担保，将其合法的房地产提供给抵押权人作抵押物的当事人。抵押人可以是债务人本人，也可以是第三人。抵押权人也就是债权人，是指接受房地产抵押作为债务人履行债务担保的公民、法人或者其他组织。房地产抵押就其法律性质而言是一种债的担保形式。房地产作为抵押物，一旦债务人不能履行主债，作为抵押物的房地产就会被依法处置，进入流通领域。因此，《城市房地产管理法》将其列为房地产交易的形式之一。

（2）房地产抵押的特征

1）房地产抵押权是一种担保物权。担保物权是以确保债务清偿为目的，在债务人或者第三人特定的物或权利上所设定的一种物权。这是房地产抵押与房屋出典的根本区别。房屋典权是一种用益物权。

2）房地产抵押是抵押人以不转移占有的方式提供债务履行的一种担保形式。不转移占有使得抵押人能继续占有、使用该不动产而使生活或经营不受影响。

3）房地产抵押是一种不动产抵押。抵押权的标的物可以是不动产，也可以是机器设备或交通运输工具、原材料、半成品、产品等动产。由于房地产的不可移动性，在抵押担保中，房地产是最适合设定抵押权的。不动产抵押的公示方式是登记，不动产抵押权自登记时设立。而以动产抵押的，应当向抵押人住所地的工商行政管理部门办理登记。抵押权自抵押合同生效时设立；未经登记，不得对抗善意第三人。

4）房地产抵押是一种担保形式，同时也是一种融资手段。由于房地产的开发、经营和购置所需占用的资金都很大，资金的融通就成为活跃房地产市场的一个重要因素。因此，在房地产领域，在很大程度上，房地产抵押是作为一种融资手段被广泛运用开发及销售环节的。

2. 房地产抵押的类型

由于房地产抵押既有担保的性质，又具有融资的功能。因此，房地产抵押的标的物既可以是已有合法权证的房地产，也可以是预购的期房，还可以是在建工程。因此，房地产抵押的类型除了是以已有合法权证的房地产抵押外，还有预购商品房贷款抵押和在建工程抵押。

预购商品房贷款抵押（俗称按揭），是指购房人在支付首期规定的房价款后，由贷款银行代为其支付其余的购房款，购房人将所购商品房抵押给贷款银行作为偿还贷款履行担保的行为。

在建工程抵押，是指抵押人为取得在建工程继续建造资金的贷款，以其合法方式取得的土地使用权连同在建工程的投入资产，以不转移占有的方式抵押给贷款银行作为偿还贷款履行担保的行为。

10.5.4　房屋租赁制度

1. 房屋租赁的概念及分类

（1）房屋租赁的概念

房屋租赁是指房屋所有权人作为出租人将其房屋出租给承租人使用，由承租人向出租人支付租金的行为。房屋租赁的实质是房屋的所有权人将房屋的使用权在一定时间内有偿转让给承租人的一种交易行为。房屋租赁也可以看作是房屋所有权的一种零售形式。房屋租赁除了房屋所有权人将房屋出租给承租人居住这种形式外，房屋所有权人将房屋提供给他人从事经营活动（如将店面连同营业执照一起转让或承包给他人）或以其房屋以合作方式与他人从事经营活动的，都应认定为房屋出租行为。

（2）房屋租赁的分类

房屋租赁的类型，按房屋所有权的性质可分为公房租赁和私房租赁。公房租赁又可分为直管公房租赁、保障性住房租赁（公共租赁房屋）和单位自管公房租赁。公房的最终所有权人是国家，但在租赁关系中国家并不作为民事主体出现。在直管公房租赁中，由各级人民政府房地产管理部门代表国家行使所有权。单位自管公房由国家授权该单位行使所有权，并持有《房屋所有权证》。公共租赁住房是地方人民政府住房城乡建设（住房保障）主管部门通过新建、改建、收购、长期租赁等多种方式筹集，公共租赁住房可以由政府投资，也可以由政府提供政策支持、社会力量投资，因此公共租赁住房的产权是多元化的。

按房屋的租赁用途，房屋租赁可分为住宅租赁和非住宅租赁。其中非住宅租赁又可分为商业用房租赁、办公用房（写字楼）租赁和工业厂房及仓储用房租赁等。区分不同类型的租赁，其意义在于房屋租赁的政策性强，特别是廉租房租赁、公房租赁的有关承租人资格、租金水平、租赁期限等主要是执行国家的有关政策。不同性质的房屋租赁性质，其承租条件和租金标准、租赁期限等是不相同的。

2. 禁止出租的房屋

公民、法人和其他组织对其享有所有权的房屋都可以依法出租。但有下列情形之一的房屋不得出租：

（1）属于违法建筑的。违法建筑本身就不受法律保护，更不允许出租。

（2）不符合安全、防灾等工程建设强制性标准的。出租房屋的安全应考虑到承租人的人身安全和财产安全。出租房屋应具备防火、防盗设施，房屋安全质量应有保证，不会发生人身危险。

（3）违反规定改变房屋使用性质的，如将车库作为居住用房出租。由于房屋的使用性质不同，其设计的使用功能也不同。车库仅为停放车辆使用，并没有考虑通风、采光和上下水、煤气等功能。改变房屋的使用性质，会产生安全隐患或影响相邻人房屋使用的权益。

（4）法律、法规规定禁止出租的其他情形。在高房价的大中城市，出现了越来越严重的"群租现象"。群租并非一个法律概念，而是一个社会问题。群租是指出租人将单一成套的商品房进行分割，出租给多人独立地共同使用，或将成套房作为集体宿舍使用。

群租现象为消防安全带来严重隐患，同时也造成突出的环境卫生和治安管理等问题。住房城乡建设部颁布的《商品房屋租赁管理办法》规定，出租住房的，应当以原设计的房间为最小出租单位，人均租住建筑面积不得低于当地人民政府规定的最低标准，并规定厨房、卫生间、阳台和地下储藏室不得出租供人员居住。2008 年 5 月 1 日，苏州市政府颁布的《苏州市居住房屋出租管理办法》，其中明确，用于出租的居住房屋应具备基本的生活设施，符合安全要求，其中人均承租建筑面积不得低于 12m²。

一套房屋还存在多人共租的合租现象。群租与合租不同。群租与合租的区别一般来说，具备以下三个特征：一是签约主体，群租是一套房子同时签有几份租赁合同。二是入住人数，群租对于入住的人数基本没有限制。三是出租的具体操作方式，合租不需要改变原房屋结构进行房间分隔，而群租为了让更多的人住进来，则需要对房屋作一定分隔。

房屋出租涉及的社会问题多。房地产主管部门在审查房屋出租时，如有涉及妨碍社会治安、环境保护和人口管理规定的，应会同有关部门或配合有关部门执行有关规定，禁止此类房屋出租，以免出租房屋成为犯罪窝点或管理死角。

3. 房屋租赁权的特别保护

（1）买卖不破租赁的原则

租赁期限内，房屋出租人转让房屋所有权的，或因赠与、析产、继承房屋所有权发生转移的，原房屋租赁合同继续有效。房屋受让人应当继续履行原租赁合同的规定。这是民法中"买卖不破租赁"原则的具体表现。租赁本为一种债权债务关系，在民法制度中，一般而言，物权的效力大于债权。但由于房屋租赁涉及承租人生活的安定和社会秩序的稳定，大多数国家的民法都确立了"买卖不破租赁"这一原则。

（2）房屋租赁权的继承

房屋租赁权可以继承的规定也是为保护承租人及其共同生活的家庭成员的生活安定而设定的。出租人在租赁期限内死亡的，其继承人应当继续履行原租赁合同。承租人在房屋租赁期间死亡的，与其生前共同居住的人可以按照原租赁合同租赁该房屋。

（3）房屋承租人的优先购买权

出租人出卖租赁房屋的，应当在出卖之前合理期限内通知承租人，承租人享有以同等条件优先购买的权利。优先购买权的规定，其实质是对出租人选择合同对方当事人自由的限制，从另一方面也是保护承租人有安定的生活环境。

4. 房屋租赁合同

房屋租赁的当事人应当依法订立租赁合同。房屋租赁合同的内容由当事人双方约定，一般应当包括以下内容：

（1）房屋租赁当事人的姓名（名称）和住所。

由于承租人具有流动性大的特点，合同中对承租人的信息应当尽量详尽确认。

（2）房屋的坐落、面积、结构、附属设施，家具和家电等室内设施状况。

（3）租金和押金数额、支付方式。

租金可以是一次性预付，也可以是分期支付。由于租赁活动中水电费、煤气费等费用的支付滞后于房屋租赁行为，因此租赁合同中的押金条款属于承租人履行水电、煤气费等支付及房屋设施等移交的一种质押担保。该押金在承租人履行相关义务后退还。

（4）租赁用途和房屋使用要求。

租赁用途要明确该租赁是用于居住还是生产经营或者办公。不同的使用性质对房屋的损耗强度是不同的。同时，因使用性质不同有可能在租赁期间对相邻造成噪声及出入管理等问题。

（5）房屋和室内设施的安全性能。

租赁合同明确安全使用的方式和安全责任。

（6）租赁期限。根据《中华人民共和国合同法》的规定，租赁期限最长不得超过20年。当事人未约定租赁期限的，该租赁属于不定期租赁。

（7）房屋维修责任。房屋租赁合同中一般可以约定大修、中修（包括主要设备、设施）的维修由出租人承担，小修由承租人负担。

（8）物业服务、水、电、燃气等相关费用的缴纳。

（9）争议解决办法和违约责任。

（10）其他约定。如房屋租赁当事人可以在房屋租赁合同中约定房屋被征收或者拆迁时的处理办法。

5. 房屋的转租

（1）房屋转租的概念

房屋转租，是指房屋承租人将其承租的房屋再出租的行为。原房屋租赁合同中的承租人作为二房东将其承租的房屋再出租给他人。

转租的前提是原房屋租赁合同有效，且在租赁期内，并且需经出租人书面同意。出租人可以从转租中获得收益。

承租人转租房屋的，可以将承租房屋的部分或全部转租给他人。

承租人未经出租人书面同意转租的，出租人可以解除租赁合同，收回房屋并要求承租人赔偿损失。

（2）房屋转租的程序

房屋转租应当订立转租合同。转租合同必须经原出租人书面同意，并按照规定办理登记备案手续。

转租合同的终止日期不得超过原租赁合同规定的终止日期，但出租人与转租双方协商约定的除外。

转租合同生效后，转租人享有并承担转租合同规定的出租人的权利和义务，并且应当履行原租赁合同规定的承租人的义务，但出租人与转租双方另有约定的除外。

转租合同是以原租赁合同的有效为前提的。转租期间，原租赁合同变更、解除或者终止，转租合同也随之相应的变更、解除或者终止。

6. 房屋租赁登记备案

为了加强对房屋租赁的管理，保护租赁双方的合法利益，国家对房屋租赁实行登记备案制度。实行房屋租赁登记备案制度一方面可以较好地防止非法出租房屋，减少纠纷，消除不安全隐患，促进社会和谐稳定；另一方面也可以有效防止国家税费的流失。

（1）房屋租赁备案登记程序

房屋租赁合同订立后三十日内，房屋租赁当事人应当到租赁房屋所在地直辖市、市、县人民政府建设（房地产）主管部门办理房屋租赁登记备案。

房屋租赁当事人提交的材料应当真实、合法、有效，不得隐瞒真实情况或者提供虚假材料。对符合要求的，主管部门应当在三个工作日内办理房屋租赁登记备案，向租赁当事人开具房屋租赁登记备案证明。

（2）房屋租赁备案登记证明的管理

房屋租赁登记备案证明应当载明出租人的姓名或者名称、承租人的姓名或者名称、有效身份证件种类和号码、出租房屋的坐落、租赁用途、租金数额、租赁期限等。

房屋租赁登记备案内容发生变化、续租或者租赁终止的，当事人应当在三十日内，到原租赁登记备案的部门办理房屋租赁登记备案的变更、延续或者注销手续。

直辖市、市、县建设（房地产）主管部门将建立房屋租赁登记备案信息系统，逐步实行房屋租赁合同网上登记备案，并纳入房地产市场信息系统。

房屋租赁登记备案证明是租赁行为合法有效的凭证。租用房屋从事生产、经营活动的，房屋租赁登记备案证明作为经营场所合法的凭证。租用房屋用于居住的，房屋租赁登记备案证明可作为公安部门办理户口登记的凭证之一。

10.6　不动产登记制度

10.6.1　不动产登记的概念和原则

1. 不动产登记的概念

不动产登记是指经权利人或利害关系人申请，由不动产登记机构将有关不动产物权及其变动事项记载于不动产登记簿的法律行为。不动产除房屋等建筑物外，还包括土地、海域以及林木等定着物。

财产权利从形态上可以分为动态下的债权，静态下的物权和无形的知识产权。建设用地使用权出让、商品房买卖及房地产抵押等合同的生效，合同的权利人得到的是债权的保护，而不动产物权的取得，根据《物权法》的规定，必须经过登记这一公示方式。不动产物权的设立、变更、转让和消灭，经依法登记，发生效力；未经登记，不发生效力，但法律另有规定的除外。《物权法》第九条规定，依法属于国家所有的自然资源，所有权可以不登记。

2. 不动产物权登记的原则

（1）统一登记原则

国家对不动产实行统一登记制度。

《物权法》第十条规定，不动产实行统一登记，并授权行政法规对统一登记的范围、登记机构和登记办法作出规定。2015 年 3 月 1 日施行的《不动产登记暂行条例》

规范了不动产的登记行为，明确登记程序，界定查询权限，整合土地、房屋、林地、草原、海域等登记职责，实现不动产登记机构、登记簿册、登记依据和信息平台"四统一"。法律明确规定，国务院国土资源主管部门负责指导、监督全国不动产登记工作。不动产登记机构实行垂直领导管理，县级以上地方人民政府应当确定一个部门为本行政区域的不动产登记机构，负责不动产登记工作，并接受上级人民政府不动产登记主管部门的指导、监督。

（2）方便权利人原则

方便权利人申请登记，保护权利人合法权益，是立法的基本目的。国家实施统一登记制度本身就是方便权利人申请登记。同时，不动产登记制度在登记申请受理等程序上方便权利人。首先是稳定申请人预期，对申请人、申请材料、初审受理、查验要求、实地查看、办理期限等均作出明确规定。其次是尊重申请人意思自治，规定登记机构将申请登记事项记载于登记簿前，申请人可以撤回登记申请。第三是简化申请程序，强调当场审查的原则，要求登记机构受理后书面告知申请人，对不符合法定条件不予受理的，以及不属于本机构登记范围的，也要书面告知申请人，并一次性告知需补正内容或者申请途径；未当场书面告知申请人不予受理的，视为受理；登记机构原则上要自受理登记申请之日起30个工作日内办结登记手续，完成登记后依法核发权属证书或登记证明。第四是减轻申请负担，规定登记机构能够通过实时互通共享取得的信息，不得要求申请人重复提交。

（3）属地管理原则

不动产其本身不可移动的特性决定了不动产登记应当实行属地管理。不动产登记由不动产所在地的县级人民政府不动产登记机构办理；直辖市、设区的市人民政府可以确定本级不动产登记机构统一办理所属各区的不动产登记。跨县级行政区域的不动产登记，由所跨县级行政区域的不动产登记机构分别办理。不能分别办理的，由所跨县级行政区域的不动产登记机构协商办理；协商不成的，由共同的上一级人民政府不动产登记主管部门指定办理。

（4）物权稳定原则

物权稳定是指在《不动产登记暂行条例》施行前依法颁发的各类不动产权属证书和制作的不动产登记簿继续有效。不动产权利未发生变更、转移的，不动产登记机构不得强制要求不动产权利人更换不动产权属证书。

10.6.2 不动产权利登记的范围

不动产是指不可移动或者如果移动就会改变性质、损害其价值的有形财产，包括土地及其定着物，包括物质实体及其相关权益。如建筑物及土地上生长的树木等植物。我国法律规定下列不动产权利应依法办理登记：

（1）集体土地所有权；

（2）房屋等建筑物、构筑物所有权；

（3）森林、林木所有权；

（4）耕地、林地、草地等土地承包经营权；

（5）建设用地使用权；

（6）宅基地使用权；

（7）海域使用权；

（8）地役权；

（9）抵押权；

（10）法律规定需要登记的其他不动产权利。

10.6.3 不动产登记的程序

依照当事人申请进行的不动产登记有申请、受理和审核、公告、权利登记和核发权证5个阶段。

1. 当事人提出申请

我国的不动产登记实行当事人申请原则，以依职权办理登记为例外。

因买卖、设定抵押权等不动产交易而导致的不动产权利变更或设定不动产权利的，应当由当事人双方共同申请。

属于下列情形之一的，可以由当事人单方申请：

1）尚未登记的不动产首次申请登记的；

2）继承、接受遗赠取得不动产权利的；

3）人民法院、仲裁委员会生效的法律文书或者人民政府生效的决定等设立、变更、转让、消灭不动产权利的；

4）权利人姓名、名称或者自然状况发生变化，申请变更登记的；

5）不动产灭失或者权利人放弃不动产权利，申请注销登记的；

6）申请更正登记或者异议登记的；

7）法律、行政法规规定可以由当事人单方申请的其他情形。

2. 不动产登记机构的受理和审核

不动产登记机构受理申请后，对不动产登记申请的审查包括书面申请资料的查验和实地查看。

（1）书面申请资料的审查

书面申请资料的审查应当查验申请人的相关申请资料，审查主体资格，查验权属来源材料或者登记原因文件与申请登记的内容是否一致，查验不动产界址、空间界限、面积等权籍调查成果是否完备，权属是否清楚、界址是否清晰、面积是否准确及法律、行政法规规定的完税或者缴费凭证是否齐全等。

（2）实地查看

不动产登记机构可以对以下申请登记的不动产进行实地查看：房屋等建筑物、构筑物所有权首次登记的；在建建筑物抵押权登记的；因不动产灭失导致的注销登记；不动产登记机构认为需要实地查看的其他情形。

对可能存在权属争议，或者可能涉及他人利害关系的登记申请，不动产登记机构可以向申请人、利害关系人或者有关单位进行调查。不动产登记机构进行实地查看或者调查时，申请人、被调查人应当予以配合。

3. 公告

公告不是不动产登记的必经程序。不动产登记机构对于有下列情形之一的，应当在登记事项记载于登记簿前进行公告，但涉及国家秘密的除外：1）政府组织的集体土地所有权登记；2）宅基地使用权及房屋所有权，集体建设用地使用权及建筑物、构筑物所有权，土地承包经营权等不动产权利的首次登记；3）依职权更正登记；4）依职权注销登记；5）法律、行政法规规定的其他情形。公告应当在不动产登记机构门户网站以及不动产所在地等指定场所进行，公告期不少于 15 个工作日。公告所需时间不计算在登记办理期限内。公告期满无异议或者异议不成立的，应当及时记载于不动产登记簿。

4. 权利登记

对于经审查合法的不动产申请，不动产登记机构应当依法将各类登记事项准确、完整、清晰地记载于不动产登记簿。不动产登记簿是物权归属和内容的根据。不动产物权的设立、变更、转让和消灭，依照法律规定应当登记的，自记载于不动产登记簿时发生效力。

5. 核发权证

不动产登记机构应当根据不动产登记簿，填写并核发不动产权属证书或者不动产登记证明。除办理抵押权登记、地役权登记和预告登记、异议登记，向申请人核发不动产登记证明外，不动产登记机构应当依法向权利人核发不动产权属证书。

不动产权属证书是权利人享有该不动产物权的证明。不动产权属证书记载的事项，应当与不动产登记簿一致；记载不一致的，除有证据证明不动产登记簿确有错误外，以不动产登记簿为准。

10.6.4　我国的不动产登记制度的特点

现代各国不动产登记制度，依其内容、效力等标准，主要可以归纳为三种类型："契约登记制"、"权利登记制"和"托伦斯登记制"。

契约登记制除法国外，日本、意大利、比利时及西班牙等国均采此制。契约登记制，具有以下主要特色：1）登记为物权变动对抗第三人之要件，即物之变动，依当事人的合意发生效力，登记是已经发生的物权变动对抗第三人的要件。2）登记采用形式审查主义。登记机关对于登记的申请，只进行形式上的审查，而对于契约上所载的权利事项，在实质上是否真实，有无瑕疵，有所不同。3）登记无公信力。已登记的事项，实体法上如果有无效或者可撤消的原因时，得予推翻。

权利登记制，又称德国登记制。除德国外，瑞士、奥地利、匈牙利等国也采用此制。权利登记制的主要特色为：1）登记为土地物权变动之效力的发生要件，即土地物权之发生变动效力，除当事人之合意外，尚须登记。2）登记采实质审查主义，即登记机关对于登记之申请，除须审查登记书件是否在形式上完备外，对于不动产物权变动之原因与事实是否相符、有无瑕疵，也须详细审查，经确定后方予登记。3）登记具有公信力。

托伦斯登记制除澳大利亚外，英国、爱尔兰、加拿大、菲律宾、美国以及我国香港等大多数英美法系国家和地区，均采用这一制度。此制之基本精神与权利登记制相同，具有权利登记制的特色外，与权利登记制又有以下差异：1）采任意登记制，而权利登记制，一切土地权利必须登记，其变动也莫能外。2）交付产权证书，即对不动产进行所有权第一次登记时，登记机关除应将登记事宜记入登记簿外，并应发给土地所有权人产权证书，以作为享有不动产权利之确定凭证；而权利登记制中，登记系就当事人之契约加以注记验证，并不另发书状。3）设置赔偿基金。由于登记具有公信力，故登记有错误、虚伪或遗漏而致真正权利人受损害时，在托伦斯登记制中，由登记机关负损害赔偿之责，登记机关因此往往设有赔偿基金；而在权利登记制，国家负损害赔偿之责。

我国不动产登记制度，类似德国式权利登记制，兼采用托伦斯登记制，但又有自己的特点，概括起来，主要有以下几点：

1. 登记的公示力

所谓公示，是指物权在变动时，必须将物权变动的事实通过一定方法向社会公开，从而使第三人知道物权变动的情况，以避免第三人遭受损害并保护交易安全。不动产物权的设立、变更、转让和消灭，经依法登记，发生效力；未经登记，不发生效力。不动产权利登记，不仅登记不动产的静态权利，而且也登记权利变更、转让和消灭等动态过程，使第三人可以就不动产登记情况，推知该不动产权利状态。

2. 实质性审查

不动产登记中的实质审查的范围不仅限于当事人申请登记的材料，还包括申请登记所反映出的物权变动的事实。审查内容不仅包括申请登记材料是否完整齐备以及各登记材料在形式上是否符合法定的形式和要求，而且还要审查申请登记所反映出的物权变动的事实是否存在以及是否真实有效。因此，实质审查不仅要实行书面审查，而且还要进行实际调查，包括要求当事人补充提供相关的材料、对当事人的询问、对该不动产状态的实地调查等。而形式审查的范围一般限于申请登记的材料；审查的内容为申请人提供的申请登记材料是否完整齐备以及各登记材料在形式上是否符合法定的形式和要求；在审查方式上实行书面审查，登记机构一般不对申请登记的书面材料与实际物权变动的情形是否一致进行审核。

3. 登记具有公信力

我国不动产登记实行的是实质审查制，该登记因而具有强大的法律效力，即公信力，不动产登记簿所记载的权利推定为真正的权利，并赋予其公信力，基于登记的公信力，即使登记错误或遗漏，因相信登记正确而与登记名义人进行交易的善意第三人，其所得利益仍将受到法律的保护。

4. 登记机构先行赔偿

因登记错误，给他人造成损害的，登记机构应当承担赔偿责任。登记机构赔偿后，可以向造成登记错误的责任人追偿。导致登记错误的原因有以下两方面：一是当事人的原因，因当事人提供虚假材料申请登记，导致登记机构错误登记给他人造成损害的，应当由申请人承担赔偿责任。登记机构在先行承担赔偿责任后可以向造成错误登记的申请人追偿。二是因登记机构工作人员的故意行为造成的登记错误导致权利人损失的。不动产登记机构工作人员进行虚假登记，损毁、伪造不动产登记簿，擅自修改登记事项，或者有其他滥用职权、玩忽职守行为的，除依法承担行政责任外，给他人造成损害的，登记机关在先行承担赔偿责任后，依法对直接责任人员追偿。

5. 颁发权利证书

不动产权登记机关对申请人登记的权利记载在不动产登记簿后，还要给权利人颁发权属证书或者登记证明。除办理抵押权登记、地役权登记和预告登记、异议登记，向申请人核发不动产登记证明外，不动产登记机构应当依法向权利人核发不动产权属证书。

10.7 物业管理制度

10.7.1 物业管理的概念

物业管理，是指业主通过选聘物业服务企业，由业主和物业服务企业按照物业服务合同约定，对房屋及配套的设施设备和相关场地进行维修、养护、管理，维护物业管理区域内的环境卫生和相关秩序的活动。

当前，物业管理已不仅肩负起小区建设、环境绿化美化、公共卫生、公共序维护、共用部位、共用设施设备的日常维护保养等工作，其涉及范围已经逐渐发展到写字楼、工业区、学校、商场、医院、机场、会展中心、体育场馆、步行街等，还进入了对乡村社区的管理。

物业服务公司的服务领域也开始向更宽广的方向拓展，物业服务的形式也从单一发展到多样化。部分物业服务公司已由简单的服务职能转变为生产与服务相结合的复合型的物业服务企业。

10.7.2 物业管理的基本制度

1. 业主大会制度。

（1）业主和业主的权利和义务

房屋的所有权人为业主。

业主在物业管理活动中，享有的权利有：

1）按照物业服务合同的约定，接受物业服务企业提供的服务；

2）提议召开业主大会会议，并就物业管理的有关事项提出建议；

3）提出制定和修改管理规约、业主大会议事规则的建议；

4）参加业主大会会议，行使投票权；

5）选举业主委员会成员，并享有被选举权；

6）监督业主委员会的工作；

7）监督物业服务企业履行物业服务合同；

8）对物业共用部位、共用设施设备和相关场地使用情况享有知情权和监督权；

9）监督物业共用部位、共用设施设备专项维修资金（以下简称专项维修资金）的管理和使用；

10）法律、法规规定的其他权利。

《物权法》还规定，业主的权利可以通过诉讼途径得到救济。业主对侵害自己合法权益的行为，可以依法向人民法院提起诉讼。

业主在维护自己权利的同时，也应当履行下列义务：

1）遵守管理规约、业主大会议事规则；

2）遵守物业管理区域内物业共用部位和共用设施设备的使用、公共秩序和环境卫生的维护等方面的规章制度；

3）执行业主大会的决定和业主大会授权业主委员会做出的决定；

4）按照国家有关规定交纳专项维修资金；

5）按时交纳物业服务费用；

6）法律、法规规定的其他义务。

（2）业主大会

1）业主大会的成立

业主大会由物业管理区域内的全体业主组成。

业主大会应当代表和维护物业管理区域内全体业主在物业管理活动中的合法权益。

一个物业管理区域成立一个业主大会。

业主大会制度是一种基层的民主自治制度。业主大会的成立及业主委员会的选举需要接受房地产行政主管部门和地方人民政府的街道办事处、乡镇人民政府的协助和指导。

只有一个业主的，或者业主人数较少且经全体业主一致同意，决定不成立业主大会的，由业主共同履行业主大会、业主委员会职责。

2）业主大会的权利

下列事项需由业主共同决定：

① 制定和修改业主大会议事规则；

② 制定和修改建筑物及其附属设施的管理规约；

③ 选举业主委员会或者更换业主委员会成员；

④ 选聘和解聘物业服务企业或者其他管理人；

⑤ 筹集和使用建筑物及其附属设施的维修资金；

⑥ 改建、重建建筑物及其附属设施；

⑦ 有关共有和共同管理权利的其他重大事项。

决定上述第⑤项和第⑥项规定的事项，应当经专有部分占建筑物总面积三分之二以上的业主且占总人数三分之二以上的业主同意。决定上述其他事项，应当经专有部分占建筑物总面积过半数的业主且占总人数过半数的业主同意。

业主大会的决定对物业管理区域内的全体业主具有约束力。

（3）业主委员会

业主委员会是业主大会的执行机构。业主大会制度实行业主大会和业主委员会并存，业主大会决策、业主委员会执行。

业主委员会对外代表业主的权益，可以代表业主行使法律赋予业主的权利。对于业主委员会的法律地位及诉讼主体资格，相关法律也已经予以确认。因此，业主权利的实现，应当依靠成立业主委员会的方式，按照法律的规定进行。

《物权法》规定，业主大会和业主委员会，对任意弃置垃圾、排放污染物或者噪声、违反规定饲养动物、违章搭建、侵占通道、拒付物业费等损害他人合法权益的行为，有权依照法律、法规以及管理规约，要求行为人停止侵害、消除危险、排除妨害、赔偿损失。

业主大会或者业主委员会作出的决定侵害业主合法权益的，受侵害的业主可以请求人民法院予以撤销。

业主委员会执行业主大会的决定事项，履行下列职责：

1）召集业主大会会议，报告物业管理的实施情况；

2）代表业主与业主大会选聘的物业服务企业签订物业服务合同；

3）及时了解业主、物业使用人的意见和建议，监督和协助物业服务企业履行物业服务合同；

4）监督管理规约的实施；

5）业主大会赋予的其他职责。

业主委员会应当自选举产生之日起 30 日内，向物业所在地的区、县人民政府房地产行政主管部门和街道办事处、乡镇人民政府备案。

业主委员会委员应当由热心公益事业、责任心强、具有一定组织能力的业主担任。业主委员会主任、副主任在业主委员会委员中推选产生。

2. 建筑物区分所有权制度

（1）建筑物区分所有权的概念和内容

建筑物区分所有权，是指多个业主共同拥有一栋建筑物时，各个业主对其在构造和使用上具有独立的建筑物部分所享有的所有权和对供全体或部分所有人共同使用的建筑物部分所享有的共有权以及基于建筑物的管理、维护和修缮等共同事务而产生的共同管理权的总称。《物权法》第七十条规定：业主对建筑物内的住宅、经营性用房等专有部分享有所有权，对专有部分以外的共有部分享有共有和共同管理的权利。

业主的建筑物区分所有权由以下三部分构成：

第一，业主对专有部分的所有权。

第二，业主对建筑区划内的共有部分的共有权（即区分共有权）。

第三，业主对建筑物区划内的专有部分以外的共有部分享有共同管理的权利（即成员权）。

业主的建筑物区分所有权是一个集合权，具有不可分离性。在这三种权利中，业主对专有部分的所有权占主导地位，是业主对专有部分以外的共有部分享有共有权以及对共有部分享有共同管理权的前提与基础。

（2）专有部分的所有权

1）业主对其建筑物专有部分享有占有、使用、收益和处分的权利。

2）业主对专有部分行使所有权的相关规定

业主行使专有部分所有权时，不得危及建筑物的安全，不得损害其他业主的合法权利。业主转让建筑内的住宅、经营性用房等专有部分（即套内建筑面积部分），其对共有部分享有的共有（如分摊的共有面积部分等）和共同管理的权利一并转让。

业主不得违反法律、法规以及管理规约，将住宅改变为经营性用房。业主将住宅改变为经营性用房的，除遵守法律、法规以及管理规约外，应当经有利害关系的业主同意。

业主将住宅改变为经营性用房，未按照《物权法》相关规定经有利害关系的业主同意，有利害关系的业主请求排除妨害、消除危险、恢复原状或者赔偿损失的，人民法院应予支持。将住宅改变为经营性用房的业主以多数有利害关系的业主同意其行为进行抗辩的，人民法院不予支持。

（3）共有部分的共有权

1）共有部分的共有权的范围

建筑区划内的道路、绿地除属城镇公共、合同约定、私人所有外，归属业主共有。建筑区划内的其他公共场所、公用设施和物业服务用房，属于业主共有。占用业主共有的道路或者其他场地用于停放汽车的车位，属于业主共有。

建筑区划内，规划用于停放汽车的车位、车库其产权构成比较复杂。有些专门规划的地下车库、地面专用车库、车位是没有分摊到小区配套的建造成本中的,该产权是独立的,不属于业主共有。该类建筑区划内车位、车库的所有权归属,当事人可以通过出售、附赠或者出租等方式约定。但占有业主共有部分的车库、车位归属业主共有。

2) 共用部分的共用权行使

共用部分的共有权具有不可分割性和从属性的特征。业主对专有部分以外的共有部分享有权利、承担义务,不得放弃权利不履行义务。小区专门规划的车场、车库、车位,应当首先满足业主的需要。

(4) 共有部分的共同管理权

共同管理权决定事项范围有:制定和修改业主大会议事规则、制定和修改建筑物及其附属设施的管理规约、选举业主委员会或者更换业主委员会成员、选聘和解聘物业服务企业或者其他管理人、筹集和使用建筑物及其附属设施的维修资金、改建、重建建筑物及其附属设施等。

共同的管理组织是指成立业主大会,选举业主委员会。

3. 管理规约制度

从物业管理的实际、操作来看,管理规约是小区管理的"区法",是物业管理日常管理的"基本法"。管理规约应当对有关物业的使用、维护、管理,业主的共同利益,业主应当履行的义务,违反管理规约应当承担的责任等事项依法作出约定。同时,管理规约应当尊重社会公德,不得违反法律、法规或者损害社会公共利益。

在前期物业管理阶段,由开发商在销售物业之前,为物业的管理制定临时管理规约,对有关物业的使用、维护、管理,业主的共同利益及应当履行的义务、违约责任等事项依法作出约定。临时管理规约不得侵害物业买受人的合法权益,而且应当在销售物业时向买受人明示并予以说明,由买受人在与开发商签订物业买卖合同时予以书面承诺。

管理规约最集中、最全面、最深刻地体现全体业主的共同利益,并能有效规范全体业主和物业服务企业的行为。管理规约是物业管理中一个基础性的文件,与《物业管理服务合同》《业主委员会章程》等构成了物业管理的基本框架,也是物业服务企业进行管理与服务的法理依据和法律文件。

《管理规约》是业主共同订立并遵守的行为准则,对全体业主具有约束力。

4. 前期物业管理制度

前期物业管理,是指业主或业主大会在选聘物业服务企业之前,由开发商或者开发商选聘的物业服务企业对所在物业进行管理的行为。

开发商在物业销售前应将临时管理规约向物业买受人明示,并予以说明。开发商在与物业买受人签订物业买卖合同时,应当附有包含前期物业服务合同约定的内容,并对购买人遵守临时管理规约予以书面约定。开发商与其选聘物业服务企业签订物业服务合同。这种合同叫做"前期物业服务合同"。前期物业服务合同可以约定期限;但是,期限未满、业主委员会与物业服务企业签订的物业服务合同生效的,前期物业服务合同终止。

5. 物业管理招投标制度

国家提倡业主通过公平、公开、公正的市场竞争机制选择物业服务企业,鼓励建设单位按照房地产开发与物业管理相分离的原则,通过招投标的方式选聘物业服务企业。2003年6月,原建设部颁布了《前期物业管理招标投标暂行办法》,对建设单位通过招标投标方式选择物业服务企业作了具体的规定。

6. 物业承接验收制度

物业服务企业承接物业时，应当对物业共用部位、共用设施设备进行查验，应当与建设单位或业主委员会办理物业承接验收手续，建设单位、业主委员会应当向物业服务企业移交有关资料。

在办理物业承接验收手续时，建设单位应当向物业服务企业移交下列资料：

(1) 竣工总平面图，单体建筑、结构、设备竣工图，配套设施、地下管网工程竣工图等竣工验收资料；

(2) 设施设备的安装、使用和维护保养等技术资料；

(3) 物业质量保修文件和物业使用说明文件；

(4) 物业管理所必需的其他资料。

物业服务企业应当在前期物业服务合同终止时将上述资料移交给业主委员会。

物业服务合同终止时，业主大会选聘了新的物业服务企业的，物业服务企业之间应当做好交接工作。

7. 住房专项维修资金制度

住宅专项维修资金，是指专项用于住宅共用部位、共用设施设备保修期满后的维修和更新、改造的资金。

住宅共用部位，是指根据法律、法规和房屋买卖合同，由单幢住宅内业主或者单幢住宅内业主及与之结构相连的非住宅业主共有的部位，一般包括：住宅的基础、承重墙体、柱、梁、楼板、屋顶以及户外的墙面、门厅、楼梯间、走廊通道等。

共用设施设备，是指根据法律、法规和房屋买卖合同，由住宅业主或者住宅业主及有关非住宅业主共有的附属设施设备，一般包括电梯、天线、照明、消防设施、绿地、道路、路灯、沟渠、池、井、非经营性车场车库、公益性文体设施和共用设施设备使用的房屋等。

商品住宅的业主、非住宅的业主按照所拥有物业的建筑面积交存住宅专项维修资金，每平方米建筑面积交存首期住宅专项维修资金的数额为当地住宅建筑安装工程每平方米造价的 5%～8%。

专项维修资金属业主所有。住宅专项维修资金管理实行专户存储、专款专用、所有权人决策、政府监督的原则。

10.7.3 物业管理服务

1. 物业服务合同

业主委员会应当与业主大会选聘的物业服务企业订立书面的物业服务合同。

物业服务合同应当对物业管理事项、服务质量、服务费用、双方的权利义务、专项维修资金的管理与使用、物业管理用房、合同期限、违约责任等内容进行约定。

物业服务企业应当按照物业服务合同的约定，提供相应的服务。

物业服务企业未能履行物业服务合同的约定，导致业主人身、财产安全受到损害的，应当依法承担相应的法律责任。

物业服务企业可以将物业管理区域内的专项服务业务委托给专业性服务企业，但不得将该区域内的全部物业管理一并委托给他人。

2. 物业服务企业的管理责任

对物业管理区域内违反有关治安、环保、物业装饰装修和使用等方面法律、法规规定的行为，物业服务企业应当制止，并及时向有关行政管理部门报告。

有关行政管理部门在接到物业服务企业的报告后，应当依法对违法行为予以制止或者依法处理。

物业服务企业应当协助做好物业管理区域内的安全防范工作。发生安全事故时，物业服务企业在采取应急措施的同时，应当及时向有关行政管理部门报告，协助做好救助工作。

物业服务企业雇请保安人员的，应当遵守国家有关规定。保安人员在维护物业管理区域内的公共秩序时，应当履行职责，不得侵害公民的合法权益。

物业使用人在物业管理活动中的权利义务由业主和物业使用人约定，但不得违反法律、法规和管理规约的有关规定。

物业使用人违反《物业管理条例》和《管理规约》的规定，有关业主应当承担连带责任。

3. 物业服务收费

(1) 物业服务收费，是指物业服务企业按照物业服务合同的约定，对房屋及配套的设施设备和相关场地进行维修、养护、管理，维护相关区域内的环境卫生和秩序，向业主所收取的费用。

(2) 物业服务收费的原则

物业服务收费应当遵循合理、公开以及费用与服务水平相适应的原则，区别不同物业的性质和特点，由业主和物业服务企业依法在物业服务合同中约定。国家提倡业主通过公开、公平、公正的市场竞争机制选择物业服务企业；鼓励物业服务企业开展正当的价格竞争，禁止价格欺诈，促进物业服务收费通过市场竞争形成。

我国现阶段的物业服务标准是多层次的，从一般居民住房到豪华的高级公寓别墅，从普通办公楼到高档涉外写字楼，对物业管理的要求差别很大。目前可以将它们大致划分为以下三个层次：

1) 保障型。保障型又称经济型，即只要求物业管理做好最基本的物业维修保养、环境清洁、安全等工作，以保障最基本的生活要求。

2) 改善型。在保障型基础上，根据需求提高物业管理与服务的标准，以适应业主生活改善后对居住小区更高层次的要求。

3) 舒适型。提供高标准、高质量的服务，其中一部分要求同国际先进水平接轨，实施全方位的管理与服务，创造舒适宜人的物业环境。

2003年11月13日，国家发展和改革委员会和原建设部联合发布了《物业服务收费管理办法》，规定了物业服务企业服务收费的原则、计价方式等。不同层次的物业服务可以按照不同的标准收费。

(3) 物业服务费的缴纳

1) 物业服务收费形式

业主与物业服务企业可以采取包干制或者酬金制等形式约定物业服务费用。

包干制是指由业主向物业服务企业支付固定物业服务费用，盈余或者亏损均由物业服务企业享有或者承担的物业服务计费方式。

酬金制是指在预收的物业服务资金中按约定比例或者约定数额提取酬金支付给物业服务企业，其余全部用于物业服务合同约定的支出，结余或者不足均由业主享有或者承担的物业服务计费方式。

2）业主服务费用的缴纳

业主应当根据物业服务合同的约定交纳物业服务费用。业主与物业使用人约定由物业使用人交纳物业服务费用的，可以由物业使用人缴纳，但业主应当负连带责任。

已竣工但尚未出售或者尚未交给物业买受人的物业，物业服务费用由建设单位交纳。

对于特约服务、专项服务等项目，物业服务企业可以与业主协商约定服务的报酬。

物业管理区域内，供水、供电、供气、供热、通信、有线电视等单位应当向最终用户收取有关费用。

物业服务企业接受委托代收前款费用的，不得向业主收取手续费等额外费用。

10.7.4　物业的使用与维护

1. 物业的使用与维护

（1）公共建筑和共用设施不得改变用途

物业管理区域内按照规划建设的公共建筑和共用设施，不得改变用途。

业主依法确需改变公共建筑和共用设施用途的，应当在依法办理有关手续后告知物业服务企业；物业服务企业确需改变公共建筑和共用设施用途的，应当提请业主大会讨论决定同意后，由业主依法办理有关手续。

（2）道路、场地不得擅自占用

业主、物业服务企业不得擅自占用、挖掘物业管理区域内的道路、场地，损害业主的共同利益。

因维修物业或者公共利益，业主需临时占用、挖掘道路、场地的，应当征得业主委员会和物业服务企业的同意；物业服务企业确需临时占用、挖掘道路、场地的，应当征得业主委员会的同意。

业主、物业服务企业应当将临时占用、挖掘的道路、场地，在约定期限内恢复原状。

（3）相关单位维护管线、设施设备的责任

供水、供电、供气、供热、通信、有线电视等单位，应当依法承担物业管理区域内相关管线和设施设备维修、养护的责任。

有关单位因维修、养护等需要，临时占用、挖掘道路、场地的，应当及时恢复原状。

（4）业主装修房屋应尽的义务

业主需要装饰装修房屋的，应当事先告知物业服务企业。

物业服务企业应当将房屋装饰装修中的禁止行为和注意事项告知业主。

（5）业主不得随意改变住宅的用途

业主不得违反法律、法规以及管理规约，将住宅改变为经营性用房。业主将住宅改变为经营性用房的，除遵守法律、法规以及管理规约外，应当经有利害关系的业主同意。

2. 物业的经营管理

利用物业共用部位、共用设施设备进行经营的，应当在征得相关业主、业主大会、物业服务企业的同意后，按照规定办理有关手续。业主所得收益应当主要用于补充专项维修资金，也可以按照业主大会的决定使用。

3. 物业的维修责任

物业存在安全隐患，危及公共利益及他人合法权益时，责任人应当及时维修养护，有关业主应当给予配合。

责任人不履行维修养护义务的，经业主大会同意，可以由物业服务企业维修养护，费用由责任人承担。

【案例 10-1】：土地使用权年限短缺案

【案情摘要】

一审原告（二审上诉人）：祝新春

一审被告（二审被上诉人）：苏州市某房地产开发公司

【案件主要事实】

2002 年 2 月 21 日，原告与被告签订《商品房买卖合同》，原告购买被告开发的某小区 10 幢北单元 401 室。该房屋建筑面积 85.56m²，总价为 173253 元。合同约定该地块规划用途为住宅，土地使用权年限自 2001 年 1 月 8 日至 2071 年 1 月 7 日（年限为 70 年）。但原告在申办产权证时发现该地块是商业用地，使用权年限只有 40 年。

一审判决认定，原告要求将 40 年的土地使用权年限变更为 70 年的诉讼请求不予支持，认定被告应当对原告损失的土地使用权年限的价值进行赔偿。赔偿的费用可参考住宅土地出让金的平均年限费用延长至 70 年的费用赔偿。据此，一审判决被告一次性赔偿原告人民币 7707.30 元。原告不服一审判决，提起上诉。

【案件分析】

一审判决中存在以下几个错误：

1. 一审判决认定，该土地使用年限到期，原告有可能会支付相应的土地使用费用。该认定是错误的。原告要保有其房屋，必须通过延长土地使用权年限至 70 年才能实现。

《物权法》规定，住宅建设用地使用权期间届满的，自动续期。而非住宅建设用地使用权期间届满后的续期，依照法律规定办理。该土地上的房屋及其他不动产的归属，有约定的，按照约定；没有约定或者约定不明确的，依照法律、行政法规的规定办理。

该案审理时《物权法》尚未出台，因此，只能适用《城镇国有土地使用权出让转让暂行条例》的规定。该《条例》第 40 条规定，土地使用权年限届满后，国家将无偿收回土地使用权，地上建筑物、其他附着物由国家无偿取得。

因为该地块的性质是商业用地。因此，37 年以后（即该地块的土地使用权年限届满时），原告要保有该房屋的所有权，继续使用该地块的话，就必须第二次买地。这个损失是客观存在的。原告要居住满 70 年，就必须在土地使用权年限届满后，再支付 30 年的土地使用权费用。

2. 关于赔偿费用的计算。

一审判决对原告的赔偿，只是参考住宅出让金的平均年限费用延长至 70 年的费用。该认定是错误的。其错误在于：一方面是该房屋占用的土地使用权短缺的 30 年，不是能简单的可以延长的，要再补 30 年的使用年限，必须是在 2041 年 1 月 7 日土地使用权年限届满后第二次买地。

事实是该地块的性质是商业用地，商业用地的最高出让年限是40年。现在，根据规划，该地块不可能变更为住宅用地。因此，再延长30年，也只能是第二次买地，而不是简单的延长30年。该短缺的土地使用权价值也只能按该地块的性质——商业用地计算，而不应当按住宅用地计算。

一审判决认定：双方合同约定的土地使用权年限的条款，该条款违背了土地转让合同（应该是出让合同）和建设施工规划许可证（应该是建设工程规划许可证）的土地使用审批年限，该条款客观上已不能履行，故该条款系无效条款。该认定是错误的。该条款应当是部分无效。因为，该条款约定的70年的年限事实上可以履行40年，后面的30年，根据该条款是无法履行的。

短缺的30年的使用权年限必须是在2041年1月7日后另行申请，并签订合同才可以再购买。而原告在合同中明确的约定是要70年的使用权。原告不想让自己在年迈之时被赶出自己的家，更不想让自己的子女在40年之后背上沉重的经济负担，到那时再去购买该房屋的土地使用权。

另一方面，如果在2041年原告不再第二次买地，那么根据《城镇国有土地使用权出让转让暂行条例》第40条的规定，土地使用权期限届满后，国家将无偿收回土地使用权，地上建筑物及附着物国家无偿取得。根据该法规的规定，40年后，土地使用权期限届满，原告的房屋也将随之丧失。因为没有土地使用权，原告的房屋便是"空中楼阁"。

【分析评论】

1. 本案纠纷的起因

本案的起因对住房地块使用权年限的认识错误。住宅用地与住房占用的土地不是一个概念。住宅用地是指土地使用权人取得的土地使用权的性质是用于建造住宅的用地，而住房占用的土地，是从房屋的角度而言，其房屋在何种用途性质的土地上。因为，其他用地如商业用地、综合用地上都可以建造住宅，但其土地使用权的年限不因房屋的性质而改变。

该房地产项目是由两个地块组成的。

该项目的第一地块是住宅用地，而沿人民路的狭长地块是商业用地。在商业地块上建造的是商住楼，一、二楼是商铺，三楼以上是住宅。但在售楼时，由于售楼人员的粗心，想当然地认为，住宅房的用地就是70年的土地使用权。因此，在签订《商品房买卖合同》时，也是按照另一地块的70年的年限确定了土地使用权的年限，造成开发商的违约。房屋的使用性质与土地使用权的类型并不是完全一致的。例如，工业用地上的集体宿舍楼可以作为住宅使用，但其土地使用权的年限最长是50年。另外，即使是住宅用地，开发商也不一定是购买了70年的使用权，法律只是规定了最长的年限，不是每宗住宅地块必须是有70年的使用年限，如温州市有的住宅用地只出让了20年。2016年出让期限届满后就面临着续期以及缴纳出让金的问题。针对温州二十年住房土地使用权到期问题，国土资源部和住房城乡建设部会商后回复，可以采用"两不一正常"的过渡性办法处理，即不需要提出续期申请，不收取费用，正常办理交易和登记手续，涉及"土地使用期限"，仍填写该住宅建设用地使用权的原起始日期和到期日期，并注明："根据《国土资源部办公厅关于妥善处理少数住宅建设用地使用权到期问题的复函》办理相关手续。"但是，由于本案涉及的是商业用地，该部分土地的使用权在2041年期限届满后是按照非住宅用地办理申请续期手续，并第二次缴纳出让金的。因此，原告的损失难以估计。

2. 本案被告主观过错的认定

一审判决认定，双方签订的《商品房买卖合同》中关于土地使用权为70年的条款无效。导致该条款无效是被告的工作失误所致。被告根据其取得的《苏州市国有土地使用权出让合同》（苏地让合（2001）第4号）和《建设工程规划许可证》（苏规（2001民字第131—136号）开发该地块的。该《出让合同》第3条明确规定，该地块使用权年限为40年，土地性质为商业用地。被告是明知的，但其工作人员与原告签订的《商品房买卖合同》中约定的土地使用权为70年。如果构成欺诈，就应当适用《合同法》第113条和《消费者权益保护法》第49条的规定，承担惩罚性的赔偿责任。法院认定，被告工作人员的粗心失误与法人单位的故意欺诈是有区别的。因此，未适用惩罚性赔偿条款。

思 考 题

1. 国有土地与集体土地所有权有何区别？

2. 国有土地使用权取得的途径有哪些？

3. 征收与征用有何区别？征收的前提是什么？

4. 房地产转让应当具备哪些条件？

5. 房地产抵押有几种形式？抵押房屋能否转让？

6. 国家法律对房屋租赁权有何特别规定？

7. 商品房出现质量问题，如何保修？

8. 我国不动产权利登记的范围是什么？登记原则有哪几项？

9. 我国不动产登记的程序有哪些？我国不动产登记制度有何特点？

10. 住宅小区中哪些属于业主共有的建筑物或其他构筑物和公共资源？

11. 选聘和解聘物业服务企业由谁决定？如何表决？

12. 物业服务收费的原则是什么？物业服务收费有哪几种形式？

11 住房保障制度

11.1 住房保障制度概述

11.1.1 住房保障制度的概念

住房保障，简单说就是在社会发展中，政府对买不起房子的人也得保障他们有房子住。这是一个文明社会起码的目标。因为住房是人生存的必要条件，但这种必需品并不是每一个人都能自己解决的，这就需要政府来帮助解决，这个制度就叫住房保障制度。

居住权是公民的生存权，也是基本人权。住宅作为生活必需品是人的基本生存条件的重要组成部分。居住需求属于人类的基本需求。因此，居住权也构成基本人权的组成部分。1948年通过的《世界人权宣言》指出，拥有适当住房是享有适当生活标准这一权利的一个组成部分。

1981年4月，在伦敦召开的国际住宅和城市问题研究会议，提出了《住宅人权宣言》。《住宅人权宣言》着重指出：有良好环境适宜于人的住处，是所有居民的基本人权；批评一些政府不公平合理地对待土地和住宅的反社会行为；衷心期望把供应关心人类尊严的良好住宅，作为国家的责任。因此，住房是市场经济下政府必须提供的一个"公共产品"。

住房保障制度是一个包含范围很广的概念。在农村，我国一直保留了农民的"宅基地"，保证了每户有一处宅基地。宅基地是没有使用年限的限制，而且可以继承。这就从根本上保障了农民的住房问题。在计划经济年代，我国曾长期实行的"福利分房"制度就是一种保障住房的形式。只是到20世纪70年代末，这种由国家和单位统包住房的制度造成了国家极大的负担，这种福利分房制度维持不下去了，就开始了住房制度改革。

1998年7月3日《国务院关于进一步深化城镇住房改革加快住房建设的通知》发布，宣布从1998年下半年开始，全国城镇停止住房实物分配，实行住房分配货币化。我国的住房制度从实物福利制开始向福利兼商品制的转变。

11.1.2 住房保障体系

根据国际经验和我国的实践，完善的住房保障体系应当包括救助（救济）性保障、援助性保障、互助性保障和自助性保障四个层次。这四个层次的"无缝对接"和一定程度的交叉覆盖，才能真正实现"住有所居"的目标。当前，我国住房保障体系包括经济适用房、廉租房、定向安置房、限价房、两限商品房（即限套型、限房价）的商品住房、公共租赁房和住房公积金等。住房保障体系不只针对低收入者，也针对高、中收入者。住房公积金具有普遍保障性质，是住房保障体系中的一个重要保障制度。

廉租房就是救助性保障。2003年以来，我国已经在救助性保障上做出了巨大努力，到"十二五"末期，这一保障范围由城市最低收入住房困难家庭扩大到低收入住房困难家庭；在 2020 年的发展目标中，将把保障体系的重心适度上移，在完善援助性、互助性和自助性保障上做出更多努力。

援助性保障的对象是有一定自我改善能力，但能力不足或严重不足的人群。援助的含义是政府通过一定的补贴方式使住房消费能力较低、迫切需要改善的人群及时获取住房。公共租赁住房、住房补贴、贴租、贴息以及对中小户型住房和适度改善型需求提供税赋减免和优惠利率等政策，这些都是援助性保障措施。

互助性保障的基本形式是公积金。公积金制度自 1994 年在我国实行以来，在保障中低收入群体住房需求方面已发挥很大作用。目前的问题，一是个人账户覆盖面尚不充分，二是代际互助功能过于弱小。

自助性保障就是在政策鼓励、扶持下自己帮助自己的一种保障方式。目前在我国的住房保障体系中，自住性保障部分尚缺乏制度性的形式。从国外经验看，自助性保障的主要形式是住宅银行或个人住房储蓄账户。个人自愿存入住宅银行或住房储蓄账户的钱可以享受减或免个人所得税的政策优惠，但这部分储蓄的最终用途必须是自住型的住房消费。这种自助性保障方式的实质，是政府通过减免税负的形式提供购房补贴。

11.1.3 住房保障制度的基本内容

我国现行的住房保障制度，不是以实物分配的形式来提供保障，而是通过建立住房公积金、通过贷款利率优惠提高工薪阶层的购买力和支付能力，减免税费、减免出让金、租金补贴和实物配租、提供廉租房、公共租赁房、限价房、经济适用房、小套型房等多途径、多形式来提供保障。

我国现阶段的住房保障制度包括四个基本方面：

第一是住房公积金制度。住房公积金是社会受益面最大的住房保障制度。几乎所有的工薪阶层都可以通过这个制度受益。这个制度包括职工与单位共同缴付、对公积金部分免征个人所得税、在购房时除个人账户累积部分外还可利用公积金贷款购房、以及公积金贷款实行优惠利率等几个组成部分。这是一项强制与鼓励相结合的制度，是一项帮助普通工薪阶层弥补购买力不足，能够较早、较快，实现购房目标的保障制度。住房公积金制度之所以是一项政策性的保障制度，和把钱直接发给职工的不同之处就在于，一是强制性地调整人们的消费结构，人们必须把一部分收入积累起来用于住房消费；二是具有社会统筹和互助性质，人们可以从社会归集的公积金中贷款用于住房消费；三是可以享受政府规定的免个人所得税和低息贷款等优惠条件。这是保障普通老百姓通过市场购房的最重要的政策参与渠道。

第二是针对低收入群体的半市场化方式的保障制度。社会总有一部分低收入群体，他们的收入很难积累起按市场化的房价买房的规模。政府就可以通过减免土地出让金或提供土地补贴、减免税费等方式建设经济适用房等来保障他们的住房需求。经济适用房作为一种"政策房"，主要在档次、面积以及购房者收入水平上有一定的限制。经济适用房政策实施初期，由于认定标准不够明确，结果出现了超大户型的"经济适用房"和富人大量购买经济适用房的弊端。这个问题目前已经有所纠正。但在保障供给结构中经济适用房所占比重、每年住房开工面积中必须包括多大比例的经济适用房等方面政府仍需作出强制性的规定。

第三是针对困难群体的非市场化保障方式。经济适用房毕竟还是让购房者去"买"，是政府干预下的市场交易行为。但有些困难群体连经济适用房也买不起怎么办？还可以建立政府贴息的制度。例如人均收入低于某一个水平的家庭购买经济适用房时，由政府补贴贷款利息。贴息也买不起怎么办？可以由政府提供廉租房。这可以根据家庭收入水平制定不同政策。

第四是针对特困群体的救济方式。社会中的少量特困群体，他们连廉租房的租金也付不起怎么办？社会也得有制度来保障他们的住房需求。办法就是特困家庭采取政府提供贴租的方式。

1998 年，在《国务院关于进一步深化城镇住房制度改革加快住房建设的通知》中，进一步提出了三个层次的住房供应模式：即最低收入家庭租赁由政府或单位提供的廉租房；中低收入家庭购买经济适用住房；其他收入高的家庭购买、租赁市场价商品住房。在这一住房供应体系中，经济适用住房被作为主导性的住房保障方法。

2006 年 5 月，考虑到经济适用房制度的弊端，原建设部有关部门会同相关政策研究机构，对于中国的住房保障体系作出了重新审视和调研，并最终形成结论：中国的住房保障体系需要调整。具体的操作方法是，将目前中国的中低收入人群再次进行细分，廉租房、经济适用房、限价商品房共存，并针对不同的细分对象提供不同层次的住房保障产品。

近年来，随着廉租住房、经济适用住房建设和棚户区改造力度的逐步加大，城市低收入家庭的住房条件得到较大改善。但是，由于有的地区住房保障政策覆盖范围比较小，部分大中城市商品住房价格较高、上涨过快、可供出租的小户型住房供应不足等原因，一些中等偏下收入住房困难家庭无力通过市场租赁或购买住房的问题比较突出。同时，随着城镇化快速推进，新职工的阶段性住房支付能力不足矛盾日益显现，外来务工人员居住条件也亟需改善。

2010 年 6 月 8 日，住房城乡建设部联合国家发展和改革委员会、财政部、国土资源部等发布《关于加快发展公共租赁住房的指导意见》，大力发展公共租赁住房，完善住房供应体系。2010 年国务院安排了 580 万套保障性住房建设的总规模，其中包括 300 万套经济适用房、廉租房，以及 280 万套棚户区改造住房。

2013 年，公共租赁住房和廉租住房进行并轨运行。2015 年重点进行城镇棚户区和城乡危房改造，至此，我国构建了包括公共租赁住房、棚户区改造、农村危旧房改造、住房公积金等内容的住房保障体系。

《住房保障法》的起草已列入十一届全国人大常委会立法规划和国务院 2010 年立法计划，并已形成基本《住房保障法》征求意见稿。该稿规定了城镇基本住房保障标准、范围、方式，保障性住房的规划、建设与管理，住房租赁补贴，土地、财政、税收与金融支持，基本住房保障的组织落实，农村住房保障制度。

11.2　廉租住房保障制度

11.2.1　城市廉租住房保障的对象

城市廉租住房制度是解决低收入家庭住房困难的主要途径。

城市低收入住房困难家庭，是指城市和县人民政府所在地的镇范围内，家庭收入、住房状况等符合市、县人民政府规定条件的家庭。

　　为解决城市低收入家庭住房困难，国家建立了城镇低收入家庭廉租住房制度。2003年 11 月 15 日，原建设部与财政部、民政部、国土资源部、国家税务总局令联合发布了《城市低收入家庭廉租住房管理办法》。2007 年，国务院发布了《关于解决城市低收入家庭住房困难的若干意见》，强调把解决城市低收入家庭住房困难作为维护群众利益的重要工作和住房制度改革的重要内容，作为政府公共服务的一项重要职责，加快建立健全以廉租住房制度为重点、多渠道解决城市低收入家庭住房困难的政策体系。2007 年 11 月 8日，原建设部发布了《廉租住房保障办法》，明确了地方政府应当将解决城市低收入家庭住房困难的发展规划及年度计划中，明确廉租住房保障工作目标、措施，并纳入本级国民经济与社会发展规划和住房建设规划。

11.2.2　廉租住房制度的原则

1. 立足国情，满足基本住房需要

　　住房是每一个人得以生存的物质条件和必要空间。国家实行廉租住房制度的原则是保障城市低收入家庭的基本住房需要。

　　国际上将国家已习惯分成最不发达、发展中和发达三个层次，相对应的生活水平为温饱（或温饱以下）、小康和富裕。居住水平也有三个层次，这一标准根据各国的社会经济发展水平而定，一般有：

　　(1) 最低的卫生标准。为维持生活需要，每人应有的最低的必须符合人的生理卫生的居住面积，即最基本的生活空间。最低的面积标准一般是说，每人需要有一个铺位的居住面积（约 $2m^2$ 居住面积）的住房，每个家庭要有一间住房，这并不考虑一套住宅内居住的户数。

　　(2) 世界公认的适当标准，也称文明标准或合理标准，即每户有一套住宅，具备有基本的生活设施和起居空间。它并不表明每人的居住面积，不表示住宅所有的设备。联合国推荐采用这一标准作为研究住宅问题的重要指标。

　　(3) 住房舒适标准。这个标准规定，每人要有一间住房，或者规定一套住宅的间数（不包括厕所、厨房、储存室等）应大于住户的总人数。这个标准虽然没有规定住宅的面积和设备情况，但已明确指出一套住宅中必须具有厕所、厨房和储存室等，而且规定每人有一间卧室。

2. 坚持统筹规划，分步实施解决

　　要针对不同收入群体，采取不同措施，实行分层次住房保障常住人口住房问题突出的，要结合实际，有重点地加以解决。要区分轻重缓急，区别建设和发展时序，优先安排群众需求迫切的项目，优先解决群众反映强烈的问题，有计划有步骤地组织实施。

3. 政府主导，社会参与

　　解决城市低收入家庭住房困难是政府应当提供的一项公共服务，是政府的一项重要职责，但同时要社会各界参与，群策群力，充分发挥政府支持和引导作用，建立以政府为主导、社会力量广泛参与的长效机制，建立多渠道解决城市低收入家庭住房困难的政策体系。

4. 统一政策，因地制宜

　　地方人民政府应当在国家统一政策指导下，根据当地经济社会发展的实际情况，因地

制宜，建立城市低收入家庭廉租住房制度。居住水平的提高，应适应经济发展的不同阶段。

城市低收入家庭廉租住房保障水平在满足基本住房需要的前提下，应当根据当地财政承受能力和居民住房状况合理确定。

11.2.3 廉租住房的保障形式

城市低收入家庭廉租住房保障的方式实行货币补贴和实物配租等相结合。

1. 货币补贴

货币补贴是指县级以上地方人民政府向申请廉租住房保障的城市低收入住房困难家庭发放租赁住房补贴，由其自行承租住房。采取货币补贴方式的，补贴额度按照城市低收入住房困难家庭现住房面积与保障面积标准的差额、每平方米租赁住房补贴标准确定。每平方米租赁住房补贴标准由市、县人民政府根据当地经济发展水平、市场平均租金、城市低收入住房困难家庭的经济承受能力等因素确定。其中对城市居民最低生活保障家庭，可以按照当地市场平均租金确定租赁住房补贴标准；对其他城市低收入住房困难家庭，可以根据收入情况等分类确定租赁住房补贴标准。

2. 实物配租

实物配租是指县级以上地方人民政府向申请廉租住房保障的城市低收入住房困难家庭提供住房，并按照规定标准收取租金。实物配租的住房租金标准实行政府定价。实物配租住房的租金，按照配租面积和市、县人民政府规定的租金标准确定。有条件的地区，对城市居民最低生活保障家庭，可以免收实物配租住房中住房保障面积标准内的租金。

实施廉租住房保障，主要采取发放租赁补贴的方式，增强城市低收入住房困难家庭承租住房的能力。廉租住房紧缺的城市，应当通过新建和收购等方式，增加廉租住房实物配租的房源。

11.2.4 廉租住房资金及廉租房的来源

1. 廉租住房资金的来源

城市低收入家庭廉租住房资金的来源，实行财政预算安排为主、多种渠道筹措的原则，主要包括：

（1）年度财政预算安排的廉租住房保障资金；

（2）提取贷款风险准备金和管理费用后的住房公积金增值收益余额；

（3）土地出让净收益中安排的廉租住房保障资金；

（4）政府的廉租住房租金收入；

（5）社会捐赠及其他方式筹集的资金。

2. 廉租住房的来源

实物配租的廉租住房来源主要包括：

（1）政府新建、收购的住房；

（2）腾退的公有住房；

（3）社会捐赠的住房；

（4）其他渠道筹集的住房。

11.2.5 廉租住房的建设管理

1. 廉租住房建设用地及规划

廉租住房建设用地，应当在土地供应计划中优先安排，并在申报年度用地指标时单独列出，采取划拨方式，保证供应。廉租住房建设用地的规划布局，应当考虑城市低收入住房困难家庭居住和就业的便利。

2．廉租住房建设的原则

廉租住房建设应当坚持经济、适用原则，提高规划设计水平，满足基本使用功能，应当按照发展节能省地环保型住宅的要求，推广新材料、新技术、新工艺。廉租住房应当符合国家质量安全标准。

新建廉租住房，应当采取配套建设与相对集中建设相结合的方式，主要在经济适用住房、普通商品住房项目中配套建设。

3．新建廉租住房的标准

新建廉租住房，应当将单套的建筑面积控制在 50m² 以内，并根据城市低收入住房困难家庭的居住需要，合理确定套型结构。

配套建设廉租住房的经济适用住房或者普通商品住房项目，应当在用地规划、国有土地划拨决定书或者国有土地使用权出让合同中，明确配套建设的廉租住房总建筑面积、套数、布局、套型以及建成后的移交或回购等事项。

11.3　公共租赁住房制度

11.3.1　公共租赁住房的概念和特征

1．公共租赁住房的概念

公共租赁住房，是指限定建设标准和租金水平，面向符合规定条件的城镇中等偏下收入住房困难家庭、新就业无房职工和在城镇稳定就业的外来务工人员出租的保障性住房。

公共租赁住房是针对家庭收入高于享受廉租房标准而又无力购买经济适用房的低收入家庭和新就业职工，包括一些新就业的大学毕业生，还有一些从外地迁移到城市工作的群体提供的保障性住房。公共租赁住房是解决新就业职工等夹心层群体住房困难的一个住房公共产品。

公共租赁住房可以是成套住房，也可以是宿舍性住房。

2．公共租赁住房的特征

公共租赁住房作为住房保障体系的一种类型，其与廉租房、经济适用房相比较，具有以下特征：

其一，保障对象的层次不同。

公共租赁住房的保障对象为"将来有可能购买住房的中低收入群体"，其含义，旨在保护生产力。对于丧失劳动能力的群体则由廉租住房制度进行保障。这个中低收入群体包括农村进城打工的农民工、外地城镇户口到异地就业人员、刚毕业的博士生、硕士生、大学生、初级公务员、引进人才等"夹心层"人群。

其二，租住时间的过渡性或周转性。

公共租赁住房重点支持和帮助那些暂时不具有购买能力但有潜在购买能力的人群的住房困难，一般三五年即可。而廉租房的保障层次，其租赁的时间要长，对于缺乏或丧失劳动能力等困难家庭而言，可能不再具备购买商品房或经济适用房的能力，政府就一直要保障其居有其所。对于购买经济适用房的保障对象而言，其已经取得该房屋的有限产权，居住时间也比较长。购买经济适用住房不满 5 年，不得直接上市交易。购房人因经济条件改善，另外购买商品房，则由政府按规定及合同约定回购。

11.3.2　公共租赁住房建设的基本原则

1. 政府组织，社会参与

公共租赁住房通过新建、改建、收购、长期租赁等多种方式筹集，可以由政府投资，也可以由政府提供政策支持、社会力量投资。

地方政府对公共租赁住房在土地供应、税收优惠、金融政策等方面予以支持。

社会参与是指充分调动各类企业和其他机构投资和经营公共租赁住房的积极性，鼓励金融机构发放公共租赁住房中长期贷款，支持符合条件的企业通过发行中长期债券等方式筹集资金，专项用于公共租赁住房建设和运营。探索运用保险资金、信托资金和房地产信托投资基金拓展公共租赁住房融资渠道。政府投资建设的公共租赁住房，纳入住房公积金贷款支持保障性住房建设试点范围。

公共租赁住房建设实行"谁投资、谁所有"，投资者权益可依法转让。

2. 因地制宜，分别决策

公共租赁住房的建设各地方要根据当地经济发展水平和市场小户型租赁住房供需情况等因素，合理确定公共租赁住房的供应规模和供应对象。商品住房价格较高、小户型租赁住房供应紧张的城市，要加大公共租赁住房建设力度。

3. 统筹规划，分步实施

公共租赁住房建设规划和年度住房建设计划由地方国土资源和房屋管理部门会同发展改革、财政、城乡建设、规划等部门，结合当地的经济社会发展状况、城乡总体规划、土地利用总体规划、产业政策、人口政策以及公共租赁住房的需求情况编制，分年度组织实施。

11.3.3　公共租赁住房的租赁管理

1. 公共租赁住房的申请资格和审核

（1）公共租赁房的申请资格

廉租房与公共租赁房合并运行后，公共租赁房的申请人可以是具有当地户籍的城市中等偏低收入以下住房困难家庭，也可以是大中专院校毕业的新就业人员以及有稳定工作的外来务工人员。

申请公共租赁住房，应当符合的基本条件是：

1）在本地无住房或者住房面积低于规定标准；

2）收入、财产低于规定标准；

3）申请人为外来务工人员的，在本地稳定就业达到规定年限。

新就业的大中专毕业生和外来务工人员申请承租公共租赁住房，应在当地有手续完备的劳动合同或聘用合同，并交纳社会保险金等条件。具体条件由地方人民政府住房保障主管部门根据本地区实际情况确定，报本级人民政府批准后实施并向社会公布。

（2）申请资料的审核

市、县级人民政府住房保障主管部门应当会同有关部门，对申请人提交的申请材料进行审核。经审核，对符合申请条件的申请人，应当予以公示，经公示无异议或者异议不成立的，登记为公共租赁住房轮候对象，并向社会公开；对不符合申请条件的申请人，应当书面通知并说明理由。

申请人对审核结果有异议，可以向市、县级人民政府住房保障主管部门申请复核。市、县级人民政府住房保障主管部门应当会同有关部门进行复核，并在 15 个工作日内将复核结果书面告知申请人。

2. 公共租赁房的轮候与配租

对登记为轮候对象的申请人，应当在轮候期内安排公共租赁住房。

直辖市和市、县级人民政府住房保障主管部门应当根据本地区经济发展水平和公共租赁住房需求，合理确定公共租赁住房轮候期，报本级人民政府批准后实施并向社会公布。轮候期一般不超过 5 年。

配租方案应当包括房源的位置、数量、户型、面积，租金标准，供应对象范围，意向登记时限等内容。配租方案公布后，轮候对象可以按照配租方案，到市、县级人民政府住房保障主管部门进行意向登记。配租对象与配租排序确定后应当予以公示。公示无异议或者异议不成立的，配租对象按照配租排序选择公共租赁住房。

3. 公共住房租赁合同

配租对象选择公共租赁住房后，公共租赁住房所有权人或者其委托的运营单位与配租对象应当签订书面租赁合同。

租赁合同签订前，所有权人或者其委托的运营单位应当将租赁合同中涉及承租人责任的条款内容和应当退回公共租赁住房的情形向承租人明确说明。

公共租赁住房租赁合同一般应当包括以下内容：

1) 合同当事人的名称或姓名；
2) 房屋的位置、用途、面积、结构、室内设施和设备，以及使用要求；
3) 租赁期限、租金数额和支付方式；
4) 房屋维修责任；
5) 物业服务、水、电、燃气、供热等相关费用的缴纳责任；
6) 退回公共租赁住房的情形；
7) 违约责任及争议解决办法；
8) 其他应当约定的事项。

省、自治区、直辖市人民政府住房城乡建设（住房保障）主管部门应当制定公共租赁住房租赁合同示范文本。

合同签订后，公共租赁住房所有权人或者其委托的运营单位应当在 30 日内将合同报市、县级人民政府住房保障主管部门备案。

公共租赁住房租赁期限一般为 3～5 年。

4. 公共租赁住房的使用与退出

（1）公共租赁房的使用

公共租赁住房只能用于承租人自住，不得出借、转租或闲置，也不得用于从事其他经营活动。承租人违反规定使用公共租赁住房的，应当责令退出。承租人购买、受赠、继承或者租赁其他住房的，应当退出。对承租人拖欠租金和其他费用的，可以通报其所在单位，从其工资收入中直接划扣。公共租赁住房的所有权人及其委托的运营单位不得改变公共租赁住房的保障性住房性质、用途及其配套设施的规划用途。

承租人不得擅自装修所承租公共租赁住房。确需装修的，应当取得公共租赁住房的所有权人或其委托的运营单位同意。

（2）公共租赁房的维修

公共租赁住房的所有权人及其委托的运营单位应当负责公共租赁住房及其配套设施的维修养护，确保公共租赁住房的正常使用。

政府投资的公共租赁住房维修养护费用主要通过公共租赁住房租金收入以及配套商业服务设施租金收入解决，不足部分由财政预算安排解决；社会力量投资建设的公共租赁住房维修养护费用由所有权人及其委托的运营单位承担。

（3）公共租赁房的退出

承租人有下列行为之一的，应当退回公共租赁住房：

1）转借、转租或者擅自调换所承租公共租赁住房的；

2）改变所承租公共租赁住房用途的；

3）破坏或者擅自装修所承租公共租赁住房，拒不恢复原状的；

4）在公共租赁住房内从事违法活动的；

5）无正当理由连续 6 个月以上闲置公共租赁住房的；

6）承租人累计 6 个月以上拖欠租金的。

以上情形的，从合同法而言属于根本违约。出租方可以单方解除《公共租赁房租赁合同》。承租人拒不退回公共租赁住房的，市、县级人民政府住房保障主管部门可以责令其限期退回，逾期不退回的，可以依法申请人民法院强制执行。

（4）公共租赁房的腾退

承租人有下列情形之一的，应当腾退公共租赁住房：

1）提出续租申请但经审核不符合续租条件的；

2）租赁期内，通过购买、受赠、继承等方式获得其他住房并不再符合公共租赁住房配租条件的；

3）租赁期内，承租或者承购其他保障性住房的。

以上是属于不再符合公共租赁房的申请资格而导致出租方单方解除《公共租赁房租赁合同》的情形。公共租赁住房的所有权人或者其委托的运营单位应当为其安排合理的搬迁期，搬迁期内租金按照合同约定的租金数额缴纳。

搬迁期满不腾退公共租赁住房，承租人确无其他住房的，应当按照市场价格缴纳租金；承租人有其他住房的，公共租赁住房的所有权人或者其委托的运营单位可以向人民法院提起诉讼，要求承租人腾退公共租赁住房。

11.4 经济适用住房保障制度

11.4.1 经济适用住房的概念及保障对象

经济适用住房，是指政府提供政策优惠，限定套型面积和销售价格，按照合理标准建设，面向城市低收入住房困难家庭供应，具有保障性质的政策性住房。

经济适用住房制度是解决城市低收入家庭住房困难政策体系的组成部分。经济适用住房供应对象也是城市低收入住房困难家庭，是与廉租住房保障对象相衔接的一部分。

11.4.2 经济适用住房的建设

1. 建设用地的供应

经济适用住房建设用地以划拨方式供应。经济适用住房建设用地应纳入当地年度土地供应计划，在申报年度用地指标时单独列出，确保优先供应。

2. 建设管理

（1）规划要求

经济适用住房要统筹规划、合理布局、配套建设，充分考虑城市低收入住房困难家庭对交通等基础设施条件的要求，合理安排区位布局。

在商品住房小区中配套建设经济适用住房的，应当在项目出让条件中，明确配套建设的经济适用住房的建设总面积、单套建筑面积、套数、套型比例、建设标准以及建成后移交或者回购等事项，并以合同方式约定。

（2）建筑面积、建筑质量保障

经济适用住房单套的建筑面积控制在 $60m^2$ 左右。市、县人民政府应当根据当地经济发展水平、群众生活水平、住房状况、家庭结构和人口等因素，合理确定经济适用住房建设规模和各种套型的比例，并进行严格管理。

经济适用住房的规划设计和建设必须按照发展节能省地环保型住宅的要求，严格执行《住宅建筑规范》等国家有关住房建设的强制性标准，采取竞标方式优选规划设计方案，做到在较小的套型内实现基本的使用功能。积极推广应用先进、成熟、适用、安全的新技术、新工艺、新材料、新设备。

经济适用住房建设单位对其建设的经济适用住房工程质量负最终责任，向买受人出具《住宅质量保证书》和《住宅使用说明书》，并承担保修责任，确保工程质量和使用安全。有关住房质量和性能等方面的要求，应在建设合同中予以明确。

（3）建设方式

经济适用住房建设按照政府组织协调、市场运作的原则，可以采取项目法人招标的方式，选择具有相应资质和良好社会责任的房地产开发企业实施；也可以由市、县人民政府确定的经济适用住房管理实施机构直接组织建设。在经济适用住房建设中，应注重发挥国有大型骨干建筑企业的积极作用。

11.4.3 经济适用住房的价格管理

1. 定价原则

确定经济适用住房的价格应当以保本微利为原则。其销售基准价格及浮动幅度，由有定价权的价格主管部门会同经济适用住房主管部门，依据经济适用住房价格管理的有关规定，在综合考虑建设、管理成本和利润的基础上确定并向社会公布。房地产开发企业实施的经济适用住房项目利润率按不高于3％核定；市、县人民政府直接组织建设的经济适用住房只能按成本价销售，不得有利润。

2. 销售价格

经济适用住房销售应当实行明码标价，销售价格不得高于基准价格及上浮幅度，不得在标价之外收取任何未予标明的费用。经济适用住房价格确定后应当向社会公布。价格主管部门应依法进行监督管理。

3. 收费卡制度

经济适用住房实行收费卡制度，各有关部门收取费用时，必须填写价格主管部门核发的交费登记卡。任何单位不得以押金、保证金等名义，变相向经济适用住房建设单位收取费用。

11.4.4　经济适用住房的准入和退出管理

经济适用住房管理应建立严格的准入和退出机制。经济适用住房由市、县人民政府按限定的价格，统一组织向符合购房条件的低收入家庭出售。经济适用住房供应实行申请、审核、公示和轮候制度。市、县人民政府应当制定经济适用住房申请、审核、公示和轮候的具体办法，并向社会公布。

1. 经济适用住房申购的条件

城市低收入家庭申请购买经济适用住房应同时符合下列条件：

（1）具有当地城镇户口；

（2）家庭收入符合市、县人民政府划定的低收入家庭收入标准；

（3）无房或现住房面积低于市、县人民政府规定的住房困难标准。

经济适用住房供应对象的家庭收入标准和住房困难标准，由市、县人民政府根据当地商品住房价格、居民家庭可支配收入、居住水平和家庭人口结构等因素确定，实行动态管理，每年向社会公布一次。

2. 经济适用住房的产权登记及交易限制

（1）经济适用住房购房人拥有有限产权。居民个人购买经济适用住房后，应当按照规定办理权属登记。房屋、土地登记部门在办理权属登记时，应当分别注明经济适用住房、划拨土地。个人购买的经济适用住房在取得完全产权以前不得用于出租经营。

（2）上市交易限制。购买经济适用住房不满5年，不得直接上市交易，购房人因特殊原因确需转让经济适用住房的，由政府按照原价格并考虑折旧和物价水平等因素进行回购。

购买经济适用住房满5年，购房人上市转让经济适用住房的，应按照届时同地段普通商品住房与经济适用住房差价的一定比例向政府交纳土地收益等相关价款，具体交纳比例由市、县人民政府确定，政府可优先回购；购房人也可以按照政府所定的标准向政府交纳土地收益等相关价款后，取得完全产权。

上述规定应在经济适用住房购买合同中予以载明，并明确相关违约责任。

3. 经济适用住房的回购

已经购买经济适用住房的家庭又购买其他住房的，原经济适用住房由政府按规定及合同约定回购。政府回购的经济适用住房，仍应用于解决低收入家庭的住房困难。

已参加福利分房的家庭在退回所分房屋前不得购买经济适用住房，已购买经济适用住房的家庭不得再购买经济适用住房。

11.4.5　单位集资合作建房

1. 单位集资合作建房的概念和性质

距离城区较远的独立工矿企业和住房困难户较多的企业，在符合土地利用总体规划、城市规划、住房建设规划的前提下，经市、县人民政府批准，可以利用单位自用土地进行集资合作建房。参加单位集资合作建房的对象，必须限定在本单位符合市、县人民政府规定的低收入住房困难家庭。

单位集资合作建房是经济适用住房的组成部分。

2. 单位集资合作建房的适用范围

单位集资合作建房的建设标准、优惠政策、供应对象、产权关系等均按照经济适用住房的有关规定严格执行。任何单位不得利用新征用或新购买土地组织集资合作建房；各级国家机关一律不得搞单位集资合作建房。

单位集资合作建房不得向不符合经济适用住房供应条件的家庭出售。单位集资合作建房在满足本单位低收入住房困难家庭购买后，房源仍有少量剩余的，由市、县人民政府统一组织向符合经济适用住房购房条件的家庭出售，或由市、县人民政府以成本价收购后用作廉租住房。

11.5　住房公积金制度

11.5.1　住房公积金制度概述

1. 住房公积金的概念和性质。

（1）住房公积金的概念

住房公积金，是指单位和职工缴存的具有保障性和互助性的个人住房资金。单位包括国家机关、事业单位、企业、有雇工的个体工商户、民办非企业单位、社会团体等组织；职工是指与单位建立劳动关系的劳动者，无雇工的个体工商户、非全日制从业人员以及其他灵活就业人员。

（2）住房公积金的性质

住房公积金的本质属性是工资，是住房分配货币化的需要形式。单位按职工工资的一定比例为职工缴存住房公积金，实质是以住房公积金的形式给职工增加了一部分住房工资，从而达到促进住房分配机制转换的目的。缴存住房公积金与直接提高工资和增发住房补贴等都属于按劳分配为主的货币工资分配方式。

（3）住房公积金支取的限制

职工个人缴存的住房公积金和职工所在单位为职工缴存的住房公积金，属于职工个人所有。但住房公积金的个人所有权是限制性所有权。职工对公积金的占有、使用、收益和处分四项权能的行使受到一定程度的限制。住房公积金未被提取之前，职工不能实际占有，由所在单位缴存到住房公积金管理中心，在受委托银行设立的专户内统一管理。

住房公积金专项用于住房方面的支出，在符合规定的情况下才允许提取。住房公积金按国家政策规定，由公积金管理机构统一运作，实现保值和增值，个人不能直接决定保值方法和收益率。住房公积金是个人专项资金，处分权受法律限制，在未被所有人以现金形式提取前，所有人除可用于住房支出外，处分权暂时不能实现。

（4）住房公积金的作用

住房公积金制度作为一种互助型的住房保障制度，在改革福利住房制度，推动住房商品化、市场化，加快住房建设、扩大住房消费，改善城镇居民的居住水平以及促进经济增长等多方面，发挥了重要的作用。截至 2016 年 3 月，全国住房公积金缴存职工 2.1 亿人，缴存总额 8.95 万亿元，有 5.33 万亿贷款，提取总额 4.88 万亿，共有 1 亿缴存职工通过使用住房公积金解决了住房问题。

2. 我国住房公积金制度的构建和完善

住房公积金制度是我国城镇住房制度的重要组成部分。1991年，上海借鉴新加坡的经验首先建立了住房公积金制度。1994年，国务院发布《国务院关于深化城镇住房制度改革的决定》，要求全面推行住房公积金制度。1999年，国务院颁布实施《住房公积金管理条例》（以下简称《条例》）。2002年，国务院对《条例》进行了修订。2015年11月20日，国务院法制办公布《住房公积金管理条例（修订送审稿）》（以下简称《修订送审稿》），公开征求修改意见。

《修订送审稿》将就以下五方面进行修改：

（1）缴存的比例问题。对缴存基数和缴存比例实行"限高保低"。缴存基数按照职工本人上一年度月平均工资确定，不得低于职工工作地设区城市上一年度单位就业人员平均工资的60%，不得高于职工工作地设区城市上一年度单位就业人员平均工资的3倍。单位和职工住房公积金的缴存比例，上限不应高于12%，下限不应低于5%。

（2）缴存的范围。《修订送审稿》增加了无雇工的个体工商户、非全日制从业人员以及其他灵活就业人员也可以缴存住房公积金。

（3）在提取、贷款方面放宽提取条件。《修订送审稿》增加了职工支付自住住房物业费可以提取公积金，并可以同时提取配偶的住房公积金。

（4）关于保值增值的问题，《修订送审稿》一是规定住房公积金管理中心在保证住房公积金提取和贷款的前提下，可以将住房公积金用于购买国债、大额存单；经住房公积金管理委员会批准，可以将住房公积金用于购买地方政府债券、政策性金融债、住房公积金个人住房贷款支持证券等高信用等级固定收益类产品。二是将删除住房公积金增值收益用于建设城市廉租住房补充资金的规定。

（5）管理的透明、监管的到位问题。

3. 住房公积金的特点

（1）义务性。义务性也称强制性，是指凡在职职工及其所在单位都需要按规定的缴存基数、缴交比例建立并按月缴存住房公积金。目的是使职工逐步确立住房商品意识和自住其力观念，提高购房的支付能力。

（2）互助性。是指住房公积金具有储备和融通的特性，可集中全社会职工的力量，把个人较少的钱集中起来，形成规模效应，并且缴存住房公积金的人都具有使用住房公积金的权利，有房的人帮助无房的人，或是所有职工互帮互助，达到提高或改善居住条件的目的。

（3）保障性。是指住房公积金定向用于职工住房，并可通过安全运作实行合理增值，增值收益也全部用于职工住房。住房公积金应当用于职工购买、建造、翻建、大修自住住房；管理中心在保证公积金提取的贷款的前提下，可以将公积金用于购买国债；公积金的增值收益需提取贷款风险准备金和中心的管理费用。

11.5.2 住房公积金的管理

1. 住房公积金的管理原则

住房公积金的管理实行住房公积金管理委员会决策、住房公积金管理中心运作、银行专户存储、部门监督的原则。

住房公积金管理委员会决策是指住房公积金管理委员会作为住房公积金管理的决策机构，对住房公积金管理的有关问题进行管理研究，依法作处决策。

住房公积金管理中心运作是指，各设在城市依法成立住房公积金管理中心，承担住房公积金的管理运作职责。住房公积金的运作体制是住房公积金管理的关键和中心环节。管理中心是公积金委员会各项决策的执行机构，是住房公积金运作管理部门，是运作管理住房公积金的主体。

2. 住房公积金的管理机构

（1）住房公积金管理委员会

直辖市和省、自治区人民政府所在地的市以及其他设区的市（地、州、盟），应当设立住房公积金管理委员会，作为住房公积金管理的决策机构。住房公积金管理委员会的成员应当包括人民政府负责人，住房城乡建设部、财政部、人民银行、审计部门负责人，缴存职工代表，缴存单位代表和有关专家。其中缴存职工代表不得低于管理委员会总人数的1/3。住房公积金管理委员会成员应当具备履行职责的能力，定期听取缴存职工意见，切实维护缴存职工的合法权益。缴存职工、缴存单位和有关专家代表通过推选产生，应当具有广泛的代表性。

住房公积金管理委员会履行下列职责：

1）拟订住房公积金的具体缴存比例；

2）确定住房公积金的最高贷款额度和提取额度；

3）审批住房公积金归集、使用计划；

4）审议住房公积金增值收益分配方案；

5）审批住房公积金归集、使用计划执行情况的报告；

6）审议住房公积金呆坏账核销申请；

7）审议住房公积金年度报告；

8）需要决策的其他事项。

住房公积金管理委员会应当建立规范的会议制度及议事规则，坚持依法、民主、自主决策。任何单位和个人不得干涉住房公积金管理委员会的决策。

（2）住房公积金管理中心

直辖市和省、自治区人民政府所在地的市以及其他设区的市（地、州、盟）应当按照精简、效能的原则，设立一个住房公积金管理中心，负责住房公积金的管理运作。县（市）不设立住房公积金管理中心。住房公积金管理中心与其分支机构应当实行统一的规章制度，进行统一核算。

住房公积金管理中心是直属城市人民政府的具有公益性质的事业单位。

（3）住房公积金运作的监督

住房公积金的运作国务院住房城乡建设主管部门会同财政部门、中国人民银行建立住房公积金信息披露、人员准入、绩效考核和责任追究等制度。省级以上人民政府住房城乡建设主管部门应当加强对住房公积金归集、提取、使用和管理等情况的监督检查。

国务院住房城乡建设部门建立健全住房公积金管理信息系统，实时监控各地住房公积金管理运营状况。同时在制度上设置了多方面的监督机制，具体制度如下：

（1）内部监督机制

住房公积金管理中心应当建立健全内部控制机制，强化内部约束和管控，规范业务管理和防范风险。

（2）社会监督

住房公积金管理中心应当依法公开政策规定、办理流程，并每年公布住房公积金年度报告，接受社会监督。

（3）财政监督

住房公积金管理中心在编制住房公积金归集、使用计划时，应当征求财政部门的意见。住房公积金管理委员会在审批住房公积金归集、使用计划和计划执行情况的报告时，应当有财政部门参加。

（4）财政、管委会、人大监督

住房公积金管理中心编制的住房公积金年度预算、决算，应当经财政部门审核后，提交住房公积金管理委员会审议，并报本级人民代表大会常务委员会备案。

住房公积金管理中心应当每年定期向财政部门和住房公积金管理委员会报送经审计的财务报告。

（5）审计监督

住房公积金管理中心应当依法接受审计部门的审计监督。

（6）管理中心监督

住房公积金管理中心和缴存职工有权督促单位按时履行下列义务：

1）住房公积金的缴存登记或者变更、注销登记；

2）住房公积金账户的设立、转移或者封存；

3）足额缴存住房公积金。

住房公积金管理中心应当对单位住房公积金缴存情况实施监督检查，并将检查结果予以公布。相关部门和被监督检查的单位、个人应当予以配合，不得妨碍和阻挠依法进行的监督检查活动。

住房公积金管理中心应当督促受委托银行及时办理委托合同约定的业务。受委托银行应当按照委托合同的约定，定期向住房公积金管理中心提供有关的业务资料。

11.5.3 住房公积金的提取和使用

1. 住房公积金的提取和使用

职工有下列情形之一的，可以提取职工住房公积金账户内的存储余额：

（1）购买、建造、大修、装修自住住房的；

（2）离休、退休的；

（3）完全丧失劳动能力，并与单位终止劳动关系的；

（4）出境定居的；

（5）偿还住房贷款本息的；

（6）无房职工支付自住住房租金的；

（7）支付自住住房物业费的。

依照前款第（2）、（3）、（4）项规定，提取职工住房公积金的，应当同时注销职工住房公积金账户。符合前款第（1）、（5）、（6）、（7）项规定的，可同时提取配偶的住房公积金。

职工死亡或者被宣告死亡的，职工的继承人、受遗赠人可以提取职工住房公积金账户内的存储余额；无继承人也无受遗赠人的，职工住房公积金账户内的存储余额纳入住房公积金的增值收益。

职工应当持提取证明向住房公积金管理中心申请提取住房公积金。住房公积金管理中心应当自受理申请之日起 3 日内作出准予提取或者不准提取的决定，并通知申请人；准予提取的，由受委托银行办理支付手续。

2. 住房公积金贷款

连续缴存住房公积金达到规定期限的职工，在购买、建造、翻建、大修自住住房时，可以向住房公积金管理中心申请住房公积金贷款。住房公积金管理中心应当自受理申请之日起 10 日内作出准予贷款或者不准贷款的决定，并通知申请人；准予贷款的，通知受委托银行办理贷款手续。住房公积金贷款的风险，由住房公积金管理中心承担。缴存职工申请住房公积金贷款，应当提供担保。

11.5.4 住房公积金的保值、增值

1. 住房公积金的保值、增值途径

住房公积金管理中心经住房公积金管理委员会批准，可以按国家有关规定申请发行住房公积金个人住房贷款支持证券，或通过贴息等方式进行融资，融资成本从住房公积金增值收益中列支。

住房公积金管理中心在保证住房公积金提取和贷款的前提下，可以将住房公积金用于购买国债、大额存单；经住房公积金管理委员会批准，可以将住房公积金用于购买地方政府债券、政策性金融债、住房公积金个人住房贷款支持证券等高信用等级固定收益类产品。

住房公积金管理中心不得向他人提供担保。

2. 增值收益的使用

住房公积金管理中心应当将住房公积金的增值收益存入在受委托银行开立的住房公积金增值收益专户，提取住房公积金管理中心的经费后，全部用于建立住房公积金风险准备金，不得挪作他用。

住房公积金管理中心的管理费用，由住房公积金管理中心按照规定的标准编制全年预算支出总额，报本级人民政府财政部门批准后，从住房公积金增值收益中上交本级财政，由本级财政拨付。

【案例 11-1】：南京"骗购"经济适用房案例

1. 基本案情

2010 年，南京市房管部门公布了首例违规申购经济适用房的案件，被收回的房源将提供给符合条件的家庭。这套被骗购的经适房位于南京市百水芊城小区。申购人在 2006 年 5 月以"公房拆迁无房居住"为理由，提出申购经适房，并在提供相应的材料后顺利获得了一套房源。在申购材料上的说明是，夫妻两人已经离婚，其中一方在公房被拆后无房可住。2010 年初，房管部门在调查时发现，这位申购人在当初递交的材料中做了手脚。其实这对夫妻并没有离婚，当初申购经适房时所提供的《离婚协议书》和《常住人口登记卡》均系伪造。

该对夫妻在黄泥岗有一套公房外，还有一套住房，经济适用住房的申购条件中有规定，被拆迁家庭必须在本市没有其他住房，因此这个家庭根本就不具备购买经适房的资格。

2. 法律责任

《经济适用住房管理办法》第四十三条规定，对弄虚作假、隐瞒家庭收入和住房条件，骗购经济适用住房或单位集资合作建房的个人，由市、县人民政府经济适用住房主管部门限期按原价格并考虑折旧等因素作价收回所购住房，并依法和有关规定追究责任。对出具虚假证明的，依法追究相关责任人的责任。本案中被骗购的这套经适房已经被责令退出。

3. 案例点评

(1) 申购经济适用住房严格把关

住房城乡建设部发文要求各地加强经适房的管理，而南京在申购"门槛"上一直要求很严格，之前也清理过多起违规购买经适房的案件。"其实这里有'一紧一松'两个方面，'松'是依照国家的政策方向，将越来越多的居民纳入到住房保障的范畴中来；'紧'则是指坚决不让不具备经适房购买资格的人浑水摸鱼，发现一起，清退一起。在本案中，用以骗购的《离婚协议书》和《常住人口登记卡》比较容易伪造。但管理部门的审查、甄别能力显然难以对付现在的伪造技术和手段。针对这类情况，管理部门应当增加申购个人和家庭的信息收集和核查。如借助公安、法院、民政等机关的信息系统核查。

(2) 经济适用住房的违规出售、出租的查处要区别不同情形

《经济适用住房管理办法》第三十三条规定，个人购买的经济适用住房在取得完全产权以前不得用于出租经营。对于住房城乡建设部要求的对违规出售、出租行为的清理，南京市一直不允许经适房的房主出租盈利，不过在操作上常常面临两难的境地。经济适用住房出租的情况较为复杂。

未满5年就出租的，要查处，但查处后又出租的，对此类情形如何处理，法律责任尚不明确。还有一些家里经济特别困难的，几乎没有什么收入来源，将房子出租后每月收500元，然后自己在附近租一间200元的小屋，每个月就靠300元的差价过日子，怎么忍心去查？还有的是当地被征地农民，他们没有其他的收入来源，就是靠出租收房租营生，这部分人群肯定不能一刀切。还有一些城市被拆迁居民分到了位置偏远的经适房，但是小孩上学、本人就业仍然在主城区，他们往往将经适房出租并在主城区重新租房，这些出租行为能否全面禁租，都要综合考虑。

【案例11-2】：住房公积金行政诉讼案

1. 基本案情

曾小林曾是成都市东风面粉总厂的职工，2003年4月面粉总厂将其除名。从1991年到2002年底，面粉总厂为曾小林办理了社会保险，曾也缴纳了保险费及住房公积金。他被面粉总厂除名后，发现面粉总厂账户上从未有自己的名字，单位根本没把他的公积金缴到公积金管理中心。曾多次要求公积金管理中心责令面粉厂限期缴纳自己的公积金。但管理中心仍不予理睬，也未给予答复。曾小林于2005年12月向成都市青羊区法院提起了行政诉讼，要求公积金管理中心履职。

公积金管理中心则称，2005年5月，公积金管理中心已在成都市发出办理住房公积

金缴存手续的公告，已履行了职责，且原告曾小林的诉讼请求已经超过了起诉期限。面粉总厂称，曾小林被除名时，因欠厂里 172569.55 元巨款，其住房公积金 1376.84 元作为欠款处理，他当时并无异议。

2. 法院判决

成都市青羊区人民法院对此案进行了审理，认为住房管理中心未对曾小林的申请作处理和答复，其行为属未履行法定职责。2006 年 3 月 15 日，该法院判决公积金管理中心对曾小林的申请给予答复。但对于曾小林要求面粉总厂为其缴纳住房公积金的诉讼请求，法院以该请求属住房公积金管理中心的行政职责范围为由，不予支持。

3. 案例点评

该案件的典型就在于相关证据材料的提供。根据行政诉讼法的相关规定，公民、法人或者其他组织起诉被告不作为的，应当提供其在行政程序中曾经申请的证据材料。被告认为原告起诉超过法定期限的，由被告承担举证责任。行政机关未能提供证据证实原告超过起诉期限，其未履行法定职责的行为不具有合法性，依法应当责令其对原告的申请作出处理。

思　考　题

1. 我国现阶段的住房保障有哪几个层次？各有哪些标准？
2. 廉租住房的保障对象是哪些人群？保障的方式有哪些？
3. 廉租房的资金来源渠道有哪些？实物配租的廉租房的来源渠道有哪些？
4. 经济适用住房的申购应当具备哪些条件？
5. 经济适用住房能否上市交易？
6. 公共租赁房的建设资金如何筹集？
7. 如何申请公共租赁住房，公共租赁住房的申请需具备哪些条件？
8. 何种情形之下，承租人必须退回公共租赁房？
9. 住房公积金制度是如何建立的？住房公积金的性质是什么？
10. 职工如何缴纳住房公积金？在何种情况下可以提取住房公积金？
11. 住房公积金如何运作？住房公积金如何保值、增值？

12 风景名胜区法律制度

12.1 风景名胜区概述

12.1.1 风景名胜区的概念和特征

1. 风景名胜区的概念

风景名胜区是指具有观赏、文化或者科学价值，自然景观、人文景观比较集中，环境优美，可供人们游览或者进行科学、文化活动的区域。

风景名胜区是风景资源集中的地域。风景资源可分为自然资源与人文资源两大类。自然资源是指山川、河流、湖泊、海滨、岛屿、森林、动植物、特殊地质、地貌、溶洞、化石、天文气象等自然景观。人文资源包括文物古迹、历史遗址、革命纪念地、园林、古建筑、工程设施、石刻、宗教寺庙等人文景观和它们所处环境以及风土人情。

国家级风景名胜区具有鲜明的中国特色，它凝结了大自然亿万年的神奇造化，承载着华夏文明五千年的丰厚积淀，是自然史和文化史的天然博物馆，是人与自然和谐发展的典范之区，是中华民族薪火相传的共同财富。

中国的国家级风景名胜区是与国际上的国家公园（National Park）相对应的，中国国家级风景名胜区的英文名称为 National Park of China。

2. 风景名胜区的特征

风景名胜区其真正的价值在于人与自然的交流，是欣赏自然和陶冶情操的场所，也是获得爱国主义激情的瑰宝之地。

风景名胜区与一般的城市公园、度假区、旅游区相比，有其自身的特点：

（1）风景名胜区是一个珍贵的资源库，它是自然遗产与文化遗产的有机结合、相互交融。

中国的许多国家级风景名胜区被联合国教科文组织列入世界遗产名录。其中九寨沟、武陵源、黄龙等是自然遗产，万里长城、甘肃莫高窟、武当山古建筑群、云南丽江古城、平遥古城等为文化遗产，泰山、峨眉山、武夷山、黄山、青城山、都江堰等为世界文化与自然遗产。中国的自然遗产与文化遗产在风景名胜区的有机结合和相互交融的特殊性和典型性，丰富了联合国《保护世界文化和自然遗产公约》中世界遗产的分类，自然遗产和文化遗产外，增加了"混合遗产"的分类（在中国称为"双遗产"），在文化遗产下又增设文化景观这一概念。庐山就是文化景观的代表。我国已拥有世界遗产50项，名列世界第二。其中，世界自然遗产11项、文化遗产30项、自然与文化双遗产4项、文化景观遗产5项。

（2）风景名胜区这类资源是可供人欣赏，能给人以美感或精神熏陶的自然景物或人文景物，具有社会效益、环境效益，又具有经济效益。

（3）风景名胜区的资源既是珍贵的，又是脆弱的，不可再生。风景名胜区中有些人文景观经过上千年的自然侵蚀，如乐山大佛等非常脆弱，亟待加以保护。

风景名胜区的特点，特别是其遗产性质和脆弱性及其不可再生的特性，决定了对风景名胜区的保护是第一位的。

12.1.2 风景名胜区的设立

1. 风景名胜区的设立

风景名胜区划分为国家级风景名胜区和省级风景名胜区。

自然景观和人文景观能够反映重要自然变化过程和重大历史文化发展过程，基本出于自然状态或者保持历史原貌，具有国家代表性、典型性的特殊区域设定为国家级风景名胜区。具有区域代表性的特殊区域设定为省级风景名胜区。

1982年，我国正式建立风景名胜区制度，国务院审定公布了我国第一批国家级风景名胜区名单。截至2015年底，全国已建立风景名胜区962处，其中国家级风景名胜区225处、省级风景名胜区737处，风景名胜区面积约占国土总面积的2.02%，包含了30处世界遗产地，为国家保存了大量珍贵的自然文化遗产，成为我国生态文明和美丽中国建设、促进国民经济和社会发展的重要载体。

2. 风景名胜区设立的标准

1991年，联合国国际自然和自然保护联合会通过了关于确定国家公园标准的主要原则。我国已于1985年加入《保护世界文化和自然遗产公约》。中国的遗产保护体系源于传统名山的中国风景名胜区保护体系的建立。以泰山为代表的以中国传统名山为主体的中国风景名胜区这类杰出遗产的存在，典型地展现了自然与文化相互作用的东方文化模式。

中国风景园林学会风景名胜专业委员会和中国城市规划学会风景环境学术委员会1992年11月18日在杭州西湖通过的《国家风景名胜区宣言》（《西湖宣言》）确定对我国的国家风景名胜区的审定，也基本上采用国际标准。因此，风景名胜区的确定应当达到以下几个方面的要求：

（1）面积不少于$10km^2$，具有优美景观，特殊生态或地形，具有国家代表性；

（2）为长期保护优美自然景观、原生动植物、特殊生态系统而设置；

（3）应由国家权力机构采取措施，限制工商业及聚居的开发，禁止伐木、采矿、建厂、放牧及狩猎等行为，以及有效地维护自然景观和生态；

（4）要维护现有的自然景观，作为现代及未来的旅游审美、科研、教育及启智的资源。

国家风景名胜区中具有人类和全球典型性、代表性，而且是不可再生的景物及环境，不仅是中国全体人民的财产和资源，也是整个人类的财产和资源。我们这一代人有义务将这类风景名胜资源完好地传之于世。这类具有人类和全球典型性、代表性的风景名胜区确定为世界遗产地。世界遗产地确定的标准，根据联合国教科文组织世界遗产委员会的确定标准，应当具备以下条件：

（1）反映地球进化历史主要阶段的突出范例；

（2）重要的地质过程、生物进化和人与自然环境关系的突出代表者；

（3）独特、珍稀濒危生物物种的栖息地。

能够列入世界遗产名录的国家级风景名胜区可谓是"皇冠上的珍珠"。

3. 风景名胜区的作用

国家确定风景名胜区，其主要作用是：

（1）保护生态、生物多样性和环境

自人类进入工业社会以来，人们征服自然、改造自然、开发资源（有的甚至是掠夺性开发）的同时，破坏了环境，导致生态失衡，生物多样性严重减少，环境恶化。这反过来又威胁人类自身的生存。在这个人口拥挤、环境遭受到极大破坏的地球上，难得保存下来优美的原生自然风景，就成了人们回归大自然和开展科学文化活动的理想场所。

（2）发展旅游事业，丰富文化生活

风景名胜区的壮丽山河、灿烂文化、历史文物、民俗风情，吸引人们去访胜猎奇。人们回归到大自然之中能够陶冶情操，锻炼体魄，也能激发爱国主义的激情。

（3）开展科研和文化教育，促进社会进步

风景名胜区是研究地球变化、生物进化等自然科学的天然实验室和博物馆。风景名胜区的人文景观隐含着丰富的文化信息，为研究人类文明进步也提供了直接的样本。

（4）通过合理开发，发挥经济效益和社会效益

风景名胜资源可以有偿使用，发展旅游业。只要在严格保护下合理利用，能作为旅游资源加以开发，能带动地方的经济建设，实现风景名胜区与当地社区协调共享发展。同时，也能够通过开展科研文化活动，传播文化和科学思想，提升文明程度，产生社会效益。

风景名胜区具有自然、生态、科学、文化、美学等综合价值。国际上对国家公园的认同价值是，认为国家公园是"生物基因库"，是环境的指示器和自然博物馆，是研究生态系统的实验室和环境教育的课堂。

12.1.3　风景名胜区管理法规现状

我国风景名胜区的立法工作是与国家法制建设的健全和完善进程是同步发展的。党的十一届三中全会以后，国家开始重视风景名胜区的管理，制定了一系列规范性文件和法规。

（1）发布规范性文件，确定风景名胜区的管理主体和管理职责

1978年中共中央在《关于加强城市建设工作的意见》（中共中央〔78〕13号文件）首次明确由国家城市建设主管部门负责管理全国风景名胜事业。1979年，国家建设总局提出了《关于加强风景名胜保护管理工作的意见》。

1981年3月，国务院批转国家城建总局、国务院环保办、国家文物局、国家旅游局《关于加强风景名胜区保护管理工作的报告》，该《报告》系统地阐述了有关风景名胜区工作的方针、政策，并对风景名胜区的概念、风景名胜区资源的调查、管理体制、机构设置和规划建设等都作了明确规定。这是国家推进风景名胜区工作的一个重要的指导性文件。

（2）制定行政法规、加入国际公约

1985年6月7日，国务院颁布了《风景名胜区管理暂行条例》（以下简称《暂行条例》）共十七条。这是我国第一个关于风景名胜区工作的行政法规。《暂行条例》的颁布为我国风景名胜区资源保护，以及规划、建设、管理工作提供了法律依据，对指导和保障风景名胜区事业健康发展起了十分重要的作用。

1985年，全国人大批准我国加入联合国教科文组织的《保护世界文化和自然遗产公

约》。这样，我国的风景名胜区管理工作有了国际标准。

2006 年 9 月，国务院颁布了《风景名胜区条例》。这是至今为止具有最高法律效力的关于风景名胜区管理的法律。

（3）部门规章和规范性文件的颁布

1987 年 6 月，城乡建设环境保护部颁布了《风景名胜区管理暂行条例实施办法》，对贯彻《暂行条例》作了具体规定。1992 年 11 月 16 日，原建设部发布《风景名胜区环境卫生管理标准》。1993 年 12 月 20 日，原建设部发布《风景名胜区建设管理规定》。1994 年 3 月 4 日，原建设部发布了《中国风景名胜区形势与展望绿皮书》。1994 年 11 月 14 日，原建设部发布《风景名胜区管理处罚规定》。1995 年 3 月 29 日，原建设部发布《风景名胜区安全管理标准》。2015 年 11 月 6 日，住房城乡建设部发布《国家级风景名胜区管理评估和监督检查办法》。

（4）地方性法规、政府规章和规范性文件的制定

我国许多省市和各地的风景名胜区，依据《风景名胜区条例》都制定了相应的地方性的法规和规章，形成了较为完整的风景名胜区保护管理法规体系。

江苏、河北、辽宁、黑龙江等 20 多个省（自治区、直辖市）颁布了省级的地方法规；江西、新疆、湖北、福建等省（自治区、直辖市）人民政府以政府令的形式发布了风景名胜区保护管理办法；泰山、衡山、黄山、武陵源等 47 家风景名胜区制定了管理条例或管理办法；60 个国家级风景名胜区所在地的市（县）级人民政府制定了专项保护管理的规定。贵州省还探索制定了风景名胜区特许经营管理试行办法，对加强风景名胜区经营管理进行了有益的探索和实践。

这些地方性法规和规章制度的不断完善，对风景名胜区的资源保护、规划建设、行政管理和旅游服务等方面都发挥了重要的保障、规范和指导作用。

12.2　风景名胜区的规划

12.2.1　风景名胜区规划的原则

风景名胜区规划应当遵循以下原则：

1. 全面调查，整体保护，突出风景名胜资源的自然特性、文化内涵和地方特色

风景名胜区的规划应当建立在该区域的自然资源、历史人文、综合环境和社会经济条件全面系统的调查研究基础上，揭示其整体价值，制定优化的技术措施，提出有效的保护措施，突出其地方特色。

风景名胜区范围，应当保持景观完整，维持自然和历史风貌，突出风景名胜资源的自然特性和文化内涵。

2. 因地制宜，维护生态平衡，体现人与自然和谐相处的原则

风景名胜区的规划，必须坚持因地制宜的原则，突出本风景名胜区特性和自然环境的主导作用，切忌大搞"人工化"造景。风景名胜区规划，应当注意保护自然文化遗产，维护生态平衡。

风景名胜区保护地带，应当保持景观特色，维护风景名胜区自然环境和生态平衡，防止污染，并严格控制建设活动。保护生态环境，形成一定规模，便于组织游览和管理。

3. 保护优先，开发服从保护的原则

风景名胜区的规划要对区域内的基础设施进行全面评估，提出改进和完善的建议，在保护自然文化遗产的前提下，恰当、合理布置配套设施。对商业、服务等设施提出分级、分类设置的方案，避免损害景观价值的行为。

根据风景名胜区的资源环境承载力，合理控制利用范围、方式和强度，调控游客容量，严格耕地保护，节约用地，保护水资源，加强生态环境保护，严格河湖水域岸线保护与管理。

12.2.2　风景名胜区规划的编制和审批

1. 风景名胜区总体规划的编制和审批

风景名胜区规划分为总体规划和详细规划。

国家重点风景名胜区总体规划应当确定风景名胜区性质、范围、总体布局和公用服务设施配套，划定严格保护地区和控制建设地区，提出保护利用原则和规划实施措施。

风景名胜区总体规划应当包括以下内容：

（1）风景资源评价；

（2）生态资源保护措施、重大建设项目布局、开发利用强度；

（3）风景名胜区的功能结构和空间布局；

（4）禁止开发和限制开发的范围；

（5）风景名胜区的游客容量；

（6）有关专项规划。

编制国家重点风景名胜区总体规划前应当先编制规划纲要。规划纲要应确定总体规划的目标、框架和主要内容。

风景名胜区应当自设立之日起 2 年内编制完成总体规划。总体规划的规划期一般为 20 年。

国家级风景名胜区的总体规划，由省、自治区、直辖市人民政府审查后，报国务院审批。省级风景名胜区的总体规划，由省、自治区、直辖市人民政府审批，报国务院建设主管部门备案。

为加强风景名胜区总体规划的管理，国务院专门设立了国家级风景名胜区总体规划部际联席审查会议，由住房城乡建设部牵头，发改委、国土资源部、水利部、环保部、林业部、旅游、文物、宗教等九个部门组成，对各省（自治区、直辖市）政府审查后上报国务院审批的国家级风景名胜区总体规划进行集中的审查，并提出审批意见报国务院审定。

2. 风景名胜区详细规划的编制

风景名胜区详细规划应当根据核心景区和其他景区的不同要求编制，确定基础设施、旅游设施、文化设施等建设项目的选址、布局与规模，并明确建设用地范围和规划设计条件。

国家重点风景名胜区详细规划应当依据总体规划，对风景名胜区规划地段的土地使用性质、保护和控制要求、环境与景观要求、开发利用强度、基础设施建设等管理规定。

风景名胜区详细规划，应当符合风景名胜区总体规划。

国家重点风景名胜区的重点保护区、重要景区的详细规划，由省、自治区、直辖市建设（规划）行政主管部门初审，报建设部审批；其他地区的详细规划，由省、自治区、直辖市建设（规划）行政主管部门审批。

12.2.3 风景名胜区的规划管理

1. 风景名胜区规划的公布

风景名胜区规划经批准后，应当向社会公布，任何组织和个人有权查阅。风景名胜区规划的公布的意义在于规划的实施需要社会各界的配合，更需要公众的监督。只有社会各界了解了规划的内容，公众才能真正监督规划的实施，对违反规划、破坏景区环境的行为及时制止和纠正。风景名胜区规划未经批准的，不得在风景名胜区内进行各类建设活动。

风景名胜区内的单位和个人应当遵守经批准的风景名胜区规划，服从规划管理。

2. 风景名胜区规划的修改

经批准的风景名胜区规划不得擅自修改。确需对风景名胜区总体规划中的风景名胜区范围、性质、保护目标、生态资源保护措施、重大建设项目布局、开发利用强度以及风景名胜区的功能结构、空间布局、游客容量进行修改的，应当报原审批机关批准；对其他内容进行修改的，应当报原审批机关备案。

风景名胜区详细规划确需修改的，应当报原审批机关批准。

政府或者政府部门修改风景名胜区规划对公民、法人或者其他组织造成财产损失的，应当依法给予补偿。

风景名胜区总体规划的规划期届满前2年，规划的组织编制机关应当组织专家对规划进行评估，做出是否重新编制规划的决定。在新规划批准前，原规划继续有效。

12.3 风景名胜区的保护

12.3.1 风景名胜区保护的原则

风景名胜区的各种自然资源和人文资源组成的各具特色的景观是风景名胜区的宝贵财富，也是整个世界的遗产。鉴于风景名胜区资源的珍贵性和脆弱性以及不可再生的特性，因此，对风景名胜区的资源保护是第一位的。风景名胜区的工作，保护是核心。

1. 可持续发展的原则

中国的风景名胜这类遗产是全中国人民以及后代子孙的共同财富，也是世界人民的共同财富。作为当代人，只有守护和保护的职责，没有随意支配的权利。风景名胜区内的景观和自然环境，应当根据可持续发展的原则，严格保护，不得破坏或者随意改变。

2. 整体保护原则

风景名胜区是自然与历史文化相融合的整体，是一个地域概念。保护首先应当是整体概观念上的保护，不仅仅是保护区域内的几个点、几处文物或是几条线。保护也不仅仅是保护核心景区，而且是区域保护。风景名胜区要保护山岳、水流植被不受破坏，水体、空气等环境不受污染。大力提倡植树绿化，封山育林，防止水土流失，保护好名木古树。

3. 自然的保护方法原则

保护风景名胜区应尽可能采取自然的方法，在修复遭受破坏的风景或名胜地时，也应尽量恢复其原貌。要保护风景名胜区的典型性、代表性的自然景观。保护其特有的空间尺度感和自然美的感染力，保护好自然景观的"天生丽质"。

4. 尊重历史文化原则

保护有历史文化价值的史迹、古建筑、摩崖、石刻、名人故居等名胜古迹，要保护好历史文化的氛围。对历史文化遗迹的修复要慎重，修复的原则是修旧如旧。

12.3.2 风景名胜区的保护措施

1. 保护管理的动态监测，明确保护责任和义务

风景名胜区管理机构应当建立健全风景名胜资源保护的各项管理制度，落实保护责任。

风景名胜区管理机构应当对风景名胜区内的重要景观进行调查、鉴定，确定风景名胜区的范围，树立醒目的界桩和标志，建立风景名胜资源档案，进行分级、分类保护。国家建立风景名胜区管理信息系统，对风景名胜区规划实施和资源保护情况进行动态监测。

国家级风景名胜区所在地的风景名胜区管理机构应当每年向国务院建设主管部门报送风景名胜区规划实施和土地、森林等自然资源保护的情况；国务院建设主管部门应当将土地、森林等自然资源保护的情况，及时抄送国务院有关部门。

进入风景名胜区的游览者应当自觉保护风景名胜区的景物、水体、林草植被、野生动物和各项设施。

2. 保护风景名胜区的土地资源

风景名胜资源是不可再生的国家资源，严禁以任何名义和方式出让或变相出让风景名胜区资源及其景区土地，也不得在风景名胜区内设立各类开发区、度假区等。不得在风景名胜区内经营开发房地产项目。除了经批准规划确定的公共设施、旅游设施以及民居外，不准侵占土地，建造与风景名胜无关的建筑物和构筑物。现有占据风景点的单位要限期搬迁，严重有碍观瞻的建筑物、构筑物应予拆除。严格保护风景名胜区的地貌，禁止开山采石，挖沙取土等经营活动。

3. 保护风景名胜区的水体和林木等自然环境

风景名胜区内的水体，不仅是风景名胜区自然景观的有机组成部分，甚至是风景名胜区的魂，是风景名胜区的灵气所在。中国的风景名胜区中，以水为核心、以水为灵魂的景区不胜枚举，如九寨沟、黄龙、都江堰、大理洱海、黄果树瀑布等。

风景名胜区内的林木属于特殊用途林，不得砍伐。必要的疏伐、更新以及确需砍伐的林木需报有关机构批准。对风景名胜区内的古树名木要严格保护，严禁砍伐、移植，并且要进行调查、鉴定、登记造册，建立档案。要落实古树名木的保护原状措施，保护古树名木的生息环境。

4. 风景名胜区内的文物保护措施

对风景名胜区内的古建筑、古园林、石刻等文物古迹、革命遗迹和其他人文景观以及所处的环境要严格保护，定期维护，落实防火、避雷、防洪、防震、防蛀等措施。

5. 风土人情等文化生态的保护和发掘

风景名胜区内的原地居民应当有维护环境和生态的使命感。风景名胜区原地居民的生活和生产是风景名胜的有机组成部分，是风土人情的载体。国家应当尊重原地居民的风俗习惯，挖掘和保护当地的民俗和文化。

6. 禁止进行破坏性建设行为，严格控制旅游配套设施

禁止违反风景名胜区规划，在风景名胜区内设立各类开发区和在核心景区内建设宾

馆、招待所、培训中心、疗养院以及与风景名胜资源保护无关的其他建筑物；已经建设的，应当按照风景名胜区规划，逐步迁出。

在国家级风景名胜区内修建缆车、索道等重大建设工程，项目的选址方案应当报国务院建设主管部门核准。风景名胜区内的建设项目应当符合风景名胜区规划，并与景观相协调，不得破坏景观、污染环境、妨碍游览。

在风景名胜区内进行建设活动的，建设单位、施工单位应当制定污染防治和水土保持方案，并采取有效措施，保护好周围景物、水体、林草植被、野生动物资源和地形地貌。

7. 严格控制商业活动，禁止破坏环境的行为

在风景名胜区内进行下列商业等活动，应当严格控制，以下活动需经风景名胜区管理机构审核后，依照有关法律、法规的规定报有关主管部门批准：

（1）设置、张贴商业广告；

（2）举办大型游乐等活动；

（3）改变水资源、水环境自然状态的活动；

（4）其他影响生态和景观的活动。

在风景名胜区内禁止进行下列影响景观和破坏环境的活动和行为：

（1）开山、采石、开矿、开荒、修坟立碑等破坏景观、植被和地形地貌的活动；

（2）修建储存爆炸性、易燃性、放射性、毒害性、腐蚀性物品的设施；

（3）在景物或者设施上刻划、涂污；

（4）乱扔垃圾。

8. 实行管理评估和执法检查制度

管理评估的内容主要是国家级风景名胜区的规划实施情况、资源保护状况。管理评估分为年度评估和定期评估。年度评估每年一次，定期评估每五年不少于一次。

国家级风景名胜区的执法检查分为综合执法检查、专项执法检查和个案督查。

住房城乡建设部将对定期评估或者综合执法检查结果予以通报，接受社会监督。对定期评估或综合执法检查结果优秀的风景名胜区，予以通报表扬；对存在严重问题的风景名胜区，予以通报批评并责令限期整改。

9. 建立黄牌警告和退出机制，实行濒危名单管理

国家级风景名胜区具有以下情形之一的，可以列入濒危名单，并给予黄牌警告：

（1）在定期评估和综合执法检查中，存在严重问题，经整改达不到要求或者拒不整改的；

（2）风景名胜资源和价值面临严重破坏或者濒临灭失风险的；

（3）所在地人民政府及有关部门法定监管职责难以落实，保护管理明显不力的；

（4）存在重大违法违规行为不能有效查处或者拒不纠正的。

对于列入濒危名单的国家级风景名胜区，责令限期整改并重点督办，向社会公开。整改期原则上为 1 年。被列入濒危名单管理的风景名胜区整改验收达标前，应暂停风景名胜区内新增建设项目审批。

整改完成或者濒危整改期限届满，住房城乡建设部将组织专家进行综合评估，视评估结果处理：

（1）达到整改要求的，继续保留国家级风景名胜区资格，移出濒危名单；

（2）风景名胜资源价值丧失或者明显退化，不具备国家风景名胜区设立条件或标准的，报请国务院建议予以撤销。

（3）风景名胜资源价值未完全丧失，但保护管理明显不力、整改不到位或拒不整改的，住房城乡建设部将约谈风景名胜区所在地人民政府分管领导或者负责人，挂牌督办。2015年12月，住房城乡建设部将吉林仙景台、江苏太湖（无锡片区）、西藏纳木错—念青唐古拉山等11处国家级风景名胜区纳入濒危名单，并给予黄牌警告，责令限期1年完成整改并重点督办。

12.4 风景名胜区的利用

12.4.1 风景名胜资源的利用原则

风景名胜区要遵循"科学规划、统一管理、严格保护、永续利用"的原则，正确处理好保护与利用的关系。

风景名胜资源的独特性、脆弱性和不可再生性，决定了风景名胜区的工作，必须把资源保护放在第一位。保护资源是风景名胜区工作的核心。在保护的基础上，使风景名胜区的珍贵资源得以永续利用，不仅惠及当代、满足广大人民群众物质文化生活的需要，改善当地经济的发展状况，带动旅游经济的发展，同时也使风景名胜资源得以完好地保护和延续，造福子孙后代。

12.4.2 风景名胜资源的利用管理

在严格保护的前提下，合理利用风景名胜资源，也能反过来更好地保护风景名胜资源。利用风景名胜资源应当采取以下措施，防止风景名胜资源的过度利用和破坏：

1. 严格禁止不合理的旅游开发

风景名胜资源是最重要的旅游资源，旅游事业的发展能极大地带动当地的经济发展。但是，有些风景名胜区在利用风景名胜资源时，存在急功近利、过度开发的错误行为。要制止风景名胜区中的景区存在的过度城市化、人工化倾向，制止商业设施的泛滥。风景名胜资源的利用必须统筹兼顾资源保护和开发利用的关系，必须克服只顾短期和局部利益、忽视长远和全局利益的错误倾向。

2. 严格规划风景名胜区的保护性设施

在风景名胜区内应严格限制建设各类建筑物、构筑物。确需建设保护性基础设施的，必须依据风景名胜区规划编制专门的建设方案，组织论证，进行环境影响评价，并严格依据法定程序审批。规划未经批准的，一律不得进行各类项目建设，防止利用建设保护性设施搞破坏性开发建设。

3. 禁止在风景名胜区核心景区进行影视拍摄和大型实景演艺活动

影视制作和大型实景演艺活动，利用风景名胜资源，提高了收视率和票房，同时客观上也宣传了风景名胜资源。但在利用风景名胜资源中，存在过度消耗资源和破坏环境的行为。国家禁止在风景名胜区核心景区进行影视拍摄和大型实景演艺活动。在核心景区以外范围也是严格限制。因特殊情况确需在限制类区域搭建和设置布景棚、拍摄营地、舞台等临时性构筑物的，应当办理报批手续。

4. 加强宣传，提高全社会的风景名胜区保护意识

在风景名胜区内，要采取多种形式向游客宣传自然和历史文化知识及保护风景名胜资源的要求。风景名胜区内所有机关、单位、居民都要爱护风景名胜资源，使国家宝贵的风景名胜资源实现永续利用的目标。

12.5　风景名胜区的管理

12.5.1　风景名胜区的管理体制

1. 风景名胜区的统一管理

对风景名胜区这一法定区域实行统一管理，这是由风景名胜资源的特点所决定的。风景名胜资源是土地、森林、水体、调动植物、文物等各种资源的有机结合体，不可分割。这种综合资源的价值不仅高于单项资源的价值，也高于各项资源价值的简单叠加。只有实行统一管理，才能科学、合理地配置各类资源，充分发挥资源的综合性功能，避免造成资源破坏。

正是因为风景名胜区的管理对象的综合复杂，风景名胜区管理机构的管理权限和管理职能应当统一于一个机构，避免多头管理，相互推诿。《风景名胜区条例》规定，风景名胜区所在地县级以上人民政府设置的风景名胜区管理机构负责风景名胜区的保护、利用和统一管理工作。

2. 风景名胜区的监督管理

风景名胜是特殊的资源，其风景名胜区的监督管理职责由国务院建设主管部门负责。

风景名胜区各项事业相互依存，风景名胜区的管理工作涉及相关行业包括国土资源、旅游、林业、文物保护、宗教、环境保护、水利水电等部门。因此，国务院其他有关部门如国土资源部、林业部、文物保护部、水利部、环境保护部、旅游部等部门按照国务院规定的职责分工，负责风景名胜区的有关监督管理工作。监督主管部门及有关部门应履行自己的职责，形成一股合力，有效地保护和利用各种资源，促进各项事业的共同发展，使得风景名胜资源能够得到全面的、整体的保护。

12.5.2　风景名胜区的管理职责

1. 风景名胜区的保护性管理

风景名胜资源具有独特性、脆弱性及不可再生性，有些资源还具有遗产性质。风景名胜资源具有土地、矿产、森林、草地等自然资源所不具有的特征，这一特殊价值决定了风景名胜资源是保护性资源而不是开发性资源。因此在管理中确立了"保护第一"的原则。风景名胜资源是全国人民的财富，政府只是其看护者。

2. 风景名胜区的公益性管理

风景名胜资源不是一般的国有资产，它是一种特殊的、公益性资源。风景名胜资源具有供民众游览、休息或进行科学、文化活动功能的区域，并为后代永续利用。风景名胜区的管理不能搞企业化经营，将景区经营管理权出让给企业。

12.5.3　风景名胜区的日常管理措施

风景名胜区管理机构对风景名胜区的管理，除保护、规划、利用等专项管理工作外，其经常性的管理工作应当包括以下几个方面：

1. 风景名胜区的设施管理

风景名胜区要规范设置标志标牌，以提升风景名胜区的整体形象。现在，绝大多数国家级风景名胜区规范设立了国家级风景名胜区的标志，景区标识标牌新颖美观、富有地方特色，基本形成了"国家级风景名胜区标志、景观景点介绍牌、古树名木保护牌、公益事业宣传牌、公共设施标志牌、交通导引牌、森林防火警示牌、游览安全提示牌"等功能齐全、美观大方的标志标牌引导系统，改善了风景名胜区的整体形象。

2. 风景名胜区的规范化管理

通过制定风景名胜区总体规划规范，风景名胜区详细规划规范、风景名胜区管理技术规范、风景名胜区术语标准、风景名胜区资源分类与评价标准、风景名胜区保护分区划定技术导则、风景名胜区智慧景区建设技术指南等实现风景名胜区的规范化管理。

3. 建立监管信息系统，提升资源保护手段

全国已有27个省级主管部门和148个国家级风景名胜区的监管信息系统建设工作全面完成。采购遥感数据 8.5 万 km^2，对 15 个省的 21 个国家级风景名胜区进行了遥感监测抽查，监测面积达到 3.5 万 km^2，共采集变化的图斑 1000 多处，并对其中 500 多处有疑问的变化图斑进行了现场核查和处理。

风景名胜区监管信息系统的建设和运用，提高了现代化、科技化、信息化、数字化的管理手段，强化了各级管理部门对风景名胜区保护的监管力度。同时，风景名胜区还通过试点工作，逐步推进以"资源保护数字化、经营管理智能化、产业整合网络化"为目标的数字化景区建设，不断提高保护管理的科学水平，并使数字化景区管理达到了世界先进水平。

4. 风景名胜区的安全管理措施

（1）控制旅游人流量，防止超容量造成的安全隐患

风景名胜区的总体规划要对风景名胜区的容量进行控制。游览人群对景点文物、生态环境、气候等方方面面有很大影响。风景名胜区内所能提供服务的一些设施也是有限的。因此，风景名胜区要控制旅游人流量，避免出现安全、接待或其他方面的问题，更要防止超容量对自然造成破坏。

（2）对交通设施、游览设施的定期检查，排除危险因素

风景名胜区的管理机构对船、车、缆车、索道、码头的交通设施、游览活动器械以及险要的道口、繁忙道口、危险地段，要定期检查，在旅游高峰期应当安排监控岗位，确保游客的人身安全。

5. 风景名胜区的环境整治

风景名胜资源，特别是国家级的、世界级的风景名胜资源不能脱离它所处的周边环境。地方各级政府和风景名胜区管理机构应加强对违法建筑、违规商业摊点、非法采石等各类破坏风景名胜资源和环境的违法违规事件的查处。改善风景名胜区的生态环境，以保护风景名胜资源的真实性与完整性。

6. 风景名胜区内的生产经营管理

风景名胜区内的原地居民存在着生存和发展的问题。风景名胜区的保护和管理应当体现"关心社区"的原则，应当让社区居民分享收益，改善生活。发挥风景名胜区支持地方社会经济发展特别是推动旅游业发展的突出作用，拉动地方相关产业综合发展。

风景名胜区管理机构应当有计划地组织当地居民发展具有地方特色的生产和服务事业，生产旅游纪念品，提供多种服务，停止那些破坏景观、污染环境的生产事业。

在风景名胜区内进行服务经营活动的单位和个人，都必须经风景名胜区管理机构的统一管理，并持营业执照，在规定的区域和营业范围经营。

风景名胜区支持当地居民参与风景名胜区的保护管理、旅游服务、项目经营，安排就业岗位，实施生态补偿，实现风景名胜区与当地社区协调共享发展。

【案例12-1】：大理市情人湖及洱海天域违法开发事件

1. 违规项目的开发过程

云南大理是国务院首批公布的24个历史文化名城、44个国家级风景名胜区之一及全国优秀旅游城市。大理的苍山洱海是国家自然保护区。

2003年12月，中建穗丰置业有限公司以大理州政府"招商引资"的名义，取得"洱海天域"项目开发权。该项目位于大理市洱海公园的情人湖边。在最初的审批中，该项目为分体式产权式酒店项目，地点在情人湖旁，原规划明确要保护情人湖，要保留情人湖70%的湖面。

从2005年11月8日开始到2007年6月，中建穗丰置业有限公司分别以风情街、流动渔村、主体酒店等子项目，分几批申请"洱海天域"的建设工程规范许可证及商品房预售许可证。

2005年，洱海公园和情人湖所在地大理市提出申报省级园林城市，市委、市政府把改造扩建洱海公园作为建设园林城市的重要内容之一。2005年7月，洱海公园改造建设工程的规划通过评审。在规划中，洱海公园是大理市景观的一个绿色浮岛，与西洱河公园、珠海公园、满江滨海湿地生态公园一起，构成洱海南端的绿色生态屏障。

2005年末到2006年初，洱海公园及情人湖进行封闭施工。

"洱海天域"的建设工程规范许可证申请，从2005年11月8日开始，到2007年6月分期申请。

该项目的商品房预售许可证分别办于2006年、2007年和2008年取得。

2008年洱海公园重新开放，发现公园不是扩建，而是"缩建"。而且，最美的景点——情人湖不见了，全部变成"洱海天域"别墅区。

2. 违法情节

"洱海天域"房地产开发项目，存在擅自更改规划，并存在严重的官商勾结、行贿受贿等违法犯罪问题。

（1）开发商擅自改变规划，违法开发

中建穗丰置业有限公司取得"洱海天域"项目开发权后，开发商通过贿赂，致使"洱海天域"项目一路违规违法推进。

开发商将项目用地范围内的$18140m^2$商业用地擅自变更为综合用地，以欺骗的手段从已缴纳的3000多万元土地出让金中，骗取大理市政府补偿资金2000多万元。在获得项目土地后，擅自更改项目性质和设计规划，将分体式产权式酒店项目变更成以别墅商品房开发销售为主的房地产项目，将"莲花宝座形"主体酒店外观设计更改为普通的长方形酒店，违反协议侵占了"情人湖"规划水域面积，项目开发最终使"情人湖"遭受永久性破坏。同时，压低项目用地附着物、林木等国有资产的补偿价格，致使国有资产流失上百万。此外，在未审批的情况下先伐和超期砍伐项目用地上的林木。

（2）个别政府官员受贿后，对违法开发行为"开绿灯"

大理市原市委副书记、市长段力收受开发商的贿赂后利用职权帮助开发商改动了"洱海天域"项目的滨海大道规划。

（3）法律责任

大理市相关部门对"洱海天域"项目建设中的违法问题进行了处理。大理市政府收回被骗的项目基础设施配套补助资金2000余万元，大理市国土资源局征收土地变更用途出让金180余万元，大理市规划局对开发商中建穗丰置业有限公司行政处罚1000余万元，大理市林业局对开发商中建穗丰置业有限公司行政处罚300余万元。

2010年6月8日，在"洱海天域"项目中涉嫌受贿的原大理市市委副书记、市长段力在大理州弥渡县人民法院受审。

3. 案件分析

（1）处罚的法律依据

"洱海天域"总用地面积20万 m^2，包括300套海景别墅、2km 的国际风情商业街、一座国际五星级酒店和中国惟一的高原淡水湖游艇俱乐部等。《风景名胜区条例》第27条规定，禁止违反风景名胜区规划，在风景名胜区内设立各类开发区和在核心景区内建设宾馆、招待所、培训中心、疗养院以及与风景名胜资源保护无关的其他建筑物。违反条例规定的，由风景名胜区管理机构责令停止违法行为、限期恢复原状或者采取其他补救措施，没收违法所得，并处5万元以上10万元以下的罚款；情节严重的，并处10万元以上20万元以下的罚款。作为地方性法规的《洱海管理条例》，也有相应的规定。

（2）违法原因分析

地方政府无视风景名胜区土地的特殊性，风景名胜资源的不可再生的特点，将风景名胜区的土地当作一般的土地和国有资产进行管理和处置，给洱海公园及周边环境造成了无法恢复的永久性破坏。"洱海天域"项目属于大理市政府的招商引资项目，国有土地使用权的出让合同由大理市人民政府于2003年底与开发商签订。当地方政府对近期经济利益的追求与全体人民（不仅仅是大理市的人民）的长期利益相冲突时，作为洱海公园管理处或是大理市园林局、大理市建设局都没有能力和权力对大理市政府的违法行为进行制止和处置。对违法的直接责任人也没有设定具体的法律责任。

本案被查处是因为媒体的曝光，是依靠舆论监督的力量。2006年6月2日，原建设部办公厅曾向云南省建设厅下发《关于立即制止并调查处理大理风景名胜区内商业性开发建设行为的通知》，要求立即采取措施，制止苍山洱海景区内的违规开发建设行为，同时组织专项调查，查明事件原因，严肃处理，并将调查处理结果及防止此类违规行为再度发生的措施等，上报原建设部。

这表明，原建设部下文以后，"洱海天域"后期项目仍在有条不紊地进行规划申请，并最终顺利地拿到了商品房预售许可证。

因此，《风景名胜区条例》中风景名胜区管理机构的设置及监督管理职权在现行的管理体制中面临考验。

【案例12-2】：湖北通山违规在国家级风景名胜区建商品房

1. 基本案情

2007年，湖北通山县国家级风景区九宫山管委会在没有省建设厅审批和明显违反国家《风景名胜区管理条例》、原建设部《风景名胜区建设管理规定》等法规、规章的情况下，在国家级风景名胜区九宫山上以危房改造名义，开发"九重天休闲度假中心"商品房项目。

九重天项目属于凤凰山庄（九招）和九宫山管委会老办公楼旧址进行改建的工程，占地总面积18407.52m²。土地采用公开拍卖方式出让，出让年限为40年。

九宫山风景区管委会的报建理由是办公楼是20世纪70年代所建，基础下沉，墙体有多处裂缝，属危房。凤凰山庄原系县政府招待所，1997年转交当时的九宫山风景名胜区管理局管理，该建筑是20世纪70年代初所建，也属危房。这两处连在一起，房屋破烂不堪，是九宫山风景区的一个"死角"，严重影响了九宫山风景名胜区的整体形象。九宫山管委会为了提升九宫山的形象，加快九宫山的发展，将此处改造列入了《九宫山风景名胜区云中湖详细规划》。

2005年3月31日，湖北省建设厅组织有关专家对《九宫山风景名胜区云中湖详细规划》进行了评审，并下发了《关于印发〈九宫山风景名胜区核心景区划定及云中湖详细规划评审会议纪要〉的通知》。2005年5月，九宫山管委会将专家评审意见及省规划设计院修改后的《九宫山风景名胜区云中湖详细规划》文本上报到省建设厅。

2006年国务院颁布的《风景名胜区管理条例》明确规定，不准在核心景区内建设宾馆、招待所、培训中心、疗养院以及与风景名胜资源保护无关的其他建筑物。因此，湖北省建设厅没有批准这个规划。

2. 违规情节

(1) 未获批准，县政府擅自出让土地

虽然省建设厅并没有批准，但是管委会还是于2006年3月7日将"凤凰山庄"（九招）、九宫山管委会老办公楼等两处土地挂牌出让事宜向通山县政府作了书面请示，而通山县政府批示同意该两处土地挂牌出让。

根据规定，风景名胜区的土地是不能买卖出让的，商品房的开发更不允许。但是，2006年5月16日，通山县土地收购储备交易中心仍公开对外拍卖。投资商以人民币960万元在竞争中中标。中标后，投资商成立了"湖北万和置业有限公司"，于2006年7月开始了拆迁、平基等基础性准备工作，并委托规划设计单位编制了规划及改建方案。

(2) 超越权限核发《建设用地规划许可证》《建设工程规划许可证》

2007年1月11日，九宫山管委会向通山县人民政府上报了建设项目审批意见书、规划和建筑方案等文本，县政府批示同意；县规划委员会也于2007年2月13日对"九重天"项目规划进行了评审，并原则同意。

根据相关规定，凡在风景名胜区进行的各项建设应由建设单位填写《建设选址审批书》，分级上报建设行政主管部门审批。通山县建设局和九宫山风景名胜区管委会超越行政许可权限，审批"九重天"项目规划方案；并为还没有取得《企业法人营业执照》的湖北省万和置业有限公司核发《建设用地规划许可证》《建设工程规划许可证》。

3. 违规查处

(1) 责令在建工程停工

根据湖北省建设厅的意见,九宫山管委会于2007年11月9日下发了工程停建通知,并呈报省、市建设部门和通山县人民政府。在此基础上,九宫山管委会还下发了《关于进一步加强云中湖景区建设管理工作的通知》,明确了管理职能和项目批报程序,责令在建项目停工整改,并明确规定,在规划未批准之前,禁止一切项目的开发建设。

(2) 行政处理意见

2007年11月16日,湖北省建设厅对"九重天休闲度假中心"违规建设问题处理意见下达给咸宁市建委,明确提出通山县建设局和九宫山风景名胜区管委会超越行政许可权限,审批"九重天"项目规划方案;并为还没有取得《企业法人营业执照》的湖北省万和置业有限公司核发《建设用地规划许可证》《建设工程规划许可证》,严重扰乱了风景名胜区正常的依法管理秩序。

省建设厅要求:第一,要求相关部门对"九重天"项目下达停工通知书。认真调查项目建设事实经过,并写出书面报告。第二,依据有关法规严肃追究九宫山风景名胜区管委会、通山县建设局有关责任人超越行政许可权限审批"九重天"项目规划方案,核发《建设用地规划许可证》《建设工程规划许可证》问题。同时,认真组织规划编制单位修改完善《九宫山风景名胜区核心景区保护规划》和《云中湖修改性详规》。在核心风景区保护规划和云中湖详规未经原建设部批准之前,严禁一切项目的开发建设。

4. 案例点评

(1) 风景名胜区管理部门自身违规,难以纠正

九宫山风景名胜区管委会竟然私自给自己发放相关的《建设用地许可证》和《建设工程许可证》。该项目是当地政府越权审批的,其批示的各类证件都属明显违规,这种完全无视国家相关规定的情况应该说在全国都是罕见的。

对于九宫山违规建筑的处理问题,上级建设行政主管部门对下级建设行政主管部门主要是业务和政策指导,有监督权,但没有处罚权。对于九宫山风景名胜区管委会的违建工程,湖北省建设厅曾两度派工作组督办此事,但是结果却很令人失望。省建设厅只能督办,没有权力查处。

九宫山风景名胜区的执法主体是风景区管委会,具体的管理、拆除违规建筑都由风景区管委会出面进行,而现在风景区管委会本身就参与了这次土地的出让和违规开发。这使得违法行为难以纠正。

(2) 查处管理部门的违规,需要地方政府的配合和决心

要解决管理部门本身违规、违法这个问题,当地政府一定要高度重视,对其进行查处。如果通山县政府不解决,咸宁市政府要出面,再不然湖北省政府也可以查办。

(3) 地方政府要正确处理保护与发展的关系

在风景区乱搭乱建,把全人类珍贵的资源当做摇钱树,聚宝盆,利用风景区这块宝地招商等行为是因为当地政府只重视短期利益,缺乏风景名胜的保护意识。地方政府不能只追求GDP,而做"杀鸡取卵"、破坏生态资源和环境的蠢事。

思 考 题

1. 风景名胜区与一般的城市公园、度假区、旅游区有何区别?

2. 风景名胜区的管理涉及哪些部门？

3. 国家设立风景名胜区的意义和作用是什么？

4. 风景名胜区保护的原则是什么？

5. 我国有哪些风景名胜区被列入《世界自然遗产名录》？

6. 世界自然遗产、世界文化遗产、自然与文化双遗产及文化景观遗产有何区别？

7. 如何正确处理保护风景名胜区与发展旅游的关系？

8. 风景名胜区的保护有哪些措施？

13　市政公用事业法律制度

13.1　概　述

13.1.1　市政公用事业的概念及分类

1. 市政公用事业的概念

市政公用事业是指城市人民政府管理的，为城镇居民生产生活提供必需的普遍服务的行业。市政公用事业既有行业的含义，也有活动的含义。从行业含义说，市政公用事业包括市政工程、公用事业、园林绿化、市容和环境卫生四大行业。市政公用事业是城市的重要基础设施，是城市经济和社会发展的主要载体，是重要的社会公共事业，直接关系到社会公共利益，关系到人民群众生活质量，关系到城市经济和社会的可持续发展，具有显著的基础性、先导性、公用性等特点。

从活动的含义说，市政公用事业包括供水、供气、供热、公共交通、园林绿化、市容和环境卫生、排水、防洪、道路、桥涵、路灯等与城市发展、公民生产、生活密切相关的活动。

2. 市政公用事业的分类

（1）市政工程业

市政工程业是指从事道路、桥涵、排水、污水处理、防洪、路灯等建设的行业。市政工程业可划分为：城市道路、城市排水、城市防洪三部分。

（2）城市公用事业

城市公用事业是指从事城市供水、供热、供气、公共交通（公共汽车、电车、地铁、轮渡、出租汽车及索道缆车）等建设与管理的行业。

（3）园林和绿化业

园林与绿化业是指从事各类园林、苗圃、树木、花草等城市绿化建设与管理的行业。

（4）市容和环境卫生

市容和环境卫生业是指从事城市容貌、环境卫生设施、城市生活垃圾及卫生埋填、城市公共厕所等建设与管理的行业。

13.1.2　市政公用事业市场化改革

我国的市政公用事业是在计划经济时期建立起来的，在我国实行市场经济后，计划经济时期的管理和运行方式与市场经济的要求产生了许多冲突。原建设部在 2002 年 12 月 27 日发布了《关于加快市政公用行业市场化进程的意见》，认为开放市政公用行业投资建设、运营、作业市场，建立政府特许经营制度，是为保证公众利益和公共工程的安全，促进城市市政公用事业发展，提高市政公用行业的运行效率而建立的一种新型制度。各级建设行政主管部门应妥善处理好改革、发展、稳定的关系，解决好市场化过程中出现的实际问题，积极稳妥地推进市政公用行业市场化进程。具体的改革措施包括以下几个方面：

1. 开放市政公用行业市场

第一，鼓励社会资金、外国资本采取独资、合资、合作等多种形式，参与市政公用设施的建设，形成多元化的投资结构。对供水、供气、供热、污水处理、垃圾处理等经营性市政公用设施的建设，应公开向社会招标选择投资主体。

第二，允许跨地区、跨行业参与市政公用企业经营。采取公开向社会招标的形式选择供水、供气、供热、公共交通、污水处理、垃圾处理等市政公用企业的经营单位，由政府授权特许经营。

第三，通过招标发包方式选择市政设施、园林绿化、环境卫生等非经营性设施日常养护作业单位或承包单位。逐步建立和实施以城市道路为载体的道路养护、绿化养护和环卫保洁综合承包制度，提高养护效率和质量。

第四，市政公用行业的工程设计、施工和监理、设备生产和供应等必须从主业中剥离出来，纳入建设市场统一管理，实行公开招标和投标。

2. 建立市政公用行业特许经营制度

市政公用事业特许经营，是指政府按照有关法律、法规规定，通过市场竞争机制选择市政公用事业投资者或者经营者，明确其在一定期限和范围内经营某项市政公用事业产品或者提供某项服务的制度。原建设部在 2004 年 3 月 19 日发布了《市政公用事业特许经营管理办法》（2015 年 5 月 4 日修改），对这一制度将在后面作专门的介绍。

3. 转变政府管理方式

城市人民政府负责本行政区域内特许经营权的授予工作。各城市市政公用行业主管部门由当地政府授权代表城市政府负责特许经营的具体管理工作，并行使授权方相关权利，承担授权方相关责任。

市政公用行业主管部门要进一步转变管理方式，从直接管理转变为宏观管理，从管行业转变为管市场，从对企业负责转变为对公众负责、对社会负责。

市政公用行业主管部门的主要职责是认真贯彻国家有关法律法规，制定行业发展政策、规划和建设计划；制定市政公用行业的市场规则，创造公开、公平的市场竞争环境；加强市场监管，规范市场行为；对进入市政公用行业的企业资格和市场行为、产品和服务质量、企业履行合同的情况进行监督；对市场行为不规范、产品和服务质量不达标和违反特许经营合同规定的企业进行处罚。

4. 供热体制改革

供热体制改革的重心有四个方面：一是"暗补"变"明补"的热费制度改革。二是解决好低收入群体的供热保障。三是供热热计量的改革与创新。四是供热企业的改革。

供热体制改革的目的不是为了单纯的收费改革，而主要是在基本保证采暖需求的前提下促进节能，减少能源消耗，利用价格机制这个杠杆，促进建筑节能，降低成本，提高服务水平和能力。

13.1.3 市政公用事业特许经营制度

1. 市政公用事业特许经营的适用范围和管理分工

城市供水、供气、供热、公共交通、污水处理、垃圾处理等行业，可以依法实施特许经营。实施特许经营的项目由省、自治区、直辖市通过法定形式和程序确定。

国务院建设主管部门负责全国市政公用事业特许经营活动的指导和监督工作。省、自治区人民政府建设主管部门负责本行政区域内的市政公用事业特许经营活动的指导和监督工作。直辖市、市、县人民政府市政公用事业主管部门依据人民政府的授权，负责本行政区域内的市政公用事业特许经营的具体实施。

2. 参与市政公用事业特许经营权竞标者的条件

参与特许经营权竞标者应当具备以下条件：1）依法注册的企业法人；2）有相应的设施、设备；3）有良好的银行资信、财务状况及相应的偿债能力；4）有相应的从业经历和良好的业绩；5）有相应数量的技术、财务、经营等关键岗位人员；6）有切实可行的经营方案；7）地方性法规、规章规定的其他条件。

3. 市政公用事业特许经营权投资者或者经营者的选择程序

实施特许经营，应该通过规定的程序公开向社会招标选择投资者和经营者。要按照《中华人民共和国招标投标法》的规定，首先向社会发布特许经营项目的内容、时限、市场准入条件、招标程序及办法，在规定的时间内公开接受申请；要组织专家根据市场准入条件对申请者进行资格审查和严格评议，择优选择特许经营权授予对象。

主管部门应当依照下列程序选择投资者或者经营者：1）提出市政公用事业特许经营项目，报直辖市、市、县人民政府批准后，向社会公开发布招标条件，受理投标；2）根据招标条件，对特许经营权的投标人进行资格审查和方案预审，推荐出符合条件的投标候选人；3）组织评审委员会依法进行评审，并经过质询和公开答辩，择优选择特许经营权授予对象；4）向社会公示中标结果，公示时间不少于 20 天；5）公示期满，对中标者没有异议的，经直辖市、市、县人民政府批准，与中标者签订特许经营协议。

4. 市政公用事业特许经营协议

（1）特许经营协议的内容

特许经营协议应当包括以下内容：1）特许经营内容、区域、范围及有效期限；2）产品和服务标准；3）价格和收费的确定方法、标准以及调整程序；4）设施的权属与处置；5）设施维护和更新改造；6）安全管理；7）履约担保；8）特许经营权的终止和变更；9）违约责任；10）争议解决方式；11）双方认为应该约定的其他事项。

（2）主管部门的责任

主管部门应当履行下列责任：1）协助相关部门核算和监控企业成本，提出价格调整意见；2）监督获得特许经营权的企业履行法定义务和协议书规定的义务；3）对获得特许经营权的企业的经营计划实施情况、产品和服务的质量以及安全生产情况进行监督；4）受理公众对获得特许经营权的企业的投诉；5）向政府提交年度特许经营监督检查报告；6）在危及或者可能危及公共利益、公共安全等紧急情况下，临时接管特许经营项目；7）协议约定的其他责任。

（3）获得特许经营权企业的责任

获得特许经营权的企业应当履行下列责任：1）科学合理地制定企业年度生产、供应计划；2）按照国家安全生产法规和行业安全生产标准规范，组织企业安全生产；3）履行经营协议，为社会提供足量的、符合标准的产品和服务；4）接受主管部门对产品和服务质量的监督检查；5）按规定的时间将中长期发展规划、年度经营计划、年度报告、董事会决议等报主管部门备案；6）加强对生产设施、设备的运行维护和更新改造，确保设施完好；7）协议约定的其他责任。

（4）特许经营期限

特许经营期限应当根据行业特点、规模、经营方式等因素确定，最长不得超过 30 年。

（5）特许经营协议的变更与解除

在协议有效期限内，若协议的内容确需变更的，协议双方应当在共同协商的基础上签订补充协议。获得特许经营权的企业确需变更名称、地址、法定代表人的，应当提前书面告知主管部门，并经其同意。

获得特许经营权的企业承担政府公益性指令任务造成经济损失的，政府应当给予相应的补偿。

获得特许经营权的企业在协议有效期内单方提出解除协议的，应当提前提出申请，主管部门应当自收到获得特许经营权的企业申请的 3 个月内作出答复。在主管部门同意解除协议前，获得特许经营权的企业必须保证正常的经营与服务。

获得特许经营权的企业在特许经营期间有下列行为之一的，主管部门应当依法终止特许经营协议，取消其特许经营权，并可以实施临时接管：1）擅自转让、出租特许经营权的；2）擅自将所经营的财产进行处置或者抵押的；3）因管理不善，发生重大质量、生产安全事故的；4）擅自停业、歇业，严重影响到社会公共利益和安全的；5）法律、法规禁止的其他行为。

特许经营权发生变更或者终止时，主管部门必须采取有效措施保证市政公用产品供应和服务的连续性与稳定性。

5. 市政公用事业特许经营的监管

（1）特许经营协议的备案

主管部门应当在特许经营协议签订后 30 日内，将协议报上一级市政公用事业主管部门备案。

未经直辖市、市、县人民政府批准，获得特许经营权的企业不得擅自停业、歇业。获得特许经营权的企业擅自停业、歇业的，主管部门应当责令其限期改正，或者依法采取有效措施督促其履行义务。

（2）特许经营的中期评估

在项目运营的过程中，主管部门应当组织专家对获得特许经营权的企业经营情况进行中期评估。评估周期一般不得低于两年，特殊情况下可以实施年度评估。

（3）审定和监管市政公用事业产品和服务价格

直辖市、市、县人民政府有关部门按照有关法律、法规规定的原则和程序，审定和监管市政公用事业产品和服务价格。

（4）特许经营项目的临时接管制度

主管部门应当建立特许经营项目的临时接管应急预案。对获得特许经营权的企业取消特许经营权并实施临时接管的，必须按照有关法律、法规的规定进行，并召开听证会。

（5）法律责任

对以欺骗、贿赂等不正当手段获得特许经营权的企业，主管部门应当取消其特许经营权，并向国务院建设主管部门报告，由国务院建设主管部门通过媒体等形式向社会公开披露。被取消特许经营权的企业在三年内不得参与市政公用事业特许经营竞标。

　　主管部门或者获得特许经营权的企业违反协议的，由过错方承担违约责任，给对方造成损失的，应当承担赔偿责任。

　　主管部门及其工作人员有下列情形之一的，由对其授权的直辖市、市、县人民政府或者监察机关责令改正，对负主要责任的主管人员和其他直接责任人员依法给予行政处分；构成犯罪的，依法追究刑事责任：1）不依法履行监督职责或者监督不力，造成严重后果的；2）对不符合法定条件的竞标者授予特许经营权的；3）滥用职权、徇私舞弊的。

13.1.4　市政公用事业的监管

　　市政公用事业是自然垄断性行业。为维护人民群众的利益，保证市政公用事业的安全运行，城市人民政府必须切实加强对市政公用事业的监管。加强市政公用事业监管是推进市政公用事业市场化的重要内容，健全的市政公用事业监管体系是推进市场化的重要保障，市政公用事业监管应贯穿于市政公用事业市场化的全过程。

　　1. 市场准入的监管

　　市场准入是市政公用事业监管的首要环节，必须科学制定标准，严格操作程序，把好市场准入关。各城市市政公用事业主管部门要严格按照市场准入条件和程序，结合项目的特点，认真组织编制招标文件。要明确招标主体、招标范围、招标程序、开标、评标和中标规则，进行公开招标。要将特许经营协议的核心内容作为招标的基本条件，综合考虑成本、价格、经营方案、质量和服务承诺、特殊情况的紧急措施等因素，择优选择中标者。

　　各地要制定和完善市场退出规则，明确规定市场退出的申请和批准程序。经营期限届满，应按照准入程序和准入条件，重新进行招标。

　　2. 产品和服务质量的监管

　　产品和服务质量监管是市政公用事业监管的重要内容。市政公用事业主管部门应定期对市政公用事业的产品和服务质量进行检验、检测和检查。

　　城市市政公用事业主管部门要按照有关产品和服务质量标准的要求，建立市政公用事业产品和服务质量监测制度，对企业提供的产品和服务质量实施定点、定时监测。监测结果要按有关规定报上级主管部门。

　　要加强对特许经营项目的评估工作，建立定期评估机制。对评估中发现的产品和服务质量问题，要提出整改意见并监督企业限期整改。评估的结果应与费用支付和价格调整挂钩。评估结果要及时报上一级主管部门备案。

　　要尊重社会公众的知情权，鼓励公众参与监督，建立通畅的信息渠道，完善公众咨询、监督机制，及时将产品和服务质量检查、监测、评估结果和整改情况以适当的方式向社会公布。

　　对于供水、供气、污水和垃圾处理等行业，市政公用事业主管部门可派遣人员驻场监管。监管员不应干预企业正常的生产和经营活动。

　　3. 安全防范措施监管

　　市政公用事业的安全运行关系到公共安全和社会稳定，责任重大。市政公用事业主管部门要切实加强对生产运营和作业单位安全生产的监管，监督企业建立和完善各项安全保障制度，严格执行安全操作规程，确保市政公用事业生产、供应和服务的连续性、稳定性。

　　市政公用事业主管部门要制定安全生产紧急情况应对预案，建立健全安全预警和应急救援工作机制。

要制定特殊情况下临时接管的应急预案。实施临时接管，必须报上一级主管部门批准。必要时，上一级主管部门可跨区域组织技术力量，为临时接管提供支持和保障。

4. 成本监管

成本监管是合理确定市政公用事业价格，促进企业提高效率的重要手段。各地市政公用事业主管部门要加强对市政公用事业产品和服务的成本监管，配合物价管理部门加快供水、供气、供热等价格的改革，形成科学合理的价格形成机制。

要通过完善相关定额和标准、进行区域同行业成本比较和绩效评价、定期公布经营状况和成本信息等措施，建立健全成本约束机制，激励经营和作业者改进技术、开源节流、降低成本。要建立市政公用事业产品和服务成本定期监审制度，及时掌握企业经营成本状况，为政府定价提供基础依据，防止成本和价格不合理上涨。

要完善污水、垃圾处理收费政策，提高收缴率。加强污水和生活垃圾处理费的使用管理，保证处理费专项用于污水和生活垃圾的收集、输送和处理。

5. 市场竞争秩序的监管

市政公用事业企业应当遵守国家法律的规定，不得利用自身的优势地位妨碍其他经营者的公平竞争，也不得侵害消费者的合法权益。市政公用事业在市场交易中，不得实施下列限制竞争的行为：1）限定用户、消费者只能购买和使用其附带提供的相关商品，而不得购买和使用其提供的符合技术标准要求的同类商品；2）限定用户、消费者只能购买和使用其指定的经营者生产或者经销的商品，而不得购买和使用其他经营者提供的符合技术标准要求的同类商品；3）强制用户、消费者购买其提供的不必要的商品及配件；4）强制用户、消费者购买其指定的经营者提供的不必要的商品；5）以检验商品质量、性能等为借口，阻碍用户、消费者购买、使用其他经营者提供的符合技术标准要求的其他商品；6）对不接受其不合理条件的用户、消费者拒绝、中断或者削减供应相关商品，或者滥收费用；7）其他限制竞争的行为。

13.2　市政工程法律制度

13.2.1　市政工程的范围

市政工程主要是指城市基础设施建造，一般是由政府投资的公益性项目，其产品为公众使用。随着科学技术的和经济的发展，市政工程的范围不断扩大。市政工程主要服务于城市区域，政府的目标、交通的限制、便利市民的要求，市政工程的工期一般不会太长。城乡建设环境保护部于1982年8月21日发布了《市政工程设施管理条例》，规定了建设领域的市政工程的范围。

1. 城市道路

城市道路包括机动车道、非机动车道、人行道、广场、街头空地、路肩等。

2. 城市桥涵

城市桥涵包括桥梁、涵洞、立体交叉桥、过街人行桥、城市道路与铁路两用桥等。

3. 城市排水设施

城市排水设施包括雨水管道、污水管道、雨水污水合流管道，明渠、泵站、污水处理厂及其附属设施等。

4. 城市防洪设施

城市防洪设施包括城市防洪堤岸、河坝、防洪墙、排涝泵站、排洪道及其附属设施等。

5. 城市道路照明设施

城市道路照明设施包括城市道路、桥梁、广场，不售票的公共绿地等处的照明设施等。

13.2.2 城市道路工程

规范城市道路工程的主要法律依据是国务院 1996 年 6 月 4 日发布的《城市道路管理条例》。按照《城市道路管理条例》的界定，城市道路，是指城市供车辆、行人通行的，具备一定技术条件的道路、桥梁及其附属设施。因此，城市道路工程又包括了城市桥涵、城市道路照明设施。

1. 城市道路的规划和建设

（1）城市道路规划

县级以上城市人民政府应当组织市政工程、城市规划、公安交通等部门，根据城市总体规划编制城市道路发展规划。市政工程行政主管部门应当根据城市道路发展规划，制定城市道路年度建设计划，经城市人民政府批准后实施。

城市供水、排水、燃气、热力、供电、通信、消防等依附于城市道路的各种管线、杆线等设施的建设计划，应当与城市道路发展规划和年度建设计划相协调，坚持先地下、后地上的施工原则，与城市道路同步建设。

（2）城市道路建设资金

城市道路建设资金可以按照国家有关规定，采取政府投资、集资、国内外贷款、国有土地有偿使用收入、发行债券等多种渠道筹集。

政府投资建设城市道路的，应当根据城市道路发展规划和年度建设计划，由市政工程行政主管部门组织建设。

单位投资建设城市道路的，应当符合城市道路发展规划，并经市政工程行政主管部门批准。

城市住宅小区、开发区内的道路建设，应当分别纳入住宅小区、开发区的开发建设计划配套建设。

国家鼓励国内外企业和其他组织以及个人按照城市道路发展规划，投资建设城市道路。

（3）城市道路的设计和施工

城市道路的建设应当符合城市道路技术规范。城市道路的设计、施工，应当严格执行国家和地方规定的城市道路设计、施工的技术规范。

承担城市道路设计、施工的单位，应当具有相应的资质等级，并按照资质等级承担相应的城市道路的设计、施工任务。

城市道路施工，实行工程质量监督制度。城市道路工程竣工，经验收合格后，方可交付使用；未经验收或者验收不合格的，不得交付使用。

城市道路实行工程质量保修制度。城市道路的保修期为 1 年，自交付使用之日起计算。保修期内出现工程质量问题，由有关责任单位负责保修。

（4）城市道路与铁路、河道相交

新建的城市道路与铁路干线相交的，应当根据需要在城市规划中预留立体交通设施的建设位置。城市道路与铁路相交的道口建设应当符合国家有关技术规范，并根据需要逐步建设立体交通设施。建设立体交通设施所需投资，按照国家规定由有关部门协商确定。

建设跨越江河的桥梁和隧道，应当符合国家规定的防洪、通航标准和其他有关技术规范。

（5）过桥收费制度

市政工程行政主管部门对利用贷款或者集资建设的大型桥梁、隧道等，可以在一定期限内向过往车辆（军用车辆除外）收取通行费，用于偿还贷款或者集资款，不得挪作他用。

收取通行费的范围和期限，由省、自治区、直辖市人民政府规定。

2. 城市道路的养护和维修

（1）城市道路养护和维修资金

市政工程行政主管部门对其组织建设和管理的城市道路，按照城市道路的等级、数量及养护和维修的定额，逐年核定养护、维修经费，统一安排养护、维修资金。

（2）城市道路养护和维修的基本要求

承担城市道路养护、维修的单位，应当严格执行城市道路养护、维修的技术规范，定期对城市道路进行养护、维修，确保养护、维修工程的质量。

城市道路的养护、维修工程应当按照规定的期限修复竣工，并在养护、维修工程施工现场设置明显标志和安全防范设施，保障行人和交通车辆安全。

城市道路养护、维修的专用车辆应当使用统一标志；执行任务时，在保证交通安全畅通的情况下，不受行驶路线和行驶方向的限制。

（3）城市道路养护和维修责任的划分

市政工程行政主管部门组织建设和管理的道路，由其委托的城市道路养护、维修单位负责养护、维修。单位投资建设和管理的道路，由投资建设的单位或者其委托的单位负责养护、维修。城市住宅小区、开发区内的道路，由建设单位或者其委托的单位负责养护、维修。

设在城市道路上的各类管线的检查井、箱盖或者城市道路附属设施，应当符合城市道路养护规范。因缺损影响交通和安全时，有关产权单位应当及时补缺或者修复。

（4）城市道路养护和维修责任的监督检查

市政工程行政主管部门负责对养护、维修工程的质量进行监督检查，保障城市道路完好。

3. 城市道路照明设施的管理

（1）城市道路照明设施的概念和主管部门

城市道路照明设施，是指用于城市道路（含里巷、住宅小区、桥梁、隧道、广场、公共停车场）、不售票的公园和绿地等处的路灯配电室、变压器、配电箱、灯杆、地上地下管线、灯具、工作井以及照明附属设备等。

国务院建设行政主管部门主管全国城市道路照明设施工作。县级以上地方人民政府城市建设行政主管部门负责本行政区域城市道路照明设施工作。城市人民政府城市建设行政主管部门可以委托有关机构,负责本城市规划区内道路照明设施的日常管理工作。

(2)照明设施的规划和建设

城市道路照明设施规划、建设和改造计划应当纳入城市道路建设、改造规划和年度建设计划,并与其同步实施。城市建设行政主管部门负责制定城市道路照明设施规划和建设计划,报同级人民政府批准后由城市道路照明设施管理机构负责具体实施。需要改造的城市道路照明设施,由城市道路照明设施管理机构负责编制改造规划,报城市建设行政主管部门批准后由城市道路照明设施管理机构负责具体实施。

城市新建和改建的城市道路照明设施必须符合有关设计安装规程规定,并积极采用新光源、新技术、新设备。城市道路照明设施的新建、改建工程必须符合国家有关标准规范,并经验收合格后交付使用。住房城乡建设部在 2011 年 11 月 4 日发布了《"十二五"城市绿色照明工程规划纲要》,要求以构建绿色生态与健康文明的城市照明光环境为目标,以保障和改善民生作为加快转变城市照明发展方式的基本出发点,倡导绿色照明消费方式,在满足城市照明基本功能的前提下降低照明的单位能耗,提高城市照明的质量和节能水平,实现城市照明发展方式的转变。

厂(矿)或者其他单位投资建设的城市道路照明设施,需移交城市道路照明设施管理机构的,应当报城市建设行政主管部门审核同意,并应当具备下列条件:1)符合道路照明安装及施工质量标准;2)提供必要的维修、运行条件。对符合上述条件的城市道路照明设施,由城市建设行政主管部门组织验收,合格后方可办理资产移交手续。

城市道路照明设施的改建和维护,应当按照现有资金渠道安排计划。住宅小区和旧城改造中的城市道路照明设施应当同步建设。城市道路照明设施中的灯杆,可以分为专用杆和合用杆。对道路两侧符合城市道路照明设施条件的电力杆和无轨电车杆在不影响其功能和交通的前提下应当予以利用。

(3)照明的维护和管理

城市道路照明设施的维护和管理应当坚持安全第一,认真执行各项规章制度,保证城市道路照明设施的完好、运行正常。城市建设行政主管部门必须对道路照明设施管理机构建立严格的检查和考核制度,及时督促更换和修复破损的照明设施,使亮灯率不低于 95%。

各地根据其具体情况可以采用以下节能方式:1)根据道路的行人、车辆流量等因素实行分时照明;2)对气体放电灯采用无功补偿;3)采用先进的停电、送电控制方式;4)推广和采用高光效光源、逐步取代低光效光源;5)采用节能型的镇流器和控制电器;6)采用高效率的照明灯具,并定期对照明灯具进行清扫,提高照明效果;7)其他行之有效的节能措施。

任何单位和个人在进行可能触及、迁移、拆除城市道路照明设施或者影响其安全运行的地上、地下施工时,应当经城市建设行政主管部门审核同意后,由城市道路照明设施管理机构负责其迁移或拆除工作,费用由申报单位承担。

城市道路照明设施附近的树木距带电物体的安全距离不得小于 1.0m。因自然生长而不符合安全距离标准影响照明效果的树木,由城市道路照明设施管理机构与城市园林绿化管理部门协商后剪修;因不可抗力致使树木严重危及城市道路照明设施安全运行的,城市道路照明设施管理机构应当采取紧急措施进行剪修，并同时通知城市园林绿化管理部门。任何单位和个人在损坏道路照明设施后，应当保护事故现场，防止事故扩大，并立即通知城市道路照明设施管理机构及有关单位。

4. 城市道路的路政管理

(1) 城市道路路政管理的含义

城市道路路政管理，是指市政工程行政主管部门或者其设置的城市道路管理机构，为维护城市道路管理者、使用者的合法权益，根据法律、行政法规和规章的规定，实施保护城市道路及附属设施的行政管理。城市道路路政管理的任务是：制定城市道路管理规章，负责城市道路的日常管理，制止一切破坏城市道路和妨碍城市道路正常使用的行为。

市政工程行政主管部门执行路政管理的人员执行公务，应当按照有关规定佩戴标志，持证上岗。

(2) 城市道路范围内的禁止行为

城市道路范围内禁止下列行为：1) 擅自占用或者挖掘城市道路；2) 履带车、铁轮车或者超重、超高、超长车辆擅自在城市道路上行驶；3) 机动车在桥梁或者非指定的城市道路上试刹车；4) 擅自在城市道路上建设建筑物、构筑物；5) 在桥梁上架设压力在 $4kg/cm^2$ (0.4MPa) 以上的煤气管道、10kV 以上的高压电力线和其他易燃易爆管线；6) 擅自在桥梁或者路灯设施上设置广告牌或者其他挂浮物；7) 其他损害、侵占城市道路的行为。

(3) 城市道路范围内的限制行为

履带车、铁轮车或者超重、超高、超长车辆需要在城市道路上行驶的，事先须征得市政工程行政主管部门同意，并按照公安交通管理部门指定的时间、路线行驶。

军用车辆执行任务需要在城市道路上行驶的，可以不受前款限制，但是应当按照规定采取安全保护措施。

依附于城市道路建设各种管线、杆线等设施的，应当经市政工程行政主管部门批准，方可建设。

(4) 城市道路占用、挖掘管理

未经市政工程行政主管部门和公安交通管理部门批准，任何单位或者个人不得占用或者挖掘城市道路。

1) 临时占用城市道路的批准和使用要求。因特殊情况需要临时占用城市道路的，须经市政工程行政主管部门和公安交通管理部门批准，方可按照规定占用。经批准临时占用城市道路的，不得损坏城市道路；占用期满后，应当及时清理占用现场，恢复城市道路原状；损坏城市道路的，应当修复或者给予赔偿。

2) 占用城市道路作为集贸市场的批准。城市人民政府应当严格控制占用城市道路作为集贸市场。确需占用城市道路作为集贸市场的，应当经县级以上城市人民政府批准；未经批准，擅自占用城市道路作为集贸市场的，市政工程行政主管部门应当责令限期清退，恢复城市道路功能。

3) 因工程建设需要挖掘城市道路的批准和限制。因工程建设需要挖掘城市道路的，应当持城市规划部门批准签发的文件和有关设计文件，到市政工程行政主管部门和公安交通管理部门办理审批手续，方可按照规定挖掘。新建、扩建、改建的城市道路交付使用后

5年内、大修的城市道路竣工后3年内不得挖掘；因特殊情况需要挖掘的，须经县级以上城市人民政府批准。埋设在城市道路下的管线发生故障需要紧急抢修的，可以先行破路抢修，并同时通知市政工程行政主管部门和公安交通管理部门，在24h内按照规定补办批准手续。

4）占用、挖掘城市道路的要求。经批准挖掘城市道路的，应当在施工现场设置明显标志和安全防围设施；竣工后，应当及时清理现场，通知市政工程行政主管部门检查验收。经批准占用或者挖掘城市道路的，应当按照批准的位置、面积、期限占用或者挖掘。需要移动位置、扩大面积、延长时间的，应当提前办理变更审批手续。

5）城市道路占用、挖掘收费管理。占用或者挖掘由市政工程行政主管部门管理的城市道路的，应当向市政工程行政主管部门交纳城市道路占用费或者城市道路挖掘修复费。城市道路占用费的收费标准，由省、自治区人民政府的建设行政主管部门、直辖市人民政府的市政工程行政主管部门拟订，报同级财政、物价主管部门核定；城市道路挖掘修复费的收费标准，由省、自治区人民政府的建设行政主管部门、直辖市人民政府的市政工程行政主管部门制定，报同级财政、物价主管部门备案。根据城市建设或者其他特殊需要，市政工程行政主管部门可以对临时占用城市道路的单位或者个人决定缩小占用面积、缩短占用时间或者停止占用，并根据具体情况退还部分城市道路占用费。

13.2.3 城市排水工程

1. 城市排水的概念

城市排水是指由城市排水系统收集、输送、处理和排放城市污水和雨水的排水方式。城市排水工程是指为收集、输送、处理和排放城市污水和雨水而兴建的各种工程设施。含污染物的生活污水和工业废水，通称城市污水。城市污水，一般应当通过城市排水管网输送到城市污水处理厂进行净化，达到规定的水质标准后，再加以利用或排入水体。城市排水设施，是保证城市地面水排除，防治城市水污染，并使城市水资源保护得以良性循环的必不可少的基础设施。由于城市排水设施的功能和特性，使其工程规模大，投资额大，施工难度大，工期长和在运行中消耗大量的能源和资源。在社会经济尚未得到充分发展前，城市往往不易做到具有完善的排水设施和良好的水环境。多数是过分利用自然净化能力，造成水环境的污染。

2. 城市排水的规划和建设

城市建设行政主管部门应当根据城市规划和城市经济发展计划、经济发展的需要编制城市排水设施建设规划和年度建设计划，报城市人民政府批准后实施。

城市排水工程设施规划要结合城市总体规划，从全局出发，统筹安排，使城市排水工程成为城市有机整体的重要组成部分。全面规划，合理布局，应有利于水环境的保护和水质的改善。应该把城市集中饮用水源地的保护放在首要位置。改善河道水质状况，维持河道的景观观瞻，在规划时应考虑"上下游结合"的原则。对于缺水城市，应考虑污水及污泥的资源化，考虑处理水的再利用。城市排水规划应当与城市道路规划、地下设施规划、竖向规划、环境保护规划、防灾规划等专业规划密切配合，相互协调，处理好与其他地下管线的矛盾，有利于管线综合利用。

承担城市排水工程建设任务的设计和施工单位必须具备相应的资质证书。城市排水工程建设项目必须严格执行国家和地方技术规范和标准。

3. 城市排水设施的维护和使用

市政工程管理部门对城市排水设施，应建立经常的管理、养护、维修和疏浚制度，经常保持管理畅通，不得污染城市环境。任何单位和个人不准任意损坏排水设施。不得在排水管道上圈占用地或兴建构筑物，不得向排水明沟、检查井、雨水口内倾倒垃圾粪便、渣土等杂物。不准任意在检查井、排水道口及排水明沟内，设闸憋水或安泵抽升。排水系统采取分流制的，不准将雨水管和污水管混接。

凡因工作需要，临时占压、开挖排水管道者，应事先报经市政工程管理部门批准，并设置安全防护措施后，方可占压、开挖。

企业、事业单位的雨水、污水需排入城市排水管网者，应向市政工程管理部门申请批准，按规定位置及技术要求接入管网。有毒、有害、含有易燃、易爆物质的污水，必须经过自行处理，达到排入城市排水道标准后，方可排水。对于超过排放标准而损坏城市排水管道者，应由排放单位赔偿经济损失。对危害养护工人身体健康，造成伤亡事故者，应追究责任。

城市污水处理厂建成后，必须及时投入运转使用。处理厂应经常检测污水水质，监督有毒污水的排放。发现污水有损处理厂设施，影响处理效率者，处理厂有权向排放单位索赔损失。

4. 城市排水许可管理

（1）城市排水的申请和颁发

排水户向城市排水管网及其附属设施排放污水，应当申请领取城市排水许可证书。未取得城市排水许可证书，排水户不得向城市排水管网及其附属设施排放污水。排水户，是指因从事制造、建筑、电力和燃气生产、科研、卫生、住宿餐饮、娱乐经营、居民服务和其他服务等活动向城市排水管网及其附属设施排放污水的单位和个体经营者。

直辖市、市、县人民政府负责城市排水管理的部门负责本行政区域内城市排水许可证书的颁发和管理。国务院建设主管部门负责全国城市排水许可的监督管理。省、自治区人民政府建设主管部门负责本行政区域内城市排水许可的监督管理。

排水户需要向城市排水管网及其附属设施排放污水的，应当持有关材料向所在地排水管理部门申请办理城市排水许可证书。排水管理部门应当自受理申请之日起 20 日内作出决定。

（2）颁发城市排水许可证的条件

符合以下条件的，予以核发城市排水许可证书：1）污水排放口的设置符合城市排水规划的要求；2）排放的污水符合《污水排入城市下水道水质标准》（CJ 3082）等有关标准和规定，其中，经由城市排水管网及其附属设施后不进入污水处理厂、直接排入水体的污水，还应当符合《污水综合排放标准》（GB 8978）或者有关行业标准；3）已按规定建设相应的污水处理设施；4）已在排放口设置专用检测井；5）排放污水易对城市排水管网及其附属设施正常运行造成危害的重点排污工业企业，已在排放口安装能够对水量、pH、COD_{cr}（或 TOC）进行检测的在线检测装置，其他重点排污工业企业和重点排水户，具备对水量、pH、COD_{cr}、SS 和氨氮等进行检测的能力和相应的水量、水质检测制度；6）对各类施工作业临时排水中有沉淀物，足以造成排水管网及其附属设施堵塞或者损坏的，排水户已修建预沉设施，且排放污水符合本条第二项规定的标准。

重点排污工业企业和重点排水户，由排水管理部门会同有关部门确定并向社会公布。

（3）申请办理城市排水许可证书应当提交的材料

申请办理城市排水许可证书，应当如实提交下列材料：1）城市排水许可申请表；2）有关专用检测井、污水排放口位置和口径的图纸及说明材料；3）按规定建设污水处理设施的有关材料；4）排水许可申请受理之日前一个月内由具有计量认证资格的排水监测机构出具的排水水质、水量检测报告；5）排放污水易对城市排水管网及其附属设施正常运行造成危害的重点排污工业企业，应当提供已在排放口安装能够对水量、pH、CODcr（或 TOC）进行检测的在线检测装置的有关材料；其他重点排污工业企业和重点排水户，应当提供具备检测水量、pH、CODcr、SS 和氨氮能力及检测制度的材料。

（4）排水户的禁止行为

排水户不得有下列行为：1）未取得城市排水许可证书，向城市排水管网及其附属设施排放污水；2）超过城市排水许可证书有效期限向城市排水管网及其附属设施排放污水；3）违反城市排水许可证书规定的内容，向城市排水管网及其附属设施排放污水；4）向城市排水管网及其附属设施排放剧毒物质、易燃易爆物质和有害气体等；5）堵塞城市排水管网或者向城市排水管网及其附属设施内倾倒垃圾、渣土、施工泥浆等易堵塞物；6）擅自占压、拆卸、移动和穿凿城市排水管网及其附属设施；7）擅自向城市排水管网及其附属设施加压排放污水；8）其他损害城市排水管网及其附属设施正常运行的行为。

13.2.4 城市防洪设施工程

1. 城市防洪工程措施

城市防洪工程措施可分为挡洪、泄洪、蓄滞洪、排涝及泥石流防治等五类：1）挡洪工程主要包括堤防、防洪闸等工程设施；2）泄洪工程主要包括河道整治、排洪河道、截洪沟等工程设施；3）蓄（滞）洪工程主要包括分蓄洪区、调洪水库等工程设施；4）排涝工程主要包括排水沟渠、调蓄水体、排涝泵站等工程设施；5）泥石流防治工程主要包括拦挡坝、排导沟、停淤场等工程设施。

城市防洪是城市建设的重要组成部分，同时又是河流流域防洪的一部分，并且是河流流域防洪的重点。做好城市防洪工作，对确保城市建设和城市公民的生命财产安全具有重要的意义。

2. 城市防洪的规划和建设

城市防洪规划是城市防洪建设的前提，应按有关规程、规范规定的要求，进行深入的调查研究，达到一定的深度。要做到全面规划，综合治理，因地制宜，防治结合，以防为主的原则。城市防洪规划期限、范围应与城市总体规划期限、范围相一致。

城市防洪规划应包括下列主要内容：1）确定城市防洪、排涝规划标准；2）确定城市用地防洪安全布局原则，明确城市防洪保护区和蓄滞洪区范围；3）确定城市防洪体系，制定城市防洪、排涝工程方案与城市防洪非工程措施。

城市防洪设施的建设应当根据轻重缓急、近远期相结合、分期分批建设城市防洪设施，充分起到防御洪水灾害的作用。

3. 城市防洪设施的维护

城市防洪设施是确保城市人民生命、财产的重要设施，主管部门和有关单位都要积极维护河岸、堤坝、排洪道和泵站的完好。在防洪设施防护带内，不准乱挖、乱填、搭盖、堆放物料，不准进行有损防洪设施的任何作业。凡因工程需要，在管理范围内立杆、架线、埋设管道者，必须事先报请市政工程管理部门批准，并按防洪要求施工。

在防洪设施的防护带内，禁止在非码头区装卸或堆放货物。机械装卸设备需要装设在护岸、防水墙或排洪道上时，应报经市政工程管理部门批准，并采取相应的安全措施。

13.3 城市公用事业法律制度

城市公用事业是指从事城市供水、供热、供气、公共交通（公共汽车、电车、地铁、轮渡、出租汽车及索道缆车）等建设与管理的行业。城市公用事业单位，是指从事市政公用设施的养护、监护、管理以及提供相关服务的组织机构。其主要特征是：维护城市公用设施建设为宗旨；其中的部分单位受政府委托承担市政执法监督职能，但不具有行政处罚权；直接面对城市居民。

13.3.1 城市供水管理

1. 城市供水概述

（1）城市供水的概念

城市供水，包括城市公共供水和自建设施供水。城市公共供水，是指城市自来水供水企业以公共供水管道及其附属设施向单位和居民的生活、生产和其他各项建设提供用水。自建设施供水，是指城市的用水单位以其自选建设的供水管道及其附属设施主要向本单位的生活、生产和其他各项建设提供用水。

（2）城市供水的原则

城市供水工作实行开发水源和计划用水、节约用水相结合的原则。

（3）国家推进城市供水

国家实行有利于城市供水事业发展的政策，鼓励城市供水科学技术研究，推广先进技术，提高城市供水的现代化水平。县级以上人民政府应当将发展城市供水事业纳入国民经济和社会发展计划。

2. 城市供水水源

（1）编制城市供水水源开发利用规划

县级以上城市人民政府应当组织城市规划行政主管部门、水行政主管部门、城市供水行政主管部门和地质矿产行政主管部门等共同编制城市供水水源开发利用规划，作为城市供水发展规划的组成部分，纳入城市总体规划。

编制城市供水水源开发利用规划要符合以下原则：第一，应当从城市发展的需要出发，并与水资源统筹规划和水长期供求计划相协调；第二，应当根据当地情况，合理安排利用地表水和地下水；第三，应当优先保证城市生活用水，统筹兼顾工业用水和其他各项建设用水。

（2）饮用水水源的保护

县级以上地方人民政府环境保护部门应当会同城市供水行政主管部门、水行政主管部门和卫生行政主管部门等共同划定饮用水水源保护区，经本级人民政府批准后公布；划定跨省、市、县的饮用水水源保护区，应当由有关人民政府共同商定并经其共同的上级人民政府批准后公布。在饮用水水源保护区内，禁止一切污染水质的活动。

　　饮用水水源保护区一般划分为一级保护区和二级保护区，必要时可增设准保护区。各级保护区应有明确的地理界线。饮用水水源各级保护区及准保护区均应规定明确的水质标准并限期达标。

　　饮用水地表水源保护区包括一定的水域和陆域，其范围应按照不同水域特点进行水质定量预测并考虑当地具体条件加以确定，保证在规划设计的水文条件和污染负荷下，供应规划用水量时，保护区的水质能满足相应的标准。饮用水地表水源取水口附近划定一定的水域和陆域作为饮用水地表水源一级保护区。在饮用水地表水源一级保护区外划定一定的水域和陆域作为饮用水地表水源二级保护区。根据需要可在饮用水地表水源二级保护区外划定一定的水域及陆域作为饮用水地表水源准保护区。准保护区的水质标准应保证二级保护区的水质能满足规定标准。

　　饮用水地下水源保护区应根据饮用水水源地所处的地理位置、水文地质条件、供水的数量、开采方式和污染源的分布划定。饮用水地下水源保护区的水质均应达到国家规定的生活饮用水卫生标准的要求。各级地下水源保护区的范围应根据当地的水文地质条件确定，并保证开采规划水量时能达到所要求的水质标准。饮用水地下水源一级保护区位于开采井的周围，其作用是保证集水有一定滞后时间，以防止一般病原菌的污染。直接影响开采井水质的补给区地段，必要时也可划为一级保护区。饮用水地下水源二级保护区位于饮用水地下水源一级保护区外，其作用是保证集水有足够的滞后时间，以防止病原菌以外的其他污染。饮用水地下水源准保护区位于饮用水地下水源二级保护区外的主要补给区，其作用是保护水源地的补给水源水量和水质。

　　3. 城市供水工程建设

　　城市供水工程的建设，应当按照城市供水发展规划及其年度建设计划进行。

　　城市新建、扩建、改建工程项目需要增加用水的，其工程项目总概算应当包括供水工程建设投资；需要增加城市公共供水量的，应当将其供水工程建设投资交付城市供水行政主管部门，由其统一组织城市公共供水工程建设。

　　城市供水工程的设计、施工，应当委托持有相应资质证书的设计、施工单位承担，并遵守国家有关技术标准和规范。禁止无证或者超越资质证书规定的经营范围承担城市供水工程的设计、施工任务。

　　城市供水工程竣工后，应当按照国家规定组织验收；未经验收或者验收不合格的，不得投入使用。

　　4. 城市供水经营

　　(1) 城市供水企业的资质管理

　　城市供水企业系指专门从事向社会供水的企业和其他向社会供水的企业。城市自来水供水企业和自建设施对外供水的企业，必须经资质审查合格并经工商行政管理机关登记注册后，方可从事经营活动。

　　城市供水企业资质按日综合供水能力实行分级审批。日综合供水能力在 100 万 m^3 以上（含 100 万 m^3）企业的资质，由省、自治区、直辖市、计划单列市人民政府城市建设行政主管部门进行预审并提出意见，报国务院建设行政主管部门审查批准并发证；也可委托省、自治区、直辖市、计划单列市人民政府城市建设行政主管部门审查同意，由住房城乡建设部核准并发证。日综合供水能力不足 100 万 m^3 企业的资质由省、自治区、直辖市人民政府城市建设行政主管部门审查批准并发证；也可根据企业规模大小，委托企业所在地城市人民政府城市建设行政主管部门审查同意，由省、自治区、直辖市城市建设行政主管部门核准并发证，报住房城乡建设部备案。

（2）城市供水企业的检测制度

城市自来水供水企业和自建设施对外供水的企业，应当建立、健全水质检测制度，确保城市供水的水质符合国家规定的饮用水卫生标准。

城市自来水供水企业和自建设施对外供水的企业，应当按照国家有关规定设置管网测压点，做好水压监测工作，确保供水管网的压力符合国家规定的标准。

（3）城市供水企业的供水要求

城市自来水供水企业和自建设施对外供水的企业应当保持不间断供水。由于工程施工、设备维修等原因确需停止供水的，应当经城市供水行政主管部门批准并提前24h通知用水单位和个人；因发生灾害或者紧急事故，不能提前通知的，应当在抢修的同时通知用水单位和个人，尽快恢复正常供水，并报告城市供水行政主管部门。

禁止在城市公共供水管道上直接装泵抽水。

（4）对用水者的要求

用水单位和个人应当按照规定的计量标准和水价标准按时缴纳水费。禁止盗用或者转供城市公共供水。

5. 城市供水设施维护

城市自来水供水企业和自建设施供水的企业对其管理的城市供水的专用水库、引水渠道、取水口、泵站、井群、输（配）水管网、进户总水表、净（配）水厂、公用水站等设施，应当定期检查维修，确保安全运行。

用水单位自行建设的与城市公共供水管道连接的户外管道及其附属设施，必须经城市自来水供水企业验收合格并交其统一管理后，方可合作使用。在规定的城市公共供水管理及其附属设施的地面和地下的安全保护范围内，禁止挖坑取土或者修建建筑物、构筑物等危害供水设施安全的活动。因工程建设确需改装、拆除或者迁移城市公共供水设施的，建设单位应当报经县级以上人民政府城市规划行政主管部门和城市供水行政主管部门批准，并采取相应的补救措施

涉及城市公共供水设施的建设工程开工前，建设单位或者施工单位应当向城市自来水供水企业查明地下供水管网情况。施工影响城市公共供水设施安全的，建设单位或者施工单位应当与城市自来水供水企业商定相应的保护措施，由施工单位负责实施。

禁止擅自将自建的设施供水管网系统与城市公共供水管网系统连接；因特殊情况确需连接的，必须经城市自来水供水企业同意，报城市供水行政主管部门和卫生行政主管部门批准，并在管道连接处采取必要的防护措施。禁止产生或者使用有毒有害物质的单位将其生产用水管网系统与城市公共供水管网系统直接连接。

13.3.2　城市供热管理

1. 城市供热概述

城市供热，是指我国北方地区的城市对市民的工作、生活建筑物在冬季提供暖气的活动。目前我国的城市供热以集中供热为主导，多种方式相结合。国家鼓励发展热电联产和集中供热，允许非公有资本企业参与供热设施的投资、建设与经营，逐步推进供热商品

化、货币化。

在市场经济条件下，煤炭的市场价格波动，对于供热企业因煤价上涨而导致的成本增支，按照政府财政、企业和用户共同负担的原则，综合采取价格、财政、税收措施予以适当缓解。在价格方面，适当调整供热价格，各城市按照定价分工管理权限和规定的程序，适当调整供热价格。各地调整供热价格前，应对供热企业的成本、经营状况进行认真调查，需要听证的，按照规定程序召开价格听证会，广泛听取社会各界意见。在财政方面，加大财政补贴力度，加大对困难地区转移支付力度，进一步完善一般性转移支付测算办法，加大对相关采暖困难地区转移支付力度。各城市也应当增加地方财政对供热专项补贴资金。在税收方面，给予供热企业相关税收优惠政策。

2. 城市供热价格管理

城市供热价格（以下简称热价）是指城市热力企业（单位）通过一定的供热设施将热量供给用户的价格。国家鼓励发展热电联产和集中供热，允许非公有资本企业参与供热设施的投资、建设与经营，逐步推进供热商品化、货币化。热价原则上实行政府定价或者政府指导价，由省（区、市）人民政府价格主管部门或者经授权的市、县人民政府（以下简称热价定价机关）制定。经授权的市、县人民政府制定热价，具体工作由其所属价格主管部门负责。供热行政主管部门协助价格主管部门管理热价。具备条件的地区，热价可以由热力企业（单位）与用户协商确定。

（1）热价分类与构成

城市供热价格分为热力出厂价格、管网输送价格和热力销售价格。热力出厂价格是指热源生产企业向热力输送企业销售热力的价格；管网输送价格是指热力输送企业输送热力的价格；热力销售价格是指向终端用户销售热力的价格。

城市供热实行分类热价。用户分类标准及各类用户热价之间的比价关系由城市人民政府价格主管部门会同城市供热行政主管部门结合实际情况确定。

城市供热价格由供热成本、税金和利润构成。供热成本包括供热生产成本和期间费用。供热生产成本是指供热过程中发生的燃料费、电费、水费、固定资产折旧费、修理费、工资以及其他应当计入供热成本的直接费用；供热期间费用是指组织和管理供热生产经营所发生的营业费用、管理费用和财务费用。税金是指热力企业（单位）生产供应热力应当缴纳的税金。利润是指热力企业（单位）应当取得的合理收益。现阶段按成本利润率核定，逐步过渡到按净资产收益率核定。输热、配热等环节中的合理热损失可以计入成本。

（2）热价的制定和调整

热价的制定和调整（以下简称制定）应当遵循合理补偿成本、促进节约用热、坚持公平负担的原则。成本是指价格主管部门经过成本监审核定的供热定价成本。热电联产企业应当将成本在电、热之间进行合理分摊。利润按成本利润率计算时，成本利润率按不高于3％核定；按净资产收益率计算时，净资产收益率按照高于长期（5年以上）国债利率2～3个百分点核定。

制定和调整居民供热价格时，应当举行听证会听取各方面意见，并采取对低收入居民热价不提价或少提价，以及补贴等措施减少对低收入居民生活的影响。符合以下条件的热力企业（单位）可以向政府价格主管部门提出制定或调整热价的书面建议，同时抄送城市供热行政主管部门：1）按照国家法律、法规合法经营，热价不足以补偿供热成本致使热力企业（单位）经营亏损的；2）燃料到厂价格变化超过10％的，消费者可以依法向政府价格主管部门提出制定或调整热价的建议。

政府价格主管部门商供热行政主管部门对调价建议进行统筹研究，拟定调价方案。因燃料价格下跌、热力生产企业利润明显高于规定利润率时，价格主管部门可以直接提出降价方案报当地人民政府审批。政府价格主管部门受理热力企业（单位）关于制定和调整热价的建议后，要按规定进行成本监审。

制定和调整热价的方案经人民政府批准后，由政府价格主管部门向社会公告，并报上级人民政府价格主管部门和供热行政主管部门备案。

（3）热价执行与监督

价格主管部门应当建立供热成本监审制度，促进热力企业（单位）建立有效的成本约束机制。省、市供热行政主管部门要逐步建立、健全城市供热质量监管体系，加强对各类计量器具和供热质量的监管，维护供、用热双方的合法权益。

热力企业（单位）应当严格执行政府制定的供热价格，不得擅自提高热价或变相提高热价，应当按照规定的热价按时交纳供热费用。对无正当理由拒交供热费用的用户，供热企业可以按有关规定加收滞纳金。热力企业（单位）的供热质量必须符合规定的供热质量标准。达不到规定供热质量标准的，热力企业（单位）应当按照供用热合同的约定对用户进行补偿或赔偿。

各级价格主管部门应当加强对本行政区域内供热价格执行情况的监督检查。鼓励群众举报热力企业（单位）的价格违法行为；群众举报属实的，价格主管部门应给予适当奖励。加强新闻舆论对供热价格执行情况的监督。

3. 供热的节能管理

2008年7月23日国务院第18次常务会议通过了《民用建筑节能条例》，自2008年10月1日起施行。该"条例"第九条规定："国家积极推进供热体制改革，完善供热价格形成机制，鼓励发展集中供热，逐步实行按照用热量收费制度。"该"条例"还规定，在具备太阳能利用条件的地区，有关地方人民政府及其部门应当采取有效措施，鼓励和扶持单位、个人安装使用供热系统等太阳能利用系统，县级以上人民政府应当安排民用建筑节能资金，用于支持民用建筑节能的科学技术研究和标准制定、既有建筑围护结构和供热系统的节能改造、可再生能源的应用，以及民用建筑节能示范工程、节能项目的推广。

（1）新建建筑供热节能

实行集中供热的建筑应当安装供热系统调控装置、用热计量装置和室内温度调控装置；公共建筑还应当安装用电分项计量装置。居住建筑安装的用热计量装置应当满足分户计量的要求。计量装置应当依法检定合格。

设计单位应当严格按照国家有关工程建设标准进行供热计量工程的设计，并对其设计质量全面负责。施工图设计文件审查机构在进行施工图设计文件审查时，应当按照工程建设强制性标准对供热计量设计文件进行审查，不符合工程建设强制性标准的不得出具施工图设计文件审查合格证明。建设单位申请施工许可证时，应当提交包含供热计量内容的施工图设计文件审查合格证明，否则建设主管部门不予颁发施工许可证。

（2）既有建筑供热节能

既有建筑供热节能改造应当根据当地经济、社会发展水平和地理气候条件等实际情况，有计划、分步骤地实施分类改造。县级以上地方人民政府建设主管部门应当对本行政区域内既有建筑的建设年代、结构形式、用能系统、能源消耗指标、寿命周期等组织调查统计和分析，制定既有建筑节能改造计划，明确节能改造的目标、范围和要求，报本级人民政府批准后组织实施。为了推动既有建筑供热节能改造，住房城乡建设部和财政部于2008年5月21日发布了《关于推进北方采暖地区既有居住建筑供热计量及节能改造工作的实施意见》，要求做好改造各项工作：1）做好建筑现状调查和能耗统计；2）编制改造实施方案；3）组织实施节能改造；4）建立完善的评估机制；5）总结经验、积极宣传推广。

为了推动既有建筑供热节能改造，国家财政安排资金专项用于对北方采暖地区开展既有居住建筑供热计量及节能改造工作进行奖励。奖励资金使用范围：1）建筑围护结构节能改造奖励；2）室内供热系统计量及温度调控改造奖励；3）热源及供热管网热平衡改造等改造奖励；4）财政部批准的与北方采暖地区既有居住建筑供热计量及节能改造相关的其他支出。奖励资金采用因素法进行分配，即综合考虑有关省（自治区、直辖市、计划单列市）所在气候区、改造工作量、节能效果和实施进度等多种因素以及相应的权重。

4. 民用建筑供热计量管理

新建建筑和进行节能改造的既有建筑必须按照规定安装供热计量装置、室内温度调控装置和供热系统调控装置，实行按用热量收费的制度。用于热费结算的热能表，应当依法取得制造计量器具许可证并通过安装前的首次检定；进口的用于热费结算的热能表应当取得国家质检总局颁发的《中华人民共和国进口计量器具型式批准证书》，并通过进口计量器具检定。用于热量分摊的装置应当符合国家有关标准。

供热单位是供热计量收费的责任主体，应按照供热计量的工作目标积极推进供热计量工作。

供热单位应当按照供热计量的要求，对供热系统进行技术改造并实施供热计量管理。供热单位应依法做好能源消耗统计工作，并确保统计数据真实、完整。供热主管部门应当根据城市建筑的建设年代、结构形式、设计能耗指标以及供热系统的能源利用率，对各单位能源消耗进行监管，对供热单位负责人进行考核。

供热主管部门应当指导供热单位逐步建立健全供热计量户籍热费管理系统，建立包括用户热费、职工补贴、房屋建筑等基本信息的用户个人账户档案，实现个人账户热费网络化管理。供热单位应与用户签订供用热合同，约定双方的权利和义务，合同中应包含供热计量装置管理、维护、更换及供热价格、收费方式、纠纷处理等内容。

13.3.3 城镇燃气管理

城镇燃气是指人工煤气、天然气和液化石油气等气体燃料的总称。城镇燃气的发展应当实行统一规划、配套建设、因地制宜、合理利用能源、建设和管理并重的原则。国家鼓励、支持燃气科学技术研究，推广使用安全、节能、高效、环保的燃气新技术、新工艺和新产品。国务院于2010年10月19日通过了《城镇燃气管理条例》，自2011年3月1日起施行。

1. 燃气发展规划与应急保障

（1）燃气发展规划

国务院建设主管部门应当会同国务院有关部门，依据国民经济和社会发展规划、土地利用总体规划、城乡规划以及能源规划，结合全国燃气资源总量平衡情况，组织编制全国燃气发展规划并组织实施。县级以上地方人民政府燃气管理部门应当会同有关部门，依据国民经济和社会发展规划、土地利用总体规划、城乡规划、能源规划以及上一级燃气发展规划，组织编制本行政区域的燃气发展规划，报本级人民政府批准后组织实施，并报上一级人民政府燃气管理部门备案。

燃气发展规划的内容应当包括：燃气气源、燃气种类、燃气供应方式和规模、燃气设施布局和建设时序、燃气设施建设用地、燃气设施保护范围、燃气供应保障措施和安全保障措施等。

进行新区建设、旧区改造，应当按照城乡规划和燃气发展规划配套建设燃气设施或者预留燃气设施建设用地。对燃气发展规划范围内的燃气设施建设工程，城乡规划主管部门在依法核发选址意见书时，应当就燃气设施建设是否符合燃气发展规划征求燃气管理部门的意见；不需要核发选址意见书的，城乡规划主管部门在依法核发建设用地规划许可证或者乡村建设规划许可证时，应当就燃气设施建设是否符合燃气发展规划征求燃气管理部门的意见。

燃气设施建设工程竣工后，建设单位应当依法组织竣工验收，并自竣工验收合格之日起 15 日内，将竣工验收情况报燃气管理部门备案。

（2）燃气应急保障

县级以上地方人民政府应当建立健全燃气应急储备制度，组织编制燃气应急预案，采取综合措施提高燃气应急保障能力。燃气应急预案应当明确燃气应急气源和种类、应急供应方式、应急处置程序和应急救援措施等内容。县级以上地方人民政府燃气管理部门应当会同有关部门对燃气供求状况实施监测、预测和预警。

燃气供应严重短缺、供应中断等突发事件发生后，县级以上地方人民政府应当及时采取动用储备、紧急调度等应急措施，燃气经营者以及其他有关单位和个人应当予以配合，承担相关应急任务。

2. 燃气经营与服务

（1）燃气经营者的选择

政府投资建设的燃气设施，应当通过招标投标方式选择燃气经营者。社会资金投资建设的燃气设施，投资方可以自行经营，也可以另行选择燃气经营者。

（2）燃气经营许可证制度

国家对燃气经营实行许可证制度。从事燃气经营活动的企业，应当具备下列条件：1）符合燃气发展规划要求；2）有符合国家标准的燃气气源和燃气设施；3）有固定的经营场所、完善的安全管理制度和健全的经营方案；4）企业的主要负责人、安全生产管理人员以及运行、维护和抢修人员经专业培训并考核合格；5）法律、法规规定的其他条件。符合上述规定条件的，由县级以上地方人民政府燃气管理部门核发燃气经营许可证。申请人凭燃气经营许可证到工商行政管理部门依法办理登记手续。

禁止个人从事管道燃气经营活动。个人从事瓶装燃气经营活动的，应当遵守省、自治区、直辖市的有关规定。

（3）对燃气经营行为的要求

燃气经营者应当向燃气用户持续、稳定、安全供应符合国家质量标准的燃气，指导燃气用户安全用气、节约用气，并对燃气设施定期进行安全检查。燃气经营者应当公示业务流程、服务承诺、收费标准和服务热线等信息，并按照国家燃气服务标准提供服务。

燃气经营者不得有下列行为：1）拒绝向市政燃气管网覆盖范围内符合用气条件的单位或者个人供气；2）倒卖、抵押、出租、出借、转让、涂改燃气经营许可证；3）未履行必要告知义务擅自停止供气、调整供气量，或者未经审批擅自停业或者歇业；4）向未取得燃气经营许可证的单位或者个人提供用于经营的燃气；5）在不具备安全条件的场所储存燃气；6）要求燃气用户购买其指定的产品或者接受其提供的服务；7）擅自为非自有气瓶充装燃气；8）销售未经许可的充装单位充装的瓶装燃气或者销售充装单位擅自为非自有气瓶充装的瓶装燃气；9）冒用其他企业名称或者标识从事燃气经营、服务活动。

管道燃气经营者对其供气范围内的市政燃气设施、建筑区划内业主专有部分以外的燃气设施，承担运行、维护、抢修和更新改造的责任。管道燃气经营者应当按照供气、用气合同的约定，对单位燃气用户的燃气设施承担相应的管理责任。

（4）燃气保障

有下列情况之一的，燃气管理部门应当采取措施，保障燃气用户的正常用气：1）管道燃气经营者临时调整供气量或者暂停供气未及时恢复正常供气的；2）管道燃气经营者因突发事件影响供气未采取紧急措施的；3）燃气经营者擅自停业、歇业的；4）燃气管理部门依法撤回、撤销、注销、吊销燃气经营许可的。

（5）燃气销售价格的确定

燃气销售价格，应当根据购气成本、经营成本和当地经济社会发展水平合理确定并适时调整。县级以上地方人民政府价格主管部门确定和调整管道燃气销售价格，应当征求管道燃气用户、管道燃气经营者和有关方面的意见。

3. 燃气使用

燃气用户应当遵守安全用气规则，使用合格的燃气燃烧器具和气瓶，及时更换国家明令淘汰或者使用年限已届满的燃气燃烧器具、连接管等，并按照约定期限支付燃气费用。

燃气用户及相关单位和个人不得有下列行为：1）擅自操作公用燃气阀门；2）将燃气管道作为负重支架或者接地引线；3）安装、使用不符合气源要求的燃气燃烧器具；4）擅自安装、改装、拆除户内燃气设施和燃气计量装置；5）在不具备安全条件的场所使用、储存燃气；6）盗用燃气；7）改变燃气用途或者转供燃气。

燃气用户有权就燃气收费、服务等事项向燃气经营者进行查询，燃气经营者应当自收到查询申请之日起5个工作日内予以答复。燃气用户有权就燃气收费、服务等事项向县级以上地方人民政府价格主管部门、燃气管理部门以及其他有关部门进行投诉，有关部门应当自收到投诉之日起15个工作日内予以处理。

安装、改装、拆除户内燃气设施的，应当按照国家有关工程建设标准实施作业。燃气管理部门应当向社会公布本行政区域内的燃气种类和气质成分等信息。燃气燃烧器具生产单位应当在燃气燃烧器具上明确标识所适应的燃气种类。

4. 燃气设施保护

县级以上地方人民政府燃气管理部门应当会同城乡规划等有关部门按照国家有关标准和规定划定燃气设施保护范围，并向社会公布。在燃气设施保护范围内，禁止从事下列危及燃气设施安全的活动：1）建设占压地下燃气管线的建筑物、构筑物或者其他设施；2）进行爆破、取土等作业或者动用明火；3）倾倒、排放腐蚀性物质；4）放置易燃易爆危险物品或者种植深根植物；5）其他危及燃气设施安全的活动。

在燃气设施保护范围内，有关单位从事敷设管道、打桩、顶进、挖掘、钻探等可能影响燃气设施安全活动的，应当与燃气经营者共同制定燃气设施保护方案，并采取相应的安全保护措施。

新建、扩建、改建建设工程，不得影响燃气设施安全。建设单位在开工前，应当查明建设工程施工范围内地下燃气管线的相关情况；燃气管理部门以及其他有关部门和单位应当及时提供相关资料。建设工程施工范围内有地下燃气管线等重要燃气设施的，建设单位应当会同施工单位与管道燃气经营者共同制定燃气设施保护方案。建设单位、施工单位应当采取相应的安全保护措施，确保燃气设施运行安全；管道燃气经营者应当派专业人员进行现场指导。法律、法规另有规定的，依照有关法律、法规的规定执行。

5. 燃气安全事故预防与处理

燃气管理部门应当会同有关部门制定燃气安全事故应急预案，建立燃气事故统计分析制度，定期通报事故处理结果。燃气经营者应当制定本单位燃气安全事故应急预案，配备应急人员和必要的应急装备、器材，并定期组织演练。

燃气经营者应当建立健全燃气安全评估和风险管理体系，发现燃气安全事故隐患的，应当及时采取措施消除隐患。燃气管理部门以及其他有关部门和单位应当根据各自职责，对燃气经营、燃气使用的安全状况等进行监督检查，发现燃气安全事故隐患的，应当通知燃气经营者、燃气用户及时采取措施消除隐患；不及时消除隐患可能严重威胁公共安全的，燃气管理部门以及其他有关部门和单位应当依法采取措施，及时组织消除隐患，有关单位和个人应当予以配合。

燃气安全事故发生后，燃气经营者应当立即启动本单位燃气安全事故应急预案，组织抢险、抢修。燃气安全事故发生后，燃气管理部门、安全生产监督管理部门和公安机关消防机构等有关部门和单位，应当根据各自职责，立即采取措施防止事故扩大，根据有关情况启动燃气安全事故应急预案。

燃气安全事故经调查确定为责任事故的，应当查明原因、明确责任，并依法予以追究。对燃气生产安全事故，依照有关生产安全事故报告和调查处理的法律、行政法规的规定报告和调查处理。

13.3.4 城市公共交通管理

城市公共交通是公益性事业。城市人民政府应当优先发展城市公共交通，采取有效措施，提高线网密度和站点覆盖率，优化运营结构，确立城市公共交通在城市交通中的主体地位，为公众提供安全可靠、方便周到、经济舒适的公共交通服务。城市公共交通应当遵循统筹规划、政府主导、积极扶持、有序竞争、方便群众的原则。国家鼓励利用高新技术和先进的管理方式，改进公共交通系统，推进智能化公共交通体系建设。

1. 城市公共交通的规划

城市人民政府应当组织编制城市综合交通体系规划和城市公共交通专项规划；建设城市轨道交通的，应当组织编制城市轨道交通专项规划。

城市综合交通体系规划和城市公共交通专项规划应当与城市的经济发展、环境保护、防灾减灾和人民生活水平相适应，并保证各种交通方式协调发展。城市综合交通体系规划应当确定公共交通在城市综合交通体系中的比例和规模、优先发展公共交通的措施、城市交通与区域交通的衔接和优化方案。

城市公共交通专项规划应当包括：各种城市公共交通方式的构成比例和规模、公共交通设施的用地范围、枢纽和场站布局、线路布局、设施配置、公共汽车和电车专用道、无障碍设施配置等。

城市轨道交通专项规划应当包括：轨道交通建设的远期目标和近期建设任务、投资估算及资金筹集方案、线路走向、站点选址、沿线土地利用及用地规划控制、换乘站、枢纽站建设以及与其他交通方式的衔接方案等。

组织编制机关在编制规划过程中应当采取论证会、听证会或者其他形式，广泛征求有关部门、公众和专家的意见。城市综合交通体系规划和城市公共交通专项规划应当纳入城市总体规划，并按照城市总体规划的审批程序一并报批。报批时应当附具社会各界对城市综合交通体系规划和城市公共交通专项规划的意见和意见采纳的情况以及未予采纳的理由。

城市公共交通发展和建设必须符合城市综合交通体系规划、城市公共交通专项规划以及城市轨道交通专项规划。

2. 城市公共交通的设施建设

城市公共交通设施，是指公共交通场站、换乘枢纽、公共交通专用道、优先通行信号装置、轨道交通设施等。建设航空港、铁路客运站、公路客运站、客运码头、城市道路、居住区和大型公共活动场所，应当按照标准配套建设相应的城市公共交通设施。

城市人民政府应当加大对城市公共交通的投入，在轨道交通、换乘枢纽、场站建设以及车辆和设施装备配置与更新等方面，给予必要的资金和政策扶持。城市公用事业附加费、基础设施配套费等政府性基金应当按照国家有关规定用于城市交通建设，并向城市公共交通倾斜。

城市人民政府应当在城市规划中确定相关的城市公共交通设施用地。城市公共交通规划确定的停车场、车辆段、保养场、首末站、调度中心、控制中心、换乘枢纽等设施用地，符合《划拨用地目录》的，可以以划拨方式取得。城市公共交通设施用地应当符合国家关于城市公共交通设施用地定额指标的规定。

城市人民政府应当依据城市公共交通专项规划，建设换乘枢纽，并配套相应的机动车、非机动车停车场，配备指向标识、线路图、时刻表、换乘指南等服务设施。城市人民政府应当依据城市公共交通专项规划，建设公共交通线路运行显示系统、多媒体综合查询系统、乘客服务信息系统。

公共交通场站的所有权人应当采用招标方式确定场站管理单位。场站管理单位应当制定运营管理制度，维护公共交通场站内的运营秩序，保障安全畅通。

3. 城市公共交通线路经营

城市公共交通线路的设置、调整，应当符合城市公共交通专项规划确定的线路布局和客流需要，并广泛听取公众、专家和有关部门的意见。

国家实行城市公共交通线路经营许可制度。对新开辟的线路、经营期限届满需要重新确定经营者的线路或者在经营期限内需要重新确定经营者的线路，城市人民政府公共交通主管部门应当与经营者签订线路经营协议，并核发线路经营许可证。禁止拍卖、重复授予线路经营许可证。

线路经营协议应当包括线路走向、经营期限、站点、载客量、发车频率、首发车和末班车时间、车辆数、车型等内容。其中，线路走向和经营期限应当在线路经营许可证中予以注明。城市人民政府公共交通主管部门可以根据实际需要，对线路经营协议中的发车频率、首发车和末班车时间作出调整。

线路经营者因破产、解散或者其他原因不能正常运营时，城市人民政府公共交通主管部门应当及时采取措施，保证公共交通服务的连续、稳定。城市人民政府应当对城市公共交通企业因实行低票价、月票以及老年人、残疾人等减免票措施形成的政策性亏损给予补贴。

从事出租汽车经营的企业或者个人，应当符合运营车辆、资金、停车场所、驾驶员资格等有关条件，并依法取得出租汽车经营许可证后，方可从事出租汽车经营。

4. 城市公共交通的服务质量和安全责任

城市人民政府公共交通主管部门应当组织有关部门和乘客对经营者运营服务质量进行评议，并将评议结果记入信用档案。城市人民政府公共交通主管部门应当将评议结果向社会公布，并作为撤销线路经营许可的依据之一。

经营者应当加强对运营车辆的检查、保养和维修，保证运营车辆符合技术、卫生等要求。经营者应当加强对驾驶员、售票员、调度员的管理，提高服务质量。

经营者应当建立、健全安全管理制度，定期检查各项安全防范措施落实情况，保证运营安全，及时消除事故隐患，并制定具体的城市公共交通突发事件应急预案。

轨道交通建设单位和经营者应当保证安全资金投入，设立相应的安全管理机构，配备专职安全管理人员，制定轨道交通突发事件应急预案，建立应急救援组织，配备救援器材设备，定期组织演练，并依法承担轨道交通建设和运营的安全责任。轨道交通经营者应当采取多种形式，向乘客宣传安全乘运的知识和要求。轨道交通建设单位应当按照有关规定建设安全监测保障系统，并设置消防、防汛、防护、报警、救援等器材和设备。轨道交通经营者定期对轨道交通安全保障系统进行检测、维修、更新和改造，保证其处于良好的运行状态。轨道交通建设单位应当按照国家有关规定设置安全保护区。在安全保护区内进行可能影响安全运营作业的，作业单位应当制定有效的安全防护方案，在征得轨道交通经营者的同意后，方可申请办理有关的行政许可手续。

发生自然灾害、城市公共交通运营安全事故以及其他突发事件后，经营者应当启动城市公共交通突发事件应急预案，抢救伤者、排除障碍、恢复正常运行，并及时、如实向有关部门报告。

经营者应当按照规定的收费标准向乘客收取费用，并出具省级税务部门监制的税务发票。

13.4 城市市容和环境卫生法律制度

13.4.1 城市市容和环境卫生管理概述

城市市容和环境卫生管理是城市管理的重要组成部分，我国各级政府对这一工作十分重视。1982 年城乡建设环境部颁布了《城市市容和环境卫生管理条例》，经过十年的试行后，国务院于 1992 年 6 月 28 日正式发布了《城市市容和环境卫生管理条例》（2011 年 1 月 8 日根据《国务院关于废止和修改部分行政法规的决定》进行了修订），自 1992 年 8 月 1 日起正式施行。随后，各省、自治区、直辖市纷纷颁布了城市市容和环境卫生管理的地方立法。原建设部在 2004 年 8 月 18 日发布了《市容环境卫生术语标准》，住房城乡建设部于 2008 年 10 月 15 日发布了《城市容貌标准》。

1. 城市市容和环境卫生管理的必要性

（1）创造清洁、优美的城市工作、生活环境

城市市容和环境卫生直接影响着城市居民的身体健康，同时也是一个城市文明程度的重要体现。清洁、优美的城市环境能提高城市居民的工作效率和生活质量。

目前，我国仍有部分城市或城市中的部分地区给人的印象是脏、乱、差。未来改变这种状况，必须加强城市市容和环境卫生管理，提高对市容和环境卫生事业的地位和作用的认识，提高全民族的环境卫生意识，完善管理机构，增加人员、设备和资金。

（2）促进城市社会主义物质文明和精神文明建设

清洁、优美的城市环境能提高公民的工作效率，促进城市社会主义物质文明建设，同时，还可以改善人的精神面貌和生活方式，可以改变、破除某些人的旧习惯、旧风俗，促进城市社会主义精神文明建设。物质文明和精神文明的提高是搞好城市市容和环境卫生工作的基础，伴随着社会生产力的发展和人民物质生活水平的提高，必然要求有一个与之相适用的城市容貌和环境卫生。

（3）城市社会经济的发展的必然要求

改革开放以来，我国各个城市的社会经济快速发展，对城市市容和环境卫生管理不断提出新要求。第一，城乡一体化发展，城市化区域不断扩大。同时，按照科学发展观要求，这一发展趋势会加快，按照城市进行市容和环境卫生管理的范围应当不断扩大，原来的规定难以适应。第二，城市市容和环境卫生的管理方式需要不断创新。城市一些主要街道和重点地区的街景和城雕的管理，城市道路、城市灯光的管理，环境卫生责任区的划分和责任，环境卫生作业服务的市场化确定方法，餐饮垃圾、宠物垃圾的管理，生活垃圾的分类管理，垃圾的资源化利用等等，都需要加强城市市容和环境卫生管理。第三，城市市民生活质量的日益提高，对城市市容和环境卫生管理的标准提出了更高的要求。

2. 城市市容和环境卫生管理的原则

城市市容和环境卫生工作，实行统一领导、分区负责、专业人员管理与群众管理相结合的原则。所谓"统一领导"，即由国务院城市建设行政主管部门主管全国城市市容和环境卫生工作。省、自治区人民政府城市建设行政主管部门负责本行政区域的城市市容和环境卫生管理工作。城市人民政府市容环境卫生行政主管部门负责本行政区域的城市市容和环境卫生管理工作。所谓"分区负责"，即分地区负责，要求建立和完善市容和环境卫生责任区制度，以明确管理部门、企业和个人在城市市容和环境卫生方面的权利义务关系。

城市市容和环境卫生管理涉及城市的每一个居民，必须采取专业人员管理和群众管理相结合的原则。城市人民政府应当重视市容和环境卫生管理专业人员的培养和发展，并结合本地的实际情况，积极推进环境卫生用工制度的改革，并采取措施，逐步提高环境卫生工作人员的工资福利待遇。

13.4.2 城市市容管理

城市市容管理，既包括对城市中的建筑物和设施的美观程度的管理，同时也包括城市中各种与市容有关活动的管理，如广告、运输、施工等活动。

1. 建筑物和城市设施的市容管理

城市中的建筑物和设施，应当符合国家规定的城市容貌标准。对外开放城市、风景旅游城市和有条件的其他城市，可以结合本地具体情况，制定严于国家规定的城市容貌标准；建制镇可以参照国家规定的城市容貌标准执行。

城市中的市政公用设施，应当与周围环境相协调，并维护和保持设施完好、整洁。

一切单位和个人都应当保持建筑物的整洁、美观。在城市人民政府规定的街道的临街建筑物的阳台和窗外，不得堆放、吊挂有碍市容的物品。搭建或者封闭阳台必须符合城市人民政府市容环境卫生行政主管部门的有关规定。

2. 户外广告等的市容管理

在城市中设置户外广告、标语牌、画廊、橱窗等，应当内容健康、外型美观，并定期维修、油饰或者拆除。大型户外广告的设置必须征得城市人民政府市容环境卫生行政主管部门同意后，按照有关规定办理审批手续。

有下列情形之一的，不得设置户外广告：1）利用交通安全设施、交通标志的；2）影响市政公共设施、交通安全设施、交通标志使用的；3）妨碍生产或者人民生活，损害市容市貌的；4）国家机关，文物保护单位和名胜风景点的建筑控制地带；5）当地县级以上地方人民政府禁止设置户外广告的区域。

3. 街道两侧和公共场地的市容管理

主要街道两侧的建筑物前，应当根据需要与可能，选用透景、半透景的围墙、栅栏或者绿篱、花坛（池）、草坪等作为分界。临街树木、绿篱、花坛（池）、草坪等，应当保持整洁、美观。栽培、整修或者其他作业留下的渣土、枝叶等，管理单位、个人或者作业者应当及时清除。

任何单位和个人都不得在街道两侧和公共场地堆放物料，搭建建筑物、构筑物或者其他设施。因建设等特殊需要，在街道两侧和公共场地临时堆放物料，搭建非永久性建筑物、构筑物或者其他设施的，必须征得城市人民政府市容环境卫生行政主管部门同意后，按照有关规定办理审批手续。

4. 交通运输工具的市容管理

在市区运行的交通运输工具，应当保持外形完好、整洁，货运车辆运输的液体、散装货物，应当密封、包扎、覆盖，避免泄漏、遗撒。

5. 工程施工现场的市容管理

城市的工程施工现场的材料、机具应当堆放整齐，渣土应当及时清运；临街工地应当设置护栏或者围布遮挡；停工场地应当及时整理并作必要的覆盖；竣工后，应当及时清理和平整场地。

13.4.3 城市环境卫生管理

1. 城市环境卫生设施的建设和设置

城市中的环境卫生设施，应当符合国家规定的城市环境卫生标准。城市环境卫生设施包括公共厕所、化粪池、垃圾管道、垃圾容器、果皮箱、垃圾转运站、垃圾处理场、小区环卫专用车辆停放场地和工人休息室等。

城市人民政府在进行城市新区开发或者旧区改造时，应当依照国家有关规定，建设生活废弃物的清扫、收集、运输和处理等环境卫生设施，所需经费应当纳入建设工程概算。

2. 公共厕所的管理

公共厕所，是指供城市居民和流动人口共同使用的厕所，包括公共建筑（如车站、码头、商店、饭店、影剧院、体育场馆、展览馆、办公楼等）附设的公厕。

（1）公共厕所的规划

城市人民政府市容环境卫生行政主管部门，应当根据城市居住人口密度和流动人口数量以及公共场所等特定地区的需要，制定公共厕所建设规划。城市公厕应当按照"全面规划、全面布局、改建并重、卫生适用、方便群众、水厕为主、有利排运"的原则，进行规划建设。

城市公厕规划是城市环境卫生规划的组成部分，应当由城市人民政府环境卫生行政主管部门会同城市规划行政主管部门，依照《城市公厕规划和设计标准》及公共建筑设计规范进行编制。

下列城市公共场所应当设置公厕，并应当设立明显的标志或指路牌：1）广场的主要干道两侧；2）车站、码头、展览馆等公共建筑物附近。城市公厕应当修建在明显易找、便于粪便排放或机器抽运的地段。新修建的公厕外观应当与周围环境相协调。

（2）公共厕所的建设和维修管理

城市人民政府市容环境卫生行政主管部门，应当按照规定的标准，建设、改造或者支持有关单位建设、改造公共厕所。城市人民政府市容环境卫生行政主管部门，应当配备专业人员或者委托有关单位和个人负责公共厕所的保洁和管理；有关单位和个人也可以承包公共厕所的保洁和管理。公共厕所的管理者可以适当收费。对不符合规定标准的公共厕所，城市人民政府应当责令有关单位限期改造。

城市公厕的建设和维修管理，按照下列分工，分别由城市环境卫生单位和有关单位负责：1）城市主次干道两侧的公路由城市人民政府环境卫生行政主管部门制定的管理单位负责；2）城市各类集贸市场的公厕由集贸市场经营管理单位负责；3）新建、改建居民楼群和住宅小区的公厕由其管理单位负责；4）风景名胜、旅游点的公厕由其主管部门或经营管理单位负责；5）公共建筑附近附设的公厕由产权单位负责。

新建的公厕应当以水冲式厕所为主。对于原有不符合卫生标准的旱厕，应当逐步进行改造。影剧院、商店、饭店、车站等公共建筑没有附设公厕或者原有公厕及其卫生设施不足的，应当按照城市人民政府环境卫生行政主管部门的要求进行新建、扩建或者改造。公共建筑附设公厕及其卫生设施的设计和安装，应当符合国家和地方的有关标准。

（3）公共厕所的保洁和使用管理

城市公厕的保洁工作，应当分别由有关单位负责或者与城市环境卫生单位商签协议，委托代管。城市公厕的保洁，应当逐步做到规范化、标准化，保持公厕的清洁、卫生和设备、设施完好。城市人民政府环境卫生行政主管部门应当对公厕的卫生及设备、设施等进行检查，对于不符合规定的，应当予以纠正。

在旅游景点、车站、繁华商业区等公共场所独立设置的较高档次公厕，可以适当收费。具体收费办法由省、自治区人民政府主管部门和直辖市人民政府环境卫生行政主管部门提出方案，经同级人民政府物价、财政部门批准。所收费用专项用于公厕的维修和管理。

3. 公共场所和主要街道、广场、公共水域的环境卫生管理

（1）环境卫生责任制

公共场所、主要街道、广场、公共水域等涉及的单位多，人员杂，国家规定了环境责任制：

1）按国家行政建制设立的市的主要街道、广场和公共水域的环境卫生，由环境卫生专业单位负责。

2）居住区、街巷等地方，由街道办事处负责组织专人清扫保洁。

3）飞机场、火车站、公共汽车始末站、港口、影剧院、博物馆、展览馆、纪念馆、体育馆（场）和公园等公共场所，由本单位负责清扫保洁。

4）机关、团体、部队、企事业单位，应当按照城市人民政府市容环境卫生行政主管部门划分的卫生责任区负责清扫保洁。

5）城市集贸市场，由主管部门负责组织专人清扫保洁。

6）各种摊点，由从业者负责清扫保洁。

7）城市港口客货码头作业范围内的水面，由港口客货码头经营单位责成作业者清理保洁。

8）在市区水域行驶或者停泊的各类船舶上的垃圾、粪便，由船上负责人依照规定处理。

（2）城市道路和公共场所清扫保洁管理办法

城市道路和公共场所的清扫、保洁工作应当与城市道路和公共场所的建设、改造相协调。城市建设行政主管部门应当把城市道路和公共场所的清扫、保洁所需经费纳入城市维护建设资金使用计划，并根据需要，每年适当增加或调整。

城市人民政府市容环境卫生行政主管部门应当不断改善道路和公共场所清扫作业条件，积极开展机械化清扫，有条件的城市要对道路、公共场所地面实行水洗和建立进城车辆清洗站。在炎热季节，适时组织对重点道路实行洒水、降温、压尘。并与有关科研单位进行协作，对城市道路清扫、冲洗、除雪机械化等技术进行研究和开发。

负责清扫、保洁本责任区的道路和公共场所的单位，应当配备足够的垃圾容器和运输工具。城市清扫的垃圾、冰雪，应当运到指定的堆放场地。凡从事城市道路和公共场所经营性清扫、保洁和进城车辆冲洗等经营性服务的单位和个人，必须向城市市容环境卫生行政主管部门申请资质审查，经批准后方可从事经营性服务。单位或者个人承担的责任区的清扫保洁工作，可以委托环境卫生专业单位或者经城市市容环境卫生行政主管部门资质审查批准的、从事城市道路和公共场所经营性清扫、保洁和进城车辆清洗等经营性服务的企业代办。企业代办双方应当签订协议，并认真履行各自的责任。

城市中的单位和个人，必须维护城市道路和公共场所的清洁，并严格遵守下列规定：1）不随地吐痰、便溺，不乱丢烟蒂、纸屑、瓜果皮核及各类包装等废弃物；2）不在道路和公共场所堆放杂物；3）车辆运载散体、流体物资时，不准沿街撒落；4）凡是在道路和公共场所作业产生的废弃物、渣土等，必须及时清除，并运到指定地点；5）施工现场的运输车辆禁止夹带泥土，保持道路清洁。

城市人民政府市容环境卫生行政主管部门和监察队伍或检查人员，负责对各单位（包括环境卫生专业单位、服务经营单位）、个人分工负责的道路和公共场所清扫、保洁，进行监督和检查。

4. 城市生活垃圾的管理

（1）城市生活垃圾的治理原则

城市生活垃圾的治理，实行减量化、资源化、无害化和谁产生、谁依法负责的原则。国家采取有利于城市生活垃圾综合利用的经济、技术政策和措施，提高城市生活垃圾治理的科学技术水平，鼓励对城市生活垃圾实行充分回收和合理利用。

产生城市生活垃圾的单位和个人，应当按照城市人民政府确定的生活垃圾处理费收费标准和有关规定缴纳城市生活垃圾处理费。城市生活垃圾处理费应当专项用于城市生活垃圾收集、运输和处置，严禁挪作他用。

（2）城市生活垃圾的治理规划与设施建设

直辖市、市、县人民政府建设（环境卫生）主管部门应当会同城市规划等有关部门，依据城市总体规划和本地区国民经济和社会发展计划等，制定城市生活垃圾治理规划，统筹安排城市生活垃圾收集、处置设施的布局、用地和规模。制定城市生活垃圾治理规划，应当广泛征求公众意见。

城市生活垃圾收集、处置设施用地应当纳入城市黄线保护范围，任何单位和个人不得擅自占用或者改变其用途。城市生活垃圾收集、处置设施建设，应当符合城市生活垃圾治理规划和国家有关技术标准。从事新区开发、旧区改建和住宅小区开发建设的单位，以及机场、码头、车站、公园、商店等公共设施、场所的经营管理单位，应当按照城市生活垃圾治理规划和环境卫生设施的设置标准，配套建设城市生活垃圾收集设施。

城市生活垃圾收集、处置设施工程建设的勘察、设计、施工和监理，应当严格执行国家有关法律、法规和技术标准。城市生活垃圾收集、处置设施工程竣工后，建设单位应当依法组织竣工验收，并在竣工验收后三个月内，依法向当地人民政府建设主管部门和环境卫生主管部门报送建设工程项目档案。未经验收或者验收不合格的，不得交付使用。

（3）城市生活垃圾的清扫、收集、运输

城市生活垃圾应当逐步实行分类投放、收集和运输。单位和个人应当按照规定的地点、时间等要求，将生活垃圾投放到指定的垃圾容器或者收集场所。废旧家具等大件垃圾应当按规定时间投放在指定的收集场所。城市生活垃圾实行分类收集的地区、单位和个人应当按照规定的分类要求，将生活垃圾装入相应的垃圾袋内，投入指定的垃圾容器或者收集场所。

宾馆、饭店、餐馆以及机关、院校等单位应当按照规定单独收集、存放本单位产生的餐厨垃圾，并交符合本办法要求的城市生活垃圾收集、运输企业运至规定的城市生活垃圾处理场所。

禁止随意倾倒、抛洒或者堆放城市生活垃圾。

从事城市生活垃圾经营性清扫、收集、运输的企业，应当取得城市生活垃圾经营性清扫、收集、运输服务许可证。未取得城市生活垃圾经营性清扫、收集、运输服务许可证的企业，不得从事城市生活垃圾经营性清扫、收集、运输活动。直辖市、市、县建设（环境卫生）主管部门应当通过招投标等公平竞争方式作出城市生活垃圾经营性清扫、收集、运输许可的决定，向中标人颁发城市生活垃圾经营性清扫、收集、运输服务许可证。直辖市、市、县建设（环境卫生）主管部门应当与中标人签订城市生活垃圾清扫、收集、运输经营协议。城市生活垃圾清扫、收集、运输经营协议应当明确约定经营期限、服务标准等内容，作为城市生活垃圾清扫、收集、运输服务许可证的附件。

从事城市生活垃圾经营性清扫、收集、运输服务的企业，应当具备以下条件：1）具备企业法人资格，从事垃圾清扫、收集的企业注册资本不少于人民币 100 万元，从事垃圾运输的企业注册资本不少于人民币 300 万元；2）机械清扫能力达到总清扫能力的 20% 以上，机械清扫车辆包括洒水车和清扫保洁车辆。机械清扫车辆应当具有自动洒水、防尘、防遗撒、安全警示功能，安装车辆行驶及清扫过程记录仪；3）垃圾收集应当采用全密闭运输工具，并应当具有分类收集功能；4）垃圾运输应当采用全密闭自动卸载车辆或船只，具有防臭味扩散、防遗撒、防渗沥液滴漏功能，安装行驶及装卸记录仪；5）具有健全的技术、质量、安全和监测管理制度并得到有效执行；6）具有合法的道路运输经营许可证、车辆行驶证；7）具有固定的办公及机械、设备、车辆、船只停放场所。

从事城市生活垃圾经营性清扫、收集、运输的企业应当履行以下义务：1）按照环境卫生作业标准和作业规范，在规定的时间内及时清扫、收运城市生活垃圾；2）将收集的城市生活垃圾运到直辖市、市、县人民政府建设（环境卫生）主管部门认可的处理场所；3）清扫、收运城市生活垃圾后，对生活垃圾收集设施及时保洁、复位，清理作业场地，保持生活垃圾收集设施和周边环境的干净整洁；4）用于收集、运输城市生活垃圾的车辆、船舶应当做到密闭、完好和整洁。

从事城市生活垃圾经营性清扫、收集、运输的企业，禁止实施下列行为：1）任意倾倒、抛洒或者堆放城市生活垃圾；2）擅自停业、歇业；3）在运输过程中沿途丢弃、遗撒生活垃圾。

（4）城市生活垃圾的处置

城市生活垃圾应当在城市生活垃圾转运站、处理厂（场）处置。任何单位和个人不得任意处置城市生活垃圾。城市生活垃圾处置所采用的技术、设备、材料，应当符合国家有关城市生活垃圾处理技术标准的要求，防止对环境造成污染。

从事城市生活垃圾经营性处置的企业，应当向所在地直辖市、市、县人民政府建设（环境卫生）主管部门取得城市生活垃圾经营性处置服务许可证。未取得城市生活垃圾经营性处置服务许可证，不得从事城市生活垃圾经营性处置活动。直辖市、市、县建设（环境卫生）主管部门应当通过招投标等公平竞争方式作出城市生活垃圾经营性处置许可的决定，向中标人颁发城市生活垃圾经营性处置服务许可证。直辖市、市、县建设（环境卫生）主管部门应当与中标人签订城市生活垃圾处置经营协议，明确约定经营期限、服务标准等内容，并作为城市生活垃圾经营性处置服务许可证的附件。

从事城市生活垃圾经营性处置服务的企业，应当具备以下条件：1）具备企业法人资格，规模小于 100t/日的卫生填埋场和堆肥厂的注册资本不少于人民币 500 万元，规模大于 100t/日的卫生填埋场和堆肥厂的注册资本不少于人民币 5000 万元，焚烧厂的注册资本不少于人民币 1 亿元；2）卫生填埋场、堆肥厂和焚烧厂的选址符合城乡规划，并取得规划许可文件；3）采用的技术、工艺符合国家有关标准；4）有至少 5 名具有初级以上专业技术职称的人员，其中包括环境工程、机械、环境监测等专业的技术人员。技术负责人具有5年以上垃圾处理工作经历，并具有中级以上专业技术职称；5）具有完善的工艺运行、设备管理、环境监测与保护、财务管理、生产安全、计量统计等方面的管理制度并得到有效执行；6）生活垃圾处理设施配备沼气检测仪器，配备环境监测设施如渗沥液监测井、尾气取样孔，安装在线监测系统等监测设备并与建设（环境卫生）主管部门联网；7）具有完善的生活垃圾渗沥液、沼气的利用和处理技术方案，卫生填埋场对不同垃圾进行分区填埋方案、生活垃圾处理的渗沥液、沼气、焚烧烟气、残渣等处理残余物达标处理排放方案；8）有控制污染和突发事件的预案。

从事城市生活垃圾经营性处置的企业应当履行以下义务：1）严格按照国家有关规定和技术标准，处置城市生活垃圾；2）按照规定处理处置过程中产生的污水、废气、废渣、粉尘等，防止二次污染；3）按照所在地建设（环境卫生）主管部门规定的时间和要求接收生活垃圾；4）按照要求配备城市生活垃圾处置设备、设施，保证设施、设备运行良好；5）保证城市生活垃圾处置站、场（厂）环境整洁；6）按照要求配备合格的管理人员及操作人员；7）对每日收运、进出场站、处置的生活垃圾进行计量，按照要求将统计数据和报表报送所在地建设（环境卫生）主管部门；8）按照要求定期进行水、气、土壤等环境影响监测，对生活垃圾处理设施的性能和环保指标进行检测、评价，向所在地建设（环境卫生）主管部门报告检测、评价结果。

（5）监督管理

国务院建设主管部门和省、自治区人民政府建设主管部门应当建立健全监督管理制度，对本办法的执行情况进行监督检查。直辖市、市、县人民政府建设（环境卫生）主管部门应当对本行政区域内城市生活垃圾经营性清扫、收集、运输、处置企业执行本办法的情况进行监督检查；根据需要，可以向城市生活垃圾经营性处置企业派驻监督员。

直辖市、市、县人民政府建设（环境卫生）主管部门实施监督检查时，有权采取下列措施：1）查阅复制有关文件和资料；2）要求被检查的单位和个人就有关问题做出说明；3）进入现场开展检查；4）责令有关单位和个人改正违法行为。有关单位和个人应当支持配合监督检查并提供工作方便，不得妨碍与阻挠监督检查人员依法执行职务。

直辖市、市、县人民政府建设（环境卫生）主管部门应当委托具有计量认证资格的机构，定期对城市生活垃圾处理场站的垃圾处置数量、质量和环境影响进行监测。

城市生活垃圾经营性清扫、收集、运输、处置服务许可有效期届满需要继续从事城市生活垃圾经营性清扫、收集、运输、处置活动的，应当在有效期届满30日前向原发证机关申请办理延续手续。准予延续的，直辖市、市、县建设（环境卫生）主管部门应当与城市生活垃圾经营性清扫、收集、运输、处置企业重新订立经营协议。

有下列情形之一的，可以依法撤销许可证书：1）建设（环境卫生）主管部门工作人员滥用职权、玩忽职守作出准予城市生活垃圾清扫、收集、运输或者处置许可决定的；2）超越法定职权作出准予城市生活垃圾清扫、收集、运输或者处置许可决定的；3）违反法定程序作出准予城市生活垃圾清扫、收集、运输或者处置许可决定的；4）对不符合许可条件的申请人作出准予许可的；5）依法可以撤销许可的其他情形。申请人以欺骗、贿赂等不正当手段取得许可的，应当予以撤销。

有下列情形之一的，从事城市生活垃圾经营性清扫、收集、运输或者处置的企业应当向原许可机关提出注销许可证的申请，交回许可证书；原许可机关应当办理注销手续，公告其许可证书作废：1）许可事项有效期届满，未依法申请延期的；2）企业依法终止的；3）许可证依法被撤回、撤销或者吊销的；4）法律、法规规定的其他应当注销的情形。

从事城市生活垃圾经营性清扫、收集、运输、处置的企业需停业、歇业的，应当提前半年向所在地直辖市、市、县人民政府建设（环境卫生）主管部门报告，经同意后方可停业或者歇业。直辖市、市、县人民政府建设（环境卫生）主管部门应当在城市生活垃圾经营性清扫、收集、运输、处置企业停业或者歇业前，落实保障及时清扫、收集、运输、处置城市生活垃圾的措施。

直辖市、市、县人民政府建设（环境卫生）主管部门应当会同有关部门制定城市生活垃圾清扫、收集、运输和处置应急预案，建立城市生活垃圾应急处理系统，确保紧急或者特殊情况下城市生活垃圾的正常清扫、收集、运输和处置。从事城市生活垃圾经营性清扫、收集、运输和处置的企业，应当制定突发事件生活垃圾污染防范的应急方案，并报所在地直辖市、市、县人民政府建设（环境卫生）主管部门备案。

从事城市生活垃圾经营性清扫、收集、运输或者处置的企业应当按照国家劳动保护的要求和规定，改善职工的工作条件，采取有效措施，逐步提高职工的工资和福利待遇，做好职工的卫生保健和技术培训工作。

5. 城市建筑垃圾的管理

（1）城市建筑垃圾的概念和处置原则

城市建筑垃圾，是指建设单位、施工单位新建、改建、扩建和拆除各类建筑物、构筑物、管网等以及居民装饰装修房屋过程中所产生的弃土、弃料及其他废弃物。

建筑垃圾处置实行减量化、资源化、无害化和谁产生、谁承担处置责任的原则。国家鼓励建筑垃圾综合利用，鼓励建设单位、施工单位优先采用建筑垃圾综合利用产品。

（2）城市建筑垃圾处置计划

建筑垃圾消纳、综合利用等设施的设置，应当纳入城市市容环境卫生专业规划。城市人民政府市容环境卫生主管部门应当根据城市内的工程施工情况，制定建筑垃圾处置计划，合理安排各类建设工程需要回填的建筑垃圾。

（3）城市建筑垃圾处置的申请和核准

处置建筑垃圾的单位，应当向城市人民政府市容环境卫生主管部门提出申请，获得城市建筑垃圾处置核准后，方可处置。

城市人民政府市容环境卫生主管部门应当在接到申请后的20日内作出是否核准的决定。予以核准的，颁发核准文件；不予核准的，应当告知申请人，并说明理由。

禁止涂改、倒卖、出租、出借或者以其他形式非法转让城市建筑垃圾处置核准文件。

（4）城市建筑垃圾处置的要求

任何单位和个人不得将建筑垃圾混入生活垃圾，不得将危险废物混入建筑垃圾，不得擅自设立弃置场受纳建筑垃圾。建筑垃圾储运消纳场不得受纳工业垃圾、生活垃圾和有毒有害垃圾。

居民应当将装饰装修房屋过程中产生的建筑垃圾与生活垃圾分别收集，并堆放到指定地点。建筑垃圾中转站的设置应当方便居民。装饰装修施工单位应当按照城市人民政府市容环境卫生主管部门的有关规定处置建筑垃圾。施工单位应当及时清运工程施工过程中产生的建筑垃圾，并按照城市人民政府市容环境卫生主管部门的规定处置，防止污染环境。

施工单位不得将建筑垃圾交给个人或者未经核准从事建筑垃圾运输的单位运输。

处置建筑垃圾的单位在运输建筑垃圾时，应当随车携带建筑垃圾处置核准文件，按照城市人民政府有关部门规定的运输路线、时间运行，不得丢弃、遗撒建筑垃圾，不得超出核准范围承运建筑垃圾。任何单位和个人不得随意倾倒、抛撒或者堆放建筑垃圾。

建筑垃圾处置实行收费制度，收费标准依据国家有关规定执行。

6. 环境卫生管理的社会化服务

随着市场经济的发展，环境卫生管理应当逐步实行社会化服务。环境卫生管理的社会化服务，有以下两个途径：

(1) 成立环境卫生专业服务单位

有条件的城市，可以成立环境卫生服务公司。凡委托环境卫生专业单位清扫、收集、运输和处理废弃物的，应当交纳服务费。

(2) 由物业管理公司提供环境卫生服务

目前物业管理是房地产管理中在推行的制度。物业管理公司需要对各类房屋建筑和附属配套设施及场地，以经营的方式进行管理。物业管理公司的管理涉及多个方面，环境卫生管理也是其重要的一个方面。

13.5　城市园林绿化法律制度

13.5.1　城市园林绿化概述

1. 城市园林绿化的作用

园林绿化泛指园林城市绿地和风景名胜区。园林绿化是为人们提供一个良好的休息、文化娱乐、亲近大自然、满足人们回归自然愿望的场所，是保护生态环境、改善城市生活环境的重要措施。

城市园林绿化有以下具体作用：

第一，美化环境。园林绿化是美化城市的一个重要手段。一个城市的美丽，除了在城市规划设计、施工上善于利用城市的地形、道路、河边、建筑配合环境，灵活巧妙地体现城市的美丽外，还可以运用树木花草不同的形状、颜色、用途和风格，配置出一年四季色彩丰富，乔木、灌木、花卉、草皮层层叠叠的绿地，镶嵌在城市、工厂的建筑群中。

第二，净化空气。园林植物对净化空气有独特的作用，它能吸滞烟灰和粉尘，能吸收有害气体，吸收二氧化碳并放出氧气，这些都对净化空气起了很好的作用。

第三，调节气候。树木具有吸热、遮荫和增加空气湿度的作用。树木能够提高空气湿度，树木能蒸腾水分，提高空气的相对湿度。树木还能够调节气温，绿化地区的气温常较建筑地区低，这是由于树木可以减少阳光对地面的直射，能消耗许多热量用以蒸腾从根部吸收来的水分和制造养分。

2. 城市园林绿化立法概述

国家十分重视城市园林绿化的立法工作。《宪法》第二十六条规定："国家组织和鼓励植树造林，保护林木。"《森林法》《环境保护法》《城乡规划法》等法律中也对城市绿化的规划、建设、保护和管理作出了规定。1992 年 6 月 22 日国务院发布了《城市绿化条例》（2017 年 3 月 1 日修改），对城市绿化作出了全面规定。

住房和城乡建设部则对城市园林绿化的具体要求作出了详细的规定，原建设部发布的《国家园林城市申报与评审办法》《国家园林城市标准》，对国家园林城市标准以及国家园林城市申报与评审办法作出了规定。建设部发布的《关于建设节约型城市园林绿化的意见》，充分论证了建设节约型城市园林绿化的重要意义，提出了建设节约型城市园林绿化的主要措施。

3. 建设节约型城市园林绿化

建设节约型城市园林绿化是要按照自然资源和社会资源循环与合理利用的原则，在城市园林绿化规划设计、建设施工、养护管理、健康持续发展等各个环节中最大限度地节约各种资源，提高资源使用效率，减少资源消耗和浪费，获取最大的生态、社会和经济效益。建设节约型城市园林绿化是落实科学发展观的必然要求，是构筑资源节约型、环境友好型社会的重要载体，是城市可持续性发展的生态基础，是我国城市园林绿化事业必须长期坚持的发展方向。原建设部于2007年8月30日发布了《关于建设节约型城市园林绿化的意见》，提出了建设节约型城市园林绿化的措施。

（1）严格保护现有绿化成果

保护现有绿地是建设节约型园林绿化的前提，要加强对城市所依托的山坡林地、河湖水系、湿地等自然生态敏感区域的保护，维持城市地域自然风貌，反对过分改变自然形态的人工化、城市化倾向。在城市开发建设中，要保护原有树木，特别要严格保护大树、古树；在道路改造过程中，反对盲目地大规模更换树种和绿地改造，禁止随意砍伐和移植行道树；坚决查处侵占、毁坏绿地和随意改变绿地性质等破坏城市绿化的行为。

（2）合理利用土地资源

土地资源是城市园林绿化的基础，要确保城市园林绿化用地，同时按照节约和集约利用土地的原则，合理规划园林绿化建设用地。在有效整合城市土地资源的前提下，尽最大可能满足城市绿化建设用地的需求；在建设中要尽可能保持原有的地形地貌特征，减少客土使用，反对盲目改变地形地貌、造成土壤浪费的建设行为；要通过合理配植绿化植物、改良土壤等措施，实现植物正常生长与土壤功效的提高。

（3）加强科学规划设计

要通过科学的植物配置，增加乔灌木地被种植量，努力增加单位绿地生物量，充分利用有限的土地资源实现绿地生态效益的最大化。要适当降低草坪比例，减少雕塑等建筑小品和大型喷泉的使用。对现有草坪面积过大的绿地，要合理补植乔灌木、地被植物和宿根花卉。要加强城市绿化隔离带、城市道路分车带和行道树的绿化建设，增加隔离带上乔木种植的比重，建设林荫道路。要推广立体绿化，在一切可以利用的地方进行垂直绿化，有条件的地区要推广屋顶绿化。

（4）推动科技进步

要加大节约型园林绿化各项相关技术的攻关力度，针对不同地区建设节约型园林绿化的突出矛盾和优势，建设一批示范工程，对相关的新技术、新工艺、新设备、新材料等研究成果，进行广泛推广和应用。要加大对园林绿化科研工作的投入，落实科研经费，充实科研队伍，增强科研人员的素质，提高科学研究和成果推广能力，推动城市开展节约型园林绿化工作。

（5）积极提倡应用乡土植物

在城市园林绿地建设中，要优先使用成本低、适应性强、本地特色鲜明的乡土树种，积极利用自然植物群落和野生植被，大力推广宿根花卉和自播能力较强的地被植物，营造具有浓郁地方特色和郊野气息的自然景观。反对片面追求树种高档化、不必要的反季节种树，以及引种不适合本地生长的外来树种等倾向。要推进乡土树种和适生地被植物的选优、培育和应用，培养一批耐旱、耐碱、耐阴、耐污染的树种。

（6）大力推广节水型绿化技术

在水资源匮乏地区，推广节水型绿化技术是必然选择。要加快研究和推广使用节水耐旱的植物；推广使用微喷、滴灌、渗灌等先进节水技术，科学合理地调整灌溉方式；积极推广使用中水；注重雨水拦蓄利用，探索建立集雨型绿地。

（7）实施自然生态建设

要积极推进城市河道、景观水体护坡驳岸的生态化、自然化建设与修复。建设生态化广场和停车场，尽量减少硬质铺装的比例，植树造荫。铺装地面尽量采用透气透水的环保型材料，提高环境效益。鼓励利用城市湿地进行污水净化。通过堆肥、发展生物质燃料、有机营养基质和深加工等方式处理修剪的树枝，减少占用垃圾填埋库容，实现循环利用。坚决纠正在绿地中过多使用高档材料、配置昂贵灯具、种植假树假花等不良倾向。

13.5.2 城市绿化管理

1. 概述

（1）国家促进城市绿化的措施

国家促进城市绿化的措施包括：

第一，城市人民政府应当把城市绿化建设纳入国民经济和社会发展计划。

第二，国家鼓励和加强城市绿化的科学研究，推广先进技术，提高城市绿化的科学技术和艺术水平。

第三，国家规定，城市中的单位和有劳动能力的公民，应当依照国家有关规定履行植树或者其他绿化义务。对在城市绿化工作中成绩显著的单位和个人，由人民政府给予表彰和奖励。

（2）城市绿化管理体制

国务院设立全国绿化委员会，统一组织领导全国城乡绿化工作，其办公室设在国务院林业行政主管部门。

国务院城市建设行政主管部门和国务院林业行政主管部门等，按照国务院规定的职权划分，负责全国城市绿化工作。

地方绿化管理体制，由省、自治区、直辖市人民政府根据本地实际情况规定。

城市人民政府城市绿化行政主管部门主管本行政区域内城市规划区的城市绿化工作。

在城市规划区内，有关法律、法规规定由林业行政主管部门等管理的绿化工作，依照有关法律法规执行。

2. 城市绿化的规划和建设

（1）城市绿化的规划

城市人民政府应当组织城市规划行政主管部门和城市绿化行政主管部门等共同编制城市绿化规划，并纳入城市总体规划。

城市绿化规划应当从实际出发，根据城市发展需要，合理安排同城市人口和城市面积相适应的城市绿化用地面积。

城市人均公共绿地面积和绿化覆盖率等规划指标，由国务院城市建设行政主管部门根据不同城市的性质、规模和自然条件等实际情况规定。

城市绿化规划应当根据当地的特点，利用原有的地形、地貌、水体、植被和历史文化遗址等自然、人文条件，以方便群众为原则，合理设置公共绿地、居住区绿地、防护绿地、生产绿地和风景林地等。

（2）城市绿化工程的设计

城市绿化工程的设计，应当委托持有相应资格证书的设计单位承担。工程建设项目的附属绿化工程设计方案，按照基本建设程序审批时，必须有城市人民政府城市绿化行政主管部门参加审查。

城市绿化工程的设计，应当借鉴国内外先进经验，体现民族风格和地方特色。城市公共绿地和居住区绿地的建设，应当以植物造景为主，选用适合当地自然条件的树木花草，并适当配置泉、石、雕塑等景物。

（3）单位附属绿地的绿化规划和建设

城市绿化规划应当因地制宜地规划不同类型的防护绿地。各有关单位应当依照国家有关规定，负责本单位管理内防护绿地的绿化建设。

单位附属绿地的绿化规划和建设，由该单位自行负责，城市人民政府城市绿化行政主管部门应当监督检查，并给予技术指导。

（4）城市绿化工程的施工

建设单位必须按照批准的设计方案进行施工。设计方案确需改变时，须经原批准机关审批。

城市绿化工程的施工，应当委托持有相应资格证书的单位承担。绿化工程竣工后，应当经验收合格后，方可交付使用。

城市新建、扩建、改建工程项目和开发住宅区项目，需要绿化的，其基本建设投资中应当包括配套的绿化建设投资，并统一安排绿化工程施工，在规定的期限内完成绿化任务。

3. 城市绿化的保护和管理

（1）城市绿化的责任单位

城市的公共绿地、风景林地、防护绿地、行道树及干道绿化带的绿化，由城市人民政府城市绿化行政主管部门管理；各单位管界内的防护绿地的绿化，由该单位按照国家有关规定管理；单位自建的公园和单位附属绿地的绿化，由该单位管理；居住区绿地的绿化，由城市人民政府城市绿化行政主管部门根据实际情况确定的单位管理；城市苗圃、草圃和花圃等，由其经营单位管理。

（2）城市绿地的保护

任何单位和个人都不得擅自改变城市绿化规划用地性质或者破坏绿化规划用地的地形、地貌、水体和植被。

任何单位和个人都不得擅自占用城市绿化用地；占用的城市绿化用地，应当限期归还。因建设或者其他特殊需要临时占用城市绿化用地，须经城市人民政府城市绿化行政主管部门同意，并按照有关规定办理临时用地手续。

（3）城市树木花草和绿化设施的保护

任何单位和个人都不得损坏城市树木花草和绿化设施。砍伐城市树木，必须经城市人民政府城市绿化行政主管部门批准，并按照国家有关规定补植树木或者采取其他补救措施。

城市的绿地管理单位，应当建立、健全管理制度，保持树木花草繁茂及绿化设施完好。为保证管线的安全使用需要修剪树木时，必须经城市人民政府城市绿化行政主管部门批准，按照兼顾管线安全使用和树木正常生长的原则进行修剪。承担修剪费用的办法，由城市人民政府规定。

因不可抗力致使树木倾斜危及管线安全时，管线管理单位可以先行修剪、扶正或者砍伐树木，但是，应当及时报告城市人民政府城市绿化行政主管部门和绿地管理单位。

百年以上树龄的树木，稀有、珍贵树木，具有历史价值或者重要纪念意义的树木，均属古树名木。对城市古树名木实行统一管理，分别养护。城市人民政府城市绿化行政主管部门，应当建立古树名木的档案和标志，划定保护范围，加强养护管理。在单位管界内或者私人庭院内的古树名木，由该单位或者居民负责养护，城市人民政府城市绿化行政主管部门负责监督和技术指导。严禁砍伐或者迁移古树名木。因特殊需要迁移古树名木，必须经城市人民政府城市绿化行政主管部门审查同意，并扫同级或者上级人民政府批准。

13.5.3　城市园林管理

1. 城市园林的概念和分类

城市园林是一种立体空间综合艺术品，是在城市通过人工构筑手段加以组合的具有树木、山水、建筑结构和多种功能的空间艺术实体。园林的结构主要由树木、山水和建筑三项要素所构成。而且三个要素呈有机的组合状态，构成完整的缺一不可的空间艺术境界。

从布置方式上说，园林可分为三大类：规则式、自然式、混合式。从开发方式上说，园林可分为两大类：一类是利用原有自然风致，去芜理乱，修整开发，开辟路径，布置园林建筑，不费人事之工就可形成的自然园林；另一类是人工园林，即在一定的地域范围内，为改善生态、美化环境、满足游憩和文化生活需要而创造的环境，如小游园、花园、公园等。

2. 城市园林的规划建设

城市园林规划是城市总体规划的组成部分，由城市规划部门会同城市园林部门共同编制，城市园林部门组织实施。城市园林规划要根据当地的特点和条件，合理布局，远、近期结合，点、线、面结合。

城市园林的建设，应当按照规划有计划地进行。园林建设所需资金应当纳入投资计划。城市园林的设计和施工应当由具备相应资质的单位承担。

【案例 13-1】破坏市容行政处罚案

××市××进出口公司××经营部，坐落于××市××区张贵庄路××号，该经营部将原有经营工艺品改为经营家电商品后，其临街门脸商业用房在原有基础上进行装饰粉刷，2006 年 3 月进行外檐装修、更换牌匾。经核查，该经营部没有办理有关市容审批手续，属于无照施工。张贵庄路属于××市整修后道路。

鉴于以上情况，××城市建设管理监察河东中队决定对××市××进出口公司××经营部处以 300 元罚款，并限期将违章状况改正并前往市容补办手续，写出书面检查。

《城市市容和环境卫生管理条例》第 10 条规定："一切单位和个人都应当保持建筑物的整洁、美观。"第 17 条规定："一切单位和个人，都不得在城市建筑物、设施以及树木上涂写、刻画。单位和个人在城市建筑物、设施上张挂、张贴宣传品等，须经城市人民政府市容环境卫生行政主管部门或者其他有关部门批准。"第 34 条规定："有下列行为之一者，城市人民政府市容环境卫生行政主管部门或者其委托的单位除责令其纠正违法行为、采取补救措施外，可以并处警告、罚款：……在城市建筑物、设施以及树木上涂写、刻画或者未经批准张挂、张贴宣传品等的；……"《××市市容管理处罚规定》第 12 条规定："对未经批准擅自拆改整修后的街道两侧建筑物、围墙，或改变建筑物、围墙的外檐结构造型、装饰、色调，以及损坏装饰、私开门脸的，责其停止违章行为、恢复原状、赔偿经济损失，并视情节处五百元以下罚款。"同时第 3 条规定："对违反市容环境管理制度的行为，除有关管理部门依法查处外，市市容卫生管理委员会可以责成城市建设管理监察队按本规定处罚。"

根据以上规定，××城市建设管理监察河东中队作出了处罚决定。

思 考 题

1. 简述参与市政公用事业特许经营权竞标者的条件。
2. 简述城市道路养护和维修的责任划分。
3. 简述厂（矿）或者其他单位投资建设的城市道路照明设施应当具备哪些条件。
4. 简述我国城市道路范围内的禁止行为和限制行为。
5. 简述城市市容和环境卫生管理的原则。
6. 简述环境卫生责任制的内容。
7. 简述从事城市生活垃圾经营性清扫、收集、运输服务的企业，应当具备哪些条件。
8. 简述城市园林的概念和分类。

14 建设工程纠纷处理法律制度

14.1 建设工程纠纷处理概述

14.1.1 建设工程纠纷的类型和特点

建设工程纠纷,是指建设工程当事人在建设活动中,对建设行政主管部门的行政行为产生争议或是在建设过程中对双方之间的权利和义务产生争议。建设工程纠纷,根据其法律关系可以分为建设工程行政纠纷和建设工程民事纠纷。因行政法律关系产生的争执,属于建设工程行政纠纷;因民事法律关系产生的争执,属于建设工程民事纠纷。

建设工程作为一种特殊的产品,在其生产和管理活动中具有周期长、专业性强、涉及面广、干扰因素多、涉及金额大,情况复杂等特点,是争议频发的领域。建筑工程争议的迟延解决将转移当事人在工程上的注意力、对双方关系造成负面影响。工程的拖延或中断会使双方的损失扩大。因此,在建设工程争议发生时,如何选择有效的争议解决方式,在最短的时间,以最低的成本,公平合理地解决纠纷是所有建设活动当事人考虑的首要问题。

14.1.2 建设工程民事纠纷解决的途径

建设工程民事纠纷的处理有和解、调解、仲裁、诉讼四种途径。

1. 和解和调解

和解,是指建设工程纠纷当事人在自愿友好的基础上,互相沟通、互相谅解,自行达成和解协议,从而解决纠纷的一种途径。和解是一种最低成本的解决纠纷的途径。

调解,是指建设工程当事人请双方信任的第三人依据法律规范和一定的社会规则,通过摆事实、讲道理,促使双方互相作出适当的让步,平息争端,自愿达成协议,以求解决建设工程纠纷的途径。这里讲的调解是狭义的调解,不包括诉讼和仲裁程序中在审判庭和仲裁庭主持下的调解。

双方当事人可以请建设行政主管部门(如工程造价纠纷可以请工程造价管理部门)、监理工程师或者是双方信任的社会人士和人民调解委员会等调解。人民调解,是指由村民委员会、居民委员会设立人民调解委员会或企业事业单位设立的人民调解委员会通过说服、疏导等方法,促使当事人在平等协商基础上自愿达成调解协议,解决民间纠纷的途径。

建设工程民事纠纷调解解决有以下特点:

(1) 有第三人介入作为调解人,调解人的身份没有限制,但以双方都信任者为佳;

(2) 能够低成本、及时地解决纠纷;

(3) 有利于消除合同当事人的对立情绪,维护双方的长期合作关系;

(4) 调解协议不具有强制执行的效力,调解协议的执行依靠当事人的自觉履行;

(5) 经人民调解委员会调解达成的调解协议,当事人可以向法院申请司法确认。经法院司法确认的调解协议具有强制执行力。

经人民调解委员会调解达成调解协议后，双方当事人认为有必要的，可以自调解协议生效之日起三十日内共同向法院申请司法确认，法院应当及时对调解协议进行审查，依法确认调解协议的效力。

法院依法确认调解协议有效后，一方当事人拒绝履行或者未全部履行的，对方当事人可以向法院申请强制执行。

法院依法确认调解协议无效的，当事人可以通过人民调解方式变更原调解协议或者达成新的调解协议，也可以向法院提起诉讼。

2. 仲裁

（1）仲裁的概念

仲裁，亦称"公断"，是当事人双方在纠纷发生前或纠纷发生后达成协议，自愿将纠纷交给仲裁机构，由仲裁机构根据法律和双方之间的合同，在事实上作出判断、在权利义务上作出裁决的一种解决纠纷的方式。这种纠纷解决方式必须是自愿的，因此必须有仲裁协议。如果当事人之间有仲裁协议，纠纷发生后又无法通过和解和调解解决，则应及时将纠纷提交仲裁机构仲裁。

（2）仲裁的特点

根据仲裁的定义，其构成应具备以下要素：1）双方当事人自愿协商通过仲裁方式解决争议；2）解决争议的第三人是当事人自己选择的；3）非司法机构的第三人为解决争议作出的裁决对双方当事人具有约束力。

仲裁是一种最为重要的非司法诉讼解决争议的方式，除建设工程纠纷等民商事领域外，还广泛地应用于其他方面，如我国常见的劳动争议仲裁、农业承包合同纠纷仲裁等。本书讲述的仲裁，如无特别说明，均指解决财产权益纠纷的民商事仲裁。

作为一种解决财产权益纠纷的民间性裁判制度，仲裁既不同于解决同类争议的司法、行政途径，也不同于当事人的自行和解，具有以下特点：

1）自愿性

当事人之间的纠纷，是否将其提交仲裁，交与哪一个仲裁委员会仲裁，仲裁庭的组成人员如何产生，仲裁适用何种程序规则，都是在当事人自愿的基础上，由当事人协商确定的。故仲裁能充分体现当事人意思自治的原则。自愿性是仲裁制度的最大特点。

2）专业性

由于仲裁的对象大都是民商事纠纷，常常涉及复杂的法律、经济贸易和工程技术等问题，所以，各仲裁机构大都具有分专业的仲裁员名册，如涉外贸易、知识产权、证券、建筑与房地产等专业，供当事人选定仲裁员。而仲裁员一般都是各行各业的专家。这些专家既懂法律，又精通某一领域的专业问题。当事人可以从所涉及行业的专家名册中选定仲裁员。这样，就能保证仲裁的专业权威性。仲裁中如选定的专家既精通建筑工程的法律、法规、规章、政策，又熟悉这个建筑行业的惯例、规范、技术标准，行情及最新变化，其对案件事实的判断就会更专业，不容易偏离行业的通常标准，不会出现因外行人断案而产生令当事人出乎意料的问题。内行人办案，不仅容易与当事人、代理人进行专业上的沟通，很好理解争议中复杂的专业技术问题，而且使当事人对审理结果有明确的预期，有利于纠纷顺利解决。

3）灵活性

仲裁的灵活性很大，在程序上不像诉讼那样严格，程序灵活，很多环节可以被简化。仲裁是根据事实，符合法律规定，公平合理的解决纠纷，在没有法律规定的情况下或法律规定相对原则的情况下仲裁员可以根据行业的规则、惯例，根据法理进行一些探索和创新，作出更符合专业的判断，公平合理的解决纠纷。

4）保密性

仲裁以不公开审理为原则，并且各国有关的仲裁法律和仲裁规则都规定了仲裁员及仲裁秘书人员的保密义务。仲裁过程除当事人、代理人，以及需要时的证人和鉴定人外，其他人员不得出席和旁听仲裁开庭审理过程。仲裁裁决也不予公开，只送达双方当事人。所以当事人的商业秘密和贸易活动不会因仲裁活动而泄露，仲裁表现出极强的保密性。

5）快捷性

由于仲裁实行一裁终局制，不像诉讼那样实行两审终审制，这样就有利于当事人之间纠纷的迅速解决。

以上这些特点，体现了仲裁的优点，也是仲裁对纠纷当事人具有巨大吸引力的原因所在。

3. 诉讼

诉讼，民间称"打官司"，是指建设工程当事人依法请求法院行使审判权，依照事实和法律处理双方之间纠纷的审判活动。合同双方当事人如果没有仲裁协议，又和解不成，也无法达成调解协议的情况下，只能以诉讼作为解决纠纷的最终方式。

建设工程中发生民事纠纷，首先应当考虑通过和解和调解这类低成本的途径解决，在前面两种途径无法解决时，只能寻求仲裁或诉讼途径。

14.1.3 建设工程行政纠纷的解决途径

建设工程行政纠纷的解决途径有行政复议和行政诉讼。

行政复议是行政相对人认为建设主管部门或其他行政管理部门具体的行政行为侵犯其合法权益，依法向上级行政机关提出重新审定该具体行政行为是否合法、适当，并作出处理决定的活动。

行政复议是行政相对人一种依法申请的行政行为，是行政机关系统内部自我监督的一种重要形式。

行政诉讼，即"民告官"，是行政相对人认为行政主体在建设管理活动中的具体行政行为侵犯其合法权益，依法向法院起诉，法院在当事人以及其他诉讼参与人的参与下，对具体行政行为的合法性进行审理并作出裁决的活动。

建设活动管理的具体行政行为是建设行政主管部门或其他行政管理部门及其工作人员在行使行政权力过程中，针对特定人或特定事件作出影响行政相对人的具体决定和措施的行为。如住房城乡建设部核发一级房地产价格评估机构资格证书，建设行政主管部门颁发商品房预售许可证、施工许可证，拆迁主管部门核发拆迁许可证等。

行政诉讼、刑事诉讼和民事诉讼构成我国的三大诉讼。行政诉讼与刑事诉讼、民事诉讼不同，具体行政行为合法性审查是行政诉讼的特有的基本原则。行政诉讼中，法院以审查具体行政合法性为原则，以合理性审查为例外。对行政处罚显失公正的，法院可以判决变更。

14.2　建设工程行政纠纷的处理

14.2.1　建设工程纠纷的行政复议

1. 建设工程纠纷行政复议的范围

可申请行政复议的行政行为是具体的行政行为。建设工程纠纷中，行政相对人可以对以下行政行为提出行政复议的申请：

(1) 对行政机关做出的警告、罚款、没收非法财物、责令停产停业、暂扣或者吊销预售许可证、暂扣或者吊销营业执照、执业资格证书、行政拘留等行政处罚决定不服的；

(2) 对行政机关做出的限制人身自由或者查封、扣押、冻结财产等行政强制措施决定不服的。

(3) 对行政机关做出的有关许可证、执照、资质证书、执业资格证等证书变更、中止、撤销的决定不服的。

(4) 对行政机关做出的关于确认土地、矿藏、水流、森林、山岭、草原、荒地、滩涂、海域等自然资源的所有权或者使用权的决定不服的。

(5) 认为行政机关侵犯合法的经营自主权的。

(6) 认为行政机关违法集资、征收财物、摊派费用或者违法要求履行其他义务的；

(7) 认为符合法定条件，申请行政机关颁发许可证、执照、资质证、资格证等证书，或者申请行政机关审批、登记有关事项，行政机关没有依法办理的；如房地产登记机关在受理产权登记材料后，在法定时限内不予答复等。

(8) 申请行政机关履行保护人身权利、财产权利、受教育权利的法定职责，行政机关没有依法履行的。

(9) 认为行政机关的其他具体行政行为侵犯其合法权益的。

此外，行政相对人认为行政机关的具体行政行为所依据的国务院相关部门的规定、县级以上地方各级人民政府及其工作部门的规定、乡（镇）人民政府的规定不合法，在对具体行政行为申请行政复议时，可以一并向行政复议机关提出对该规定的审查申请。如地方行政主管部门设置建筑市场、房地产市场的准入资格，限制外地企业进入本地的规定等（该类规定不含国务院部、委规章和地方人民政府规章）违反法律、法规侵害其合法权益等。

2. 行政复议的管辖

行政复议的管辖是指行政相对人对具体行政行为不服应向哪个行政复议机关提出申请，并由其受理和审查。

(1) 对地方各级人民政府的具体行为不服的，向上一级地方人民政府申请行政复议。

(2) 对省、自治区、直辖市人民政府的具体行政行为不服的，向做出该具体行政行为的省、自治区、直辖市人民政府申请行政复议。对行政复议决定不服的，可以向法院提起行政诉讼，也可以向国务院申请最终裁决。国务院作出裁决后不能再向复议提出行政诉讼。

(3) 对省、自治区人民政府依法设立的派出机关所属的县级地方人民政府的具体行政行为不服的，向该派出机关申请行政复议。

（4）县级以上地方各级人民政府工作部门的具体行政行为不服的，申请人可以向该部门的本级人民政府申请行政复议，也可以向上一级主管部门申请行政复议。如对市建设局作出处罚决定不服的，当事人可以向市政府法制办申请行政复议，也可以向其上一级的主管部门省建设厅申请行政复议。

（5）对国务院各部门的具体行政行为不服的，向该部门申请行政复议；对行政复议不服的，既可以向该复议提出行政诉讼，也可以向国务院申请最终裁决。

（6）对县级以上地方人民政府依法设立的派出机关的具体行政行为不服的，向设立该派出机关的人民政府申请行政复议。

对政府工作部门依法设立的派出机构依照法律、法规或者规章规定，以自己的名义做出的具体行政行为不服的，向设立该派出机构的部门或者该部门的本级地方人民政府申请行政复议。

（7）对法律、法规授权的组织的具体行政行为不服的，分别向直接管理该组织的地方人民政府、地方人民政府工作部门或者国务院部门申请行政复议；如建设工程质量监督局是根据建设局的授权对施工企业作出处罚决定的，施工企业可以向市政府的法制办申请行政复议。

（8）对两个或者两个以上行政机关以共同的名义做出的具体行政行为不服的，向其共同上一级行政机关申请行政复议。

（9）对被撤消的行政机关在撤消前所做出的具体行政行为不服的，向继续行使其职权的行政机关的上一级行政机关申请行政复议。

申请人申请行政复议，行政复议机关已经依法受理的；或者法律、法规规定应当先向行政复议机关申请行政复议的，在法定行政复议期限内不得向法院提起行政诉讼。

申请人向法院提起行政诉讼，法院已经依法受理的，不得申请行政复议。

3.行政复议申请、受理、审理和决定

（1）行政复议的申请

申请人应自知道该具体行政行为侵犯其合法权益之日起60日内提出行政复议申请。但是法律法规的申请期限超过60日的除外。因不可抗力或者其他正当理由耽误法定申请期限的，申请期限自法定事由消除之日起继续计算。申请人申请行政复议可以采用书面申请，也可以采取口头申请。

（2）行政复议的受理

行政复议机关收到行政复议后，应当在5日内进行审查，对不符合本法规定的行政复议申请，决定不予受理，并书面告知申请人；对符合本法规定，但是不属于本机关受理的行政复议申请，应当告知申请人向有关行政复议机关提出。如果行政复议机关收到行政复议申请后5日内，没有作出不予受理的决定，也没有告知申请人另向有关行政复议机关提出，申请自行政复议机关负责法制工作的机构收到之日起即为受理。

如果法律、法规规定应当先向行政复议机关申请行政复议，对行政复议决定不服再向法院提起行政诉讼的，行政复议机关决定不予受理或者受理后超过行政复议期限不做答复的，申请人可以自到不予受理决定书之日起或者行政复议期满之日起15日内，依法向法院提起行政诉讼。

（3）行政复议的审查

行政复议机关应当自行政复议申请受理之日起 7 日内，将行政复议申请书副本或行政复议申请笔录印发送被申请人。被申请人收到之日起 10 日内提出书面答复，并提交当初做出具体行政行为的证据、依据和其他有关材料。为防止行政主体违反"先取证后决定"的基本程序原则，在行政复议过程中，被申请人不得自行向申请人和其他有关组织或个人收集证据。

对申请人在申请行政复议时，一并提出的对有关行政规定的审查申请，行政复议机关有权处理的应当在 30 日内依法处理；无权处理的应在 7 日内转有权处理的行政机关依法处理，有权处理的行政机关应当在 60 日依法处理。处理期间，中止行政复议程序。

行政复议以书面审查为原则，但申请人提出要求或者行政复议机关法制工作机构认为必要时，可以调查情况并听取申请人、被申请人和第三人的意见。行政复议期间行政行为不停止执行。但有下列情形的除外：1）被申请人认为需要停止执行的；2）行政复议机关认为需要停止执行的；3）申请人申请停止执行，行政复议机关认为其要求合理，决定停止执行的；4）法律法规停止执行的。

（4）行政复议的决定。

行政复议机关经过审查后，根据具体情况，可以作出以下决定：

1）具体行政行为认定事实清楚，证据确凿，适用依据正确，程序合法，内容适当，应作出维持具体行政行为决定。

2）被申请人不履行法定职责，应作出限期履行决定。

3）具体行政行为主要事实不清、证据不足；适用依据错误的；违反法定程序的；超越或滥用职权的，应作出撤销决定、变更决定或确认违反决定。

4）被申请的具体行政行为侵犯申请人的合法权益造成损害，申请人据此请求赔偿的，行政复议机关在作出撤销决定、变更决定或确认违法决定的同时，应当责令被申请人依法赔偿申请人的损失。申请人没有提出行政赔偿请求的行政复议机关在作出撤销决定、变更决定或确认违法决定时，应当责令被申请人返还申请人财产、解除对财产的查封、扣押、冻结措施，或者赔偿相应的价款。

除单行法律法规行政复议期限少于 60 日外，行政复议机关应当在自受理行政复议申请之日起 60 日内做出上述行政复议决定。对情况复杂，不能在规定期限内做出行政复议决定的，经行政复议机关负责人批准可以适当延长，并告知申请人和被申请人，但延长期限最多不得超过 30 日。

14.2.2　建设工程纠纷的行政诉讼

1. 行政诉讼的范围

公民、法人或者其他组织认为行政机关和行政机关工作人员的具体行政行为侵犯其合法权益，有权依照《行政诉讼法》向法院提起诉讼。具体包括：

（1）对行政拘留、暂扣或者吊销许可证和执照、责令停产停业、没收违法所得、没收非法财物、罚款、警告等行政处罚不服的；

（2）对限制人身自由或者对财产的查封、扣押、冻结等行政强制措施和行政强制执行不服的；

（3）申请行政许可，行政机关拒绝或者在法定期限内不予答复，或者对行政机关作出的有关行政许可的其他决定不服的；

（4）对行政机关作出的关于确认土地、矿藏、水流、森林、山岭、草原、荒地、滩涂、海域等自然资源的所有权或者使用权的决定不服的；

（5）对征收、征用决定及其补偿决定不服的；

（6）申请行政机关履行保护人身权、财产权等合法权益的法定职责，行政机关拒绝履行或者不予答复的；

（7）认为行政机关侵犯其经营自主权或者农村土地承包经营权、农村土地经营权的；

（8）认为行政机关滥用行政权力排除或者限制竞争的；

（9）认为行政机关违法集资、摊派费用或者违法要求履行其他义务的；

（10）认为行政机关没有依法支付抚恤金、最低生活保障待遇或者社会保险待遇的；

（11）认为行政机关不依法履行、未按照约定履行或者违法变更、解除政府特许经营协议、土地房屋征收补偿协议等协议的；

（12）认为行政机关侵犯其他人身权、财产权等合法权益的。

除前款规定外，法院受理法律、法规规定可以提起诉讼的其他行政案件。

国家行为、抽象行政行为、内部行政行为和终局裁定行为属于不可诉讼行为。此外，行政机关居间对公民、法人或者其他组织之间以及它们相互之间的民事权益争议作调解或者根据法律、法规的规定作仲裁处理，当事人对调解、仲裁不服，向法院起诉的，法院不作为行政案件受理。如建设工程造价管理部门居间对双方工程价格确定进行的调解，调解后当事人之间又不履行调解协议的，该类纠纷仍属于民事纠纷。公民、法人或者其他组织对行政机关工作人员的非职务行为向法院提起行政诉讼的，法院不予受理。

2. 行政诉讼证据规则

（1）被告负举证责任

我国行政诉讼制度采取被告负举证责任的分配原则。被告对作出的具体行政行为负有举证责任，应当提供做出该具体行政行为的证据和依据的规范性文件。诉讼过程中，被告不得自行向原告、第三人和证人收集证据。被告在作出行政行为时已经收集了证据，但因不可抗力等正当事由不能提供的，经法院准许，可以延期提供。

原告或者第三人提出了其在行政处理程序中没有提出的理由或者证据的，经法院准许，被告可以补充证据。行政复议机关在复议过程中收集和补充的证据，不能作为复议维持原具体行政行为的依据。

行政诉讼中的证据包括：书证、物证、视听资料、电子数据、证人证言、当事人的陈述、鉴定意见和勘验笔录八类。以上证据经法庭审查属实，才能作为定案的根据。

（2）原告的举证范围

原告可以提供证明行政行为违法的证据。原告提供的证据不成立的，不免除被告的举证责任。

在起诉被告不履行法定职责的案件中，原告应当提供其向被告提出申请的证据。但有下列情形之一的除外：

1）被告应当依职权主动履行法定职责的；

2）原告因正当理由不能提供证据的。

在行政赔偿、补偿的案件中，原告应当对行政行为造成的损害提供证据。因被告的原因导致原告无法举证的，由被告承担举证责任。

（3）法院依职权调查证据

法院有权要求当事人提供或者补充证据。

法院有权向有关行政机关以及其他组织、公民调取证据。但是，不得为证明行政行为的合法性调取被告作出行政行为时未收集的证据。

与本案有关的下列证据，原告或者第三人不能自行收集的，可以申请法院调取：

1）由国家机关保存而须由法院调取的证据；

2）涉及国家秘密、商业秘密和个人隐私的证据；

3）确因客观原因不能自行收集的其他证据。

3. 行政诉讼程序

（1）起诉

起诉分为两类：一是直接向法院起诉，即法律、法规没有明确规定必须经过复议的，都可以直接向法院起诉，二是经复议后向法院起诉，包括法律、法规明确规定必须经过复议程序才能向法院起诉的和法律、法规没有明确规定必须经过复议，但当事人自愿选择先行政复议，对行政复议决定不服，再向法院起诉的。

（2）受理

当事人提起诉讼应当符合法定条件。法院在接到起诉状时对符合本法规定的起诉条件的，应当登记立案。

（3）审理

1）公开审理

行政诉讼案件，除涉及国家秘密、个人隐私及法律另有规定的外，都应公开审理。涉及商业秘密的案件，当事人申请不公开审理的，可以不公开审理。

2）法院审理行政案件以判决为原则，不适用调解

行政诉讼案件不适用调解。但是，行政赔偿、补偿以及行政机关行使法律、法规规定的自由裁量权的案件可以调解。行政诉讼案件中的调解与民事案件中的调解有所不同，应当遵循自愿、合法原则，不得损害国家利益、社会公共利益和他人合法权益。

3）与民事争议的合并审理

行政诉讼中在涉及行政许可、登记、征收、征用和行政机关对民事争议所作的裁决的案件，当事人申请一并解决相关民事争议的，法院可以一并审理。

（4）判决

法院审理行政案件，以法律和行政法规、地方性法规为依据。地方性法规适用于本行政区域内发生的行政案件。法院审理民族自治地方的行政案件，并以该民族自治地方的自治条例和单行条例为依据。法院审理行政案件，参照规章。一审法院经过审理，根据不同情况，分别作出以下判决：

1）判决驳回原告的诉讼请求

行政行为证据确凿，适用法律、法规正确，符合法定程序的，或者原告申请被告履行法定职责或者给付义务理由不成立的，法院判决驳回原告的诉讼请求。

2）法院判决撤销或者部分撤销，并可以判决被告重新作出行政行为

行政行为有下列情形之一的，法院判决撤销或者部分撤销，并可以判决被告重新作出行政行为：主要证据不足的；适用法律、法规错误的；违反法定程序的；超越职权的；滥

用职权的和明显不当的。法院判决被告重新作出行政行为的，被告不得以同一的事实和理由作出与原行政行为基本相同的行政行为。

3）判决被告履行义务

法院经过审理，查明被告不履行法定职责的，判决被告在一定期限内履行；法院经过审理，查明被告依法负有给付义务的，判决被告履行给付义务。

4）判决确认违法，但不撤销行政行为

行政行为有下列情形之一的，判决确认违法，但不撤销行政行为：

一是行政行为依法应当撤销，但撤销会给国家利益、社会公共利益造成重大损害的；二是行政行为程序轻微违法，但对原告权利不产生实际影响的。

5）判决确认行政行为违法，但不需要撤销或者判决履行的

法院判决确认行政行为违法，但不需要撤销或者判决履行的行政行为有以下几种情形：第一，行政行为违法，但不具有可撤销内容的；第二，被告改变原违法行政行为，原告仍要求确认原行政行为违法的；第三，被告不履行或者拖延履行法定职责，判决履行没有意义的。

6）法院判决确认行政行为无效

法院对于因行政行为有实施主体不具有行政主体资格或者没有依据等重大且明显违法情形，原告申请确认行政行为无效的，法院判决确认该行政行为无效。

法院判决确认违法或者无效的，可以同时判决责令被告采取补救措施；给原告造成损失的，依法判决被告承担赔偿责任。

7）法院判决变更行政行为

法院经审理认为行政处罚明显不当，或者其他行政行为涉及对款额的确定、认定确有错误的，可以判决变更。法院判决变更，不得加重原告的义务或者减损原告的权益。但利害关系人同为原告，且诉讼请求相反的除外。

8）判决被告履行行政协议义务

对于被告不依法履行、未按照约定履行或者违法变更、解除违法变更、解除政府特许经营协议、土地房屋征收补偿协议等协议的，法院判决被告承担继续履行、采取补救措施或者赔偿损失等责任。

复议机关与作出原行政行为的行政机关为共同被告的案件，法院应当对复议决定和原行政行为一并作出裁判。

（5）二审程序

当事人对一审法院判决不服的，自一审判决书达之日起 15 日内提出上诉；对一审裁定不服的，自一审裁定书送达之日起 10 日内提出上诉。

二审法院对提起上诉的案件可以作出以下裁定或判决：

1）原判决、裁定认定事实清楚，适用法律、法规正确的，判决或者裁定驳回上诉，维持原判决、裁定；

2）原判决、裁定认定事实错误或者适用法律、法规错误的，依法改判、撤销或者变更；

3）原判决认定基本事实不清、证据不足的，发回原审法院重审，或者查清事实后改判；

4）原判决遗漏当事人或者违法缺席判决等严重违反法定程序的，裁定撤销原判决，发回原审法院重审。

原审法院对发回重审的案件作出判决后，当事人提起上诉的，第二审法院不得再次发回重审。

法院审理上诉案件，需要改变原审判决的，应当同时对被诉行政行为作出判决。

14.3　仲裁制度

14.3.1　仲裁法的基本原则

1. 当事人意思自治原则

这一原则通常也被称为当事人自愿原则，是《仲裁法》最基本的原则。这一原则主要体现在以下几方面：其一，当事人是否将他们之间发生的纠纷提交仲裁，由他们自愿协商决定。《仲裁法》规定，当事人采取仲裁方式解决纠纷，应当双方自愿，达成仲裁协议，没有达成仲裁协议，一方申请仲裁的，仲裁委员会不予受理。当事人达成仲裁协议，一方向法院起诉的，法院不予受理。其二，当事人将他们之间的纠纷提交哪一个仲裁委员会仲裁，亦由他们自愿协商决定。《仲裁法》第6条规定仲裁委员会应当由当事人协议选定。仲裁不实行级别管辖和地域管辖。

2. 以事实为根据，以法律为准绳原则

以事实为根据，以法律为准绳，是我国法治建设的一项基本原则，当然也是《仲裁法》的基本原则。仲裁应当根据事实、符合法律规定，公平合理地解决纠纷。事实和法律是这一原则不可分割、不可偏废的两个方面。以事实为根据，意味着仲裁庭在仲裁的过程中，必须全面、客观、深入、细致地查明案件当事人的主体资格，查明案件的全部经过、现状及向仲裁庭提供的证据；以法律为准绳，意味着仲裁庭在查明事实的基础上，必须收集、理解与案件有关的法律，并准确地适用法律，公平合理地确认当事人的权利义务关系。

3. 独立公正仲裁原则

仲裁依法独立进行，不受行政机关、社会团体和个人的干涉。仲裁委员会的设置独立于行政机关，与行政机关没有隶属关系。仲裁委员会之间也没有隶属关系。这是实现独立仲裁的组织保证。为了保证公正性，《仲裁法》也作了一系列规定，如《仲裁法》关于仲裁员的资格条件，要求仲裁员在思想品德方面要公道正派，规定了仲裁员的回避制度，并规定了仲裁员违反回避制度的法律责任。《仲裁法》还规定关于涉外仲裁委员会可以从外籍人士中聘任仲裁员，也充分体现了公正性。

4. 一裁终局原则

一裁终局原则是世界各国普遍接受的仲裁原则，我国《仲裁法》对此原则进行了确认。裁决作出后，当事人就同一纠纷再申请仲裁或者向法院起诉的，仲裁委员会或者法院不予受理。裁决书自作出之日起发生法律效力，当事人应当履行裁决，一方当事人不履行的，另一方当事人可以依照民事诉讼法的有关规定向法院申请执行，受理申请的法院应当执行。

14.3.2 仲裁机构

我国仲裁法规定的仲裁是机构仲裁。设立常设性的仲裁机构使得当事人在纠纷发生之后，可以自愿选择仲裁，以利纠纷的及时解决。

1. 我国的仲裁委员会

《仲裁法》规定，仲裁委员会的设立不按行政区划，根据实际需要，可以在直辖市和省、自治区人民政府所在地的市设立，也可在其他设区的市设立。仲裁委员会，独立于行政机关，仲裁委员会之间也无隶属关系。

仲裁委员会由主任 1 人、副主任 2～4 人和委员 7～11 人组成。主任、副主任和委员由法律、经济贸易专家和有实际工作经验的人员担任。在仲裁委员会的组成人员中，法律、经济贸易专家不得少于 2/3。

2. 仲裁员的选任

仲裁委员会按不同专业设仲裁员名册。仲裁员实行聘任制。聘任的仲裁员，首先必须公道正派，此外，还应符合下列条件之一：

（1）从事仲裁工作满 8 年的；

（2）从事律师工作满 8 年的；

（3）曾任审判员满 8 年的；

（4）从事法律研究、教学工作并具有高级职称的；

（5）具有法律知识、从事经济贸易等专业工作并具有高级职称或者具有同等专业水平的。

14.3.3 仲裁协议

1. 仲裁协议的内容

仲裁协议是将纠纷提交仲裁的法律依据。它包括两种形式：在合同中订立的仲裁条款以及在纠纷发生前后达成的书面仲裁协议书。

仲裁协议必须依法达成，同时应当明确下列内容：

（1）请求仲裁的意思表示。即双方都同意将争议通过仲裁程序解决。

（2）仲裁事项。即双方协议将哪些争议提交仲裁委员会仲裁。

（3）选定的仲裁委员会。即双方协议选定具体哪一个仲裁委员会。

2. 仲裁协议的效力

仲裁协议具有以下情形的，仲裁协议无效：

（1）约定的仲裁事项超出法律规定的仲裁范围的；

（2）无民事行为能力人或者限制民事行为能力人订立的仲裁协议；

（3）一方采取胁迫手段，迫使对方订立仲裁协议的。

仲裁协议对仲裁事项或者仲裁委员会没有约定或者约定不明确的，当事人可以补充协议；达不成补充协议的，仲裁协议无效。

仲裁协议独立存在，合同的变更、解除、终止或者无效，不影响仲裁协议的效力。仲裁庭有权确认合同的效力。

当事人对仲裁协议的效力有异议的，可以请求仲裁委员会作出决定或者请求法院作出裁定。一方请求仲裁委员会作出决定，另一方请求法院作出裁定的，由法院裁定。

当事人对仲裁协议的效力有异议，应当在仲裁庭首次开庭前提出。

3. 仲裁协议对案件管辖的意义

有效的仲裁协议是仲裁机构受理案件的前提和审理、裁决案件的依据。有效的仲裁协议也排斥了法院的管辖。仲裁协议签订后，一方当事人到法院诉讼，法院不予受理。在解决纠纷的途径中，我国实行"或裁或审"原则。当事人选择了仲裁途径就不能再通过法院审理的途径解决。当事人没有仲裁协议的或达不成仲裁协议的，最后的解决途径就只能是诉讼。

14.3.4 仲裁程序

1. 案件的申请和受理

凡争议双方当事人订有仲裁协议的，任何一方都可将他们的争议提交仲裁协议中所选定的仲裁委员会仲裁。申诉人申请仲裁时，必须提交书面申请，申请书应包括下列内容：

（1）当事人的姓名、性别、年龄、职业、工作单位和住所，法人或者其他组织的名称、住所和法定代表人或者主要负责人的姓名、职务；

（2）仲裁请求和所根据的事实、理由；

（3）证据和证据来源、证人姓名和住所。

仲裁委员会收到仲裁申请书之日起5日内，认为符合受理条件的，应当受理；认为不符合受理条件的，应当书面通知当事人不予受理，并说明理由。

2. 仲裁庭的组成

仲裁庭可以由3名仲裁员或者1名仲裁员组成。当事人约定由3名仲裁员组成仲裁庭的，应当各自选定或各自委托仲裁委员会主任指定1名仲裁员，由当事人共同选定或共同委托仲裁委员会主任指定第三名仲裁员，双方当事人共同选定的或共同委托仲裁委员会主任指定的第三名仲裁员为首席仲裁员。

当事人约定由1名仲裁员成立仲裁庭的，应当由当事人共同选定或者共同委托仲裁委员会主任指定仲裁员。

当事人没有在规定期限内约定仲裁庭的组成方式或选定仲裁员，由仲裁委员会主任指定。

仲裁员审理案件时，独立、公正地工作，不代表任何一方当事人。如仲裁员有下列情形之一，必须回避，当事人也有权提出回避申请：

（1）是本案当事人或当事人、代理人的近亲属；

（2）与本案有利害关系；

（3）与本案当事人、代理人有其他关系，可能影响公正仲裁的；

（4）私自会见当事人、代理人，或接受当事人、代理人的请客送礼的。

仲裁员是否回避，由仲裁委员会主任决定。仲裁委员会主任担任仲裁员的，由仲裁委员会集体决定。

3. 开庭和裁决

仲裁开庭是不公开进行的，如当事人另有协议的除外。仲裁庭在开庭前，应将开庭日期通知双方当事人。申请人无故不到庭或者中途擅自退庭的，视为撤回仲裁申请，被申请人无故不到庭或者擅自中途退庭，可作缺席裁决。

在开庭中，仲裁员应认真听取当事人的陈述和辩论，出示有关证据，然后依申请人、被申请人顺序征询双方最后意见。在作出裁决前，可以先行调解。调解达成协议，仲裁庭应当制作调解书或根据双方协议的结果，制作裁决书。调解未达成协议的，由仲裁庭按照多数仲裁员的意见作出裁决，仲裁庭不能形成多数意见时，裁决按首席仲裁员的意见作出。

调解书与裁决书具有同等法律效力。

调解书经双方当事人签收，裁决书自作出之日起发生法律效力。

14.3.5 案件的执行

调解书或裁决书依法生效后，当事人应当履行裁决。一方当事人不履行的，另一方当事人可依《民事诉讼法》有关规定向有管辖权的法院申请强制执行。当事人申请执行仲裁裁决案件，由被执行人住所地或者被执行的财产所在地的中级人民法院管辖。

14.3.6 仲裁监督

根据《仲裁法》与《民事诉讼法》的有关规定，由法院对仲裁实施必要的监督，表现在以下三个方面：

1. 仲裁协议效力的审查

当事人向法院申请确认仲裁协议效力的案件，由仲裁协议约定的仲裁机构所在地的中级人民法院管辖；仲裁协议约定的仲裁机构不明确的，由仲裁协议签订地或者被申请人住所地的中级人民法院管辖。

申请确认涉外仲裁协议效力的案件，由仲裁协议约定的仲裁机构所在地、仲裁协议签订地、申请人或者被申请人住所地的中级人民法院管辖。

2. 当事人撤销裁决

法院接到当事人要求撤销裁决的申请后，应组成合议庭进行审查，凡有下列情形之一者，应裁定撤销裁决：

(1) 没有仲裁协议的；

(2) 裁决的事项不属于仲裁协议的范围或仲裁委员会无权仲裁的；

(3) 仲裁庭的组成或者仲裁的程序违反法定程序的；

(4) 裁决所根据的证据是伪造的；

(5) 对方当事人隐瞒了足以影响公正裁决的证据的；

(6) 仲裁员在仲裁该案时有索贿、受贿、徇私舞弊、枉法裁决行为的。

当事人申请撤销国内仲裁裁决的案件属于下列情形之一的，法院可以依照《仲裁法》第 61 条的规定通知仲裁庭在一定期限内重新仲裁：

(1) 仲裁裁决所根据的证据是伪造的；

(2) 对方当事人隐瞒了足以影响公正裁决的证据的。

法院应当在通知中说明要求重新仲裁的具体理由。

法院认定该裁决违反社会公共利益的，应当裁定撤销。

3. 一方当事人申请仲裁裁决不予执行

一方当事人申请法院强制执行裁决，被申请人提出证据证明裁决有下列情形之一者，经法院组成合议庭审核，裁定不予执行：

(1) 当事人在合同中没有订有仲裁条款或事后没有达成书面仲裁协议的；

(2) 裁决的事项不属于仲裁协议的范围或者仲裁机构无权仲裁的；

(3) 仲裁庭的组成或仲裁程序违反法定程序的；

（4）认定事实的主要证据不足的；

（5）适用法律确有错误的；

（6）仲裁员在仲裁该案时有贪污受贿、徇私舞弊、枉法裁决行为的。

当事人请求不予执行仲裁调解书或者根据当事人之间的和解协议作出的仲裁裁决书的，法院不予支持。

14.4　民　事　诉　讼

14.4.1　事诉讼的概念和民事诉讼管辖

民事诉讼，是指法院在所有诉讼参与人的参加下，按法定程序解决民事纠纷时所进行的活动。这是当事人寻求公力救济的一种途径。

民事诉讼管辖，是指上下级法院之间和同级法院之间受理第一审民事案件的分工和权限。正确地确定各级法院和各地法院的管辖权，有利于法院正确及时地行使审判权，避免法院之间互相推诿、互相争执的现象，也有利于当事人正确行使诉讼权，避免当事人四处奔波，告诉无门。

根据《民事诉讼法》的规定，民事诉讼管辖，主要有下面几种：

1. 级别管辖

级别管辖，是根据案件的性质、影响的范围，划分上下级法院之间审理第一审经济案件的分工和权限。除依法由上级法院管辖的第一审经济案件外，其他第一审案件都由基层法院管辖。中级人民法院管辖的第一审民事案件包括：重大涉外案件；在本辖区有重大影响的案件；最高法院确定由其管辖的案件。高级法院管辖在本辖区有重大影响的案件。最高法院管辖在全国有重大影响的以及认为应由本院审理的案件。

2. 地域管辖

地域管辖是指划分同级法院之间受理第一审经济纠纷案件的权限和分工。地域管辖可以分为：

（1）一般地域管辖

一般地域管辖是指按《民事诉讼法》第22条的规定，案件应由被告所在地法院管辖。被告为公民的，住所地为公民的户籍所在地，住所地与经常居住地不一致时，由经常居住地法院管辖。法人的住所地是指法人的主要营业地或者主要办事机构所在地。

公民的经常居住地是指公民离开住所地至起诉时已连续居住一年以上的地方。但公民住院就医的地方除外。

（2）特殊地域管辖

特殊地域管辖是指以诉讼标的或当事人所在地来确定管辖法院。《民事诉讼法》中涉及建设活动的特殊管辖的案件类型有：

1）因合同纠纷提起的诉讼，由被告住所地或合同履行地法院管辖；

2）因保险合同纠纷提起的诉讼，由被告住所地或者保险标的物所在地法院管辖；

3）因票据纠纷提起的诉讼，由票据支付地或被告住所地法院管辖；

4）因运输合同提出的诉讼，由运输始发地、目的地或者被告住所地法院管辖；

5）因侵权行为提起的诉讼，由侵权行为地或被告住所地法院管辖。如施工人员在工地上发生纠纷致人伤残等案件,在工程所在地法院或被告住所地法院管辖。

《民事诉讼法》规定,对于合同纠纷案件同时实行协议管辖。即合同双方当事人可以在书面合同中协议选择被告住所地、合同履行地、合同签订地、原告住所地、标的物所在地法院管辖,但不能违反级别管辖和专属管辖的规定。

(3)专属管辖

专属管辖是指法律规定某些诉讼标的特殊的案件由特定的法院管辖。专属管辖具有强制性和排他性,不许当事人或法院更改。属于专属管辖的案件有三类:一是因不动产纠纷提起的诉讼,由不动产所在地人民法院管辖;二是因港口作业中发生纠纷提起的诉讼,由港口所在地人民法院管辖;三是因继承遗产纠纷提起的诉讼,由被继承人死亡时住所地或者主要遗产所在地人民法院管辖。

不动产纠纷是指因不动产的权利确认、分割、相邻关系等引起的物权纠纷。农村土地承包经营合同纠纷、房屋租赁合同纠纷、建设工程施工合同纠纷、政策性房屋买卖合同纠纷,按照不动产纠纷确定管辖。不动产已登记的,以不动产登记簿记载的所在地为不动产所在地;不动产未登记的,以不动产实际所在地为不动产所在地。

3. 移送管辖和指定管辖

移送管辖是指没有管辖权的法院将已受理的案件移送给有管辖权的法院受理。接受移送的法院不得再自行移送。

有管辖权的法院由于特殊原因,不能行使管辖权的,由上级法院指定管辖。两个以上法院因管辖权发生争议,由双方共同的上级法院指定管辖的法院。

上级法院有权审理下级法院管辖的第一审民事案件,也可把本院管辖的第一审案件交由下级法院审理。下级法院对它所管辖的第一审案件,认为需要由上级法院审理的,可报请上级法院审理。这既是案件的移送,同时也意味着管辖权的移送。作为诉讼管辖的变通规定,其目的在于灵活运用法律,确保诉讼活动顺利进行。

14.4.2 民事诉讼当事人

1. 当事人的概念

民事诉讼当事人是指以自己的名义进行诉讼,并受法院裁决约束的利害关系人。当事人是民事诉讼的基本构成要素。根据《民事诉讼法》的规定,可以作为当事人的有公民、法人和其他组织。

法人由其法定代表人进行诉讼。其他组织由其主要负责人进行诉讼。

民事诉讼法规定的其他组织是指合法成立、有一定的组织机构和财产,但又不具备法人资格的组织,包括:

1)依法登记领取营业执照的个人独资企业;

2)依法登记领取营业执照的合伙企业;

3)依法登记领取我国营业执照的中外合作经营企业、外资企业;

4)依法成立的社会团体的分支机构、代表机构;

5)依法设立并领取营业执照的法人的分支机构;

6)依法设立并领取营业执照的商业银行、政策性银行和非银行金融机构的分支机构;

7)经依法登记领取营业执照的乡镇企业、街道企业。

法人非依法设立的分支机构,或者虽依法设立,但没有领取营业执照的分支机构,以设立该分支机构的法人为当事人。以挂靠形式从事民事活动，当事人请求由挂靠人和被挂靠人依法承担民事责任的，该挂靠人和被挂靠人为共同诉讼人。

在诉讼中，个体工商户以营业执照上登记的经营者为当事人。有字号的，以营业执照上登记的字号为当事人，但应同时注明该字号经营者的基本信息。

营业执照上登记的经营者与实际经营者不一致的，以登记的经营者和实际经营者为共同诉讼人。

2. 民事诉讼诉讼当事人的种类

(1) 原告

原告是指为保护自己的合法权益，以自己的名义向法院提起诉讼，从而引起诉讼程序产生的人。在物业管理纠纷案件中，业主委员会可以原告的身份作为诉讼主体提起诉讼。

(2) 被告

被告是与原告利益相对立，因原告的起诉而由法院通知应诉的人。

《最高法院关于审理建设工程施工合同纠纷案件适用法律问题的解释》对建设工程纠纷中的诉讼当事人进行了专门解释：

因建设工程质量发生争议的，发包人可以以总承包人、分包人和实际施工人为共同被告提起诉讼。实际施工人以转包人、违法分包人为被告起诉的，法院应当依法受理。

实际施工人以发包人为被告主张权利的，法院可以追加转包人或者违法分包人为本案当事人。

(3) 共同诉讼人

共同诉讼是指当事人一方或双方为二人以上的诉讼。二人以上的一方或双方当事人称为共同诉讼人。共同诉讼分必要的共同诉讼和普通的共同诉讼两种。

必要的共同诉讼是指一方或双方为二人以上，诉讼标的同一，共同诉讼人共享权利或共同承担义务。如经营者与广告经营者弄虚作假，发布虚假广告，造成消费者损失，消费者因此起诉，经营者与广告经营者负有共同赔偿责任，属于共同被告。

普通的共同诉讼是指当事人一方或双方为二人以上，诉讼标的是同一种类，法院认为可以合并审理的诉讼。普通的共同诉讼人并不具有共同的权利或义务，他们可以独立的法律关系与对方当事人进行诉讼，只是因当事人的权利或义务属于同一类型，法院认为有必要合并审理并经当事人同意。如一农药厂出售劣质农药，两个农民购买者因此受到经济损失，分别起诉，两个原告并无法律或事实上的联系，因都是农药厂的受害者，权利或义务属同一类型，法院可以将其合并审理，两个消费者成为共同原告。

(4) 第三人

第三人是指对他人之间的诉讼标的具有独立的请求权或虽无独立请求权但与案件的处理结果有法律上的利害关系而参加到诉讼中去的人。

根据第三人对已进行诉讼的诉讼标的有无独立请求权，可将第三人分为有独立请求权的第三人和无独立请求权的第三人。

有独立请求权的第三人是指既否定原告请求又不同意被告主张，而独立提出一个新主张的人，他在诉讼中相当于原告的身份，而以原诉讼中的原、被告为共同被告。

无独立请求权的第三人，是对他人诉讼标的无独立请求权，但与案件处理结果有利害关系而参加到诉讼中的人。他在诉讼中，依附一方当事人，或支持原告或支持被告，以维护自己的权益。

第三人参加诉讼，经本人申请，或原诉讼当事人一方提出或法院依职权通知其参加均可成立。

（5）诉讼代表人。因当事人一方人数众多，而由当事人推选代表，代表当事人从事诉讼行为的人，称为诉讼代表人。

诉讼代表人既是案件的当事人，同时又代表全体当事人，应从维护全体当事人利益出发进行活动，其行为对所代表的全体当事人产生法律效力。

诉讼代表人与诉讼代理人不同。后者是以被代理人（即案件当事人）名义参加诉讼，并不是案件的当事人，因而不享有当事人的诉讼权利也无需承担当事人的诉讼义务。

14.4.3 民事诉讼证据

1. 民事证据的概念和类型

民事证据是以法律规定的形式表现出来的能够证明案件真实情况的一切事实。

民事证据有下列几种：当事人的陈述、书证、物证、视听资料、电子数据、证人证言、鉴定意见和勘验笔录。

建设工程合同中的协议书、招标文件、投标书、工程量清单、施工图、监理工程师的书面指令和签证等都属于书证。当事人对工程质量有异议、对工程造价有异议的，可以申请法院委托有资格的司法鉴定机构对工程质量和工程造价进行鉴定。鉴定机构作出的鉴定报告即为鉴定意见，它是重要的证据之一。随着电子商务及微信等网络的广泛运用，电子数据成为重要的证据类型之一。电子数据是指通过电子邮件、电子数据交换、网上聊天记录、博客、微博客、手机短信、电子签名、域名等形成或者存储在电子介质中的信息。视听资料包括录音资料和影像资料。存储在电子介质中的录音资料和影像资料，适用电子数据的规定。

从证据的存在形式或者表现形式，证据分为言词证据和实物证据。在我国民事诉讼中，言词证据的种类主要有证人证言和当事人陈述，实物证据的种类主要有物证、书证、视听资料和勘验笔录。证据必须查证属实，才能作为认定事实的根据。

2. 民事诉讼的举证原则

（1）民事诉讼的举证原则

民事诉讼实行"谁主张，谁举证"的原则。当事人对自己提出的诉讼请求所依据的事实或者反驳对方诉讼请求所依据的事实有责任提供证据加以证明。没有证据或者证据不足以证明当事人的事实主张的，由负有举证责任的当事人承担不利后果。

当事人因客观原因不能自行收集的证据，可申请法院调查收集。

（2）法院调查收集证据

1）法院依职权调查收集证据

法院认为审理案件需要的证据，可以依职权调查收集证据的情形：

① 涉及可能有损国家利益、社会公共利益或者他人合法权益的事实；

② 涉及依职权追加当事人、中止诉讼、终结诉讼、回避等与实体争议无关的程序事项。

2）法院依当事人申请调查收集证据的情形有：

① 申请调查收集的证据属于国家有关部门保存并须法院依职权调取的档案材料；

② 涉及国家秘密、商业秘密、个人隐私的材料；

③ 当事人及其诉讼代理人确因客观原因不能自行收集的其他材料。

3. 民事诉讼的举证责任

（1）侵权诉讼的举证责任

下列侵权诉讼按照以下规定承担举证责任：

1）因新产品制造方法发明专利引起的专利侵权诉讼，由制造同样产品的单位或者个人对其产品制造方法不同于专利方法承担举证责任；

2）高度危险作业致人损害的侵权诉讼，由加害人就受害人故意造成损害的事实承担举证责任；

3）因环境污染引起的损害赔偿诉讼，由加害人就法律规定的免责事由及其行为与损害结果之间不存在因果关系承担举证责任；

4）建筑物或者其他设施以及建筑物上的搁置物、悬挂物发生倒塌、脱落、坠落致人损害的侵权诉讼，由所有人或者管理人对其无过错承担举证责任；

5）饲养动物致人损害的侵权诉讼，由动物饲养人或者管理人就受害人有过错或者第三人有过错承担举证责任；

6）因缺陷产品致人损害的侵权诉讼，由产品的生产者就法律规定的免责事由承担举证责任；

7）因共同危险行为致人损害的侵权诉讼，由实施危险行为的人就其行为与损害结果之间不存在因果关系承担举证责任。

有关法律对侵权诉讼的举证责任有特殊规定的，从其规定。

（2）合同纠纷案件的举证责任

在合同纠纷案件中，主张合同关系成立并生效的一方当事人对合同订立和生效的事实承担举证责任；主张合同关系变更、解除、终止、撤销的一方当事人对引起合同关系变动的事实承担举证责任。

对合同是否履行发生争议的，由负有履行义务的当事人承担举证责任。

对代理权发生争议的，由主张有代理权一方当事人承担举证责任。

书证在对方当事人控制之下的，承担举证证明责任的当事人可以在举证期限届满前书面申请人民法院责令对方当事人提交。

当事人对工程造价或者工程质量有争议的，可以申请司法鉴定。当事人申请司法鉴定的，可以在举证期限届满前提出。

（3）劳动争议纠纷案件的举证责任

在劳动争议纠纷案件中，因用人单位作出开除、除名、辞退、解除劳动合同、减少劳动报酬、计算劳动者工作年限等决定而发生劳动争议的，由用人单位负举证责任。

4. 举证时限

举证时限是指当事人必须要在一定的诉讼阶段和时间范围内来行使举证权利。规定举证时限目的在于强调效率和公平。

法院应当在送达案件受理通知书和应诉通知书的同时向当事人送达举证通知书。举证通知书应当载明举证责任的分配原则与要求、可以向法院申请调查取证的情形、法院根据案件情况指定的举证期限以及逾期提供证据的法律后果。

举证期限可以由当事人协商一致，并经法院认可。

法院确定举证期限，第一审普通程序案件不得少于 15 日，当事人提供新的证据的第二审案件不得少于 10 日。建设工程纠纷案件的证据材料非常多，当事人特别是被告在收到诉讼材料和举证通知书后，如果举证时间紧张，难以在法院指定的举证期限内提供证据的，可以在举证期限届满前向法院申请延长举证期限。

当事人应当在举证期限内向法院提交证据材料，当事人在举证期限内不提交的，视为放弃举证权利。

对于当事人逾期提交的证据材料，法院审理时不组织质证。但对方当事人同意质证的除外。

当事人增加、变更诉讼请求或者提起反诉的，应当在举证期限届满前提出。

当事人变更诉讼请求的，法院应当重新指定举证期限。

5. 质证

质证，就是在法官的主持下，组织当事人围绕证据的真实性、合法性以及与待证事实的关联性进行质证，并针对证据有无证明力和证明力大小进行说明和辩论。证据应当在法庭上出示由当事人质证。未经质证的证据，不能作为认定案件事实的依据。

当事人在证据交换过程中认可并记录在卷的证据经审判人员在庭审中说明后可以作为认定案件事实的依据。

涉及国家秘密、商业秘密和个人隐私或者法律规定的其他应当保密的证据不得在开庭时公开质证。

对书证、物证、视听资料进行质证时当事人有权要求出示证据的原件或者原物。但有下列情况之一的除外：

（1）出示原件或者原物确有困难并经法院准许出示复制件或者复制品的；

（2）原件或者原物已不存在，但有证据证明复制件、复制品与原件或原物一致的。

当事人申请证人出庭作证，应当在举证期限届满 10 日前提出，并经法院许可。

法院对当事人的申请予以准许的，应当在开庭审理前通知证人出庭作证，并告知其应当如实作证及作伪证的法律后果。

证人应当出庭作证接受当事人的质询。

6. 证据的审核认定

法院应当以证据能够证明的案件事实为依据依法作出裁判。

审判人员应当依照法定程序，全面、客观地审核证据，依据法律的规定，遵循法官职业道德，运用逻辑推理和日常生活经验，对证据有无证明力和证明力大小独立进行判断，并公开判断的理由和结果。能够反映案件真实情况、与待证事实相关联、来源和形式符合法律规定的证据，应当作为认定案件事实的根据。

14.4.4 民事审判程序

1. 第一审程序

第一审程序是法院审理第一审民事案件的诉讼程序。根据《民事诉讼法》的规定，第一审程序主要包括以下几个主要阶段：

（1）起诉和受理

起诉是因原告民事权益受到侵害或发生争议，而向法院提出诉讼请求，请求法院行使审判权给予保护和确认的行为。原告起诉必须符合法定的起诉条件，即：1）原告与本案有直接利害关系；2）有明确的被告；3）有具体的诉讼请求和事实、理由；4）属于法院受理范围和受理法院管辖。

法院收到原告的诉状后，经审查符合条件的应在 7 日内立案，并通知当事人。认为不符合起诉条件的应当在 7 日内裁定不予受理。原告对裁定不服的，可以提起上诉。

起诉和受理的结合，引起法院审判程序开始。

（2）审理前的准备

法院在受案后开庭审理前，为保证庭审活动的顺利进行，需要进行必要的准备工作。其主要任务是弄清当事人的诉讼请求和答辩所根据的事实，了解双方争执的焦点，收集必要的证据，试行调解等。

法院应在立案后 5 日内将起诉状副本送达被告，被告在收到之日 15 日内提出答辩状。法院在收到答辩状之日起 5 日内将答辩状副本发送原告。

法院立案后要确定合议庭组成人员。审判人员要认真审核诉讼材料，通过法定程序收集必要的证据。

（3）开庭审理

开庭审理是指在审判人员主持下，在当事人和其他诉讼参与人的参加下，在法庭上对案件进行实体审理的诉讼活动。法庭审理应当围绕当事人争议的事实、证据和法律适用等焦点问题进行。开庭审理是整个诉讼程序的中心环节。通过对案件的全面审理，明确当事人的权利和义务，为正确公正地裁决提供依据。

法院审理案件，应在开庭 3 目前通知当事人和其他诉讼参加人。除涉及国家机密、个人隐私或法律另有规定外，应当公开进行；涉及商业秘密的案件，当事人申请不公开审理的，可以不公开审理。商业秘密，是指生产工艺、配方、贸易联系、购销渠道等当事人不愿公开的技术秘密、商业情报及信息。

原告经传票传唤，无正当理由拒不到庭的，或未经法庭许可中途退庭的，按撤诉处理，被告反诉的可以缺席判决。被告经传票传唤，无正当理由拒不到庭的，或未经法庭许可中途退庭的，可以缺席判决。

法庭审理主要分下列几个阶段：

1）庭前会议

法院可以在答辩期届满后，通过组织证据交换、召集庭前会议等方式，作好审理前的准备。根据案件具体情况，庭前会议可以包括下列内容：

① 明确原告的诉讼请求和被告的答辩意见；

② 审查处理当事人增加、变更诉讼请求的申请和提出的反诉，以及第三人提出的与本案有关的诉讼请求；

③ 根据当事人的申请决定调查收集证据，委托鉴定，要求当事人提供证据，进行勘验，进行证据保全；

④ 组织交换证据；

⑤ 归纳争议焦点；

⑥ 进行调解。

2）法庭调查。通过在法庭上对案件事实进行全面调查，从而对所有证据材料进行查实，全面揭示案情。经法庭许可，当事人可以向证人、鉴定人、勘验人发问。

3）法庭辩论。由双方当事人对所争议的事实和法律问题进行辩论，通过双方辩论，进一步查证有争议的案情。法院根据案件具体情况并征得当事人同意，可以将法庭调查和法庭辩论合并进行。

4）判决和裁定。法庭辩论终结后，应当依法作出判决。判决前能够调解的，还可以进行调解，调解不成的，应当及时判决。经法庭审理对以下情形等案件适用裁定：①不予受理；②对管辖权有异议的；③驳回起诉；④保全和先予执行；⑤准许或者不准许撤诉；⑥中止或者终结执行；⑦撤销或者不予执行仲裁裁决。

（4）审理期限

法院适用普通程序审理的案件，应当在立案之日起六个月内审结。有特殊情况需要延长的，由本院院长批准，可以延长六个月；还需要延长的，报请上级人民法院批准。法院适用简易程序审理案件，应当在立案之日起三个月内审结。

法院审理，下列金钱给付的小额诉讼案件，实行一审终审：

① 买卖合同、借款合同、租赁合同纠纷；

② 身份关系清楚，仅在给付的数额、时间、方式上存在争议的赡养费、抚育费、扶养费纠纷；

③ 责任明确，仅在给付的数额、时间、方式上存在争议的交通事故损害赔偿和其他人身损害赔偿纠纷；

④ 供用水、电、气、热力合同纠纷；

⑤ 银行卡纠纷；

⑥ 劳动关系清楚，仅在劳动报酬、工伤医疗费、经济补偿金或者赔偿金给付数额、时间、方式上存在争议的劳动合同纠纷；

⑦ 劳务关系清楚，仅在劳务报酬给付数额、时间、方式上存在争议的劳务合同纠纷；

⑧ 物业、电信等服务合同纠纷；

⑨ 其他金钱给付纠纷。

小额诉讼案件是指标的额为各省、自治区、直辖市上年度就业人员年平均工资百分之三十以下的案件。

2. 第二审程序

第二审程序，是指当事人不服地方各级法院第一审未生效的判决、裁定，向上一级法院提起上诉，上一级法院对案件进行再次审理所适用的程序。通过再次审理，维持正确裁决，纠正错误裁决，确保法院审判活动的公正进行，更好地维护当事人的合法权益。

第二审程序并非每个案件的必经程序。只有当事人依法提起上诉才能引起第二审程序。

（1）上诉的提起

上诉是引起第二审程序发生的根据。有权提起上诉的人是在第一审程序中具有实体权利义务的当事人，包括原告、被告、共同诉讼人和具有独立请求权的第三人。

上诉的期限，判决为 15 日，裁定为 10 日，从判决书和裁定书送达之日起计算。

上诉状向原审法院提出；当事人直接向二审法院上诉的，二审法院在 5 日内将上诉状移交原审法院。

（2）上诉的审理

第二审法院对上诉案件，应当组成合议庭，开庭审理。经过阅卷和调查、询问当事人，在事实核对清楚后，合议庭认为不需要直接开庭审理的，也可以直接进行判决、裁定。

（3）上诉的裁决

第二审法院对上诉案件，经过审理，按下列情形分别处理：

1）原判决、裁定认定事实清楚，适用法律正确的，以判决、裁定方式驳回上诉，维持原判决、裁定；

2）原判决、裁定认定事实错误或者适用法律错误的，以判决、裁定方式依法改判、撤销或者变更；

3）原判决认定基本事实不清的，裁定撤销原判决，发回原审人民法院重审，或者查清事实后改判；

4）原判决遗漏当事人或者违法缺席判决等严重违反法定程序的，裁定撤销原判决，发回原审人民法院重审。

原审人民法院对发回重审的案件作出判决后，当事人提起上诉的，第二审人民法院不得再次发回重审。

我国实行二审终审制。第二审法院的判决、裁定，是终审的判决、裁定。

3. 审判监督程序

审判监督程序是指法院对已发生法律效力的判决、裁定，发现在认定事实或适用法律上确有错误，依法重新审判的一种诉讼程序。这是加强法律监督、纠正错误而设立的一种特殊程序。

提起审判监督程序有下列情形：

（1）法院内部监督提出

各级法院院长对本院已发生效力的判决、裁定，发现确有错误，认为需要再审的，应当提交审判委员会讨论决定。最高法院对地方各级法院已发生法律效力的判决、裁定，上级法院对下级法院已发生法律效力的判决、裁定，发现确有错误的，有权提审或指令下级法院再审。

（2）检察院行使监督权提出

最高人民检察院对各级法院已经发生法律效力的判决、裁定，上级人民检察院对下级法院已经发生法律效力的判决、裁定，发现：①原判决、裁定认定事实的主要证据不足的；②原判决、裁定适用法律确有错误的；③法院违反法定程序，可能影响案件正确判决、裁定的；④审判人员在审理案件时有贪污受贿、徇私舞弊、枉法裁判行为的，应按审判监督程序提出抗诉。

地方各级人民检察院对同级法院已发生法律效力的判决、裁定，发现有上述情形之一，应当提请上级人民检察院按审判监督程序提出抗诉。

对人民检察院提出抗诉的案件，法院应当再审，并通知人民检察院派员出席法庭。

（3）当事人申请再审

当事人申请再审，应当在判决、裁定发生法律效力后六个月内提出；

当事人的申请符合下列情形之一的，法院应当再审：

1）有新的证据，足以推翻原判决、裁定的；

2）原判决、裁定认定的基本事实缺乏证据证明的；

3）原判决、裁定认定事实的主要证据是伪造的；

4）原判决、裁定认定事实的主要证据未经质证的；

5）对审理案件需要的证据，当事人因客观原因不能自行收集，书面申请法院调查收集，法院未调查收集的；

6）原判决、裁定适用法律确有错误的；

7）审判组织的组成不合法或者依法应当回避的审判人员没有回避的；

8）无诉讼行为能力人未经法定代理人代为诉讼或者应当参加诉讼的当事人，因不能归责于本人或者其诉讼代理人的事由，未参加诉讼的；

9）违反法律规定，剥夺当事人辩论权利的；

10）未经传票传唤，缺席判决的；

11）原判决、裁定遗漏或者超出诉讼请求的；

12）据以作出原判决、裁定的法律文书被撤销或者变更的。

13）审判人员审理该案件时有贪污受贿，徇私舞弊，枉法裁判行为的。

当事人的再审申请有以上（1）、（3）、（12）、（13）情形的应当自知道或者应当知道之日起六个月内提出。

按审判监督程序决定再审的案件，法院应裁定中止原判决的执行。法院审理再审案件，应重新组成合议庭。

4. 督促程序

督促程序，是指法院根据债权人的请求，向债务人发出附条件的支付令，如债务人在法定期间不提出异议，该支付令即发生法律效力的程序。这是一种简便易行的保护债权人合法权益的程序。

债权人提起督促程序，请求法院发出支付令，必须符合下列条件：

（1）请求给付金钱或者汇票、本票、支票、股票、债券、国库券、可转让的存款单等有价证券；

（2）请求给付的金钱或者有价证券已到期且数额确定，并写明了请求所根据的事实、证据；

（3）债权人没有对待给付义务；

（4）债务人在我国境内且未下落不明；

（5）支付令能够送达债务人；

（6）收到申请书的人民法院有管辖权；

（7）债权人未向人民法院申请诉前保全。

不符合上述规定的，法院应当在收到支付令申请书后5日内通知债权人不予受理。

基层法院受理申请支付令案件，不受债权金额的限制。

债权人必须以书面形式向有管辖权的基层法院提出申请。申请书应当写明请求给付金钱或者有价证券的数量和所根据的事实、证据。

法院自接到申请后5日内作出是否受理的决定。经审查，认为申请不成立的，应裁定驳回。如认定该案债权债务关系明确、合法，并已到履行期限，应当在受理之日起15日内向债务人发出支付令。

债务人应当在收到支付令之日起 15 日内清偿债务。如债务人在法定期限内既不履行支付令又不提出异议的，债权人可以申请法院强制执行。如债务人在收到支付令 15 日提出书面异议的，法院应终结督促程序，支付令失效。债权人可向法院起诉。

5. 公示催告程序

按规定可以背书转让的票据持有人，因票据被盗、遗失或灭失，可以书面形式向法院提出公示催告申请。法院审查符合规定的，应当受理，并在 3 日内发出公告。票据的利害人应当在公示催告期间向法院申报。法院收到申报应裁定终结公示催告程序，申请人或申报人可以向法院起诉。没有人申报的，法院应当根据申请人的申请，作出裁决，宣告票据无效，并通知支付人。自判决公告之日起，申请人有权向支付人请求支付。

14.4.5　执行程序

执行是民事审判工作的最后一道程序，它对保证法院判决、裁定的执行，维护法律的尊严，有着重要意义。

1. 执行案件的申请

发生法律效力的民事判决、裁定，当事人必须履行。一方拒绝履行的，对方当事人可以向法院申请执行，也可以由审判员移送执行员执行。

调解书和其他应当由法院执行的法律文书，当事人必须履行。一方拒绝履行的，对方当事人可以向法院申请执行。

对依法设立的仲裁机构的裁决，一方当事人不履行的，对方当事人可以向有管辖权的法院申请执行。受申请的法院应当执行。

2. 执行案件的管辖

发生法律效力的民事判决、裁定，以及刑事判决、裁定中的财产部分，由第一审法院或者与第一审法院同级的被执行的财产所在地法院执行。

法律规定由法院执行的其他法律文书，由被执行人住所地或者被执行的财产所在地法院执行。

3. 执行措施

（1）被执行人未按执行通知履行法律文书确定的义务，应当报告当前以及收到执行通知之日前一年的财产情况。被执行人拒绝报告或者虚假报告的，法院可以根据情节轻重对被执行人或者其法定代理人、有关单位的主要负责人或者直接责任人员予以罚款、拘留。

（2）被执行人未按执行通知履行法律文书确定的义务，法院有权向银行、信用合作社和其他有储蓄业务的单位查询被执行人的存款情况，有权冻结、划拨被执行人的存款，但查询、冻结、划拨存款不得超出被执行人应当履行义务的范围。

法院决定冻结、划拨存款，应当作出裁定，并发出协助执行通知书，银行、信用合作社和其他有储蓄业务的单位必须办理。法院冻结被执行人的银行存款的期限不得超过一年，查封、扣押动产的期限不得超过两年，查封不动产、冻结其他财产权的期限不得超过三年。

（3）被执行人未按执行通知履行法律文书确定的义务，法院有权扣留、提取被执行人应当履行义务部分的收入。但应当保留被执行人及其所扶养家属的生活必需费用。

法院扣留、提取收入时，应当作出裁定，并发出协助执行通知书，被执行人所在单位、银行、信用合作社和其他有储蓄业务的单位必须办理。

(4) 被执行人不履行法律文书确定的义务，并隐匿财产的，法院有权发出搜查令，对被执行人及其住所或者财产隐匿地进行搜查。

(5) 强制迁出房屋或者强制退出土地，由院长签发公告，责令被执行人在指定期间履行。被执行人逾期不履行的，由执行员强制执行。被执行人是公民的，应当通知被执行人或者他的成年家属到场；被执行人是法人或者其他组织的，应当通知其法定代表人或者主要负责人到场。拒不到场的，不影响执行。被执行人是公民的，其工作单位或者房屋、土地所在地的基层组织应当派人参加。执行员应当将强制执行情况记入笔录，由在场人签名或者盖章。

(6) 强制迁出房屋被搬出的财物，由法院派人运至指定处所，交给被执行人。被执行人是公民的，也可以交给他的成年家属。因拒绝接收而造成的损失，由被执行人承担。

(7) 在执行中，需要办理有关财产权证照转移手续的，法院可以向有关单位发出协助执行通知书，有关单位必须办理。

(8) 对判决、裁定和其他法律文书指定的行为，被执行人未按执行通知履行的，法院可以强制执行或者委托有关单位或者其他人完成，费用由被执行人承担。

(9) 被执行人未按判决、裁定和其他法律文书指定的期间履行给付金钱义务的，应当加倍支付迟延履行期间的债务利息。被执行人未按判决、裁定和其他法律文书指定的期间履行其他义务的，应当支付迟延履行金。

(10) 法院采取民事诉讼法规定的执行措施后，被执行人仍不能偿还债务的，应当继续履行义务。债权人发现被执行人有其他财产的，可以随时请求法院执行。

(11) 被执行人不履行法律文书确定的义务的，法院可以对其采取或者通知有关单位协助采取限制出境，在征信系统记录、通过媒体公布不履行义务信息。

法院将失信被执行人名单信息，向政府相关部门、金融监管机构、金融机构、承担行政职能的事业单位及行业协会等通报，供相关单位依照法律、法规和有关规定，在政府采购、招标投标、行政审批、政府扶持、融资信贷、市场准入、资质认定等方面，对失信被执行人予以信用惩戒。法院将失信被执行人名单信息向征信机构通报，并由征信机构在其征信系统中记录。

(12) 向失信被执行人发出限制高消费令

因被执行人未按执行通知书指定的期间履行生效法律文书确定的给付义务，且有履行能力而拒不履行，已被纳入失信被执行人名单，依照《中华人民共和国民事诉讼法》和《最高人民法院关于限制被执行人高消费的若干规定》等有关规定，向失信被执行人发出限制高消费令。

禁止失信被执行人以其财产支付费用的下列行为：

① 乘坐交通工具时，选择飞机、列车软卧、轮船二等以上舱位；

② 在星级以上宾馆、酒店、夜总会、高尔夫球场等场所进行高消费；

③ 购买不动产或者新建、扩建、高档装修房屋；

④ 租赁高档写字楼、宾馆、公寓等场所办公；

⑤ 购买非经营必需车辆；

⑥ 旅游、度假；

⑦ 子女就读高收费私立学校；

⑧ 支付高额保费购买保险理财产品；

⑨ 其他非生活和工作必需的高消费行为。

失信被执行人为单位的，被限制高消费后，禁止失信被执行人及其法定代表人、主要负责人、影响债务履行的直接责任人员以单位财产实施上述行为。

如失信被执行人违反限制高消费令进行消费的，将依法予以拘留、罚款；情节严重，构成犯罪的，追究其刑事责任。

失信被执行人符合下列情形之一的，法院应当将其有关信息从失信被执行人名单库中删除：

① 全部履行了生效法律文书确定义务的；

② 与申请执行人达成执行和解协议并经申请执行人确认履行完毕的；

③ 人民法院依法裁定终结执行的。

4. 执行中止和执行终结

执行案件有下列情形之一的，法院应当裁定中止执行：

(1) 申请人表示可以延期执行的；

(2) 案外人对执行标的提出确有理由的异议的；

(3) 作为一方当事人的公民死亡，需要等待继承人继承权利或者承担义务的；

(4) 作为一方当事人的法人或者其他组织终止，尚未确定权利义务承受人的；

(5) 法院认为应当中止执行的其他情形。

中止的情形消失后，恢复执行。

执行案件有下列情形之一的，法院裁定终结执行：

(1) 申请人撤销申请的；

(2) 据以执行的法律文书被撤销的；

(3) 作为被执行人的公民死亡，无遗产可供执行，又无义务承担人的；

(4) 追索赡养费、扶养费、抚育费案件的权利人死亡的；

(5) 作为被执行人的公民因生活困难无力偿还借款，无收入来源，又丧失劳动能力的；

(6) 法院认为应当终结执行的其他情形。

【案例 14-1】：建设工程纠纷案例

1. 基本案情

本诉原告（被反诉人）：通州市某建筑安装工程有限公司

本诉被告（反诉人）：北京某建设工程总承包公司

本诉的诉讼请求：

(1) 要求判令被告立即支付工程款 1997832 元。

2004 年 11 月 18 日，被告（反诉人）与原告（被反诉人）就苏州 BLP 厂房工程签订工程分包合同，将总包的苏州 BLP 厂房工程分包给原告施工。约定由原告承包厂房（51000m²）土建、围墙、临时设施、食堂，承包范围为：包工、包料、包工期。承包金额：合同总价暂定为人民币 1800 万元（以实际发生工程量为准）。取费标准：执行甲方

（即总承包商）与业主的建设工程合同中的价格条件。2005 年 4 月 4 日，双方又签订《补充协议》，明确承包范围：厂房土建、安装的人工费、脚手费。办公楼、食堂、围墙、门卫室、厕所的土建和安装，装饰的人工费、脚手架费。室外总体道路的人工费、地下水管的人工费、临时设施费用。业主、监理的生活、就餐及设施费用。

原告认为，原告已按时完工，2005 年 10 月 13 日双方就工程款进行了结算，确认应支付原告工程款为人民币 1800 万元，被告已支付 1100 万元，后被告又垫付原告人员工资、土方、钢管租赁等费用 108.2168 万元和 210 万元，按工程款总额的 90% 计算，原告尚有到期的工程款 199.7832 万元没有支付。

反诉方认为：原告承包的工程合同总价暂定为人民币 1800 万元（以实际发生工程量为准），因此，对原告的工程款应当进行工程造价鉴定。在合同履行过程中，反诉人共给付被反诉人工程款 1484.0821 万元，但被反诉人完成的工程总量 738 万元（暂估），且在没有完工的情况下拒绝履行合同义务，因此，被反诉人应返还反诉人工程款 745 万元（暂估）。

另外，施工过程中，由于被反诉人野蛮施工，导致厂房室内地坪裂缝，被业主要求返工整修。而且，因施工质量低劣，业主要求更换分包商。该部分工程的返工整修全部由反诉人自己完成。该部分工程返修整改的直接费为 454.1799 万元。另，厂房、办公楼等附属工程的内外墙面裂缝、空鼓、室外地坪局部裂缝空鼓、界格缝不顺直错缝等维修整改的直接费用为 33.0400 万元。以上工程都属于被反诉人承包的工程，由于被反诉人被业主清理出工程现场，这些工程的返修整改工作都由反诉人自己完成的。该部分工程返修整改的费用理应由被反诉人承担，因此，被反诉人应当赔偿反诉人总计人民币 581 万元。

被告反诉的诉讼请求：

（1）判令被反诉人支付反诉人因工程质量缺陷造成的损失人民币 581 万元；

（2）判令被反诉人返还反诉人工程款 745 万元。

因本案反诉的诉讼标的超过 200 万元，案件由苏州市虎丘区法院移送苏州市中级法院审理。

2. 本案的证据材料

（1）诉讼主体资格的证据：北京某工程总承包公司《营业执照》及企业资质等级证书。

（2）合同类证据：证明双方之间确立的法律关系：业主与总承包商签订的《菲迪克合同协议书》及总承包商与分包商签订的《施工承包合同》及其《补充协议》。

（3）合同履行情况的证据：《苏州 BLP 项目工程量清单》《通州某建筑公司承包工程范围费用汇总表》《工程款发票》《苏州工地未结清单位付款统计表》《苏州 BLP 项目部账户最终核结报告表》《苏州 BLP 项目劳务付款表》《苏州 BLP 项目劳务付款明细及付款凭证》等。

（4）证明分包商违约的证据：

《苏州 BLP 与北京某工程总承包公司〈补充协议〉及厂房地坪整改措施》《厂房地坪及厂房、办公楼墙体质量缺陷来往邮件及照片》《厂房地坪施工专题会议纪要》《苏州 BLP 项目业主与总承包商电子邮件（含专家意见及照片）》。

（5）证明违约损失的证据：《苏州 BLP 项目办公楼墙体裂缝处理意见》《苏州 BLP 厂

房等质量缺陷返工整改费用汇总及明细表》。

3. 法院审理过程

(1) 委托司法鉴定

反诉人在提起反诉的同时，申请工程质量鉴定和工程造价鉴定。

1) 工程造价鉴定

在诉讼中，北京某工程总承包公司申请法院委托权威的工程造价鉴定机构对原告承包的工程量及其工程价款进行审核鉴定。

经法院委托，2007 年 9 月 17 日，苏州某工程造价事务所出具的《关于 BLP 建材（苏州）有限公司厂房、办公楼等工程人工费及脚手架费用的司法鉴定报告》，鉴定该部分工程的人工费及脚手架等费用是 510 万元。2008 年 11 月 27 日，苏州某工程造价事务所出具的《关于 BLP 建材（苏州）有限公司厂房、办公楼等工程人工费及脚手架费用的司法鉴定报告》的《补充鉴定结论》审定 BLP 变电所、环网室、水池的人工费及脚手架费 10 万元。以上总计 520 万元。

2) 工程质量鉴定

本案诉讼中，因北京某工程总承包公司提起反诉，双方同意由法院委托权威的工程质量检测机构鉴定，对通州某建筑公司实际施工的苏州 BLP 厂房地坪是否存在质量问题进行鉴定。

2007 年 11 月 28 日，苏州某司法鉴定所的《苏州 BLP 厂房室内原地面工程质量鉴定报告》认定苏州 BLP 厂房室内原地面存在的主要质量问题是：

1) 原地面混凝土存在不密实现象，属混凝土缺陷（空洞，夹渣）；

2) 原地面混凝土存在贯穿裂缝；

3) 原地面混凝土在上层设计保护层范围内均未发现钢筋，钢筋实际布设在原地面混凝土底部，严重偏位；背离设计目的和规范要求；

4) 原地面砂石垫层存在疏松现象。

原地面出现裂缝、渗水现象的主要原因为：

① 原钢筋混凝土地面钢筋设置未按设计要求、施工中有严重踩踏现象，实际布置在钢筋混凝土地坪底部，混凝土浇捣不密实、存在空洞，混凝土材料内夹渣（含沙）现象严重；

② 原地面砂石垫层存在疏松现象、砂石未均匀拌和、粗细颗粒分离、存在砂窝和石碓质量缺陷；

③ 以上原因和混凝土地坪养护不够导致原地面混凝土发生水化（干燥、凝硬）收缩及环境温度收缩而产生非荷载开裂。

(2) 原告变更诉讼请求

2007 年 2 月 5 日，被告提起反诉后，原告变更诉讼请求为：要求被告立即支付工程款 279.0496 万元。

2008 年 3 月 4 日，原告又变更诉讼请求：

1) 要求判令被告立即支付工程款 501 万元；

2) 判令被告向原告支付拖欠工程款的利息 35.7428 万元。

变更诉讼请求的理由是原告起诉时，被告应付款仅为应支付至 90%，现因自业主发出接受工程项目证书之日起已经超过 13 个月。根据约定，被告应支付至 95%，即 1800 万元×95%＝1710 万元。拖欠的工程款为 1710 万元－1100 万元＝610 万元

4. 法院判决

(1) 关于工程款的结算依据

法院审理认为，本案中就同一工程双方先后签订了《施工承包合同》及《补充协议》，其中 2004 年 10 月 18 日签订的施工承包合同明确通州某建筑公司系包工包料（双包）施工，2005 年 4 月 4 日签订的《补充协议》明确通州某建筑公司系单包施工。双方对实际履行哪份合同均未能充分举证证明，北京某总承包公司也不能证实第一份双包合同未履行或已解除。

法院对 2005 年 4 月 4 日变更为单包施工合同，合同结算金额为 1800 万元的观点予以采信。因此判决北京某总承包公司按 1800 万元向分包商通州某建筑公司履行付款义务，扣除已付和代付款项，北京某总承包公司尚欠工程款 379.7832 万元。

(2) 因工程质量缺陷引起的损失认定。

法院对北京某总承包公司主张厂房、办公楼等附属工程的内外墙面存在的裂缝、空鼓，室外地坪局部裂缝空鼓、界格缝不顺直错缝等质量问题造成的损失因未通过鉴定部门作出鉴定结论，北京某总承包公司的主张举证尚不充分，故不予支持。

关于厂房室内地坪返修费用 472.4927 万元，法院认为，经苏州某房屋安全司法鉴定所鉴定，导致原地坪质量问题的主要原因在于施工方，考虑到原地坪施工完毕后总包方应业主要求又重新施工了地坪，原地坪为新地坪所覆盖，原地坪并未全部凿除，尚有可利用的价值，而新地坪已经通过整体验收，且北京某总承包公司又得到了业主一定的补偿，故通州某建筑公司应就原地坪施工承担相应的质量责任；根据北京某总承包公司设计的原地坪未包含防潮层及新地坪施工增加防水层并通过竣工验收的事实，北京某总承包公司对原地坪施工质量缺陷也负有一定责任。综上，法院酌定双方各承担 50% 的质量责任。北京某总承包公司对原地坪投入的材料费为 349.8962 万元，通州某建筑公司承担 50% 的质量责任为 174.9481 万元。

通州某建筑公司为施工原地坪投入的人工费 106 万元应于双方工程款结算中作合理扣除，法院确定扣除 53.1022 万元（新地坪造价为 380 万元，业主补偿款为 99.5290 万元），判决通州某建筑公司赔偿北京某总承包公司损失 315.1836 万元（174.9481 万元＋140.2354 万元）。

一审判决后，双方均提起上诉。二审发回重审。

5. 案例点评

(1) 本案争议的焦点

第一个焦点：分包合同中约定的 1800 万，究竟是包干价（闭口价）还是需要按工程量据实结算的暂估价？

北京某工程总承包公司认为：双方合同中约定的 1800 万元应该是按工程量据实结算的暂估价。

通州某建筑公司以双方签订的是一口包死的固定总价合同。

第二个焦点：北京某工程总承包公司与通州某建筑公司是否未进行过工程款结算？

双方就工程价款进行过结算，其证据就是 2005 年 10 月 12 日的《苏州工地未结清单

位付款统计表》。

第三个焦点：通州某建筑公司承担的工程是否存在质量问题及如何修复？

北京某工程总承包公司认为通州某建筑公司承包的工程存在的严重质量问题是客观事实。

从《鉴定报告》的鉴定结论和原因分析得出的结论是苏州BLP厂房原地坪的质量问题是施工不当造成的，而该地坪的施工单位是通州某建筑公司，通州某建筑公司应当承担因工程质量问题造成的损失。

关于地坪的修复方案的问题，北京某工程总承包公司认为，双方对工程的质量责任和义务应当按照北京某工程总承包公司与业主（苏州BLP公司）签订的《菲迪克（FiDic）建设工程合同》的约定履行。

《菲迪克（FiDic）建设工程合同》合同条款约定，业主BLP有权拒收不符合合同约定的工程，并有权自行修复或由他人修复，修复费用由承包商承担。

（2）建设工程纠纷诉讼途径解决的特点

1）建设工程案件争议标的额大，诉讼成本高。

案件的受理费是按诉讼标的收的，案件金额大，收费就高；本诉的诉讼费是23963元，反诉的诉讼费是87288元。另外，司法鉴定的费用也高。工程造价的鉴定费是17万元，工程质量鉴定费是52.8万元。

2）建设工程纠纷案件，诉讼关系复杂。本案既是总包商与分包商的合同关系，又涉及总包商与业主的总承包合同；案件纠纷起因，既有工程价款问题，又有工程质量缺陷引起的修复、返工和赔偿问题。

3）建设工程案件证据材料多。建设工程纠纷案件所需要的证据材料多，建设工程活动中的许多文件资料都是诉讼证据材料，如协议书、招标文件、投标书材料、施工图、监理师签证、会谈纪要、与业主来往的电子邮件、检测结论、工程结算书、现场照片等。

4）专业性强。建设工程纠纷专业性很强的，如工程质量问题，并不能仅凭表面观感，必须要专业鉴定。工程造价的确定也是一个专业性很强的工作，双方对决算资料有异议的话，就要通过司法鉴定解决。司法鉴定的证明力要高于决算书。

5）诉讼时间长。建设工程纠纷诉讼时间长，本案原告自2006年12月初在虎丘法院立案，又因级别管辖移送苏州市中级法院审理。由于涉及工程质量鉴定和工程造价鉴定（鉴定期间不计算为审理时间），所费时间长，一审法院审结本案已经是2009年4月。此后，双方不服一审判决，提起上诉。经二审法院审理，2010年5月发回重审。发回重审的案件适用一审的程序。

思　考　题

1. 建设工程纠纷的解决途径有哪些？当事人之间产生纠纷后，首先选择哪类途径解决？
2. 人民调解委员会的调解与其他调解方式有何不同？
3. 建设工程纠纷通过仲裁解决与诉讼途径解决有何不同？
4. 建设工程纠纷，仲裁委员会裁决后，对方当事人不履行裁决书，如何处理？
5. 建设活动中，哪些纠纷是要通过行政复议和行政诉讼途径解决的？
6. 行政复议与行政诉讼有何不同？

7. 工程合同纠纷诉讼，应当如何起诉？

8. 民事诉讼中的证据有哪些类型？建设工程纠纷中，哪些材料可以作为诉讼中的证据？

9. 什么是举证期限？在举证期限内不举证的法律后果是什么？

10. 对一审判决不服，如何提起上诉？

11. 法院强制执行的执行措施有哪些？

12. 被执行人具有哪些情形会被列入失信被执行人名单？

13. 法院关于限制被执行人高消费包括哪些行为？

参 考 文 献

[1] 中华人民共和国建设部人事教育司、体改法规司编. 建设法规教程[M]. 北京：中国建筑工业出版社，1996.
[2] 中华人民共和国建设部人事教育司、政策法规司编. 建设法规教程[M]. 北京：中国建筑工业出版社，2002.
[3] 朱宏亮主编. 建设法规教程[M]. 北京：中国建筑工业出版社，2009.
[4] 何佰洲编著. 工程建设法规教程[M]. 北京：中国建筑工业出版社，2009.
[5] 卞耀武主编. 中华人民共和国建筑法释义[M]. 北京：法律出版社，1998.
[6] 张春生，李飞主编. 中华人民共和国行政许可法释义[M]. 北京：法律出版社，2003.
[7] 杨紫烜主编. 经济法[M]. 第五版. 北京：北京大学出版社，高等教育出版社，2016.
[8] 全国一级建造师执业资格考试用书编写委员会. 建设工程法规及相关知识[M]. 第四版. 北京：中国建筑工业出版社，2015.
[9] 何伯森主编. 国际工程合同与合同管理[M]. 北京：中国建筑工业出版社，2010.
[10] 何红锋著. 工程建设中的合同法与招标投标法[M]. 第三版. 北京：中国计划出版社，2014.
[11] 何红锋主编. 建设工程施工合同纠纷案例评析[M]. 修订版. 北京：知识产权出版社，2009.
[12] 何红锋，李德华著. 建设工程法律实务[M]. 北京：中国人民大学出版社，2010.
[13] 朱树英著. 房地产开发法律实务[M]. 北京：法律出版社，2002.
[14] 朱树英著. 建设工程法律实务[M]. 北京：法律出版社，2001.
[15] 于剑龙，王红松，冯小光，孙巍. 中国建设工程法律评论（第七辑）[M]. 北京：法律出版社，2018.